国信研究院 PPP 丛书

PPP 项目策划与操作实务

杨晓敏 主编 袁炳玉 主审

中国建筑工业出版社

图书在版编目(CIP)数据

PPP项目策划与操作实务/杨晓敏主编.—北京：中国建筑工业出版社，2015.11
(国信研究院PPP丛书)
ISBN 978-7-112-18560-3

Ⅰ.①P… Ⅱ.①杨… Ⅲ.①政府投资-合作-社会资本-研究 Ⅳ.①F830.59②F014.39

中国版本图书馆CIP数据核字(2015)第248980号

政府和社会资本合作模式（PPP模式）是国家的一项治国战略举措。本书总结了相关的国家政策、法律法规和项目实施的基本流程，同时借鉴国信招标集团在PPP行业积累的理论和实际经验，为政府、社会资本单位和PPP项目咨询单位提供PPP项目全流程参考。希望本书能够为PPP项目的实施提供操作层面的借鉴，希望能够对我国的PPP模式发展起到积极作用。

责任编辑：李春敏 曾 威
责任设计：李志立
责任校对：陈晶晶 赵 颖

国信研究院PPP丛书
PPP项目策划与操作实务
杨晓敏 主编 袁炳玉 主审
*
中国建筑工业出版社出版、发行（北京西郊百万庄）
各地新华书店、建筑书店经销
北京红光制版公司制版
廊坊市海涛印刷有限公司印刷
*
开本：787×1092毫米 1/16 印张：21¾ 字数：529千字
2015年10月第一版 2017年3月第七次印刷
定价：60.00元
ISBN 978-7-112-18560-3
(27795)

版权所有 翻印必究
如有印装质量问题，可寄本社退换
（邮政编码 100037）

国信研究院 PPP 丛书

《PPP 项目策划与操作实务》编委会

主　审：袁炳玉
主　编：杨晓敏
顾　问：马龙滨
副主编：陈霞辉　叶　林　李长军
编　委：胡玉涛　闫　星　李继红　高存红
　　　　金　力　高　轩　李　炼　于道德
　　　　苏健凌　赵振亭

序

当前，我国的各项改革进入深水区。立足国内实践，借鉴国际成功经验，推广运用政府和社会资本合作模式（PPP模式）是国家确定的重大经济改革任务，对于加快新型城镇化建设、提升国家治理能力、构建现代财政制度具有重要意义。

开展政府和社会资本合作，有利于创新投融资机制，拓宽社会资本投资渠道，增强经济增长内生动力；有利于推动各类资本相互融合、优势互补，促进投资主体多元化，发展混合所有制经济，加快政府职能转变。PPP模式更深刻的意义在于处理好政府、市场和社会三者之间的关系，而绝不仅仅是解决政府融资和债务问题。推广PPP模式，是加快转变政府职能、提升国家治理能力的一次体制机制变革，PPP模式有利于简政放权，更好地实现政府职能转变，弘扬契约文化，体现现代国家治理理念。

鉴于目前市面PPP项目实际操作方面的书目较少，而且较为零散，本书目的是总结国家政策、法律法规和项目实施的基本流程，同时借鉴国信招标集团过去几年在PPP行业积累的理论和实际经验，为政府、社会资本单位和PPP项目咨询单位提供PPP项目全流程操作参考书，提升行业操作水平。

作为中国PPP项目领域最早的践行者，国信招标集团早在2002年就主导完成了举世瞩目、影响深远的"北京2008年奥运会主体育场项目法人招标项目"，树立了超大型公用文化体育设施项目PPP操作的经典标杆。同时与国内著名研究机构、世界银行、亚洲开发银行、国开城市交通基金等机构合作，共同参与了诸多中国基础设施领域的前沿性重大课题研究，参加国家发改委、财政部、住房和城乡建设部、交通部、环保部等有关成本监审、收费公路项目法人招标、供水、污水处理、供热、公交等的立法及政策咨询工作。国信招标集团还与国家发改委、财政部、住房和城乡建设部、交通部、环保总局及其相关行业协会建立了良好的信息沟通渠道，及时把握国内最新的行业政策动态，从而在中国这一独特的PPP市场环境中为客户提供更为优质且有效率的PPP项目咨询服务。

希望国信研究院组织编写的《PPP项目策划与操作实务》能够为大家提供操作层面的借鉴，为企业的成长，也为社会治理能力的成长提供操作层面的支持，也希望能够对我国的PPP模式发展起到积极作用。

国信招标集团总裁

前　言

　　政府和社会资本合作模式（PPP模式）是国家的一项治国战略举措，本书主要从PPP项目的实施和操作层面给大家提供参考。

　　本书在编写过程中注重理论与国家实践要求相结合，以PPP项目的策划、设计和实施为主线，以国务院、财政部和发改委相关文件为基础，较为系统地介绍了PPP项目实施各个阶段的主要内容，包括PPP项目的政策解析，PPP项目的策划思路和总体设计，结合财政部和发改委文件，提出了操作性较强的合同解析，从物有所值、政府财政承受能力论证和风险分配介绍了项目前期的评估，同时介绍了项目的财务分析。本书从操作层面介绍了采购管理和项目应用案例。

　　本书在PPP政策解析方面，分析了基础设施领域不同行业的价格收费、财政补贴和税费优惠，介绍了不同时期的税务筹划、项目公司设立、PPP项目用地和投融资相关政策。

　　在PPP项目策划和总体设计方面，本书以"财金［2014］113号"文为基础，归纳出了PPP项目策划和总体设计的思路和内容，介绍了PPP项目操作流程和不同行业设计要点。

　　在PPP项目合同方面，本书以"发改投资［2014］2724号"为基础，介绍了PPP项目的合同体系，并对合同重点条款举例分析。

　　本书在介绍PPP物有所值定性分析的同时，对量化分析做了尝试，并介绍了政府财政承受能力论证的相关要求。PPP项目风险分配是政府和社会资本长期合作的基础，本书从风险的识别、评价和分担进行了介绍。本书还介绍了PPP项目主要的几种融资模式及其结构特点。

　　本书由国信研究院组织编写，在编写过程中，国信招标集团股份有限公司北京工程咨询分公司的马涛、张新桥、冯双玉、刘亚楠、张楠等人员做了大量的编制工作。

　　编写过程中参阅的大量文献，引用了部分著作及文献资料，在此对相关文献的作者和单位深表谢意。同时感谢中国建筑工业出版社领导和责任编辑等工作人员为本书出版所付出的辛勤劳动。

　　限于编者水平，本书难免有不足和遗漏之处，恳请广大读者和专家批评指正。联系方式：Billyang66@163.com，手机13911677432。

编　者

目 录

第一章 PPP模式概述 1
一、PPP项目基本概念 1
（一）PPP基本概念 1
（二）PPP融资模式的内涵和作用 3
二、国内外PPP项目发展情况介绍 3
（一）国外PPP发展状况 3
（二）国内PPP发展状况 6
三、PPP运作模式 8
（一）PPP分类 8
（二）适合中国的PPP分类方式 9
（三）PPP实施机构 10
（四）参与主体 11
（五）常见PPP模式解析 14
四、PPP项目实施应注意的事项 18

第二章 PPP政策解析 21
一、政策思路梳理 21
（一）新一轮的PPP拉开序幕 23
（二）PPP支持政策密集出台 24
（三）构建PPP全面落地的制度体系 24
二、价格收费管理 27
（一）水利工程 27
（二）供水市政基础设施 28
（三）城市地下管线 31
（四）社会事业 32
（五）收费公路 33
三、财政补贴和税费优惠 33
（一）财政补贴模式转变 33
（二）水利工程 34
（三）市政公用设施 34
（四）水污染防治 34
（五）城市地下管线 35
（六）社会事业 35

（七）收费公路 ··· 38
　　　（八）公共租赁住房 ·· 39
　四、税务筹划及处理 ·· 40
　　　（一）项目公司组建税务筹划及处理 ·· 40
　　　（二）PPP项目建设期"营改增"问题 ·· 41
　　　（三）PPP项目经营期的税收优惠 ··· 41
　　　（四）PPP项目期满移交的税务处理 ·· 44
　五、相关配套安排 ·· 45
　　　（一）相关配套安排具体内容 ··· 45
　　　（二）水利工程 ·· 45
　　　（三）市政基础设施 ·· 45
　　　（四）生态环保 ·· 46
　　　（五）水污染防治 ··· 46
　　　（六）城市地下管线 ·· 46
　　　（七）健康与养老服务 ··· 46
　　　（八）交通 ·· 48
　　　（九）公共租赁住房 ·· 49
　六、PPP项目用地 ··· 49
　　　（一）建设用地制度与政策 ·· 49
　　　（二）实践中PPP项目用地的取得 ··· 56
　七、项目公司设立 ··· 60
　　　（一）项目公司性质 ·· 60
　　　（二）股权结构 ·· 62
　　　（三）融资权利和义务 ··· 64
　八、投资融资支持 ··· 65
　　　（一）政府投资引导 ·· 65
　　　（二）政府举债融资工具 ·· 68
　　　（三）融资方式创新 ·· 69
　　　（四）综合金融服务工具 ·· 74

第三章　PPP项目策划和总体设计 ··· 85
　一、PPP项目整体策划和设计思路 ·· 85
　　　（一）分析项目实施目标 ·· 85
　　　（二）确定运作模式 ·· 87
　　　（三）付费机制 ·· 93
　　　（四）风险分配机制 ·· 100
　　　（五）交易结构 ·· 102
　　　（六）项目采购 ·· 118
　　　（七）项目实施 ·· 123

　　　　（八）项目谈判 ·· 133
　二、不同行业策划及设计要点 ·· 134
　　　　（一）公共交通项目 ·· 134
　　　　（二）公用设施项目 ·· 136
　　　　（三）社会公共服务项目 ·· 140
　三、PPP项目操作流程 ·· 143
　　　　（一）识别阶段 ··· 143
　　　　（二）准备阶段 ··· 144
　　　　（三）采购阶段 ··· 146
　　　　（四）执行阶段 ··· 147
　　　　（五）移交阶段 ··· 148
　四、投融资结构设计 ·· 149
　　　　（一）金融机构 ··· 149
　　　　（二）项目的融资主体 ·· 150
　　　　（三）项目投资产权结构 ·· 150
　　　　（四）PPP项目融资的组织形式 ··· 151
　　　　（五）PPP项目融资 ·· 152
　　　　（六）PPP项目资金来源及融资方式 ·· 153

第四章　PPP项目可行性评估 ··· 155
　一、PPP项目物有所值评价 ··· 155
　　　　（一）物有所值评价的概念及意义 ··· 155
　　　　（二）物有所值评价阶段及流程 ··· 156
　　　　（三）物有所值定性评价 ·· 156
　　　　（四）物有所值定量评价 ·· 163
　二、PPP项目财政承受能力论证 ··· 169
　　　　（一）PPP项目财政承受能力论证指引的要点 ································ 169
　　　　（二）财政承受能力论证工作流程 ··· 172
　　　　（三）财政承受能力论证的主要内容 ··· 173
　　　　（四）财政承受能力论证与物有所值评价的异同 ···························· 176
　三、PPP项目风险分配评价 ··· 177
　　　　（一）风险识别 ··· 177
　　　　（二）风险评价 ··· 178
　　　　（三）风险分担 ··· 179

第五章　PPP项目财务分析 ··· 185
　一、财务分析概述 ·· 185
　　　　（一）财务分析的作用 ·· 185
　　　　（二）财务分析基本原则 ·· 185

（三）财务分析内容	186
（四）PPP项目财务分析逻辑框架	186
（五）PPP项目财务分析模型	186

二、投资估算 188
　　（一）投资估算概述 188
　　（二）建设投资估算 188
　　（三）建设期利息估算 193
　　（四）流动资金估算 193
　　（五）项目总投资与分年投资计划 194

三、财务效益与费用估算 194
　　（一）项目计算期 194
　　（二）营业收入 195
　　（三）补贴收入 195
　　（四）成本与费用 195
　　（五）相关税费估算及估算要点 198

四、财务盈利能力分析 199
　　（一）项目投资现金流量分析 199
　　（二）项目资本金现金流量分析 201
　　（三）投资各方现金流量分析 202
　　（四）现金流量分析基准参数 202

五、偿债能力分析和财务生存能力分析 204
　　（一）相关报表编制 205
　　（二）偿债能力分析 208
　　（三）财务生存能力分析 210

六、非经营性PPP项目财务分析的特点 210
　　（一）非经营性项目的概念 210
　　（二）非经营性项目财务分析的要求 210

第六章　PPP融资模式 212

一、PPP融资模式介绍 212
　　（一）BOT及其变种 212
　　（二）BT融资模式 213
　　（三）TOT融资模式 214
　　（四）ABS融资模式 215
　　（五）基础设施产业投资基金 215
　　（六）以"设施使用协议"为载体融资 215
　　（七）民间主动融资（PFI） 216
　　（八）使用者付费模式（URM） 216
　　（九）影子收费融资模式（Shadow Tolling） 217

二、PPP 融资模式的结构特点 ·· 218
　　（一）PPP 融资模式的协调机制 ·· 218
　　（二）非经营性基础设施投融资模式种类及适用范围 ································· 219
三、轨道交通 PPP 融资模式 ··· 220
　　（一）第一种模式：A1 模式，政府投资＋直接经营管理模式 ······················ 221
　　（二）第二种模式：A2 模式，政府债务投资＋政府平台公司经营 ··············· 221
　　（三）第三种模式：B 模式，政府投资下的市场化运作模式，通过签订租赁合同
　　　　　或特许合同等方式，委托专业公司经营管理 ···································· 221
　　（四）第四种模式：C 模式（项目融资模式） ·· 222
　　（五）第五种模式：D 模式（投资主体多元化市场运作） ···························· 223
四、公共基础设施建设运用 PPP 融资模式应注意的问题 ································ 223
　　（一）选择合适的 PPP 项目，并针对具体的项目 ······································ 223
　　（二）设计合理的风险分担结构 ·· 224
　　（三）加强政府的职能转变和角色转换 ·· 224
　　（四）放宽政府扶持政策 ·· 224
　　（五）制定并完善相关法律法规 ·· 224
　　（六）形成有效的监管构架 ··· 225
五、PPP 融资案例 ·· 225
　　（一）伦敦地铁建设 PPP 融资 ·· 225
　　（二）美国匹兹堡市都市开发 PPP 融资 ··· 225
　　（三）北京地铁 14 号线 PPP 融资 ··· 226

第七章　PPP 合同体系解析 ·· 229
一、合同概述 ··· 229
　　（一）合同的概念 ·· 229
　　（二）合同有效的条件 ··· 229
　　（三）合同约束力 ·· 229
　　（四）PPP 项目合同 ·· 229
二、PPP 项目合同框架 ··· 230
　　（一）合同的结构和内容 ·· 230
　　（二）PPP 项目合同框架 ··· 231
三、PPP 项目各阶段的合同形成过程 ··· 231
　　（一）项目识别阶段 ·· 231
　　（二）项目准备阶段 ·· 232
　　（三）项目采购阶段 ·· 232
　　（四）合同签署程序 ·· 232
　　（五）合同执行阶段 ·· 232
四、PPP 项目合同内容解析 ·· 232
　　（一）总则 ··· 232

（二）合同主体 ··· 236
　　（三）合作关系 ··· 239
　　（四）投资计划及融资方案 ··· 241
　　（五）项目前期工作 ·· 243
　　（六）工程建设 ··· 245
　　（七）政府移交资产 ·· 249
　　（八）运营和服务 ··· 250
　　（九）社会资本主体移交项目 ··· 255
　　（十）收入和回报 ··· 256
　　（十一）不可抗力和法律变更 ··· 258
　　（十二）合同解除 ··· 259
　　（十三）违约处理 ··· 260
　　（十四）争议解决 ··· 260
　　（十五）其他约定 ··· 261
　五、合同附件 ··· 263
　　（一）常见的合同附件 ·· 263
　　（二）各行业合同附件列举 ·· 263

第八章　PPP项目采购管理 ·· 266
　一、PPP项目采购概述 ··· 266
　　（一）PPP项目采购的概念 ··· 266
　　（二）PPP项目采购流程 ·· 266
　　（三）PPP项目采购要点 ·· 267
　　（四）PPP项目采购与传统采购项目的区别 ·························· 270
　二、PPP项目采购方式 ··· 270
　　（一）公开招标 ·· 270
　　（二）邀请招标 ·· 272
　　（三）竞争性谈判 ··· 272
　　（四）竞争性磋商 ··· 276
　　（五）单一来源采购 ·· 279
　三、咨询机构在PPP项目采购阶段的工作 ·································· 281

第九章　PPP项目案例 ··· 282
　一、公共交通项目应用案例 ··· 282
　　北京地铁4号线BOT项目 ··· 282
　二、公共设施项目 ··· 289
　　（一）天津市北水业有限公司部分股权转让TOT项目 ············· 289
　　（二）南宁市餐厨废弃物资源化利用和无害化处理厂BOT项目 ··· 295
　　（三）北京市怀柔区生活垃圾焚烧发电TOT项目 ···················· 300

（四）某污水处理 TOT 项目实施方案 …………………………………… 304
三、社会公共服务项目 …………………………………………………………… 322
　　国家体育场（鸟巢）BOT 项目 ………………………………………… 322

附录：PPP 相关专用术语 …………………………………………………… 330
参考文献 ……………………………………………………………………… 336

第一章 PPP 模式概述

政府和社会资本合作模式有利于拓宽社会资本投资渠道，增强经济增长内生动力，促进投资主体多元化。PPP 模式不仅是解决政府融资问题，更是加快转变政府职能、提升国家治理能力的一次体制机制变革，PPP 模式有利于简政放权，更好地实现政府职能转变，弘扬契约文化，体现现代国家治理理念。

随着国家各项改革措施的快速推进，PPP 模式得到国家高度重视。国家积极推进制度建设，完善政策体系，开展项目储备等工作，为 PPP 模式的规范化推广奠定了坚实的基础。2014 年以来，国务院、财政部、发改委等部门发布数十个文件，大力推进政府与社会资本合作模式的应用。2015 年 5 月，国家发展改革委会同财政部、住房和城乡建设部、交通运输部、水利部、人民银行等单位再次发文力推 PPP 模式，鼓励特许经营，特别支持采用 BOT、TOT、ROT 等模式。本章对 PPP 模式的历史背景和基本理论进行介绍和解析。

一、PPP 项目基本概念

政府和社会资本合作，即 PPP 是英文 Public-Private Partnership 的简写，简言之是指公共部门通过与社会资本方建立伙伴关系来提供公共产品或服务的一种方式，是政府为增强公共产品和服务供给能力、提高供给效率，通过特许经营、购买服务、股权合作等方式，与社会资本建立利益共享、风险分担及长期合作的关系。

PPP 模式主要适用于政府负有提供责任又适宜市场化运作的公共服务、基础设施类项目，包括燃气、供电、供水、供热、污水及垃圾处理等市政设施，公路、铁路、机场、城市轨道交通等交通设施，医疗、旅游、教育培训、健康养老等公共服务项目，水利、资源环境和生态保护等项目均可推行 PPP 模式，项目类型包括新建、改建项目和存量公共资产项目。

开展政府和社会资本合作，有利于创新投融资机制，拓宽社会资本投资渠道，增强经济增长内生动力；有利于推动各类资本相互融合、优势互补，促进投资主体多元化，发展混合所有制经济；有利于理顺政府与市场关系，加快政府职能转变，充分发挥市场配置资源的决定性作用。

（一）PPP 基本概念

PPP 本身是一个意义非常宽泛的概念，世界范围内意识形态的不同，世界各国对 PPP 的内涵理解不同。以下列举几个有代表性的 PPP 定义。

1. 世界银行的定义

世界银行 PPP 指南第二版将 PPP 定义为：由私营部门同政府部门之间达成长期合

同，提供公共资产和服务，由私营部门承担主要风险并管理责任，私营部门根据绩效（performance）情况得到酬劳（remuneration）。

世界银行有专门的文献对BOT论述如下：Build, Operate and Transfer (BOT) Approach is used to financing, building and operating infrastructure projects. 此句表明BOT模式指要为项目进行融资、建造和运营管理。这里的融资有两层含义：授权方给被授权方以融资的权力，被授权方有权益资本与债务资本筹措的权力。除了融资外，被授权方必须建设项目，运营项目，最后还要将项目移交给授权方。

世界银行的专业术语对BOT及其派生缩写BOOT、BOO的解释如下：

建设-经营-移交制（简写为BOT），一种建设合同，即由一个私营商对项目进行全部或部分投资，项目完成后，从向公用事业出售其产出的收入中直接取得回报。项目所有权最终将移交给国家或私人投资者。

建设-所有-经营-移交制（简写为BOOT），一种建设合同，即由一个私营商对项目进行全部或部分投资，项目完成后，从向公用事业出售其产出的收入中直接取得回报。项目所有权最初由该私营商拥有，但最终将移交给国家或私人投资者。

建设-所有-经营制（简写为BOO），一种建设合同，即由一个私营商对项目进行全部或部分投资，项目完成后，从向公用事业出售其产出的收入中直接取得回报。该项目始终为该私营商所有，不转移给政府。

从以上世界银行对BOT、BOOT、BOO的定义看，PPP是一类"建造合同"，或包含融资活动的项目组织运营模式，而不仅只是"融资方式"。

2. 联合国培训研究院的定义

PPP包含两层含义，其一是为满足公共产品需要而建立的公共和私人倡导者之间的各种合作关系，其二是为满足公共产品需要，公共部门和社会资本方建立伙伴关系实施的大型公共项目。

3. 欧盟委员会的定义

PPP是指公共部门和社会资本方之间的一种合作关系，其目的是为了提供传统上由公共部门提供的公共项目或服务。

欧盟的爱尔兰对PPP的定义具有代表性，表示PPP是一种制度安排或政府部门与私人部门的一项协议（合同），协议（合同）内容包括法律责任、权利、义务，包括风险管理与财务影响，包括财政资金使用的优劣分析，包括融资、建设、运营、管理、维护等活动，不仅仅是"融资方式"。

4. 加拿大PPP国家委员会的定义

PPP是公共部门和社会资本方之间的一种合作经营关系，它建立在双方各自经验的基础上，通过适当的资源分配、风险分担和利益共享机制，最好地满足事先清晰界定的公共需求。

5. 美国PPP国家委员会的定义

PPP是介于外包和私有化之间并结合了两者特点的一种公共产品提供方式，它充分利用私人资源进行设计、建设、投资、经营和维护公共基础设施，并提供相关服务以满足公共需求。

由此可见，PPP泛指公共部门与社会资本方为提供公共产品或服务而建立的各种合作关系。

国内对PPP尚无统一的定义，本书认为PPP是在基础设施及公共服务领域政府通过特许经营、购买服务、股权合作等方式，与社会资本建立的利益共享、风险分担及长期合作关系。

(二) PPP融资模式的内涵和作用

PPP融资模式的内涵和作用主要包括以下四个方面：

（1）PPP融资是以项目为主体的融资活动，主要根据项目的预期收益、资产以及政府扶持措施的力度而不是项目投资人或发起人的资信来安排融资。项目经营的直接收益和通过政府扶持所转化的效益是偿还贷款的资金来源，项目公司的资产和政府给予的有限承诺是贷款的安全保障。

（2）PPP融资模式可以使社会资本更多地参与到项目中，以提高效率，降低风险。PPP模式的操作规则使私营企业参与到公共基础设施项目的确认、设计和可行性研究等前期工作中，不仅降低了私营企业的投资风险，而且能将私营企业在投资建设中更有效率的管理方法与技术引入到项目之中，并有效地实现对项目建设与运行的控制。从而降低项目建设投资的风险、缩短项目建设周期、降低项目运作成本及资产负债率。

（3）PPP融资模式在一定程度上首先保证社会资本"有利可图"，其次是政府给予私人投资者相应的扶持政策（如税收优惠、贷款担保、沿线土地优先开发权等），提高社会资本投资公共基础设施项目的积极性。

（4）PPP融资模式在减轻政府初期建设投资负担和风险的前提下，提高公共基础设施服务质量。同时双方可以形成互利的长期目标，更好地为社会和公众提供服务。

二、国内外PPP项目发展情况介绍

(一) 国外PPP发展状况

PPP模式兴起于英国，在随后的二十多年里，这种公共产品供给的新模式在全球范围内被广泛应用。根据全球PPP研究机构PWF（Public Works Financing）的统计数据，1985~2011年全球基础设施PPP名义价值为7751亿美元，其中，欧洲处于领先地位，约占全球PPP名义价值的45.6%，亚洲、澳大利亚占24.2%，美国、加拿大分别占8.8%、5.8%，墨西哥、拉丁美洲、加勒比海占11.4%，非洲和中东地区占4.1%。

1. 英国PPP模式的运用

英国是PPP模式的国际先驱，也是至今PPP模式运用较为成熟的国家之一。英国最早的PPP模式运用于保障性住房领域，即20世纪30年代部分英国地方政府通过私人主动融资、政府产权转让等方式吸引私人资本参与保障性住房的建设和运营管理。

英国的PPP模式大致分为两个阶段，分别是PFI（Private Finance Initiative的缩写，译为私人融资计划）阶段和PF2阶段。在2012年以前PFI是英国应用最广泛的PPP模式，PFI模式下允许社会资本方参与到公共设施的设计、建造、投融资和运营环节，旨在提高公共产品质量并更好地维护公共资产。1992~2011年英国累计完成PFI项目700多

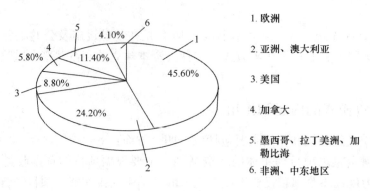

图 1-1　1985～2011 年全球基础设施 PPP 名义价值构成图

个，项目资本支出合计 547 亿英镑，涉及的公共领域包括学校、医院、公路、监狱、住房、废物废水处理设施等。其中，伦敦地铁即为以 30 年特许经营权为基础采取 PPP 模式建造而成的。PFI 模式的优势之一就是充分利用了社会资本方的项目管理经验、创新意识和风控技术，但在运行过程中 PFI 也暴露出一些问题，比如成本浪费、合同灵活性差、项目透明度低、风险收益分配不合理等。

鉴于 PFI 模式的不足，英国政府于 2012 年推出了一种新的 PPP 模式——PF2。主要改进之处在于：①股权结构方面，PF2 模式下政府持有一定的股权，作为项目小股东参与投资；②提高项目效率、节省项目支出成本，PF2 模式下鼓励政府进行集中采购，项目招标时间不超过 18 个月，对项目采购制定标准化的流程和文件，加强开支监管等；③提高合同灵活性，如政府可以在项目运营过程中选择添加或删除一些服务可选项等；④提高透明度，如要求社会资本方公开项目收益信息，政府每年公布其所有参股项目的财务信息等；⑤改进风险分配机制，如政府部门改进对额外开支风险的管理等；⑥债务融资方面，PF2 项目有望获取长期的债务融资等。

管理方面，英国财政部是 PPP 的主管部门，财政部下属的英国基础设施局（Infrastructure UK，IUK）全面负责 PPP 工作，为所有公共管理部门提供 PPP 的专业管理，尤其是采购方面的知识，并负责批准英格兰地区的 PFI 交易（苏格兰、威尔士和北爱尔兰的 PFI 交易由各地方负责审批）。在地方政府层面，英国财政部与地方政府协会联合成立了地方合作伙伴关系组织（Local Partnerships），独立于财政部，按公司化运营（市场投资人占股 51%，财政部和苏格兰主管部门分别占 44% 和 5%），为地方政府提供 PFI 项目技术援助和评估服务，并帮助制定标准化的合同（涉及具体项目采购与投资策略），以市场化方式对项目和公司进行投资。2010 年后，IUK 合并了 PPP 工作组和"地方合作伙伴关系组织"的职能，统一管理实施 PF2 项目。

2. 加拿大 PPP 模式的运用

加拿大是国际公认的 PPP 运用最好的国家之一，加拿大各级政府对 PPP 模式的重视程度很高且支持力度很大。因此，加拿大 PPP 项目推进有力，项目运作规范，各级采购部门经验丰富，服务效率和交易成本优势显著。1991～2013 年加拿大累计启动 PPP 项目 206 个，项目总价值超过 630 亿美元，项目涉及交通、医疗、司法、教育、文化、住房、环境和国防等行业。目前加拿大的 PPP 项目大约占所有公共领域项目的 15%～20% 左右。

在加拿大的PPP模式中，社会资本方负责PPP项目设计、建造、运营和维护的全过程，以避免由不同投资人负责单一阶段带来的风险和责任推诿；政府在项目建设完成前不承担支付责任，支付的阶段延伸至整个项目的生命周期，同时支付的前提是社会资本方提供的服务达到事先约定的标准。

管理方面，加拿大组建了国家层级的PPP中心（PPP Canada），即加拿大PPP中心。该中心是一个国有公司，由加拿大联邦政府所有，采取商业模式运作；专门负责协助政府推广和宣传PPP模式，参与具体PPP项目开发和实施，审核和建议联邦级的PPP项目，为PPP管理制定政策和最优实践，提供技术援助等，并负责与地方级PPP单位的合作。为支持PPP模式的发展，加拿大PPP中心设立了"加拿大P3基金"，基金总额12亿加元，2014年4月再次增加12亿加元。截至2013年3月底，该基金已为加拿大15个PPP项目提供基金支持近8亿美元，撬动市场投资超过33亿美元，各层级地方政府都可以申请该基金，用于交通、水务、能源、安全、固废处理、文化、体育、旅游、电信、海事、宇航等领域，该基金（加上其他联邦资金）可为PPP项目提供最高不超过项目投资额25%的资金支持。此外，加拿大各级政府制定基础设施规划，不断完善PPP项目采购流程。

加拿大PPP模式具有其自身的特点：①社会资本方参与PPP项目并非单纯的为基础设施项目融资，项目的最终目的是提供公共服务；②具有专业技术和经验优势，加拿大成立了专业的组织机构负责审核PPP项目复杂的交易结构等；③引入竞争，加拿大鼓励国内外的私人投资者参与到PPP项目的竞标中，以鼓励创新、降低成本；④资本市场融资，加拿大建立了为PPP项目提供资金的项目债券融资市场；⑤注重推广和创新，加拿大PPP中心与国内各省同行分享交流经验，同时借鉴PPP经验，根据不断变化的外部环境做出相应调整。

3. 澳大利亚PPP模式的运用

澳大利亚于20世纪80年代开始在基础设施建设领域运用PPP模式，其最普遍的PPP模式是投资者成立一个专门的项目公司（SPV），由项目公司（SPV）与政府就项目融资、建设和运营签订项目协议，协议期限一般为20~30年。

为了促进经济增长和提高效率，澳大利亚政府在PPP模式的推广过程中，不断地加大私人资本参与范围，并将项目建设和运营的风险更多得交由项目公司（SPV）承担，使得私人资本享受的收益同其承担风险之间产生不匹配，进而导致部分PPP项目以失败告终。2000年以来，澳大利亚政府对现行法律进行修订，并制定特别法律，保障私人资本的权益，以进一步推广PPP模式的发展。

管理方面，澳大利亚成立了全国性的PPP单位，即澳大利亚基础设施局（IAU），负责全国各级政府基础设施建设需求和政策，业务不局限于PPP，推广PPP仅是职能之一。2008年IAU会同澳大利亚全国PPP论坛制定了全国性的PPP政策框架和标准，各级政府（州）在此基础上制定本地的指南。上述政策要求各级政府资本金超过5000澳元的所有项目必须把PPP作为备选模式。

澳大利亚PPP模式具有代表性的案例就是悉尼奥运会主体育场、主体育馆和奥运村。其中，悉尼奥运会主体育场投资估算为6.15亿澳元，其中，政府拨款9120万澳元，政府贷款600万澳元，占总投资的15.8%；其余84.2%的资金由中标联合体组建的私人财团

(2000年澳大利亚体育场公司)负责筹措。中标人除投入股本金、商业银行贷款外,还通过发行会员座席(其中,发行"黄金会员"座席34400个,单价1万澳元,发行"白金会员"席位600个,单价3.4万澳元)等方式募集资金。奥运协调局代表州政府与中标人共签署了9种合同,除特许权协议外,还有租赁协议(包括土地租赁协议)、政府贷款协议。悉尼奥组委与中标人签署了体育场协议和商业权利协议。政府通过协议授予中标的私人财团负责融资、建设及在建造完成后31年的经营和维护权。该私人财团委托组建两家公司分别负责管理体育场和拥有体育场的资产。拥有资产所有权的公司负责偿还银行本息、向地方政府缴纳税费;负责管理的公司向持有资产的公司支付租金租用场馆,租金的多少基于管理公司的收入规模(来源包括冠名权、场馆租用、商业集会、会所收费、商品售卖、广告和餐饮等)。在经过赛后最初阶段的亏损后,主体育场已盈利。

(二)国内PPP发展状况

1. 国内PPP发展历程

PPP模式在中国的发展阶段均可分为以下三个阶段。

1)1995年至2003年——引入阶段

这一阶段,PPP模式被世行及亚行作为一种新兴的项目融资方式引入中国,与中国政府当时对外商投资的急切需求不谋而合。从1995年开始,在国家计委的主导之下,广西来宾B电厂、成都自来水六厂及长沙电厂等几个BOT试点项目相继开展。

此阶段对中国式PPP的规范化、专业化及本土化进行了非常有益的尝试,形成了相对成熟的项目结构及协议文本,为中国式PPP进入下一个发展阶段奠定了良好的基础。

2)2004年至2013年——逐步发展阶段

2004年,建设部颁布并实施了《市政公用事业特许经营管理办法》(下称"126号令"),将特许经营的概念正式引入市政公用事业,并在城市供水、污水处理及燃气供应等领域发起大规模的项目实践。各级地方政府也纷纷以126号令为模板,先后出台了大量地方性法规、政府规章及政策性文件,用于引导和规范各自行政辖区范围以内的特许经营项目开发。自此,中国式PPP进入第二轮发展浪潮。

此阶段是PPP模式在中国发展壮大的一个重要过程。供水及污水处理行业的成功经验,经过复制与改良,被用于更加综合、开放和复杂的项目系统,而不再限于一个独立的运作单元,项目参与主体和影响项目实施的因素也趋多元。这方面的经典案例有北京地铁4号线和国家体育场两个PPP项目。而广泛、多元的项目实践,反过来也促进了PPP理论体系的深化和发展。实践与理论共识初步成型,政策法规框架、项目结构与合同范式在这个阶段得到基本确立。

3)2014年开始——规范化大力发展阶段

作为中共十八大确定的落实"允许社会资本通过特许经营等方式参与城市基础设施投资和运营"改革举措的第一责任人,中国财政部从2013年底即已展开对PPP模式推广工作的全面部署。

2014年3月,财政部副部长王保安在政府和社会资本合作(PPP)培训班上发表讲话,对推广PPP模式的原因、任务和方式予以系统阐述,并提出要从组织、立法和项目试点等三个层面大力推广PPP模式。2014年5月,财政部政府和社会资本合作(PPP)

工作领导小组正式设立。相比于财政部的令箭频发，国家发改委也在2015年5月份一口气推出了80个鼓励社会资本参与建设营运的示范项目，范围涉及传统基础设施、信息基础设施、清洁能源、油气、煤化工、石化产业，且项目模式不局限于特许经营。

2015年5月，《基础设施和公用事业特许经营办法》由国家发改委、财政部等六部委正式发布。随后，国家发改委发布1043个PPP项目。至此，PPP模式的制度化建设终于正式提上议事日程。2014年也因此被不少业内人士视为PPP模式在中国的发展元年。我们将2014年及其以后的若干年称作中国式PPP的规范化发展阶段。

2. 中国PPP模式尚需完善的问题

1）相关制度建设尚需完善

近些年来，PPP相关法规政策文件陆续出台，但效果并不明显，同时，部委间对发展PPP和项目管理的行政权力划分不明确。财政部是落实"允许社会资本通过特许经营等方式参与城市基础设施投资和运营"的主要推手，但根据历史沿革，国家发改委却是特许经营改革的第一责任人；PPP项目的审批，还牵扯到行业主管部委。

2014年到2015年，国务院、财政部、国家发展改革委下发若干PPP的重要政策文件，2015年5月，国务院办公厅转发财政部、发展改革委、中国人民银行联合制定的《关于在公共服务领域推广政府和社会资本合作模式的指导意见》（国办发〔2015〕42号），对前期政策进行了阶段性全面总结。文件对PPP模式进行全面肯定，同时在政策保障、组织安排、部门利益协调方面作出了努力。

2）风险分担机制不够成熟

PPP项目实施周期长，参与各方关系错综复杂，风险贯穿项目的全过程，无疑让投资者承担了不可预见的风险。由于项目经验不足，尚未形成风险共担机制，而出于吸引资金、提升政绩的目的，地方政府往往给予过多承诺，即过高的投资回报率、收费标准，以及过长的特许经营期，甚至兜底市场风险。另一方面，PPP模式出现将所有责任和风险完全推卸给市场化主体的倾向。中国北方某城市水厂BOT项目，政府兜底全部的运营风险，遭受巨额亏损；安然公司投资的大博电厂，亦由政府承担了几乎所有的汇率风险和市场风险，显示项目明显失误。

3）收益分配机制尚不健全

由于缺乏合理定价机制以及大多未在相关协议中对私人收益列明"可调整"的原则性条款，导致暴利或亏损。在PPP推行初期，私人资本获得暴利甚多，应引以为戒，许多高速公路即为典型案例。然而，资本具有逐利性，虽然当前PPP模式推进较快，但如果PPP项目无法保证稳定的盈利预期，势必影响社会资本参与的积极性；而收益率高的项目，除非资金严重短缺，地方政府未必愿意让社会资本介入。界定好权利和责任，努力实现双赢。

4）需要完善政府契约配套政策

长期以来，政府与市场的界限不清，影响PPP机制创新。多年来，政企合作主要靠的是人际关系，而不是主要靠市场、法制、契约。地方政府过于强势，合作意识、契约精神约束不足，造成纠纷案例频现。年度预算使得PPP项目的长期补贴难以保证；合同粗糙，政府换届更使得合同持续性无法保障，对拖延付款、不付款行为尚未形成有效约束机制；当现实发生变化时，后续补充协议的签订上，投资者常常处于弱势位置。

5）PPP生存环境需要实质性改善

过去PPP合作对象多为国企，引致政府兜底风险、企业为社会买单等问题。并且，没有与PPP相配套的公开透明的招标制度和标书，私人资本、外资难以与国有资本开展平等竞争，造成PPP效率损失。而保证PPP运营效率的关键是让每个消费主体，都享有监督权，这又十分薄弱。同时，公共资源要素未实现市场化定价，存在很大政策不确定性。一旦补贴不到位或协议价格过低，极易使投资者的利益受损，导致偷工减料，影响运营质量，危及社会安全。兰州自来水苯含量超标事件应予以警惕。此外，涉及安全、社会稳定的重要领域，对出资能力、风险承受能力以及出资背景等要求颇高，造成符合条件的社会资本方极其有限；PPP需要懂融资、法律、技术、财务的复合型人才，而民企欠缺。

三、PPP运作模式

(一) PPP分类

由于世界各国意识形态不同，且处于PPP发展的不同阶段，导致各国使用的术语不尽相同，或者对同一个术语的理解不尽一致，这就给PPP的分类带来很大麻烦。从笔者查阅的资料来看，各国或国际组织对PPP的分类有十几种之多。以下分别列举出几种有代表性的分类方法，供参考。

1. 世界银行的分类

世界银行综合考虑资产所有权、经营权、投资关系、商业风险和合同期限等，将PPP分为服务外包（Service Contract）、管理外包（Management Contract）、租赁（Lease）、特许经营（Concession）、BOT/BOO和剥离（Divestiture）六种模式，如表1-1所示。

世界银行的PPP分类　　　　表1-1

PPP类型	产权	经营和维护	投资	商业风险	合同期限
服务外包	公共部门	公共部门和私人部门	公共部门	公共部门	1~2年
管理外包	公共部门	私人部门	公共部门	公共部门	3~5年
租赁	公共部门	私人部门	公共部门	私人部门	8~15年
特许经营	公共部门	私人部门	私人部门	私人部门	25~30年
BOT/BOO	公共部门和社会资本方	私人部门	私人部门	私人部门	20~30年
剥离	私人部门或私人部门和公共部门	私人部门	私人部门	私人部门	永久

2. 联合国培训研究院的分类

联合国培训研究院认为世界银行PPP分类选项中的特许经营（Concession）、BOT和BOO三类模式属于PPP，而外包、租赁和剥离不属于PPP范畴。

3. 欧盟委员会的分类

欧盟委员会将PPP分为传统承包、一体化开发和经营、合伙开发三大类（表1-2）。传统承包类是指政府投资，私人部门只承担项目中的某一个模块（如建设或者经营）；一体化开发类是指公共项目的设计、建造、经营和维护等一系列职能均由私人部门负责，有时也需要私人部门参与一定程度的投资；合伙开发类通常需要私人部门负责项目的大部分甚至全部投资，且合同期间资产归私人拥有。具体分类详见表1-2。

欧盟委员会的PPP分类　　　　　　　　　　　　　　　　　表1-2

PPP类型	具体模式	备注
传统承包类	服务外包（Service Contract）	租赁也属于私人承包类
一体化开发和经营类	BOT，Turnkey	有时Turnkey也用DBO来表示，即全承包或"交钥匙"
合伙开发类	特许经营（Concession），剥离（Divestiture）	特许经营包括DBFO、BOOT等，剥离包括BOO等

4. 加拿大PPP国家委员会的分类

加拿大PPP国家委员会按照转移给私人部门的风险大小，将PPP细分成了12种模式，见表1-3（表中箭头方向表示转移给社会资本方的风险越来越大）。

加拿大PPP国家委员会的PPP分类　　　　　　　　　　　　表1-3

中文含义	简写	PPP类型	转移给私人部门的风险大小
捐赠协议	—	Contribution Contract	小
经营和维护	O&M	Operation and Maintenance Contract	
设计-建设	DB	Design Build	
设计-建设-主要维护	DBMM	Design Build Major Maintenance	
设计-建设-经营（超级交钥匙）	DBO	Design Build Operate (Super Turnkey)	
租赁-开发-经营	LDO	Lease Develop Operate	
建设-租赁-经营-转让	BLOT	Build Lease Operate Transfer	
建设-转让-经营	BTO	Build Transfer Operate	
建设-拥有-转让	BOT	Build Own Transfer	
建设-拥有-经营-转让	BOOT	Build Own Operate Transfer	
建设-拥有-经营	BOO	Build Own Operate	
购买-建设-经营	BBO	Buy Build Operate	大

（二）适合中国的PPP分类方式

参考国外的分类方式，结合国内政策文件及应用现状，PPP可以按如下三级结构的方式进行分类（图1-2）。

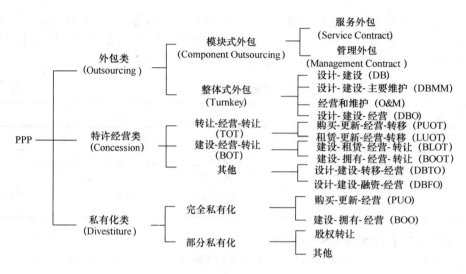

图 1-2 适合国内 PPP 分类

从图 1-2 可知，PPP 可以分为外包、特许经营和私有化三大类。

1. 外包类 PPP 项目

一般是由政府投资，社会资本方承包整个项目中的一项或几项，如只负责工程建设，或者受政府之托代为管理维护设施或提供部分公共服务，并通过政府付费实现收益。在外包类 PPP 项目中，社会资本方承担的风险相对较小。

2. 特许经营类 PPP 项目

需要社会资本方参与部分或全部投资，并通过一定的合作机制与政府分担项目风险，共享项目收益。根据项目的实际收益情况，政府可能会向特许经营公司收取一定的特许经营费或给予一定的补偿，这就需要政府协调好社会资本方的利润和项目的公益性两者之间的平衡关系，因而特许经营类项目能否成功在很大程度上取决于政府相关部门的管理水平。通过建立有效的监管机制，特许经营类项目能充分发挥双方各自的优势，节约整个项目的建设和经营成本，同时还能提高公共服务的质量。项目的资产最终归公共部门保留，因此一般存在使用权和所有权的移交过程，即合同结束后要求社会资本方将项目的使用权或所有权移交给公共部门。

3. 私有化类 PPP 项目

需要社会资本方负责项目的全部投资，在政府的监管下，通过向用户收费，收回投资实现利润。由于私有化类 PPP 项目的所有权永久归私人拥有，并且不具备有限追索的特性，因此社会资本方在这类 PPP 项目中承担的风险最大。

（三）PPP 实施机构

近期，国家明确了 PPP 实施机构的职责。根据《基础设施和公用事业特许经营管理办法》（国家发展改革委令第 25 号）规定，县级以上人民政府或其授权的有关职能部门或事业单位可作为项目实施机构，负责项目准备、采购、监管和移交等工作。例如，国家体育场项目中的北京市人民政府是项目实施机构。

实施机构的主要职责如下：

（1）实施机构根据经审定的特许经营项目实施方案，应当通过招标、竞争性谈判等竞争方式选择特许经营者。

（2）实施机构应当公平择优选择具有相应管理经验、专业能力、融资实力以及信用状况良好的法人或者其他组织作为特许经营者。鼓励金融机构与参与竞争的法人或其他组织共同制定投融资方案。

（3）实施机构应当与依法选定的特许经营者签订特许经营协议。

（4）实施机构应当协助特许经营者办理相关手续。

（5）除法律、行政法规另有规定外，实施机构应当履行特许经营协议约定义务并符合约定要求，否则应当根据协议继续履行、采取补救措施或者赔偿损失。

（6）实施机构应当对在特许经营活动和监督管理工作中知悉的特许经营者商业秘密保密。

（7）实施机构和特许经营者应当对特许经营项目建设、运营、维修、保养过程中有关资料，按照有关规定进行归档保存。

（8）实施机构应当按照特许经营协议严格履行有关义务，为特许经营者建设运营特许经营项目提供便利和支持，提高公共服务水平。

（9）实施机构应当根据特许经营协议，定期对特许经营项目建设运营情况进行监测分析，会同有关部门进行绩效评价，并建立根据绩效评价结果、按照特许经营协议约定对价格或财政补贴进行调整的机制，保障所提供公共产品或公共服务的质量和效率。实施机构应当将社会公众意见作为监测分析和绩效评价的重要内容。

（10）实施机构和特许经营者应当将特许经营项目实施方案、特许经营者选择、特许经营协议及其变更或终止、项目建设运营、所提供公共服务标准、监测分析和绩效评价、经过审计的上年度财务报表等有关信息按规定向社会公开。

（11）实施机构和特许经营者应当制定突发事件应急预案，按规定报有关部门。突发事件发生后，及时启动应急预案，保障公共产品或公共服务的正常提供。

（四）参与主体

PPP 参与方较多，根据财政部财金〔2014〕113 号文，PPP 项目的参与方通常包括政府、社会资本方、融资方、承包商和分包商、原料供应商、专业运营商、保险公司以及专业机构等。各参与方参与时间段，如图 1-3 所示。

1. 政府

根据 PPP 项目运作方式和社会资本参与程度的不同，政府在 PPP 项目中所承担的具体职责也不同。总体来讲，在 PPP 项目中，政府需要同时扮演以下两种角色：

（1）作为公共事务的管理者，政府负有向公众提供优质且价格合理的公共产品和服务的义务，承担 PPP 项目的规划、采购、管理、监督等行政管理职能，并在行使上述行政管理职能时形成与项目公司（或社会资本）之间的行政法律关系。

（2）作为公共产品或服务的购买者（或者购买者的代理人），政府基于 PPP 项目合同形成与项目公司（或社会资本）之间的平等民事主体关系，按照 PPP 项目合同的约定行使权利、履行义务。

为便于区分政府的不同角色，本书中，政府或政府授权机构作为 PPP 项目合同的一

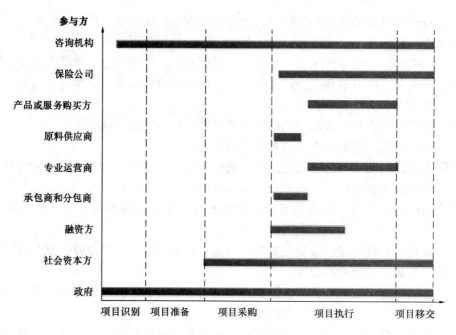

图 1-3　PPP 项目各方参与时间段

方签约主体时，称为政府方。

例如北京地铁 4 号线项目中的北京市人民政府，以及代表北京市政府承担北京市基础设施项目的投融资和资本运营的北京市基础设施投资有限公司都属于政府方。

2. 社会资本方

社会资本方是指与政府方签署 PPP 项目合同的社会资本或投资者专门成立的项目公司。

社会资本是指依法设立且有效存续的具有法人资格的企业，包括民营企业、国有企业、外国企业和外商投资企业。但本级人民政府下属的政府融资平台公司及其控股的其他国有企业（上市公司除外）不得作为社会资本方参与本级政府辖区内的 PPP 项目。社会资本是 PPP 项目的实际投资人，但在 PPP 实践中，社会资本通常不会直接作为 PPP 项目的实施主体，而会专门针对该项目成立项目公司，作为 PPP 项目合同及项目其他相关合同的签约主体，负责项目具体实施。

项目公司是依法设立的自主运营、自负盈亏的具有独立法人资格的经营实体。项目公司可以由社会资本（可以是一家企业，也可以是多家企业组成的联合体）出资设立，也可以由政府和社会资本共同出资设立。但政府在项目公司中的持股比例应当低于 50％且不具有实际控制力及管理权。

3. 融资方

PPP 项目的融资方通常有商业银行、出口信贷机构、多边金融机构（如世界银行、亚洲开发银行等）以及非银行金融机构（如信托公司）等。根据项目规模和融资需求的不同，融资方可以是一两家金融机构，也可以是由多家银行或机构组成的银团，具体的债权融资方式除贷款外，也包括债券、资产证券化等。

例如北京地铁 4 号线项目的融资方是国家开发银行。

4. 承包商和分包商

在 PPP 项目中，承包商和分包商的选择是影响工程技术成败的关键因素，其技术水平、资历、信誉以及财务能力在很大程度上会影响贷款人对项目的商业评估和风险判断，是项目能否获得贷款的一个重要因素。

承包商主要负责项目的建设，通常与项目公司签订固定价格、固定工期的工程总承包合同。一般而言，承包商要承担工期延误、工程质量不合格和成本超支等风险。

对于规模较大的项目，承包商可能会与分包商签订分包合同，把部分工作分包给专业分包商。根据具体项目的不同情况，分包商从事的具体工作可能包括设计、部分非主体工程的施工，提供技术服务以及供应工程所需的货物、材料、设备等。承包商负责管理和协调分包商的工作。

5. 专业运营商（部分项目适用）

根据不同 PPP 项目运作方式的特点，项目公司有时会将项目部分的运营和维护事务交给专业运营商负责。但根据项目性质、风险分配以及运营商资质能力等不同，专业运营商在不同项目中所承担的工作范围和风险也会不同。例如，在一些采用政府付费机制的项目中，项目公司不承担需求风险或仅承担有限需求风险的，可能会将大部分的运营事务交由专业运营商负责；而在一些采用使用者付费机制的项目中，由于存在较大需求风险，项目公司可能仅仅会将部分非核心的日常运营管理事务交由专业运营商负责。

6. 原料供应商（部分项目适用）

在一些 PPP 项目中，原料的及时、充足、稳定供应对于项目的平稳运营至关重要，因此原料供应商也是这类项目的重要参与方之一。例如在燃煤电厂项目中，为了保证煤炭的稳定供应，项目公司通常会与煤炭供应商签订长期供应协议。

7. 产品或服务购买方（部分项目适用）

在包含运营内容的 PPP 项目中，项目公司通常通过项目建成后的运营收入来回收成本并获取利润。为了降低市场风险，在项目谈判阶段，项目公司以及融资方通常都会要求确定项目产品或服务的购买方，并由购买方与项目公司签订长期购销合同以保证项目未来的稳定收益。

8. 保险公司

由于 PPP 项目通常资金规模大、生命周期长，在项目建设和运营期间面临着诸多难以预料的各类风险，因此项目公司以及项目的承包商、分包商、供应商、运营商等通常均会就其面临的各类风险向保险公司进行投保，以进一步分散和转移风险。同时，由于项目风险一旦发生就有可能造成严重的经济损失，因此 PPP 项目对保险公司的资信有较高要求。

9. 咨询机构

由于 PPP 项目运作参与合作者众多、资金结构复杂、项目开发期较长、风险较大，因此在项目的全寿命期内都需要咨询机构的介入，指导项目的运作。咨询机构作为 PPP 项目的政府方顾问，在 PPP 项目中的主要工作包括组织尽职调查、设计 PPP 项目方案，设计项目交易结构和招商程序，设定边界条件、遴选标准等，建立财务模型并进行商业预测分析，编制招商文件，组织实施招标或竞争性谈判等公开竞争性招商程序，参与商务谈判及协助签订项目特许经营协议等。具体职能如下：

1）提供政策咨询

由于项目的运作涉及国家的产业政策、行业政策、税收、金融等各方面的政策，咨询机构可以帮助 PPP 项目公司了解这些政策，并按照政策的要求设计项目框架，规避项目的政策风险。

2）协助确定融资方案

合理的融资方案是项目成功的重要因素。咨询机构可以充分发挥自身的专业优势，依据其掌握的市场信息和融资经验，帮助 PPP 项目公司设计适合项目特点的最佳的融资计划，确定合理的融资结构。

3）协助制定风险管理方案

在 PPP 模式下，项目面临的风险众多，咨询机构能够对项目全生命期内风险做出较为准确专业的判断，制定合理的风险分配方案，使项目的风险管理合理有效。

4）协助选择合作伙伴

项目的建设需要有众多的合作伙伴参与，包括设计单位、建设单位、监理单位等等，咨询机构可以协助 PPP 项目公司选择信誉卓越、技术精专的合作伙伴，协助进行工程的合理安排，有效控制工程的进度、成本和质量。

5）协助项目开发运营

咨询机构可以为 PPP 项目公司提供长期的市场分析和预测，设计规避市场风险的有效方案。项目开发运营过程中的相关报告、文件以及会议等等也都在咨询机构的协助下完成。

10. 其他参与方

除上述参与方之外，开展 PPP 项目还必须充分借助投资、法律、技术、财务、保险代理等方面的专业技术力量，因此 PPP 项目的参与方通常还可能会包括上述领域的专业机构。

（五）常见 PPP 模式解析

1. 建设-运营-移交模式，BOT（Build-Operate-Transfer）

BOT 是指社会资本承担新建项目设计、融资、建设、运营、维护和用户服务职责，合同期满后项目资产及相关权利等移交给政府的项目运作方式。社会资本通过政府或使用者付费实现投资运营回报。在 BOT 模式下，社会资本一般要求政府保证其最低收益率，一旦在特许期内无法达到该标准，政府应给予特别补偿。BOT 的合同期限一般为 20 至 30 年。BOT 模式如图 1-4 所示。

1）BOT 的特点

一方面，BOT 能够保持市场机制发挥作用。BOT 项目的大部分经济行为都在市场上进行，政府以招标方式确定项目公司的做法本身也

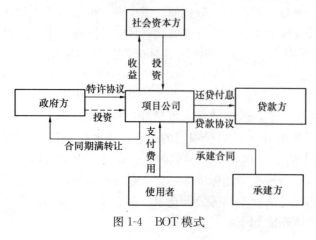

图 1-4　BOT 模式

包含了竞争机制。作为可靠的市场主体的社会资本方是 BOT 模式的行为主体，在特许期内对所建工程项目具有完备的产权。这样，承担 BOT 项目的社会资本方在 BOT 项目的实施过程中的行为完全符合经济人假设。

另一方面，BOT 为政府干预提供了有效的途径，这就是和社会资本方达成的有关 BOT 的协议。尽管 BOT 协议的执行全部由项目公司负责，但政府自始至终都参与项目。在立项、招标、谈判三个阶段，政府的意愿起着决定性的作用。在履约阶段，政府又具有监督检查的权力，项目经营中价格的制订也受到政府的约束，政府还可以通过通用的 BOT 相关法律来约束 BOT 项目公司的行为。

2) BOT 模式的适用范围

BOT 模式一般适用于那些未全面开放竞争的行业，特别是特许经营行业。一个国家或地区在其基础设施领域中只要能通过收费获得收入的设施或者服务项目都是 BOT 方式的适用对象，例如：电站、高速公路、铁路、桥梁、隧道、港口、机场、钢铁企业、化工企业、灌渠、水库、大坝、教育医疗卫生基础设施、仓库、环保设施、通信设施、工业园区等建设项目。

需要指出的是，并非上述所有基础设施建设都适合以 BOT 方式投资建设，因为以 BOT 方式投资的基础设施建设，其投资规模相对较大，必然要求有一个长期稳定的预期收入。因此，在立项时要特别做好项目可行性研究与分析，以保证投资有可靠和稳定的回收来源。

2. 转让-经营-转让模式，TOT（Transfer-Operate-Transfer）

TOT 是指政府将存量资产所有权有偿转让给社会资本，并由其负责运营、维护和用户服务，合同期满后资产及其所有权等移交给政府的项目运作方式。社会资本通过政府或使用者付费实现投资运营回报。TOT 的合同期限一般为 20 至 30 年，其项目资产所有权通常会在运营期末无偿移交给政府。

TOT 使项目公司从经营期一开始就有收入，未来稳定的现金流入使项目公司的融资变得较为容易。

1) TOT 模式实施的关键问题

在实施中，TOT 转出项目的经营权如何定价是个关键问题。

项目的转出是 TOT 模式得以实施的突破口，而转出项目的经营权的合理定价则是转出协议达成的关键。如果转让价格过低，会使转让方遭受财产损失；如果转让价格过高，则会降低受让方的预期投资收益，导致转让协议难以达成，或者项目产品价格过高。在后一种情况下，如果转让方为了达成协议，则需要在其他方面做出较多的让步和承诺，而过多的让步和承诺对于转让方而言同样会造成一定的损失。

TOT 项目转让价格计算有几种不同方法，相对于账面价值法、重置成本法、现行市价法，收益现值法可以比较真实地反映拟转让项目经营权的真实价值。它通过估算 TOT 项目标的未来预期收益

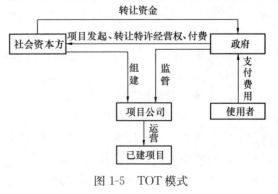

图 1-5　TOT 模式

并折算成现值,来确定 TOT 项目标的价值的一种评估方法,其基本原理是期望价值理论,是基于标的的预期收益角度对其价格所做的评估。所以,给 TOT 转出项目的经营权定价时,要在收益现值法的基础上,充分考虑各种风险因素,进行修正,使价格趋于合理、可行。目前,国际上比较认同的方法是美国西北大学教授阿尔费雷德·巴拉特创立的巴拉特评估法。

2) TOT 模式的适用范围

由于 TOT 方式是社会资本进入国家基础设施领域的运营项目,而社会资本的目的主要是获取长期稳定的收入以归还借款并获得利润,并且这个收入只能通过特许期限内的收费实现,所以一个项目是否能通过收费获得收入才是 TOT 方式的适用范围。根据项目区分理论,TOT 方式适用于经营性项目,包括纯经营性项目,如收费高速公路、收费桥梁、收费隧道等;以及部分准经营性项目(要求一定的经营指数),如煤气厂、地铁、轻轨、自来水厂、垃圾焚烧厂等。

TOT 在实践中已经有一定的应用,如:辽宁的沈海电厂的部分股权转让、广西来宾电站 A 厂经营权的转让、河南新乡电厂部分股权转让、上海南浦大桥、杨浦大桥及过江隧道的专营权的转让等都是中国已经实施的 TOT 项目。这些项目的实施为公共基础设施建设 TOT 项目的理论体系和方法研究提供了宝贵的案例研究资料。在欧洲,TOT 项目的方式已被广泛开展,如:德国电信专营权的转让、荷兰机场股权的转让等。

3. 改建-运营-移交模式,ROT(Rehabilitate-Operate-Transf-er)

ROT 是指政府在 TOT 模式的基础上,增加改扩建内容的项目运作方式。ROT 的合同期限一般为 20 至 30 年,除增加了建造和融资功能外,其他属性和特征均与 TOT 方式一致。该模式主要是针对运营时间较长,已经破损公共设施项目,不能充分发挥其功能,而进行的项目翻新。它主要适用于那些损坏的,经过评估后,需要一定的资金进行改建的项目。我国从 1985 年第一个 BOT 项目——沙角电厂以来,到现在为止,各种已经建成都在设计使用年限运营,还没有达到破损而不能发挥其功能的地步。因此,现在应用较少。但是随着项目使用年限的增加,其破损是不可避免,在不久的将来,该模式肯定会被广泛地应用到实际中来。

4. 转让-建设-转让模式,TBT(Transfer-Build-Transfer)

TBT 就是将 TOT 与 BOT 融资方式组合起来,以 BOT 为主的一种融资模式。TBT 的实施过程如下:政府通过招标将已经运营一段时间的项目和未来若干年的经营权无偿转让给投资人;投资人负责组建项目公司去建设和经营待建项目;项目建成开始经营后,政府从 BOT 项目公司获得与项目经营权等值的收益;按照 TOT 和 BOT 协议,投资人相继将项目经营权归还给政府。实质上,是政府将一个已建项目和一个待建项目打包处理,获得一个逐年增加的协议收入(来自待建项目),最终收回待建项目的所有权益。

TBT 模式两大特点:

其一,从政府的角度讲,TOT 盘活了固定资产,以存量换增量,可将未来的收入现在一次性提取。政府可将 TOT 融得的部分资金入股 BOT 项目公司,以少量国有资本来带动大量社会资本。众所周知,BOT 项目融资的一大缺点就是政府在一定时期对项目没有控制权,而政府入股项目公司可以避免这一点。

其二,从投资者角度来讲,BOT 项目融资的方式很大程度上取决于政府的行为。而从国内外民营 BOT 项目成败的经验看，政府一定比例的投资是吸引民间资金的前提。在 BOT 的各个阶段政府会协调各方关系，推动 BOT 项目的顺利进行，这无疑减少了投资人的风险，使投资者对项目更有信心，对促成 BOT 项目融资有利。TOT 使项目公司从 BOT 特许期一开始就有收入，未来稳定的现金流入使 BOT 项目公司的融资变得较为容易。

5. 建设-拥有-运营，BOO（Build-Own-Operate）

BOO 由 BOT 模式演变而来，与 BOT 模式下社会资本承担的公共职责和投资运营回报机制基本一致。二者区别主要是 BOO 模式下社会资本或项目公司拥有项目所有权，但必须在合同中注明保证公益性的约束条款，一般不涉及项目期满移交。BOO 模式的目的是政府通过该项目获得持续稳定的公共服务而非掌握公共资产；在双方没有发生提前终止合同情形的情况下，可通过续约实现持续经营。

6. 设计-建造-转移-经营模式，DBTO（Design-Build-Transfer-Operate）

社会资本方采取该种模式主要目的是为了避免由于拥有资产的所有权而带来的各种责任或其他复杂的问题。现阶段，该模式应用较少，但是随着基础设施建设融资模式的变革，以后的应用将会逐渐变多。

7. 设计-建造-投资-经营模式，DBFO（Design-Build-Finance-Operate）

DBFO 是英国 PFI 架构中最主要的模式，社会资本方投资建设基础设施的各种建筑物，政府向社会资本方支付一定的费用使用建设好的基础设施，并提供基础设施等需要的主要的服务，而社会资本方负责提供保证基础设施正常运转所需要的辅助性服务。主要应用的基础设施有学校、医院、道路等，如：从英格兰北端到苏格兰的格拉斯哥的道路建设，在英国属于大规模的 DBFO 道路项目（工程计划投资 22900 万英镑）。

8. 设计-建设-经营-转让模式，DBOT（Design-Build-Operate-Transfer）

DBOT 是一种由社会资本自行设计、投资建设、经营管理、运营一定期限后移交给政府管理的模式，目的是为减轻政府在小城镇公益设施建设中的设计、投资、建设、管理、运营等方面的负担，目前广泛应用于贵州省小城镇污水处理厂、垃圾处理场等公益设施建设。桐梓县污水处理厂就是该省首家采用该模式进行建设的项目。

9. 设计-建造-经营-维护模式，DBOM（Design-Build-Operate-Maintenance）

政府方采取该种模式主要目的是为了避免社会资本方盲目追求利润而只顾自己利益的问题，而且还可以对公共设施进行维护，比起其他模式，该模式有明显的优点，适合较多的基础设施项目的建设方式。

美国新泽西哈德逊-伯根（Hudson-Bergen）区所规划的轻轨运输系统，总长度 20.5 英里，从 1996 年开始兴建。该项目的合同由 21 世纪公司获得，21 世纪公司由一家美国公司与两家日本公司所组成，其中轻轨车辆则由日本近歌车辆公司制造，这也是第一家日本海外输出成功轻轨车辆制造厂。2000 年 4 月完成初期轻轨营运路线的兴建并通车运营，且整个计划经费节省将近 300 万美元，使政府与社会资本方双赢。国内现阶段所开发的轻轨车辆已进入测试与定型化阶段，如要成功商业化并在国内市场推广，可以参考美国新泽西哈德逊—伯根区成功推广轻轨建设经验，结合系统设计，车辆制造维修与营运者，共同以交通部所制订的奖励民间参与交通建设条例，与各地政府共同参与规划建设轻轨运输系统。

10. 委托运营，O&M（Operations & Maintenance）

O&M 是指政府将存量公共资产的运营维护职责委托给社会资本，社会资本不负责用户服务的 PPP 项目运作方式。政府保留资产所有权，只向社会资本支付委托运营费。O&M 通常采用中期合同的方式（一般不超过 8 年，可续签），目的在于引入运营管理公共资产的团体，以解决新建成的基础设施缺乏具备相应运营管理技能和经验的人员问题。

11. 管理合同，MC（Management Contract）

MC 是指政府将存量公共资产的运营、维护及用户服务职责授权给社会资本的项目运作方式。政府保留公共资产所有权，只向社会资本支付管理费。MC 通常采用中短期合同的方式（合同期限一般不超过 3 年），其目的在于引入先进的运营管理技能和经验，改进存量公共资产的运营管理效率，通常作为后续与社会资本进行更为深入的 TOT 合作的过渡方式。

四、PPP 项目实施应注意的事项

早在 20 世纪 80 年代，国内已逐步推行 PPP 模式的投资理念。为解决上述问题以及更好地开展 PPP 项目，根据国内近三十年 PPP 项目运作经验，本书对项目参与各方提出一些建议和项目风险防范对策。

1. 政府方面

政府是 PPP 项目的重要推动者和监管方。目前，财政部已成立 PPP 中心，其职能包括提出政策建议、参与项目审核、支持项目融资、建立信息平台等。政府还需要从以下几方面进行完善：

1）完善 PPP 立法

一方面，政府各部门颁布的 PPP 条文内容上需保持一致，有利于创造稳定良好的投融资环境和政治环境，更好推行 PPP 项目的投资。另一方面，目前国内仍未对 PPP 立法，需加快立法工作的推进，以避免不同监管部门有不同的要求，不同地方有不同的做法。

2）政府监管

从政府监管部门看，对于目前已经下发试点项目清单的省份，其关于 PPP 政府监管部门的机构设置仍存在一些差异，政府授权的监管部门有财政、发改和住建等部门。由于 PPP 项目涉及部门相对较多，虽目前牵头部门不一，但从政府监管端来讲，需要建立一个良好的协调机制。

从监管方式来讲，监管方式可以是直接进行监管，也可以通过绩效考核的方式进行监管，如根据社会资本提供的服务水平来决定补贴金额等。

从监管范围而言，政府需要监管到项目各个阶段，包括项目准备到最终项目移交全周期。

从监管质量而言，政府需对项目的实际运营具有一定参与，了解项目运营情况、遇到的困难，从而对政府的管理和专业水平提出了更高的要求。

从监管力度而言，政府不可过于主导项目运作，需要平衡项目中政府和社会资本各方力量，发挥各方所长，以便项目健康运作。

3）项目审批

由于PPP项目庞大的前期准备研究工作需要耗费大量时间，而目前政府审批程序繁琐，耗时较长。因此建议在各地的PPP监管部门下设"PPP项目审批联席部门"，协调政府相关部门按进度审批管理PPP项目，既可有效管理，还可缩短项目审批流程。

4）完善配套制度机制

需建立健全费价机制、运营补贴、合同约束、信息公开、过程监管、绩效考核等一系列改革配套制度机制，实现政府与社会资本方风险分担、权益融合、有限追索。

5）规范项目运作和操作流程

PPP各项操作流程需"规范、公开、透明"，依法合规地发起项目、充分论证项目（如物有所值评价、财政承受能力验证等）、选择合作伙伴、组建项目公司、制定和履行各类合同、确立收益补偿机制、组织绩效评价等，避免政府失信违约、合作伙伴谋取暴利等不规范行为发生。

6）建立PPP专业团队

政府相关人员需认真深入学习PPP知识，建设专业的PPP运作团队，政府才能与社会资本方平等协商，签订内容全面的项目协议书，尽量避免因项目前期阶段未考虑到而在项目运作期间无法解决的问题，使得政府失信于社会资本方。

7）政府支持

一方面，政府要在项目资本金、财政补贴、土地划拨、税收优惠、项目融资、项目配套政策等方面提供支持；而另一方面，政府不可为了满足社会资本方投资回报率的需求而提供全套支持，需要设定调节机制，并严格控制政府债务规模，才能保证资金利用效率和发挥PPP模式的作用。

8）灵活应用PPP模式

我国政府应学习和借鉴国外PPP项目案例，总结国内过去PPP项目经验，根据我国国情、法律法规以及相关行业特点，灵活变通应用PPP运作模式。

2. 社会资本方面

社会资本方是PPP项目资金、技术和管理能力的重要保证，是项目成功的重要因素之一，其主要包括投资方、采购方、建造方、设计方、运营方、融资方等。社会资本方在项目运作中需注意以下几方面：

1）培养PPP专业人才

由于PPP项目周期长、变动因素多和项目风险大，社会资本方需要培养PPP专业人才，才能在项目前期阶段考虑到项目各阶段的问题并提供解决方案，有效降低项目建设、财务、运营等风险，同时保证在项目后期能严格按照协议执行，提高项目公私合作的成功率。

2）重视项目前期调研和收入预测

社会资本方在项目前期需进行独立市场调研，根据市场实际需求进行方案设计，不可完全依赖政府的承诺，要预防政府信用风险。

3）重视项目融资方案

项目资金是项目执行的重要保障，社会资本方在项目前期需设计合理的项目融资方案，通过多渠道的融资方式降低融资成本，保证项目资金及时到位。

4) 民营资本需以长期投资为目标参与PPP项目

与国有资本相比，民营资本单笔规模较小、抗风险能力较弱、追求较高的投资回报，而PPP项目投资规模大、周期长、收益率不高，故在项目前期民营企业与政府部门需建立起良好关系和沟通机制，相互信任，平等对话和协商，共同进行项目运作、合理分配收益。

3. 其他机构方面

1) 咨询机构和评估机构

一方面，引进咨询机构PPP项目经验。基于目前中国PPP人才匮乏，而政府正在全国大力推行PPP项目，项目的实际运作经验对项目的成功执行尤为重要，故咨询机构需召集相关行业实际参与PPP项目的人员，根据以前PPP项目经验和教训，积极为将要推行的PPP项目提供建设性意见。

另一方面，委托评估机构准确估值。在项目可研分析、股权转让、项目移交等阶段，政府需委托有资质的资产评估机构进行准确评估，保证项目的合理收益。

最后，政府充分利用咨询机构的项目经验和评估机构的专业操作优势，对PPP项目进行"物有所值"评价。财政部门（政府和社会资本合作中心）会同行业主管部门从定性和定量两方面开展物有所值评价工作。由于"物有所值评价"概念在我国才刚刚提出，政府部门缺乏相关工作经验，需要咨询机构和评估机构配合和具体操作。

2) 银行、证券、信托、保险

这四类金融中介机构可为项目提供多种融资渠道。银行可为项目提供间接或直接债务融资；证券、信托、保险机构可为项目提供直接债务融资。上述金融中介机构需积极配合PPP项目融资，激发市场资金活力，为PPP项目的推进提供重要的资金保障。

3) 评级机构

债券评级是PPP项目直接债务融资的重要环节，评级机构出具项目相关债券信用等级供市场投资者参考。未来，PPP项目融资的债券品种主要包括项目收益债、项目收益票据、资产证券化、信托投资计划、债权投资计划等，是目前城投债的重要转型方向。信用评级人员需学习PPP项目案例并熟悉PPP项目运作流程以及各个环节的关键风险，同时掌握上述PPP项目可能发行的债券的评级方法，为PPP项目的债券融资提供高质量、高效率的服务。

第二章 PPP 政 策 解 析

一、政策思路梳理

2012年以来，中国GDP增速开始回落，进入7%左右新常态。中国过往依靠投资拉动经济增长的模式，受制于房地产投资减速及地方政府基建累积大量存量债务。在稳定经济增长与化解系统风险背景下，推广PPP模式成为解决冲突的重要手段之一。通过PPP模式，引导社会资本进入基础设施和公用事业投资领域，能在减轻地方政府财政负担的前提下拉动投资，并提升基础设施和公用事业运营效率。近一年多来，国务院、国家发展改革委、财政部下发数十份关于PPP的重要政策文件（表2-1），可以明确看到国家对于推进PPP模式的急迫性和紧迫性。

2015年5月，国务院办公厅转发财政部、发展改革委、中国人民银行联合制定的《关于在公共服务领域推广政府和社会资本合作模式的指导意见》（国办发〔2015〕42号），对前期政策进行了阶段性全面总结。文件对PPP模式进行全面肯定，对其赋予高度期望，以及为此在政策保障、组织安排、部门利益协调方面做出的努力，都充分显示出PPP模式当仁不让的"准国策"地位。

2014年至今国家层面PPP相关的重要政策汇总　　　　　表2-1

时间	颁布部门	政策名称	主　要　内　容
2014年9月21日	国务院	《国务院关于加强地方政府性债务管理的意见》（国发〔2014〕43号）	1）推广使用政府与社会资本合作模式。 2）鼓励社会资本通过特许经营等方式，参与城市基础设施等有一定收益的公益性事业投资和运营。 3）政府通过特许经营权、合理定价、财政补贴等事先公开的收益约定规则，使投资者有长期稳定收益。 4）地方政府要将政府与社会资本合作项目中的财政补贴等支出按性质纳入相应政府预算管理
2014年9月23日	财政部	《关于推广运用政府和社会资本合作模式有关问题的通知》（财金〔2014〕76号）	1）明确政府和社会资本合作模式（PPP）的定义； 2）要求在全国范围内选择一批以"使用者付费"为基础的项目进行示范，重点关注城市基础设施及公共服务领域，如城市供水、供暖、供气、污水和垃圾处理、保障性安居工程、地下综合管廊、轨道交通、医疗和养老服务设施等
2014年10月28日	财政部	《地方政府存量债务纳入预算管理清理甄别办法》（财预〔2014〕351号）	1）要求地方各级政府认真甄别筛选融资平台公司存量项目，对适宜开展政府与社会资本合作的项目，要积极对PPP模式进行推广； 2）在建项目要优先通过PPP模式推进，确需政府举债建设的，要客观核算后续融资需求； 3）通过PPP模式转化为企业债务的，不纳入政府债务

续表

时间	颁布部门	政策名称	主 要 内 容
2014年11月16日	国务院	《关于创新重点领域投融资机制鼓励社会投资的指导意见》（国发〔2014〕60号）	1）在公共服务、资源环境、生态保护、基础设施等领域，积极推广PPP模式； 2）尽快发布标准合同范本，规范合作关系保障各方利益； 3）健全风险防范和监督机制； 4）健全退出机制
2014年12月4日	财政部	《关于政府和社会资本合作示范项目实施有关问题的通知》（财金〔2014〕112号）	公布30个政府和社会资本合作模式（PPP）示范项目，总投资规模约1800亿元，包括供水（3个）、供暖（3个）、污水处理（9个）、垃圾处理（1个）、环境综合治理（2个）、交通（8个）、新能源汽车（1个）、地下综合管廊（1个）、医疗（1个）、体育（1个）
2014年12月4日	国家发改委	《关于开展政府和社会资本合作的指导意见》（发改投资〔2014〕2724号）	各地可根据当地实际及项目特点，通过授予特许经营权、政府补贴或购买服务等措施，灵活运用BOT、BOO、BOOT等多种模式，切实提高项目运作效率
2014年12月4日	财政部	《政府和社会资本合作模式操作指南（试行）》（财金〔2014〕113号）	1）从项目识别、项目准备、项目采购、项目执行、项目移交五个层面具体指导PPP项目。 2）操作指南明确引入社会资本不包括本级政府所属融资平台公司及其他控股国有企业。 3）项目运作方式主要包括委托运营（O&M）、管理合同（MC）、建设-运营-移交（BOT）、建设-拥有-运营（BOO）、转让-运营-移交（TOT）和改建-运营-移交（ROT）等
2015年1月19日	财政部	《关于规范政府和社会资本合作合同管理工作的通知》（财金〔2014〕156号）	为规范PPP合同管理工作，制定了《PPP项目合同指南（试行）》，今后将及时对该《指南》进行修订和完善，并将逐步出台主要行业领域和主要运作方式的PPP项目合同标准示范文本，以加快PPP模式推广应用
2015年3月4日	财政部	《关于市政公用领域开展政府和社会资本合作项目推介工作的通知》（财建〔2015〕29号）	1）PPP项目推介工作应注重强化监管，避免资产"一卖了之"； 2）推介项目以使用者付费项目为主，优先选择收费定价机制透明、有稳定现金流的市政公用项目。为缓解地方债务风险，当前重点推进符合条件的存量项目按PPP模式改造； 3）明晰PPP项目边界：城市供水、污水处理、供热、供气、垃圾处理项目应实行厂网一体、站网一体、收集处理一体化运营，提高服务质量

续表

时间	颁布部门	政策名称	主要内容
2015年4月14日	财政部	《政府和社会资本合作项目财政承受能力论证指引》(财金〔2015〕21号)	1) 要求各级财政部门（或PPP中心）负责组织开展行政区域内PPP项目财政承受能力论证工作，"通过论证"的项目，各级财政部门应当在编制年度预算和中期财政规划时，将项目财政支出责任纳入预算统筹安排，"未通过论证"的项目，则不宜采用PPP模式； 2) 鼓励列入地方政府性债务风险预警名单的高风险地区，采取PPP模式化解地方融资平台公司存量债务，同时，审慎控制新建PPP项目规模，防止因项目实施加剧财政收支矛盾
2015年5月5日	国家发改委	《基础设施和公用事业特许经营管理办法》(国家发展改革委令第25号)	1) 国家鼓励和引导能源、交通运输、水利、环境保护、市政工程等基础设施和公用事业领域的项目实施特许经营； 2) 对实施特许经营的基础设施和公用事业项目具备的条件作了规范； 3) 明确发改委、财政部、住建部、交通运输部等各部门职责分工
2015年5月22日	国务院办公厅	《关于在公共服务领域推广政府和社会资本合作模式指导意见的通知》(国办发〔2015〕42号)	1) 围绕增加公共产品和公共服务供给，在能源、交通运输、水利、环境保护、农业、林业、科技、保障性安居工程、医疗、卫生、养老、教育、文化等公共服务领域，广泛采用政府和社会资本合作模式。 2) 提出了构建保障PPP持续健康发展的制度体系，包括明确项目实施的管理框架、健全财政管理制、建立多层次监督管理体系、完善公共服务价格调整机制、完善法律法规体系； 3) 规范推进政府和社会资本合作项目实施，包括广泛采用政府和社会资本合作模式提供公共服务，化解地方政府性债务风险，提高新建项目决策的科学性，择优选择项目合作伙伴，合理确定合作双方的权利与义务，增强责任意识和履约能力，保障公共服务持续有效

（一）新一轮的PPP拉开序幕

2014年9月，《预算法》的修订以及《国务院关于加强地方政府性债务管理的意见》（国发〔2014〕43号）的出台，可算作是本轮PPP热潮的起点。《国务院关于加强地方政府性债务管理的意见》（国发〔2014〕43号）将地方政府举债严格地限制在政府债和PPP两个途径，明确在预算管理和债务约束的情况下，鼓励和吸引社会资本以合资、独资、特许经营、承包等方式参与基建投资，PPP模式成为必然的选择。

2014年11月，国务院发布《关于创新重点领域投融资机制鼓励社会投资的指导意见》（国发〔2014〕60号），以国务院文件的名义对推行PPP模式进行系统性阐释。指出要在公共服务、资源环境、生态建设、基础设施等七大重点领域进一步创新投融资机制，充分发挥社会资本特别是民间资本的积极作用；强调规范 PPP 保障双方利益，健全风险防范和监督机制，健全退出机制等。此文件的出台显示出国家层面对 PPP 机制的建立和完善已有路径设计方面的考虑，PPP 模式作为政府创新投融资体制、推动经济结构调整的一大抓手的态势已非常明显。

（二）PPP 支持政策密集出台

随着国家层面的强力推动，侧重顶层设计的国家发展改革委，以及侧重实际操作的财政部两部门文件交替下发，住建、水利、交通等行业文件陆续跟进。各地方政府，包括福建、安徽、江西、山东、江苏、湖南等都在 2014 年下半年发布了关于推进 PPP 模式的相关文件。

2014 年 9 月，财政部出台《关于推广运用政府和社会资本合作模式有关问题的通知》（财金〔2014〕76 号），明确了 PPP 的基本内涵，对 PPP 项目的实际操作产生积极、正面的推动作用。

2014 年 12 月，国家发改委和财政部同时发布关于 PPP 模式的支持文件《关于开展政府和社会资本合作的指导意见》（发改投资〔2014〕2724 号）（含附件《政府和社会资本合作项目通用合同指南（2014 版）》）以及《政府和社会资本合作模式操作指南（试行）》（财金〔2014〕113 号），对 PPP 操作进行具体指导。

2015 年 4 月，财政部发布《政府和社会资本合作项目财政承受能力论证指引》（财金〔2015〕21 号），规范 PPP 项目财政支出管理，防控财政风险，保障 PPP 项目可持续发展。

2015 年 5 月，国家发改委在委门户网站开辟 PPP 项目库专栏，公开发布 PPP 推介项目，鼓励各类社会资本通过特许经营、政府购买服务、股权合作等多种方式参与建设及运营。经各省、自治区、直辖市、计划单列市发展改革委推荐，国家发展改革委审核，本次发布的项目共计 1043 个，总投资 1.97 万亿元，项目范围涵盖水利设施、市政设施、交通设施、公共服务、资源环境等多个领域，其中环保相关项目数量最多。

2015 年 5 月 5 日，国家发展改革委会同财政部、住房城乡建设部、交通运输部、水利部、人民银行联合印发《基础设施和公用事业特许经营管理办法》（国家发展改革委令第 25 号），对 PPP 的定义、适用范围、合作形式、期限和 PPP 项目实施方案的编制审批流程等做了明确规定，并强调了《预算法》等现代财政预算制度对 PPP 项目的约束以及项目前期融资方案的制定和创新融资渠道，还对政府为保障投资人合理回报可以做出的承诺内容做出了明确规定。

《基础设施和公用事业特许经营管理办法》（国家发展改革委令第 25 号）的出台将使得现行的特许经营项目得到强有力的保障。作为推广 PPP 模式的重要制度设计，预计未来国家发展改革委将加快推动基础设施和公用事业特许经营国家立法进程，使得 PPP 模式真正做到有法可依。

（三）构建 PPP 全面落地的制度体系

为统一中央各部委关于推行 PPP 模式的意见，进一步激活社会资本投资的活力和创造力，使 PPP 模式得到真正的推进和落实，2015 年 5 月 22 日，国务院办公厅转发财政部、发展改革委、中国人民银行联合制定的《关于在公共服务领域推广政府和社会资本合作模式的指导意见》（国办发〔2015〕42号）（以下简称"《指导意见》"），提出了构建保障PPP持续健康发展的制度体系，包括明确项目实施的管理框架、健全财政管理制、建立多层次监督管理体系、完善公共服务价格调整机制、完善法律法规体系。《指导意见》是中央出台的一系列关于完善和推进PPP模式政策文件的延续，是继《国务院关于创新重点领域投融资机制鼓励社会投资的指导意见》（国发〔2014〕60号）专章论述PPP模式以来，再次从国务院层面，为PPP模式的重大意义背书，为其核心理念及原则定调。

《指导意见》与前期中央出台的一系列关于推行PPP模式的政策文件相比，在"PPP项目实施管理框架、价格机制调整、财政补贴管理机制、项目监督管理机制、完善法律体系、政策保障"等多方面提出了实质性的内容，主要包括以下几方面：

1.《指导意见》旨在协调和统一中央各部委之间关于推行PPP的政策意见，加快推行PPP模式

财政部、国家发改委等各部委出台的相关文件在部分内容上存在相互矛盾之处。《指导意见》既是对《国务院关于创新重点领域投融资机制鼓励社会投资的指导意见》（国发〔2014〕60号）的接力，也是对财政部、国家发展改革委等一系列PPP相关文件的协调、梳理和纠偏，并站在党中央和国务院的高度，要求各地、各部门统一认识、思想和行动。

2. 调整社会资本的界定范围

明确"大力推动融资平台公司与政府脱钩……对已经建立现代企业制度、实现市场化运营的，在其承担的地方政府债务已纳入政府财政预算、得到妥善处置并明确公告今后不再承担地方政府举债融资职能的前提下，可作为社会资本参与当地政府和社会资本合作项目……"也即政府下属的融资平台公司不再一刀切，此举措和之前国家发改委和财政部相关文件的规定有所不同。

3. 完善了价格调整机制和政府补贴机制的说明

《指导意见》在价格调整机制中提出"积极推进公共服务领域价格改革，依据项目运行情况和绩效评价结果，健全公共服务价格调整机制，完善政府价格决策听证制度，广泛听取社会资本、公众和有关部门意见，确保定价调价的科学性"，在政府补贴机制中提出"开展财政承受能力论证，统筹评估和控制项目的财政支出责任，促进中长期财政可持续发展，针对政府付费、使用者付费、可行性缺口补助等不同支付机制，将项目涉及的运营补贴、经营收费权和其他支付对价等，按照国家统一的会计制度进行核算，纳入年度预算、中期财政规划，在政府财务报告中进行反映和管理，并向本级人大或其常委会报告"。价格调整机制和政府补贴机制的不完善是社会资本不敢涉足PPP项目的主要原因之一，《指导意见》对完善价格调整机制和政府补贴机制的说明，将有利于打消社会资本心理顾虑，积极参与PPP项目。

4. 提出了建立多层次监管机制的要求

《指导意见》提出了"建立多层次监督管理体系"，要求"行业主管部门根据经济社会发展规划及专项规划发起政府和社会资本合作项目，社会资本也可根据当地经济社会发展需求建议发起，建立政府、公众共同参与的综合性评价体系，建立事前设定绩效目标、事中进行绩效跟踪、事后进行绩效评价的全生命周期绩效管理机制,依法充分披露项目实施相关信息,切实保障公众知情权,接受社会监督",《指导意见》从 PPP 项目发起、项目建设和项目运营等过程提出了监督和监管的说明,这将切实有效的保证社会资本方履行义务,保证项目进度及质量,保证在特许经营期期满后转交的资产可以继续使用。

5. 提出了完善法律法规体系的说明

这将加快 PPP 模式的立法工作,切实有效的保障政府方和社会资本方的权利和义务,确保双方按契约履约。目前中央出台了一系列规范和推行 PPP 模式的政策文件,但都没有上升到法律层面,法律约束力较低,《指导意见》明确提出了"推进相关立法,填补政府和社会资本合作领域立法空白,着力解决政府和社会资本合作项目运作与现行法律之间的衔接协调问题,明确政府出资的法律依据和出资性质,规范政府和社会资本的责权利关系,明确政府相关部门的监督管理责任,为政府和社会资本合作模式健康发展提供良好的法律环境和稳定的政策预期。鼓励有条件的地方立足当地实际,依据立法相关规定,出台地方性法规或规章,进一步有针对性地规范政府和社会资本合作模式的运用",这将有利于加快 PPP 的立法工作,切实有效的保障政府方和社会资本方的权利和义务,确保双方按契约履约。

6. 扩大了 PPP 模式推行的领域,涵盖了基础设施、市政工程和社会服务等相关领域

《指导意见》中明确要求"在能源、交通运输、水利、环境保护、农业、林业、科技、保障性安居工程、医疗、卫生、养老、教育、文化等公共服务领域,鼓励采用政府和社会资本合作模式,吸引社会资本参与",与前期中央出台的相关政策文件相比,PPP 推行的领域有所扩大,包含了基础设施、市政工程和社会服务领域,同时明确了"在能源、交通运输、水利、环境保护、市政工程等特定领域需要实施特许经营的,按《基础设施和公用事业特许经营管理办法》执行"。

7. 提出了政府保障推行 PPP 模式的相关措施

《指导意见》在保障 PPP 模式推行的措施方面明确提出"简化项目审核流程、多种方式保障项目用地、完善财税支持政策和做好金融服务",相关保障措施的出台将有利于加快 PPP 模式的推行,但仍需要切实有效的执行力。

整体来看,《指导意见》正式向 PPP 模式打开"能源、交通运输、水利、环境保护、农业、林业、科技、保障性安居工程、医疗、卫生、养老、教育、文化等公共服务领域"的大门,鼓励地方政府、社会资本、地方融资性平台、资本市场、金融机构、社会公众等诸多主体从不同角度广泛参与 PPP 项目,并强调在财政能力可承受的前提下,以政企合作、平等协商、风险共担、利益共享为核心理念,通过"事前设定绩效目标、事中进行绩效跟踪、事后进行绩效评价的全生命周期绩效管理机制",以期实现公共产品和服务的优质、高效、持续供给。

未来在政府的有力推动下,更多的政策指导和支持以及相关法律法规等行业标准将会出台和形成,企业与政府机构合作开发更多的项目的意愿将得到加强,将会有大量 PPP 项目出现,PPP 模式进入快速增长阶段。本章将结合目前出台的各种 PPP 政策对 PPP 项目具体操作需重点了解和注意的内容进行梳理,便于相关人员借鉴和使用。

二、价格收费管理

（一）水利工程

1. 鼓励社会资本投资运营水利工程

《国务院关于创新重点领域投融资机制鼓励社会投资的指导意见》（国发〔2014〕60号）提出从培育水利工程多元化投资主体；保障农业、水利工程投资合理收益；通过水权制度改革吸引社会资本参与水资源开发利用和保护；完善水利工程水价形成机制等方面鼓励社会资本投资运营水利工程。

（1）保障水利工程投资合理收益。社会资本投资建设或运营管理农田水利、水土保持设施和节水供水重大水利工程的，与国有、集体投资项目享有同等政策待遇，可以依法获取供水水费等经营收益。

（2）完善水利工程水价形成机制。水利工程供非农业用水价格按照补偿成本、合理收益、优质优价、公平负担的原则合理制定，并根据供水成本变化及社会承受能力等适时调整，推行两部制水利工程水价和丰枯季节水价。价格调整不到位时，地方政府可根据实际情况安排财政性资金，对运营单位进行合理补偿。

2. 完善市场决定价格的机制

《国家发展改革委、财政部、水利部关于鼓励和引导社会资本参与重大水利工程建设运营的实施意见》（发改农经〔2015〕488号）提出完善主要由市场决定价格的机制。

（1）对社会资本参与的重大水利工程供水、发电等产品价格，探索实行由项目投资经营主体与用户协商定价。

（2）鼓励通过招标、电力直接交易等市场竞争方式确定发电价格。

（3）需要由政府制定价格的，既要考虑社会资本的合理回报，又要考虑用户承受能力、社会公众利益等因素；价格调整不到位时，地方政府可根据实际情况安排财政性资金，对运营单位进行合理补偿。

3. 通过试点创新项目产品定价机制

按照《国家发展改革委关于鼓励和引导社会资本参与重大水利工程建设运营的实施意见》（发改农经〔2015〕488号）有关要求，《国家发展改革委关于开展社会资本参与重大水利工程建设运营第一批试点工作的通知》（发改办农经〔2015〕1274号）确定黑龙江奋斗水库、浙江舟山大陆引水三期、安徽江巷水库、福建上白石水库、广东韩江高陂水利枢纽、湖南莽山水库（已批复工程可行性研究报告并通过招标方式确定项目法人）、重庆观景口水库、四川李家岩水库、四川大桥水库灌区二期、贵州马岭水利枢纽、甘肃引洮供水二期工程、新疆大石峡水利枢纽工程等12个项目为国家层面联系的社会资本参与重大水利工程建设运营第一批试点项目。

通过试点项目创新项目产品定价机制：社会资本参与的重大水利工程的供水价格原则上由市场形成，供用水双方应协商确定供水价格及调整程序和方式，推动落实供用水协议，作为项目可行性研究的重要内容。

（二）供水市政基础设施

目前水务行业价格和收费改革的主要方向有：加大差别水价实施力度。提高排污费征收标准，实行差别化排污收费。完善污水处理收费政策，适当提高收费标准，逐步覆盖全处理成本。建立健全鼓励使用再生水的价格机制。我国水务行业运行体系如图 2-1 所示。

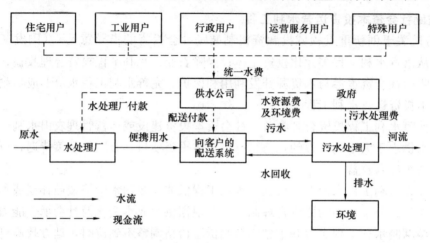

图 2-1 我国水务行业运行体系

现行的指导水务行业价格和收费的主要政策如下。

1. 推进市政基础设施运营市场化

《国务院关于创新重点领域投融资机制鼓励社会投资的指导意见》（国发〔2014〕60号）提出完善市政基础设施价格机制，推进市政基础设施投资运营市场化。

加快改进市政基础设施价格形成、调整和补偿机制，使经营者能够获得合理收益。实行上下游价格调整联动机制，价格调整不到位时，地方政府可根据实际情况安排财政性资金对企业运营进行合理补偿。

2. 水资源费征收标准要逐步提高

1）水资源费征收的法律法规依据

水资源费征收的法律法规依据为《中华人民共和国水法》（2002年8月29日修订通过）和《取水许可和水资源费征收管理条例》（国务院令第460号）。

《中华人民共和国水法》（2002年8月29日修订通过）第四十八条："直接从江河、湖泊或者地下取用水资源的单位和个人，应当按照国家取水许可制度和水资源有偿使用制度的规定，向水行政主管部门或者流域管理机构申请领取取水许可证，并缴纳水资源费，取得取水权。"

《取水许可和水资源费征收管理条例》（国务院令第460号）第二十八条："取水单位或者个人应当按照经批准的年度取水计划取水。超计划或者超定额取水的，对超计划或者超定额部分累进收取水资源费。水资源费缴纳数额根据取水口所在地水资源费征收标准和实际取水量确定。"

2）水资源费征收标准调整目标

为解决水资源费标准分类不规范、征收标准特别是地下水征收标准总体偏低、水资源状况和经济发展水平相近地区征收标准差异过大、超计划或者超定额取水累进收取水资源费制度未普遍落实等问题，《国家发展改革委关于水资源费征收标准有关问题的通知》（发改价格〔2013〕29号），明确了水资源费征收标准调整目标。

水资源费征收标准调整目标：综合考虑当地水资源状况、经济发展水平、社会承受能力以及不同产业和行业取用水的差别特点，结合水利工程供水价格、城市供水价格、污水处理费改革进展情况，合理确定每个五年规划本地区水资源费征收标准计划调整目标。在2015年底（"十二五"末）以前，地表水、地下水水资源费平均征收标准原则上应调整到所要求的征收标准的水平以上。

"十二五"末各地区水资源费最低征收标准

征收标准将全国划分为六个区域，其中京津地表水水资源费平均征收标准为1.6元/m³，地下水水资源费平均征收标准为4元/m³；山西、内蒙古的两项征收标准分别为0.5元/m³和2元/m³；河北、山东、河南分别为0.4元/m³和1.5元/m³；辽宁、吉林、黑龙江、宁夏、陕西分别为0.3元/m³和0.7元/m³；江苏、浙江、广东、云南、甘肃、新疆分别为0.2元/m³和0.3元/m³；全国余下地区分别为0.1元/m³和0.2元/m³。

3）水资源费的征收、分配和使用

根据《水资源费征收使用管理办法》（财综〔2008〕79号），水资源费属于政府非税收入，全额纳入财政预算管理。

（1）水资源费征收：水资源费按月征收。负责征收水资源费的水行政主管部门按照核定的取水量（或发电量）和规定的征收标准，确定水资源费征收数额，并按月向取水单位和个人送达水资源费缴纳通知单。

（2）水资源费分配：除南水北调受水区外，县级以上地方水行政主管部门征收的水资源费，按照1∶9的比例分别上缴中央和地方国库。南水北调受水区的北京市、天津市、河北省、江苏省、山东省、河南省因筹集南水北调工程基金，其水资源费在中央与地方之间的划分，按照《国务院办公厅关于印发〈南水北调工程基金筹集和使用管理办法〉的通知》（国办发〔2004〕86号）的规定执行。省、自治区、直辖市以下各级之间水资源费的分配比例，由各省、自治区、直辖市财政部门确定。

对跨省、自治区、直辖市水利水电工程，水资源费在相关省、自治区、直辖市之间的分配比例，由相关省、自治区、直辖市人民政府协商确定，并报财政部、水利部审核同意后执行。相关省、自治区、直辖市不能协商一致的，由流域管理机构综合考虑水利水电工程上下游、左右岸关系等情况，相关省、自治区、直辖市人民政府提出分配比例的意见，报财政部、水利部审批确定。对三峡电站水资源费的资金解缴和分配，由财政部会同水利部提出意见，报请国务院确定。

（3）水资源费使用：水资源费专项用于水资源的节约、保护和管理，也可以用于水资源的合理开发。

3. 供水价格实行城镇居民阶梯水价制度

2014年1月，国家发改委、住建部印发《关于加快建立完善城镇居民用水阶梯价格制度的指导意见》（发改价格〔2013〕2676号），提出部署全面实行城镇居民阶梯水价制度，要求2015年底前设市城市原则上要全面实行居民阶梯水价制度，具备实施条件的建制镇也要积极推进居民阶梯水价制度。

（1）各阶梯水量确定。阶梯设置应不少于三级。第一级水量原则上按覆盖80%居民家庭用户的月均用水量确定，保障居民基本生活用水需求；第二级水量原则上按覆盖95%居民家庭用户的月均用水量确定，体现改善和提高居民生活质量的合理用水需求；第三级水量为超出第二级水量的用水部分。各地应结合当地实际，根据《城市居民生活用水量标准》（GB/T 50331）和近三年居民实际月人均用水量合理确定分级水量。第一、第二级水量可参考《各地城市居民生活用水阶梯水量建议值》（表2-2）确定。各地可进一步细化阶梯级数，设置四级或五级阶梯。

各地城市居民生活用水阶梯水量建议值（单位：吨/人·月）　　　　表2-2

地区	地域分区	阶梯水量建议值	
		第一级	第二级
内蒙古、辽宁、吉林、黑龙江	1	2.4	4.1
北京、天津、河北、山西、山东、河南、陕西、甘肃、宁夏	2	2.6	4.3
上海、江苏、浙江、安徽、福建、江西、湖北、湖南	3	3.6	5.5
广东、广西、海南	4	4.6	6.7
重庆、四川、贵州、云南	5	3.0	4.3
西藏、青海、新疆	6	2.6	4.3

注：1. 表中地域分区及阶梯水量建议值依据《城市居民生活用水量标准》（GB/T 50331）制定；
　　2.《城市居民生活用水量标准》中第6区三省份居民生活用水量标准较实际偏低，调整为按第2区执行；
　　3. 考虑到地区差异，各地可结合近三年居民实际用水量作适当调整。

（2）各阶梯价格制定。原则上，一、二、三级阶梯水价按不低于1∶1.5∶3的比例安排；缺水地区，含水质型缺水地区，应进一步加大价差，具体由各地根据当地水资源稀缺状况等因素确定。以北京市为例，根据《北京市发展和改革委员会关于北京市居民用水实行阶梯水价的通知》（京发改〔2014〕865号），北京市居民用水阶梯水价如表2-3所示。

北京市居民用水阶梯水价表（单位：元/m³）　　　　表2-3

供水类型	阶梯	户年用水量（m³）	水价	其中		
				水费	水资源费	污水处理费
自来水	第一阶梯	0～180（含）	5	2.07	1.57	1.36
	第二阶梯	181～260（含）	7	4.07		
	第三阶梯	260以上	9	6.07		
自备井	第一阶梯	0～180（含）	5	1.03	2.61	1.36
	第二阶梯	181～260（含）	7	3.03		
	第三阶梯	260以上	9	5.03		

4. 污水处理费收费标准在补偿成本的基础上合理盈利

1）污水处理费征收的法律法规依据

污水处理费征收的法律法规依据为《中华人民共和国水污染防治法》（2008年2月28

日修订通过）和《城镇排水与污水处理条例》（国务院令 第 641 号）。

《中华人民共和国水污染防治法》（2008 年 2 月 28 日修订通过）第四十四条："城镇污水集中处理设施的运营单位按照国家规定向排污者提供污水处理的有偿服务，收取污水处理费用，保证污水集中处理设施的正常运行。向城镇污水集中处理设施排放污水、缴纳污水处理费用的，不再缴纳排污费。收取的污水处理费用应当用于城镇污水集中处理设施的建设和运行，不得挪作他用。"

《城镇排水与污水处理条例》（国务院令 第 641 号）明确污水处理费征收标准的制定原则：不应低于城镇污水处理设施政策运营的成本，运营成本除包括正常污水处理费用外，还应涵盖污泥处理成本，同时规定应专项用于城镇污水处理设施的建设、运行和污泥处置处理，不得挪作他用。

2）污水处理收费标准逐步提高

为促进水污染防治，改善水环境质量，加大污水处理收费力度，国家发改委于 2015 年 1 月出台《关于制定和调整污水处理收费标准等有关问题的通知》（发改价格〔2015〕119 号），要求污水处理收费标准按照"污染付费、公平负担、补偿成本、合理盈利"的原则，综合考虑本地区水污染防治形势和经济社会承受能力等因素制定和调整。收费标准要补偿污水处理和污泥处置设施的运营成本并合理盈利。

具体收费标准：2016 年底前，设市城市污水处理收费标准原则上每吨应调整至居民不低于 0.95 元，非居民不低于 1.4 元；县城、重点建制镇原则上每吨应调整至居民不低于 0.85 元，非居民不低于 1.2 元。已经达到最低收费标准但尚未补偿成本并合理盈利的，应当结合污染防治形势等进一步提高污水处理收费标准。未征收污水处理费的市、县和重点建制镇，最迟应于 2015 年底前开征，并在 3 年内建成污水处理厂投入运行。

3）城镇污水处理费的征收和使用

污水处理费是按照"污染者付费"原则，由排水单位和个人缴纳并专项用于城镇污水处理设施建设、运行和污泥处理处置的资金。根据《财政部关于印发污水处理费征收使用管理办法的通知》（财税〔2014〕151 号），污水处理费属于政府非税收入，全额上缴地方国库，纳入地方政府性基金预算管理，实行专款专用。

（1）污水处理费征收：凡设区的市、县（市）和建制镇已建成污水处理厂的，均应当征收污水处理费；在建污水处理厂、已批准污水处理厂建设项目可行性研究报告或项目建议书的，可以开征污水处理费，并应当在开征 3 年内建成污水处理厂投入运行。

（2）污水处理费使用：污水处理费专项用于城镇污水处理设施的建设、运行和污泥处理处置，以及污水处理费的代征手续费支出。征收的污水处理费不能保障城镇排水与污水处理设施正常运营的，地方财政应当给予补贴。

缴入国库的污水处理费与地方财政补贴资金统筹使用，通过政府购买服务方式，向提供城镇排水与污水处理服务的单位支付服务费。服务费应当覆盖合理服务成本并使服务单位合理收益。服务费按照合同约定的污水处理量、污泥处理处置量、排水管网维护、再生水量等服务质量和数量予以确定。

（三）城市地下管线

为稳步推进城市地下综合管廊建设，《国务院办公厅关于加强城市地下管线建设管理的指导意见》(国办发〔2014〕27号)提出在36个大中城市开展地下综合管廊试点工程,探索投融资、建设维护、定价收费、运营管理等模式,提高综合管廊建设管理水平。

其中在定价收费方面,要统筹考虑综合管廊建设运行费用、投资回报和管线单位的使用成本,合理确定管廊租售价格标准。

(四) 社会事业

1. 鼓励社会资本加大社会事业投资力度

《国务院关于创新重点领域投融资机制鼓励社会投资的指导意见》(国发〔2014〕60号)提出从加快社会事业公立机构分类改革、鼓励社会资本加大社会事业投资力度、完善落实社会事业建设运营税费优惠政策、改进社会事业价格管理政策等方面鼓励社会资本加大社会事业投资力度。其中改进社会事业价格管理政策提出:

(1) 民办教育、医疗机构用电、用水、用气、用热,执行与公办教育、医疗机构相同的价格政策。

(2) 养老机构用电、用水、用气、用热,按居民生活类价格执行。除公立医疗、养老机构提供的基本服务按照政府规定的价格政策执行外,其他医疗、养老服务实行经营者自主定价。

(3) 营利性民办学校收费实行自主定价,非营利性民办学校收费政策由地方政府按照市场化方向根据当地实际情况确定。

2. 养老机构服务收费以市场形成价格为主

为充分调动社会资本进入养老服务领域积极性,改善养老服务供求关系,促进养老服务业健康发展,《国家发展改革委关于规范养老机构服务收费管理促进养老服务业健康发展的指导意见》(发改价格〔2015〕129号)提出建立市场形成价格为主的养老机构服务收费管理机制。

1) 民办养老机构服务收费标准由市场形成

(1) 民办营利性养老机构服务收费项目和标准均由经营者自主确定,政府有关部门不得进行不当干预。

(2) 民办非营利性养老机构服务收费标准由经营者合理确定,政府有关部门可结合对非营利机构监管需要,对财务收支状况、收费项目和调价频次进行必要监督。

2) 政府投资兴办养老机构区分服务对象实行不同收费政策

(1) 政府投资兴办的养老机构主要发挥保基本作用,着力保障特殊困难老年人的养老服务需求。其中,"三无"(无劳动能力、无生活来源、无赡养人和扶养人,或者其赡养人和扶养人确无赡养和扶养能力)老年人入住政府投资兴办的养老机构,根据《中华人民共和国老年人权益保障法》规定实行免费政策。

(2) 对其他经济困难的孤寡、失独、高龄老年人及失能、半失能老年人等提供养老服务,其床位费、护理费实行政府定价或政府指导价,伙食费等服务收费项目按照非营利原则据实收取。

(3) 政府投资兴办的养老机构服务收费标准,应以扣除政府投入、社会捐赠后的实际服务成本为依据,按照非营利原则,并考虑群众承受能力、市场供求状况等因素核定。在推进建立健全养老服务评估制度基础上,逐步实现按照护理服务等级分级定价。

3）积极探索公建民营等方式运营的养老机构收费管理模式

以公建民营方式运行的养老机构，应采用招投标、委托运营等竞争性方式确定运营方，具体服务收费标准由运营方依据委托协议等合理确定。鼓励政府通过向民办养老机构购买服务的方式承担保障对象养老服务，相关收费政策由各地根据本地实际情况确定。

4）养老机构服务收费频次

养老机构床位费、护理费、伙食费原则上按月度收取，伙食费等项目根据服务对象的实际消费情况，据实结算。

（五）收费公路

1. 收费公路的法律法规依据

收费公路的法律法规依据为《中华人民共和国公路法》（2004 年 8 月 28 日修订通过）和《收费公路管理条例》（国务院令 第 417 号）。

《中华人民共和国公路法》（2004 年 8 月 28 日修订通过）第五十九条："符合国务院交通主管部门规定的技术等级和规模的下列公路，可以依法收取车辆通行费：①由县级以上地方人民政府交通主管部门利用贷款或者向企业、个人集资建成的公路；②由国内外经济组织依法受让前项收费公路收费权的公路；③由国内外经济组织依法投资建成的公路。"

《收费公路管理条例》（国务院令 第 417 号）明确收费公路的收费期限，由省、自治区、直辖市人民政府按照下列标准审查批准：①政府还贷公路的收费期限，按照用收费偿还贷款、偿还有偿集资款的原则确定，最长不得超过 15 年。国家确定的中西部省、自治区、直辖市的政府还贷公路收费期限，最长不得超过 20 年。②经营性公路的收费期限，按照收回投资并有合理回报的原则确定，最长不得超过 25 年。国家确定的中西部省、自治区、直辖市的经营性公路收费期限，最长不得超过 30 年。车辆通行费的收费标准，应当根据公路的技术等级、投资总额、当地物价指数、偿还贷款或者有偿集资款的期限和收回投资的期限以及交通量等因素计算确定。

2. 允许收费公路采用收费权打包方式

《财政部关于在收费公路领域推广运用政府和社会资本合作模式的实施意见》（财建〔2015〕111 号），收费公路项目实施 PPP 模式所涉及的收费公路权益包括收费权、广告经营权和服务设施经营权。不同的项目可根据实际情况，将各项权益通过有效打包整合提升收益能力，以促进一体化经营、提高运营效率。

三、财政补贴和税费优惠

（一）财政补贴模式转变

《财政部关于推广运用政府和社会资本合作模式有关问题的通知》（财金〔2014〕76 号）提出对项目收入不能覆盖成本和收益，但社会效益较好的政府和社会资本合作项目，地方各级财政部门可给予适当补贴。

财政补贴要以项目运营绩效评价结果为依据，综合考虑产品或服务价格、建造成本、运营费用、实际收益率、财政中长期承受能力等因素合理确定。地方各级财政部门要从"补建设"向"补运营"逐步转变，探索建立动态补贴机制，将财政补贴等支出分类纳入同级政府预算，并在中长期财政规划中予以统筹考虑。

- **资本投入**：财政部将积极研究利用现有专项转移支付资金渠道，对示范项目提供资本投入支持。
- **前期费用补贴、资本补助**：地方各级财政部门可以结合自身财力状况，因地制宜地给予示范项目前期费用补贴、资本补助等多种形式的资金支持。
- **统筹资金**：在与社会资本协商确定项目财政支出责任时，地方各级财政部门要对各种形式的资金支持给予统筹，综合考虑项目风险等因素合理确定资金支持方式和力度，切实考虑社会资本合理收益。

（二）水利工程

（1）《国务院关于创新重点领域投融资机制鼓励社会投资的指导意见》（国发〔2014〕60号）保障农业、水利工程投资合理收益：

社会资本承担公益性任务的农田水利、水土保持设施和节水供水重大水利工程，政府可对工程建设投资、维修养护和管护经费等给予适当补助，并落实优惠政策。

（2）《国家发展改革委、财政部、水利部关于鼓励和引导社会资本参与重大水利工程建设运营的实施意见》（发改农经〔2015〕488）提出完善项目财政补贴管理：

对承担一定公益性任务、项目收入不能覆盖成本和收益，但社会效益较好的PPP重大水利项目，政府可对**工程维修养护和管护经费**等给予适当补贴。

财政补贴的规模和方式要以项目运营绩效评价结果为依据，综合考虑产品或服务价格、建设成本、运营费用、实际收益率、财政中长期承受能力等因素合理确定、动态调整，并以适当方式向社会公示公开。

（三）市政公用设施

《关于市政公用领域开展政府和社会资本合作项目推介工作的通知》（财建〔2015〕29号），提出的资金支持政策：

地方各级财政部门要统筹运用市政公用领域财政资金，优化调整现有资金使用方向，积极扩大资金来源渠道，综合采取财政奖励、运营补贴、投资补贴、融资费用补贴等多种方式，加强对推介项目予以支持。

（四）水污染防治

《财政部关于推进水污染防治领域政府和社会资本合作的实施意见》（财建〔2015〕90号）提出的资金支持政策：

地方各级财政部门要统筹运用水污染防治专项等相关资金，优化调整使用方向，扩大资金来源渠道，对PPP项目予以适度政策倾斜。水污染防治PPP项目有关财政资金纳入中期财政规划管理。

综合采取**财政奖励**、**投资补助**、**融资费用补贴**、**政府付费**等方式，支持水污染防治领域PPP项目实施落实。逐步从"补建设"向"补运营"、"前补助"向"后奖励"转变。

（五）城市地下管线

(1)《国务院办公厅关于加强城市地下管线建设管理的指导意见》（国办发〔2014〕27号）加大政策支持：

中央继续通过现有渠道予以支持。地方政府和管线单位要落实资金，加快城市地下管网建设改造。

(2)《财政部关于开展中央财政支持地下综合管廊试点工作的通知》（财建〔2014〕839号）提出中央财政对地下综合管廊试点城市给予专项资金补助，一定三年，具体补助数额按城市规模分档确定，直辖市每年5亿元，省会城市每年4亿元，其他城市每年3亿元。对采用PPP模式达到一定比例的，将按上述补助基数奖励10%。

(3)《财政部关于印发〈城市管网专项资金管理暂行办法〉的通知》（财建〔2015〕201号），为推进污水处理设施配套管网、海绵城市和地下综合管廊项目建设，提出加强城市管网专项资金管理。

城市管网专项资金是指通过中央财政预算安排，支持城市管网建设、城市地下空间集约利用、城市排水防涝及水生态修复等城市生态空间建设的专项资金。专项资金用于支持以下事项：

① 城镇污水处理设施配套管网及污水泵站建设；
② 海绵城市建设试点；
③ 地下综合管廊建设试点；
④ 城市生态空间建设其他需要支持的事项。

专项资金采用**奖励**、**补助**等方式予以支持。对按规定采用政府和社会资本合作（PPP）模式的项目予以倾斜支持：

① 支持城镇污水处理设施配套管网及污水泵站建设事项的，根据年度资金规模和建设任务完成情况等对相关地区进行**奖励**。
② 用于海绵城市、地下综合管廊建设等试点示范类事项的，通过竞争性评审等方式，确定支持范围，在支持期内安排**奖励**、**补助**资金。

（六）社会事业

1. 健康服务业

1)《国务院关于促进健康服务业发展的若干意见》（国发〔2013〕40号）完善财税价格政策：

创新财政资金使用方式，引导和鼓励融资性担保机构等支持健康服务业发展。将健康服务业纳入服务业发展引导资金支持范围并加大支持力度。

符合条件、提供基本医疗卫生服务的非公立医疗机构，其专科建设、设备购置、人才队伍建设纳入财政专项资金支持范围。

完善政府投资补助政策，通过公办民营、民办公助等方式，支持社会资本举办非营利性健康服务机构。

企业、个人通过公益性社会团体或者县级以上人民政府及其部门向非营利性医疗机构的捐赠，按照税法及相关税收政策的规定在税前扣除。

2)《国家发展改革委关于加快推进健康与养老服务工程建设的通知》(发改投资〔2014〕2091号)提出的政策措施:

(1) 中央和地方对健康与养老服务项目的资金支持政策,对包括民间投资主体在内的各类投资主体都予以支持。

(2) 加大政府投入

中央和地方政府通过基建投资加大对医疗、养老、体育健身设施建设的支持引导力度,**按投资补助**、**贷款贴息**等方式给予支持。

加大福利彩票和体育彩票公益金对养老和体育健身设施建设的支持力度。

各地方要**减免城市基础设施配套费**等规费。

(3) 发挥价格、税收、政府购买服务等支持作用

民办医疗机构用电、用水、用气、用热与公办医疗机构执行相同的价格政策;养老机构用电、用水、用气、用热按居民生活类价格执行。

除公立医疗、养老机构提供的基本服务按照政府规定的价格政策执行外,其他服务主要实行经营者自主定价。

医疗、养老、体育健身机构可以按照税收法律法规的规定,享受相关税收优惠政策。对非营利性医疗、养老机构建设要免予征收有关行政事业性收费,对营利性医疗、养老机构建设要减半征收有关行政事业性收费,对养老机构提供养老服务要适当减免行政事业性收费。

3)《国务院办公厅关于促进社会办医加快发展若干政策措施的通知》(国办发〔2015〕45号)提出加强财政资金扶持、落实各项税收政策和规范收费政策:

(1) 财政资金扶持政策

将提供基本医疗卫生服务的社会办非营利性医疗机构纳入政府补助范围,在临床重点专科建设、人才培养等方面,执行与公立医疗机构同等补助政策。

通过政府购买服务方式,支持符合条件的社会办医疗机构承接当地公共卫生和基本医疗服务以及政府下达的相关任务,并逐步扩大购买范围。

将符合条件的社会办医疗机构纳入急救网络,执行政府下达的指令性任务,并按与公立医疗机构同等待遇获得政府补偿。

鼓励地方探索建立对社会办非营利性医疗机构举办者的激励机制。

(2) 社会办医疗机构各项税收政策

对社会办医疗机构提供的医疗服务,免征营业税;对符合规定的社会办非营利性医疗机构自用的房产、土地,免征房产税、城镇土地使用税;对符合规定的社会办营利性医疗机构自用的房产、土地,自其取得执业登记之日起,3年内免征房产税、城镇土地使用税。

社会办医疗机构按照企业所得税法规定,经认定为非营利组织的,对其提供的医疗服务等符合条件的收入免征企业所得税。

企业、个人通过公益性社会团体或者县级以上人民政府及其部门对社会办非营利性医疗机构的捐赠,按照税法规定予以税前扣除。

(3) 规范收费政策

坚决执行国家行政事业收费相关政策,对社会办非营利性医疗机构免征行政事业性收

费,对营利性医疗机构减半征收行政事业性收费。

进一步清理和取消对社会办医疗机构不合理、不合法的收费项目,在接受政府管理的各类收费项目方面,对社会办非营利性医疗机构执行与公立医疗机构相同的收费政策和标准。

2. 养老服务业

1)《国务院关于加快发展养老服务业的若干意见》(国发〔2013〕35号)税收优惠和补贴支持政策:

(1)税收优惠政策

落实好国家现行支持养老服务业的税收优惠政策,对养老机构提供的养护服务免征营业税,对非营利性养老机构自用房产、土地免征房产税、城镇土地使用税,对符合条件的非营利性养老机构按规定免征企业所得税。

对企事业单位、社会团体和个人向非营利性养老机构的捐赠,符合相关规定的,准予在计算其应纳税所得额时按税法规定比例扣除。

各地对非营利性养老机构建设要免征有关行政事业性收费,对营利性养老机构建设要减半征收有关行政事业性收费,对养老机构提供养老服务也要适当减免行政事业性收费,养老机构用电、用水、用气、用热按居民生活类价格执行。

境内外资本举办养老机构享有同等的税收等优惠政策。

(2)补贴支持政策

各地要加快建立养老服务评估机制,建立健全经济困难的高龄、失能等老年人补贴制度。

可根据养老服务的实际需要,推进民办公助,选择通过补助投资、贷款贴息、运营补贴、购买服务等方式,支持社会力量举办养老服务机构,开展养老服务。

民政部本级彩票公益金和地方各级政府用于社会福利事业的彩票公益金,要将50%以上的资金用于支持发展养老服务业,并随老年人口的增加逐步提高投入比例。

国家根据经济社会发展水平和职工平均工资增长、物价上涨等情况,进一步完善落实基本养老、基本医疗、最低生活保障等政策,适时提高养老保障水平。

2)《国家发展改革委关于加快推进健康与养老服务工程建设的通知》(发改投资〔2014〕2091号)提出的政策措施:

(1)中央和地方对健康与养老服务项目的资金支持政策,对包括民间投资主体在内的各类投资主体都予以支持。

(2)加大政府投入

中央和地方政府通过基建投资加大对医疗、养老、体育健身设施建设的支持引导力度,按投资补助、贷款贴息等方式给予支持。

加大福利彩票和体育彩票公益金对养老和体育健身设施建设的支持力度。

各地方要减免城市基础设施配套费等规费。

(3)发挥价格、税收、政府购买服务等支持作用

地方财政资金可对养老机构按床位给予运营补贴。

除公立医疗、养老机构提供的基本服务按照政府规定的价格政策执行外,其他服务主要实行经营者自主定价。

医疗、养老、体育健身机构可以按照税收法律法规的规定，享受相关税收优惠政策。对非营利性医疗、养老机构建设要免予征收有关行政事业性收费，对营利性医疗、养老机构建设要减半征收有关行政事业性收费，对养老机构提供养老服务要适当减免行政事业性收费。

3）《国家发展改革委 民政部关于规范养老机构服务收费管理促进养老服务业健康发展的指导意见》（发改价格〔2015〕129号），落实国家规定的价格和收费优惠政策。

鼓励各地根据本地区情况，减免本地区设立的相关行政事业性收费项目，降低养老机构有线电视收视维护费等相关服务收费标准。

4）《民政部关于鼓励民间资本参与养老服务业发展的实施意见》（民发〔2015〕33号），落实税费优惠政策：

（1）对民办养老机构提供的育养服务免征营业税。养老机构在资产重组过程中涉及的不动产、土地使用权转让，不征收增值税和营业税。

（2）进一步落实国家扶持小微企业相关税收优惠政策，对符合条件的小型微利养老服务企业，按照相关规定给予增值税、营业税、所得税优惠。

（3）对家政服务企业由员工制家政服务员提供的老人护理等家政服务，在政策有效期内按规定免征营业税。

（4）对符合条件的民办福利性、非营利性养老机构取得的收入，按规定免征企业所得税。

（5）对民办福利性、非营利性养老机构自用的房产、土地免征房产税、城镇土地使用税。对经批准设立的民办养老院内专门为老年人提供生活照顾的场所免征耕地占用税。

（6）对企事业单位、社会团体以及个人通过公益性社会团体或者县级以上人民政府及其部门，用于《中华人民共和国公益事业捐赠法》规定的公益事业的捐赠，符合相关规定的不超过年度利润总额12%的部分，准予扣除。对个人通过非营利性的社会团体和政府部门向福利性、非营利性的民办养老机构的捐赠，在缴纳个人所得税前准予全额扣除。

（7）对民办非营利性养老机构建设免征有关行政事业性收费，对营利性养老机构建设减半征收有关行政事业性收费。

（七）收费公路

（1）《交通部关于印发全面深化交通运输改革试点方案的通知》（交政研发〔2015〕26号），政策与支持提出：

试点省份交通运输主管部门要报请政府协调，优先考虑**将财政补贴和项目沿线一定范围内的土地等资源作为政府投入**。政府资源投入后收入仍不能完全覆盖投资运营成本的，可考虑给予合理的财政补贴。财政补贴资金要纳入同级政府预算管理，并在中长期财政规划中予以统筹考虑。

对于符合中央交通专项资金（车购税）补助条件的项目，可按照交通运输重点项目资金申请和审核规定，申请投资补助。交通部将根据现行同类项目补助标准，结合项目评估结果和地方申请补助规模，在出具行业审查意见时，明确支持额度。

（2）《财政部关于在收费公路领域推广运用政府和社会资本合作模式的实施意见》（财建〔2015〕111号），资金支持政策：

收费不足以满足社会资本或项目公司成本回收和合理回报的，**在依法给予融资支持，项目沿线一定范围土地开发使用等支持措施仍不能完全覆盖成本的，可考虑给予合理的财政补贴。**

对符合《车辆购置税收入补助地方资金管理暂行办法》要求的项目，可按照交通运输重点项目资金申请和审核规定，申请投资补助。

（3）《车辆购置税收入补助地方资金管理暂行办法》（财建〔2014〕654号），明确了车购税资金的支出范围：

为促进交通运输事业健康发展，中央财政设立了车辆购置税专项转移支付资金。为加强资金管理，提高资金使用效益，将车辆购置税相关转移支付资金整合为车辆购置税收入补助地方资金，并制定了《车辆购置税收入补助地方资金管理暂行办法》（财建〔2014〕654号）。

车辆购置税收入补助地方资金是指中央财政从车辆购置税收入中安排地方用于交通运输行业发展的资金。购税资金实行财政专项转移支付，不得用于平衡公共财政预算。

车购税资金的支出范围包括：交通运输重点项目、一般公路建设项目、普通国省道灾毁恢复重建项目、公路灾损抢修保通项目、农村老旧渡船报废更新项目、交通运输节能减排项目、公路甩挂运输试点项目、内河航道应急抢通项目、老旧汽车报废更新项目。

（八）公共租赁住房

（1）《财政部关于运用政府和社会资本合作模式推进公共租赁住房投资建设和运营管理的通知》（财综〔2015〕15号），从财政政策、税费政策、土地政策、收购政策、融资政策等方面，提出构建政府支持政府和社会资本合作模式公共租赁住房的政策体系。其中：

① 财政政策

市县财政部门统筹运用各级政府安排用于公共租赁住房的资金，通过贷款贴息方式支持公共租赁住房政府和社会资本合作项目购建和运营管理，具体贴息办法**按照财政部印发的《城镇保障性安居工程贷款贴息办法》**（财综〔2014〕76号）规定执行。

同时，根据公共租赁住房保障对象的支付能力给予分档补贴，重点对城镇低收入住房困难家庭发放租赁补贴，配合同级住房保障部门督促保障对象按照合同约定的市场租金水平向项目公司缴纳住房租金。

对于试行公共租赁住房政府和社会资本合作项目试点的地区，中央财政不改变城镇保障性安居工程资金分配方式。

② 税费政策

对公共租赁住房建设按照国家现行有关规定免收各项行政事业性收费和政府性基金；落实现行有关公共租赁住房购建和运营管理税收优惠政策。

（2）《城镇保障性安居工程贷款贴息办法》（财综〔2014〕76号），对贴息资金来源和规模、贴息范围和期限、贴息申请和支付、贴息资金账务处理、贴息资金监督管理等进行了规定。

城镇保障性安居工程贷款贴息，是市县财政部门对符合条件的城市棚户区改造项目、公共租赁住房项目贷款予以一定比例和一定期限的利息补贴。采取PPP模式投资建设、运营管理的公共租赁住房项目，符合贴息政策的，适用贴息办法。

城镇保障性安居工程贷款贴息，必须同时具备下列条件：

① 城市棚户区改造项目和公共租赁住房项目已纳入省级人民政府年度计划和市县人民政府年度目标任务，并由市县人民政府组织实施；

② 从各类金融机构实际借入用于城市棚户区改造征收补偿、安置住房建设和公共租赁住房购建、运营管理的贷款；

③ 城市棚户区改造项目和公共租赁住房项目未享受过政府投资补助和其他贴息扶持政策。

贴息率由项目所在地市县财政部门根据年度贴息资金预算安排和贴息资金需求等因素确定，贴息利率以中国人民银行公布的同期贷款基准利率为准，原则上不超过2个百分点。

贴息期限按项目建设、收购、运营管理周期内实际贷款期限确定。其中，对于公共租赁住房运营管理贷款，贴息期限最长不超过15年。

四、税务筹划及处理

目前尚没有统一的税收法律法规或文件对PPP项目运作方式中可能涉及的税务影响做出明确的规定，是散布于多个税种的诸多文件中。本书从PPP项目公司组建、项目建设、项目运营、项目移交几个方面汇总相关的税务处理和税收优惠。

（一）项目公司组建税务筹划及处理

按项目公司组建性质不同，分有限责任公司和合伙企业对项目公司组建相关税务筹划及处理进行介绍。

1. 有限责任公司股东分红应税处理

1）分红的比例与其持股比例相一致的情况

项目公司采用有限责任公司的形式，股东获得分红的比例与持股比例相一致。中国居民企业股东从被投资的另一个居民企业获得的股息红利是免税所得。

2）分红的比例高于其持股比例的情况

但是如果政府与社会资本分别持有一定的股份，并且约定分红向社会资本倾斜（作为一种补偿手段），即社会资本获得的分红比例高于其持股比例，则存在如何认定该部分超比例分红的问题。《中华人民共和国企业所得税法》（中华人民共和国主席令第63号）第26条第2项以及《中华人民共和国企业所得税法实施条例》（中华人民共和国国务院令第512号）第83条都没有规定符合免税条件的股息红利与持股比例挂钩，而《中华人民共和国公司法》第34条规定了股东可以约定不按照出资比例分取红利，所以社会资本获得的分红比例高于其持股比例部分应该作为免税所得。

2. 合伙企业所得应税处理

与有限责任公司制的项目公司相对应，另一个可选方式是以合伙制基金的形式设立项目公司。对于合伙制基金，2008年12月，财政部和国家税务总局联合发布了《关于合伙企业合伙人所得税问题的通知》（财税〔2008〕159号），明确了合伙企业生产经营所得和其他所得采取"先分后税"原则，规定合伙企业以每一个合伙人为纳税义务人，而合伙企业不作为纳税主体，由合伙人在其层面缴纳相应的企业所得税或个人所得税。此规定避免了公司制人民币基金组织形式下可能出现的重复征税问题。

对于境内法人合伙人，其税收处理同公司基金法人投资者。

对于自然人有限合伙人，从目前地方出台政策来看，如果不执行合伙企业事务，则仅需就收益缴纳20%个人所得税，执行合伙事务的普通合伙人（GP）按照"个体工商户的生产经营所得"缴纳个人所得税（适用税率5%~35%）。由于《关于合伙企业合伙人所得税问题的通知》（财税〔2008〕159号）规定，合伙企业合伙人应税所得包括企业分配给所有合伙人的所得和企业当年留存的所得。所以个人合伙人即使没有从合伙企业取得实际分配的利润，仍可能产生个税税负。由于自然人有限合伙人从合伙企业取得收益需在合伙企业所在地纳税，地方税局有可能仍会要求合伙企业为其代扣代缴个税后方能进行收益分配。

对于境外合伙人，需考虑是否有被判定构成常设机构的可能及预提所得税影响。

3. 项目公司筹建费用可抵税处理

为项目公司筹建而发生的费用，发生的当期可以在企业所得税前列支（部分费用的税前扣除有限额）。

（二）PPP项目建设期"营改增"问题

根据《营业税改征增值税试点方案》（财税〔2011〕110号）第二款：在现行增值税17%标准税率和13%低税率基础上，新增11%和6%两档低税率。租赁有形动产等适用17%税率，交通运输业、建筑业等适用11%税率，其他部分现代服务业适用6%税率。交通运输业、建筑业、邮电通信业、现代服务业、文化体育业、销售不动产和转让无形资产，原则上适用增值税一般计税方法。金融保险业和生活性服务业，原则上适用增值税简易计税方法。

在建筑安装业完成"营改增"后，如果项目公司也是增值税一般纳税人，应该获得工程总包方开具的增值税专用发票以及金额巨大的增值税进项税留抵。这意味着该项目公司在回收工程投资前几乎不用交增值税了。但是，该变化对部分享受现有增值税税收优惠的行业（比如销售再生水收入实行免征增值税；污水处理劳务免征增值税，对垃圾处理、污泥处理处置劳务免征增值税，以垃圾为燃料生产的电力或者热力实行增值税即征即退）的实际意义不大。因为没有销项税负债而导致这些进项税资产无法利用，进项税需要在特许权期间摊销进当期成本费用。

（三）PPP项目经营期的税收优惠

1. PPP项目企业所得税优惠政策

从事以下PPP项目实现的投资经营所得享受以下企业所得税优惠政策。

1）减免企业所得税政策

公共基础设施项目和从事符合条件的环境保护、节能节水项目享受三免三减半的企业所得税政策。

根据《中华人民共和国企业所得税法》（中华人民共和国主席令第63号）第二十七条第二款、第三款、《中华人民共和国企业所得税法实施条例》（中华人民共和国国务院令第

512号）第八十七条、《财政部、国家税务总局关于执行公共基础设施项目企业所得税优惠目录有关问题的通知》（财税〔2008〕46号）和《国家税务总局关于实施国家重点扶持的公共基础设施项目企业所得税优惠问题的通知》（国税发〔2009〕80号）的规定：

投资企业从事《公共基础设施项目企业所得税优惠目录》规定的港口码头、机场、铁路、公路、城市公共交通、电力、水利等项目；从事公共污水处理、公共垃圾处理、沼气综合开发利用、节能减排技术改造、海水淡化等符合条件的环境保护、节能节水项目，自项目取得第一笔生产经营收入所属纳税年度起，第一年至第三年免征企业所得税，第四年至第六年减半征收企业所得税。新办国家重点扶持的公共基础设施项目和从事符合条件的环境保护、节能节水项目享受税收优惠的开始时间为：第一笔生产经营收入。

另外，《财政部国家税务总局关于公共基础设施项目享受企业所得税优惠政策问题的补充通知》（财税〔2014〕55号）第一条规定：企业投资经营符合《公共基础设施项目企业所得税优惠目录》规定条件和标准的公共基础设施项目，采用一次核准、分批次（如码头、泊位、航站楼、跑道、路段、发电机组等）建设的，凡同时符合以下条件的，可按每一批次为单位计算所得，并享受企业所得税"三免三减半"优惠：①不同批次在空间上相互独立；②每一批次自身具备取得收入的功能；③以每一批次为单位进行会计核算，单独计算所得，并合理分摊期间费用。

享受税收优惠直接增加了企业流动资金，进而吸引更多的资金投资于公共基础设施建设之中。

2）投资抵免企业所得税

专用设备投资额的10%抵免当年企业所得税应纳税额。

根据《中华人民共和国企业所得税法》（中华人民共和国主席令第63号）第三十四条规定：企业购置用于环境保护、节能节水、安全生产等专用设备的投资额，可以按一定比例实行税额抵免。

税额抵免是指企业购置并实际使用《环境保护专用设备企业所得税优惠目录》、《节能节水专用设备企业所得税优惠目录》和《安全生产专用设备企业所得税优惠目录》规定的环境保护、节能节水、安全生产等专用设备的，该专用设备的投资额的10%可以从企业当年的应纳税额中抵免；当年不足抵免的，可以在以后5个纳税年度结转抵免。

专用设备投资额：根据《财政部国家税务总局关于执行环境保护专用设备企业所得税优惠目录、节能节水专用设备企业所得税优惠目录和安全生产专用设备企业所得税优惠目录有关问题的通知》（财税〔2008〕48号）第二条的规定，是指购买专用设备发票价税合计价格，但不包括按有关规定退还的增值税税款以及设备运输、安装和调试等费用。

当年应纳税额：根据《财政部国家税务总局关于执行环境保护专用设备企业所得税优惠目录、节能节水专用设备企业所得税优惠目录和安全生产专用设备企业所得税优惠目录有关问题的通知》（财税〔2008〕48号）第三条的规定，是指企业当年的应纳税所得额乘以适用税率，扣除依照企业所得税法和国务院有关税收优惠规定以及税收过渡优惠规定减征、免征税额后的余额。享受投资抵免企业所得税优惠的企业，应当实际购置并自身实际投入使用的环境保护、节能节水、安全生产等专用设备；企业购置上述专用设备在5年内转让、出租的，应当停止享受企业所得税优惠，并补缴已经抵免的企业所得税税款。

根据《财政部、国家税务总局关于执行环境保护专用设备企业所得税优惠目录、节能节水专用设备企业所得税优惠目录和安全生产专用设备企业所得税优惠目录有关问题的通知》(财税〔2008〕48号)的相关规定，企业利用自筹资金和银行贷款购置专用设备的投资额，可以按企业所得税法的规定抵免企业应纳所得税额；企业利用财政拨款购置专用设备的投资额，不得抵免企业应纳所得税额。企业购置并实际投入适用、已开始享受税收优惠的专用设备，如从购置之日起5个纳税年度内转让、出租的，应在该专用设备停止使用当月停止享受企业所得税优惠，并补缴已经抵免的企业所得税税款。转让的受让方可以按照该专用设备投资额的10%抵免当年企业所得税应纳税额；当年应纳税额不足抵免的，可以在以后5个纳税年度结转抵免。

根据《国家税务总局关于环境保护节能节水安全生产等专用设备投资抵免企业所得税有关问题的通知》(国税函〔2010〕256号)的规定，纳税人购进并实际使用规定目录范围内的专用设备并取得增值税专用发票的，如增值税进项税额允许抵扣，其专用设备投资额不再包括增值税进项税额；如增值税进项税额不允许抵扣，其专用设备投资额应为增值税专用发票上注明的价税合计金额。企业购买专用设备取得普通发票的，其专用设备投资额为普通发票上注明的金额。

3) 经营期间项目公司股利分配的企业所得税政策

根据《中华人民共和国企业所得税法》(中华人民共和国主席令第63号)的规定，经营期间项目公司股利分配享受以下企业所得税优惠政策：

（1）经营期间涉及股利分配，如果项目公司是境内居民企业间分配股利，免征企业所得税；境内居民企业分配股利给自然人股东，需代扣代缴20%个人所得税。

（2）如果项目公司有境外股东，跨境分配股息给境外非居民企业，一般适用10%的预提所得税，如果境外非居民企业与中国间有签订双边税收协定，在符合一定条件下能够适用税收协定安排下的优惠预提所得税税率。

2. PPP项目增值税优惠政策

从事PPP项目中的污水处理、垃圾处理和风力等涉及资源综合利用和环境保护的项目，可以享受以下增值税优惠政策。

1) 销售自产的再生水免增值税

《财政部国家税务总局关于资源综合利用及其他产品增值税政策的通知》(财税〔2008〕156号)第一条第(一)项规定：销售自产的再生水免增值税。其中所谓的再生水是指对污水处理厂出水、工业排水（矿井水）、生活污水、垃圾处理厂渗透（滤）液等水源进行回收，经适当处理后达到一定水质标准，并在一定范围内重复利用的水资源。再生水应当符合水利部《再生水水质标准》(SL 368—2006)的有关规定。

2) 污水处理劳务免征增值税

根据《财政部国家税务总局关于资源综合利用及其他产品增值税政策的通知》(财税〔2008〕156号)第二条规定，对污水处理劳务免征增值税。污水处理是指将污水加工处理后符合《城镇污水处理厂污染物排放标准》(GB 18918—2002)有关规定的水质标准的业务。

3) 增值税即征即退的政策

（1）销售以垃圾为燃料生产的电力或者热力实行增值税即征即退100%的政策

根据《财政部国家税务总局关于资源综合利用及其他产品增值税政策的通知》(财税

〔2008〕156号）第三条第（二）的规定，销售以垃圾为燃料生产的电力或者热力实行增值税即征即退的政策。垃圾用量占发电燃料的比重不低于80%，并且生产排放达到《火电厂大气污染物排放标准》（GB 13223—2003）第1时段标准或者《生活垃圾焚烧污染控制标准》（GB 18485—2001）的有关规定。所称垃圾，是指城市生活垃圾、农作物秸秆、树皮废渣、污泥、医疗垃圾。

（2）销售以煤矸石、煤泥、石煤、油母页岩为燃料生产的电力和热力，实行增值税即征即退50%的政策

根据《财政部国家税务总局关于资源综合利用及其他产品增值税政策的通知》（财税〔2008〕156号）第四第（四）和第（五）项的规定，销售下列自产货物实现的增值税实行即征即退50%的政策：以煤矸石、煤泥、石煤、油母页岩为燃料生产的电力和热力。煤矸石、煤泥、石煤、油母页岩用量占发电燃料的比重不低于60%；利用风力生产的电力。

（3）销售自产的电力或热力实行增值税即征即退100%的政策

根据《财政部、国家税务总局关于调整完善资源综合利用产品及劳务增值税政策的通知》（财税〔2011〕115号）的规定，对销售下列自产货物实行增值税即征即退100%的政策：即①利用工业生产过程中产生的余热、余压生产的电力或热力。②以餐厨垃圾、畜禽粪便、稻壳、花生壳、玉米芯、油茶壳、棉籽壳、三剩物、次小薪材、含油污水、有机废水、污水处理后产生的污泥、油田采油过程中产生的油污泥（浮渣），包括利用上述资源发酵产生的沼气为原料生产的电力、热力、燃料。

4）垃圾处理、污泥处理处置劳务免征增值税

《财政部、国家税务总局关于调整完善资源综合利用产品及劳务增值税政策的通知》（财税〔2011〕115号），对农林剩余物资源综合利用产品增值税政策进行调整完善，并增加部分资源综合利用产品及劳务适用增值税优惠政策。其中，与垃圾处理有关的PPP项目运营有关的税收优惠是：对垃圾处理、污泥处理处置劳务免征增值税。

（四）PPP项目期满移交的税务处理

以水务项目公司设施产权为例，作为中国第一部针对BOT项目的地方性规章，深圳市人民政府于2008年月发布并实施的《深圳市污水处理厂BOT项目管理办法》第二十五条规定，污水处理厂建设用地由市政府行政划拨给市水务局，在特许经营期内，市水务局交由经营者无偿使用，土地用途不得任意更改。由经营者投资建设的项目土地附着物、建（构）筑物、污水处理设施及设备等产权（所有权）属于市政府，在特许经营期内由市政府无偿给经营者使用，期满后再由经营者无偿移交给市政府或市政府指定的机构。

TOT模式：项目公司在TOT运营方式下，政府将存量资产所有权有偿转让给社会资本或项目公司以及到期转回。由于项目资产所有权/经营权通常在运营期末会无偿移交给政府，其实质是社会资本为政府提供融资，并通过政府或者使用者付费实现融资的回收及报酬。在上述情况下，由于项目公司实质上不拥有设施的所有权，不适用《关于企业处置资产所得税处理问题的通知》（国税函〔2008〕828号），不需视同销售；由于其无形资产的计税基础已在特许经营期限内摊销完毕，也不作税收处理。

BOT模式：项目公司拥有BOT项目设施的所有权。在该种情况下，项目设施转让时

可能会涉及相应转让评估价值及流转税、土地增值税等税务处理问题。

五、相关配套安排

(一) 相关配套安排具体内容

根据《财政部关于印发政府和社会资本合作模式操作指南（试行）》（财金〔2014〕113号），交易结构包括项目投融资结构、回报机制和相关配套安排。其中相关配套安排主要说明由项目以外相关机构提供的土地、水、电、气和道路等配套设施和项目所需的上下游服务。

为强化政府和社会资本合作的政策保障，《国家发展改革委关于开展政府和社会资本合作的指导意见》（发改投资〔2014〕2724号）提出，依法依规为准经营性、非经营性项目配置土地、物业、广告等经营资源，为稳定投资回报、吸引社会投资创造条件。

(二) 水利工程

《国家发展改革委、财政部、水利部关于鼓励和引导社会资本参与重大水利工程建设运营的实施意见》（发改农经〔2015〕488），提出一体化建设运营、组合开发、落实建设用地指标等配套安排。

1. 合理确定项目参与方式

为拓宽社会资本进入领域，鼓励统筹城乡供水，实行水源工程、供水排水、污水处理、中水回用等一体化建设运营。

鼓励社会资本以特许经营、参股控股等多种形式参与重大水利工程建设运营。其中综合枢纽、大城市供排水管网的建设运营需按规定由中方控股。**对公益性较强、没有直接受益的河湖堤防整治等水利工程建设项目，可通过与经营性较强项目组合开发、按流域统一规划实施等方式，吸引社会资本参与。**

2. 关于建设用地指标

为落实建设用地指标，国家和各省（自治区、直辖市）土地利用年度计划要适度向重大水利工程建设倾斜，予以优先保障和安排。项目库区（淹没区）等不改变用地性质的用地，可不占用地计划指标，但要落实耕地占补平衡。**重大水利工程建设的征地补偿、耕地占补平衡实行与铁路等国家重大基础设施建设项目同等政策。**

(三) 市政基础设施

(1)《国务院关于创新重点领域投融资机制鼓励社会投资的指导意见》（国发〔2014〕60号）提出改革市政基础设施建设运营模式。

鼓励打破以项目为单位的分散运营模式，实行规模化经营，降低建设和运营成本，提高投资效益。

推进市县、乡镇和村级污水收集和处理、垃圾处理项目按行业"打包"投资和运营，鼓励实行**城乡供水一体化、厂网一体投资和运营**。

(2)《财政部关于市政公用领域开展政府和社会资本合作项目推介工作的通知》（财建

〔2015〕29号）提出可从以下方面明晰 PPP 项目边界。

① 城市供水、污水处理、供热、供气、垃圾处理项目应实行**厂网一体、站网一体、收集处理一体化运营**，提高服务质量；

② 道路桥梁可实行**建设施工、养护管理一体化**的经营方式；

③ 公共交通基础设施项目包括公交停靠站、首末站、枢纽站、停保站及出租汽车停靠站等相关设施，可优先考虑公共交通服务提供者介入公共交通基础设施项目的建设运营，鼓励项目通过**有效打包整合提升收益能力**，以促进一体化经营、提高运营质量和效率；

④ 地下综合管廊项目应按照满足各类管线功能需要和运行安全的标准建设，配套完备的附属设施和预警监控系统，统筹规划安排所有管线入廊，明确管廊运营主体与管线单位责任范围，确保管廊有效运行。

（四）生态环保

《国务院关于创新重点领域投融资机制鼓励社会投资的指导意见》（国发〔2014〕60号），为推进生态建设主体多元化，提出"对社会资本利用荒山荒地进行植树造林的，在保障生态效益、符合土地用途管制要求的前提下，允许发展林下经济、森林旅游等生态产业。"

（五）水污染防治

《财政部关于推进水污染防治领域政府和社会资本合作的实施意见》（财建〔2015〕90号）提出可从以下方面健全回报机制。

（1）积极发掘水污染防治相关周边土地开发、供水、林下经济、生态农业、生态渔业、生态旅游等**收益创造能力较强的配套项目资源**。

（2）鼓励实施城乡**供排水一体、厂网一体和行业"打包"**，实现组合开发，吸引社会资本参与。

（六）城市地下管线

为稳步推进城市地下综合管廊建设，《国务院办公厅关于加强城市地下管线建设管理的指导意见》（国办发〔2014〕27号）提出，城市地下综合管廊应统一规划、建设和管理，满足管线单位的使用和运行维护要求，同步配套消防、供电、照明、监控与报警、通风、排水、标识等设施。鼓励管线单位入股组成股份制公司，联合投资建设综合管廊，或在城市人民政府指导下组成地下综合管廊业主委员会，招标选择建设、运营管理单位。建成综合管廊的区域，凡已在管廊中预留管线位置的，不得再另行安排管廊以外的管线位置。

（七）健康与养老服务

1. 规划布局保障

（1）《国务院关于促进健康服务业发展的若干意见》（国发〔2013〕40号），提出各级政府要在土地利用总体规划和城乡规划中统筹考虑健康服务业发展需要，扩大健康服务业用地供给，优先保障非营利性机构用地。新建居住区和社区要按相关规定在公共服务设施中保障医疗卫生、文化体育、社区服务等健康服务业相关设施的配套。

（2）《国务院关于加快发展养老服务业的若干意见》（国发〔2013〕35号），提出各地要将各类养老服务设施建设用地纳入城镇土地利用总体规划和年度用地计划，合理安排用地需求，可将闲置的公益性用地调整为养老服务用地。

（3）《国家发展改革委关于加快推进健康与养老服务工程建设的通知》（发改投资〔2014〕2091号），提出医疗、养老、体育健身设施用地纳入土地利用总体规划和年度用地计划。

2. 土地供应政策

1）《国务院关于促进健康服务业发展的若干意见》（国发〔2013〕40号），支持利用以划拨方式取得的存量房产和原有土地兴办健康服务业，土地用途和使用权人可暂不变更。连续经营1年以上、符合划拨用地目录的健康服务项目可按划拨土地办理用地手续；不符合划拨用地目录的，可采取协议出让方式办理用地手续。

2）《国务院关于加快发展养老服务业的若干意见》（国发〔2013〕35号），民间资本举办的非营利性养老机构与政府举办的养老机构享有相同的土地使用政策，可以依法使用国有划拨土地或者农民集体所有的土地。

对营利性养老机构建设用地，按照国家对经营性用地依法办理有偿用地手续的规定，优先保障供应，并制定支持发展养老服务业的土地政策。

严禁养老设施建设用地改变用途、容积率等土地使用条件搞房地产开发。

3）《国家发展改革委关于加快推进健康与养老服务工程建设的通知》（发改投资〔2014〕2091号），非营利项目用地可按《划拨用地目录》实行划拨；营利性项目按照相关政策优先安排供应。

4）《民政部关于鼓励民间资本参与养老服务业发展的实施意见》（民发〔2015〕33号），民间资本投资养老服务设施所需建设用地，适用国家规定的养老服务设施用地供应和开发利用政策，国土资源管理部门应按照《国土资源部办公厅关于印发〈养老服务设施用地指导意见〉的通知》（国土资厅发〔2014〕11号）相关规定，积极做好用地服务工作。

5）《国土资源部办公厅关于印发〈养老服务设施用地指导意见〉的通知》（国土资厅发〔2014〕11号）对养老服务设施供地政策进行了细化。

（1）经养老主管部门认定的非营利性养老服务机构的，其养老服务设施用地可采取划拨方式供地。

民间资本举办的非营利性养老服务机构，经养老主管部门认定后同意变更为营利性养老服务机构的，其养老服务设施用地应当报经市、县人民政府批准后，可以办理协议出让（租赁）土地手续，补缴土地出让金（租金）。但法律法规规章和原《国有建设用地划拨决定书》明确应当收回划拨建设用地使用权的除外。

（2）营利性养老服务设施用地，应当以租赁、出让等有偿方式供应，原则上以租赁方式为主。

土地出让（租赁）计划公布后，同一宗养老服务设施用地有两个或者两个以上意向用地者的，应当以招标、拍卖或者挂牌方式供地。以招标、拍卖或者挂牌方式供应养老服设施用地时，不得设置要求竞买人具备相应资质、资格等影响公平公正竞争的限制条件。房地产用地中配套建设养老服务设施的，可将养老服务设施的建设要求作为出让条件，但不得将养老服务机构的资格或资信等级等作为出让条件。

（八）交通

1. 铁路土地综合开发政策

为落实《国务院关于改革铁路投融资体制加快推进铁路建设的意见》（国发〔2013〕33号），实施**铁路用地及站场毗邻区域土地综合开发利用**政策，支持铁路建设。

1)《国务院办公厅关于支持铁路建设实施土地综合开发的意见》（国办发〔2014〕37号），鼓励新建铁路站场实施土地综合开发：

（1）支持新建铁路站场与土地综合开发项目统一联建。新建铁路建设项目的投资主管部门、机构应与沿线地方政府按照一体规划、联动供应、立体开发、统筹建设的原则，协商确定铁路站场建设需配套安排的土地综合开发事项，明确土地综合开发项目与对应铁路站场、线路工程统一联建等相关事宜。

（2）合理确定土地综合开发的边界和规模。扣除站场用地后，同一铁路建设项目的综合开发用地总量按单个站场平均规模不超过50公顷控制，少数站场综合开发用地规模不超过100公顷。

（3）采用市场化方式供应综合开发用地。新建铁路站场地区综合开发用地采用市场化方式供应，供地公告时间不得少于60个工作日。

新建铁路项目未确定投资主体的，可在项目招标时，将土地综合开发权一并招标，新建铁路项目中标人同时取得土地综合开发权，相应用地可按开发分期约定一次或分期提供，供地价格按出让时的市场价确定。

新建铁路项目已确定投资主体但未确定土地综合开发权的，综合开发用地采用招标拍卖挂牌方式供应，并将统一联建的铁路站场、线路工程及相关规划条件、铁路建设要求作为取得土地的前提条件。

土地由铁路建设投资主体取得的，铁路建设和土地综合开发应统筹推进；土地由其他市场主体取得的，其他市场主体应与铁路建设投资主体协商安排铁路建设与土地综合开发相关事宜，确保铁路等各项建设按规划有序进行。

2)《国务院关于创新重点领域投融资机制鼓励社会投资的指导意见》（国发〔2014〕60号），确定铁路土地综合开发的思路和原则：

（1）充分利用铁路土地综合开发政策，以开发收益支持铁路发展。

（2）鼓励按照"多式衔接、立体开发、功能融合、节约集约"的原则，对城市轨道交通站点周边、车辆段上盖进行土地综合开发，吸引社会资本参与城市轨道交通建设。

2. 收费公路土地资源补偿

1)《交通部关于印发全面深化交通运输改革试点方案的通知》（交政研发〔2015〕26号）

试点省份交通运输主管部门要报请政府协调，优先考虑将财政补贴和项目沿线一定范围内的土地等资源作为政府投入。

2)《财政部关于在收费公路领域推广运用政府和社会资本合作模式的实施意见》（财建〔2015〕111号）

收费不足以满足社会资本或项目公司成本回收和合理回报的,在依法给予融资支持,项目沿线一定范围土地开发使用等支持措施仍不能完全覆盖成本的,可考虑给予合理的财政补贴。

这个文件明确了收费公路政府支出责任的顺序:"收费+沿线土地开发+补贴",明确了在公路建设项目中以土地开发资源补偿的操作方式。

(九)公共租赁住房

《财政部关于运用政府和社会资本合作模式推进公共租赁住房投资建设和运营管理的通知》(财综〔2015〕15号),提出的土地政策:

(1)新建公共租赁住房建设用地可以租赁方式取得,租金收入作为土地出让收入纳入政府性基金预算管理。

(2)对于新建公共租赁住房项目,以及使用划拨建设用地的存量公共租赁住房项目,经市县人民政府批准,政府可以土地作价入股方式注入项目公司,支持公共租赁住房政府和社会资本合作项目,不参与公共租赁住房经营期间收益分享,但拥有对资产的处置收益权。

(3)在新建公共租赁住房政府和社会资本合作项目中,可以规划建设一定比例建筑面积的配套商业服务设施用于出租和经营,以实现资金平衡并有合理盈利,但不得用于销售和转让。

六、PPP项目用地

(一)建设用地制度与政策

1. 土地分类

根据《中华人民共和国土地管理法》(2004年8月28日修订),国家编制土地利用总体规划,规定土地用途,将土地分为农用地、建设用地和未利用地。其中建设用地是指建造建筑物、构筑物的土地,包括城乡住宅和公共设施用地、工矿用地、交通水利设施用地、旅游用地、军事设施用地等。

2. 土地的所有权和使用权

1)国有土地有偿使用制度

根据《中华人民共和国土地管理法》(2004年8月28日修订),国家所有土地的所有权由国务院代表国家行使。土地使用权可以依法转让。国家为了公共利益的需要,可以依法对土地实行征收或者征用并给予补偿。

城市市区的土地属于国家所有。农村和城市郊区的土地,除由法律规定属于国家所有的以外,属于农民集体所有;宅基地和自留地、自留山,属于农民集体所有。国家依法实行国有土地有偿使用制度。但是,国家在法律规定的范围内划拨国有土地使用权的除外。

2)多元化土地供应政策出台

《国务院办公厅转发财政部发展改革委人民银行关于在公共服务领域推广政府和社会资本合作模式指导意见的通知》(国办发〔2015〕42号),强调要实行多样化土地供应,保障项目建设用地：

（1）对符合划拨用地目录的项目，可按划拨方式供地，划拨土地不得改变土地用途。建成的项目经依法批准可以抵押，土地使用权性质不变，待合同经营期满后，连同公共设施一并移交政府；实现抵押权后改变项目性质应该以有偿方式取得土地使用权的，应依法办理土地有偿使用手续。

（2）不符合划拨用地目录的项目，以租赁方式取得土地使用权的，租金收入参照土地出让收入纳入政府性基金预算管理。

（3）以作价出资或者入股方式取得土地使用权的，应当以市、县人民政府作为出资人，制定作价出资或者入股方案，经市、县人民政府批准后实施。

3. 集体土地的征收和征用

根据《中华人民共和国土地管理法》（2004年8月28日修订），区分了土地的征收和征用。征收和征用既有共同之处，又有不同之处。共同之处在于，都是为了公共利益需要，都要经过法定程序，都要依法给予补偿。不同之处在于，征收主要是所有权的改变，征用只是使用权的改变。

1）征收、征用集体土地的政策规定

《中华人民共和国物权法》（2007年）规定：为了公共利益的需要，依照法律规定的权限和程序可以征收集体土地。对于征收的集体土地，其土地所有权属于国家，用地单位只有土地使用权。

征收土地批准权限的规定：

（1）征收土地实行两级审批制度，即国务院和省级人民政府；

（2）征收农地的，应先办理农用地转用手续，同时办理征地审批手续；

（3）基本农田，基本农田以外的耕地超过35公顷的，其他用地超过70公顷的，由国务院审批；

（4）其他用地和已经批准的农用地转用范围内的具体项目，由省级人民政府审批，并报国务院备案。

2）征收集体土地补偿的范围和标准

征收土地的，按照被征收土地的原用途给予补偿。征收耕地的补偿费用包括土地补偿费、安置补助费以及地上附着物和青苗的补偿费（表2-4）。

征收集体土地补偿费用 表2-4

补偿类别	补偿标准
土地补偿费	征收耕地的补偿费，为该耕地被征收前三年平均年产值的6～10倍
安置补助费	按需要安置的农业人口数计算，即按被征收的耕地数量除以征地前被征地单位平均每人占有耕地的数计算。每一个需要安置的农业人口的安置补助费标准，为该耕地被征收前3年平均年产值的4～6倍。但每公顷被征收耕地的安置补助费小于等于15×被征收前3年平均年产值。 对人均耕地特别少的地区，按前述标准支付的土地补偿费和安置补助费，尚不能使需要安置的农民保持原有生活水平的，经省级人民政府批准，可以增加安置补助费，但土地补偿费和安置补助费之和小于等于30×该土地被征收前3年平均年产值

续表

补偿类别	补偿标准
地上附着物和青苗的补偿费等	地上附着物是指依附于土地上的各类地上、地下建筑物和构筑物，如房屋、水井、地上（下）管线等。青苗指被征收土地上正处于生长阶段的农作物。征收城市郊区的菜地，按照国家有关规定缴纳新菜地开发建设基金。城市郊区菜地，是指连续3年以上常年种菜或养殖鱼、虾的商品菜地和精养鱼塘

4. 建设用地使用权出让

建设用地使用权出让是指国家将国有土地使用权在一定年限内出让给土地使用者，由土地使用者向国家支付土地使用权出让金的行为。土地使用权出让金是指通过有偿有限期出让方式取得土地使用权的受让者，按照合同规定的期限，一次或分次提前支付的整个使用期间的地租。

1) 建设用地使用权出让计划和方式

根据《中华人民共和国土地管理法》（2004年8月28日修订），土地使用权出让必须符合土地利用总体规划、城市规划和年度建设用地计划；根据省市人民政府下达的控制指标，拟定年度出让国有土地总面积方案，并且有计划、有步骤地进行。出让的每幅地块、面积、年限和其他条件，由市、县人民政府土地管理部门会同城市规划、建设、房产管理部门共同拟定，按照国务院的规定，报经有批准权的人民政府批准后，由市、县人民政府土地管理部门实施。

以出让等有偿使用方式取得国有土地使用权的建设单位，按照国务院规定的标准和办法，缴纳土地使用权出让金等土地有偿使用费和其他费用后，方可使用土地。

2007年9月，国土资源部令第39号规定："工业、商业、旅游、娱乐和商品住宅等经营性用地以及同一宗地有两个以上意向用地者的，应当以招标、拍卖或者挂牌方式出让"。招拍挂的具体区别如表2-5所示。

建设用地出让方式　　　　　表2-5

出让方式	含义	特点	适用类型
招标出让	土地所有者（出让人）向多方土地使用者（投标者）发出投标邀请，通过各投标者设计标书的竞争，来确定土地使用权受让人	有利于公平竞争	适用于需要优化土地布局、重大工程和较大地块的出让
拍卖出让	按指定时间、地点，在公开场所出让方叫价的办法将土地使用权拍卖给出价最高者（竞买人）	有利于公平竞争	适用于区位条件好、交通便利的闹市区、土地利用上有较大灵活性的地块的出让
挂牌出让	出让人发布挂牌公告，按公告规定的期限将拟出让宗地的交易条件在指定的土地交易场所挂牌公布，接受竞买人的报价申请并更新挂牌价格，据挂牌期限截止时的出让结果确定土地使用者	操作简便，且允许多次报价，有利于投资者理性决策和竞争	综合体现了招标、拍卖和协议方式的优点
协议出让	政府作为土地所有者（出让方）与选定的受让方磋商用地条件及价款，达成协议并签订土地使用权出让合同，有偿出让土地使用权	自由度大，不利于公平竞争	适用于公共福利事业和非营利性的社会团体、机关单位用地和某些特殊用地。不适用于房地产开发用地

2）建设用地使用权出让年限

《城镇国有土地使用权出让和转让暂行条例》规定的出让最高年限如下：

（1）居住用地 70 年；

（2）工业用地 50 年；

（3）教育、科技、文化卫生、体育用地 50 年；

（4）商业、旅游、娱乐用地 40 年；

（5）综合或其他用地 50 年。

5. 建设用地使用权划拨

建设用地使用权划拨是指县级以上人民政府依法批准，在用地者缴纳补偿、安置费用后，将该幅土地交付其使用，或者将土地使用权无偿交给土地使用者使用的行为。依据《划拨用地目录》（中华人民共和国国土资源部令第 9 号），下列建设用地可由县级以上人民政府依法批准，划拨土地使用权：

1）国家机关用地和军事用地；

2）城市基础设施用地和公益事业用地；

3）国家重点扶持的能源、交通、水利等项目用地；

4）法律、行政法规规定的其他用地。

依据《建设用地审查报批管理办法 国土资源部第 3 号令》，以划拨方式提供国有土地使用权的，由市、县人民政府土地行政主管部门向建设单位颁发《国有土地划拨决定书》和《建设用地批准书》，依照规定办理土地登记。《国有土地划拨决定书》应当包括划拨土地面积、土地用途、土地使用条件等内容。

划拨土地使用权的管理规定具体如表 2-6 所示。

对划拨土地使用权的管理规定　　　　　　　　　　　表 2-6

类型	管理规定
划拨土地的转让	①报有批准权的人民政府审批准予转让的，应当有受让方办理土地使用权出让手续，并按照国家有关规定缴纳土地使用权出让金 ②可不办理出让手续，但转让方应将所获得的收益中的土地收益上缴国家
划拨土地使用权的出租	①所有人以营利为目，将划拨土地使用权的地上建筑物出租，应当将租金中所含土地收益上缴国家 ②用地单位因发生转让、出租、企业改制和改变土地用途等不宜办理土地出让的，可实行租赁 ③租赁时间超过 6 个月的，应办理租赁合同，合同期限不得超过出让年限
划拨土地使用权的抵押	抵押的金额不应包括土地价格，因抵押划拨土地使用权造成土地使用权转移的，应办理土地出让手续并向国家缴纳地价款才能变更土地权属
未经批准擅自转让、出租、抵押划拨土地使用权	县级以上人民政府土地管理部门应当没收其非法收入，并根据情节处以罚款
国有企业改制中的划拨土地	可分别采取国有土地出让、租赁、作价出资（入股）和保留划拨土地使用权等方式予以处置
凡上缴土地收益的土地	仍按划拨土地进行管理

续表

类型	管理规定
划拨土地使用权的无偿收回	主要原因：①土地使用者因迁移、解散、撤销、破产或其他原因而停止使用土地的；②国家为了公共利益需要和城市规划的要求收回土地使用权；③各级司法部门没收其所有产而收回土地使用权的；④土地使用者自动放弃土地使用权；⑤未经原批准机关同意，连续2年未使用；⑥不按批准用途使用土地；⑦铁路、公路、机场、矿场等核准报废的土地。国家无偿收回划拨土地使用权时，对其地上建筑物、其他附着物，根据实际情况应给原土地使用者适当补偿

6. 建设用地审查报批

依据《建设用地审查报批管理办法 国土资源部第3号令》，县级以上人民政府土地行政主管部门负责建设用地的申请受理、审查、报批工作。

1）用地预申请

建设项目可行性研究论证时，建设单位应当向建设项目批准机关的同级土地行政主管部门提出建设用地预申请。

受理预申请的土地行政主管部门应当依据土地利用总体规划和国家土地供应政策，对建设项目的有关事项进行预审，出具建设项目用地预审报告。

2）用地申请

在土地利用总体规划确定的城市建设用地范围外单独选址的建设项目使用土地的，建设单位应当向土地所在地的市、县人民政府土地行政主管部门提出用地申请。

建设单位提出用地申请时，应当填写《建设用地申请表》，并附具下列材料：

（1）建设单位有关资质证明；

（2）项目可行性研究报告批复或者其他有关批准文件；

（3）土地行政主管部门出具的建设项目用地预审报告；

（4）初步设计或者其他有关批准文件；

（5）建设项目总平面布置图；

（6）占用耕地的，必须提出补充耕地方案；

（7）建设项目位于地质灾害易发区的，应当提供地质灾害危险性评估报告。

市、县人民政府土地行政主管部门对材料齐全、符合条件的建设用地申请，应当受理，并在收到申请之日起30日内拟订农用地转用方案、补充耕地方案、征用土地方案和供地方案，编制建设项目用地呈报说明书（"一书四方案"），经同级人民政府审核同意后，报上一级土地行政主管部门审查。

7. 建设项目用地预审

建设项目用地预审，是指国土资源管理部门在建设项目审批、核准、备案阶段，依法对建设项目涉及的土地利用事项进行的审查。

依据《建设项目用地预审管理办法》（中华人民共和国国土资源部令 第42号），预审意见是有关部门审批项目可行性研究报告、核准项目申请报告的必备文件：

（1）需审批的建设项目在可行性研究阶段，由建设用地单位提出预审申请。

（2）需核准的建设项目在项目申请报告核准前，由建设单位提出用地预审申请。

（3）需备案的建设项目在办理备案手续后，由建设单位提出用地预审申请。

已批准项目建议书的审批类建设项目与需备案的建设项目申请用地预审的,应当提交下列材料:

(1) 建设项目用地预审申请表;

(2) 建设项目用地预审申请报告,内容包括拟建项目的基本情况、拟选址占地情况、拟用地面积确定的依据和适用建设用地指标情况、补充耕地初步方案、征地补偿费用和矿山项目土地复垦资金的拟安排情况等;

(3) 项目建议书批复文件或者项目备案批准文件;

(4) 单独选址建设项目拟选址位于地质灾害防治规划确定的地质灾害易发区内的,提交地质灾害危险性评估报告;

(5) 单独选址建设项目所在区域的国土资源管理部门出具是否压覆重要矿产资源的证明材料。

直接审批可行性研究报告的审批类建设项目与需核准的建设项目,申请用地预审的不提交第(3)、(4)、(5)项材料。项目单位应当在用地预审完成后,申请用地审批前,依据相关法律法规的规定,办理地质灾害危险性评估与矿产资源压覆情况证明等手续。

8. 土地一级开发

土地一级开发是指在土地出让前,对土地进行整理投资开发的过程。具体来说,就是按照城市规划功能、竖向标高和市政地下基础设施配套指标的要求,由政府(土地储备部门)统一组织征地补偿、拆迁安置、土地平整、市政基础设施和社会公共配套设施建设,按期达到土地出让标准的土地开发行为。

土地一级开发主要包括:

1) 办理一级开发相关政府审批手续,包括规划、项目核准或备案、征地、拆迁、市政建设、交评、环评等一级开发审批手续;

2) 实施集体土地征收工作;

3) 实施国有土地收回(收购)及地上建筑物征收工作;

4) 完成地上附着物拆除、地下构筑物拆移等工作;

5) 根据规划条件进行土地平整及其他市政、配套基础设施建设;

6) 其他一级开发工作。

土地一级开发招标拍卖挂牌出让流程如图2-2所示。

土地一级开发主要的成本有土地取得成本和土地开发成本。其中土地取得成本包括征地补偿和拆迁补偿费用;土地开发成本即水、电、气等大市政建设费用,如图2-3所示。

1) 土地取得成本

(1) 通过征用农地取得的(新增国有建设用地),土地取得成本包括农地征用费,主要是征地补偿费、安置补助费、树木青苗补偿费、土地附加物补偿费。

(2) 通过在城市中进行房屋拆迁取得的(存量国有用地整理),土地取得成本包括城市房屋拆迁补偿安置费等(主要是拆迁补偿费、安置费)。

(3) 相关税费,包括集体用地转建设用地税费、农转非相关税费、耕地占用费、耕地开垦费、南水北调费、新菜田开发基金、征地管理费等。

2) 土地开发成本

大市政建设费(七通一平费),指开发区内的市政工程建设费,包括开发区内的供水、

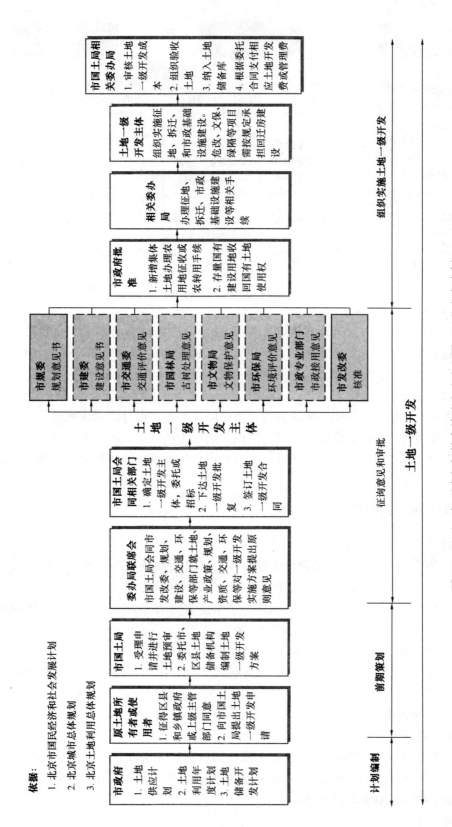

图 2-2 土地一级开发招标拍卖挂牌出让流程图（以北京市为例）

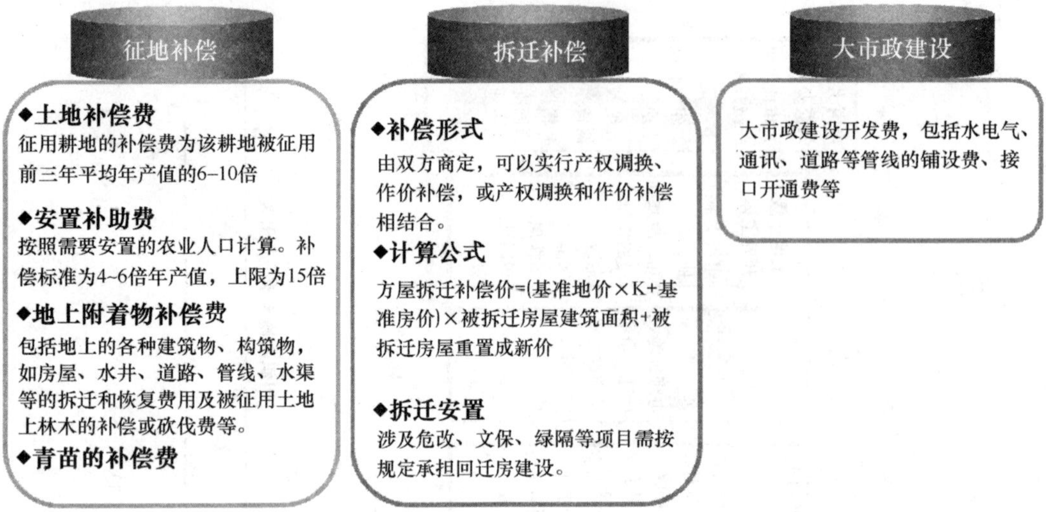

征地补偿
◆ 土地补偿费
征用耕地的补偿费为该耕地被征用前三年平均年产值的6-10倍
◆ 安置补助费
按照需要安置的农业人口计算。补偿标准为4~6倍年产值,上限为15倍
◆ 地上附着物补偿费
包括地上的各种建筑物、构筑物,如房屋、水井、道路、管线、水渠等的拆迁和恢复费用及被征用土地上林木的补偿或砍伐费等。
◆ 青苗的补偿费

拆迁补偿
◆ 补偿形式
由双方商定,可以实行产权调换、作价补偿,或产权调换和作价补偿相结合。
◆ 计算公式
方屋拆迁补偿价=(基准地价×K+基准房价)×被拆迁房屋建筑面积+被拆迁房屋重置成新价
◆ 拆迁安置
涉及危改、文保、绿隔等项目需按规定承担回迁房建设。

大市政建设
大市政建设开发费,包括水电气、通讯、道路等管线的铺设费、接口开通费等

图 2-3　土地一级开发主要费用

供电、排洪、排污、供气、通讯及道路建设费用,这些费用按开发单位价目成本总额包括场地平整、勘察设计、临时设施、桩基工程、土建安装、管理费、计算时计入、利息等,归集并计算出单项总造价后,按土地开发受益面积平摊到土地开发成本中去。

9. 土地二级开发

土地一级开发是指土地使用者将达到规定可以转让的土地通过流通领域进行交易的过程。包括土地使用权的转让、租赁、抵押等。以房地产为例,房地产二级市场,是土地使用者经过开发建设,将新建成的房地产进行出售和出租的市场。即一般指商品房首次进入流通领域进行交易而形成的市场。

(二) 实践中 PPP 项目用地的取得

1. 一般原则

大部分的 PPP 项目,尤其是基础设施建设项目或其他涉及建设的项目,均会涉及项目用地问题,由哪一方负责取得土地对于这类项目而言非常关键。

在 PPP 实践中,通常根据政府方和项目公司哪一方更有能力、更有优势承担取得土地的责任的原则,来判定由哪一方负责取得土地。

2. 两种取得方式

实践中,根据 PPP 项目的签约主体和具体情况不同,土地使用权的取得通常有以下两种选择:

1) 由政府方负责提供土地使用权

(1) 主要考虑因素

如果签署 PPP 项目合同的政府方是对土地使用权拥有一定控制权和管辖权的政府或政府部门(例如,县级以上人民政府),在 PPP 项目实施中,该政府方负责取得土地使用权对于项目的实施一般更为经济和效率。

(2) 实际操作

政府方以土地划拨或出让等方式向项目公司提供项目建设用地的土地使用权及相关进入场地的道路使用权，并根据项目建设需要为项目公司提供临时用地。项目的用地预审手续和土地使用权证均由政府方办理，项目公司主要予以配合。

上述土地如涉及征地、拆迁和安置，通常由政府方负责完成该土地的征用补偿、拆迁、场地平整、人员安置等工作，并向项目公司提供没有设定他项权利、满足开工条件的净地作为项目用地。

2）由政府方协助项目公司获得土地使用权

如果项目公司完全有权、有能力根据我国法律规定自行取得土地使用权的，则可以考虑由项目公司自行取得土地使用权，但政府方应提供必要的协助。

3. 土地综合开发的政策空间

1）传统模式下土地的供应

（1）土地供应程序

国有建设用地的供应，即通过土地一级开发使土地达到建设用地的供应条件，然后通过将土地使用权出让或划拨于土地使用者。其中，土地一级开发是国有建设用地供应过程的第一步。

（2）传统操作模式下的土地财政

地方政府往往在土地完成一级开发后，将该地块土地使用权出让后形成的土地出让收入作为基础设施/公共服务设施投资的主要资金来源，这就是"土地财政"模式。

在传统的土地财政模式下，政府主导的土地开发与基础设施/公共服务设施投资建设只存在宏观上的联系，具体的土地开发项目和基础设施/公共服务设施建设项目之间并没有法律上的关联。即使政府在土地开发和基础设施/公共服务设施建设过程中都可能与企业合作、引入社会资本；且参与土地开发和基础设施/公共服务设施投资建设的社会企业可能为同一家企业，但二者并不是捆绑在一起或同时进行的。因此，土地财政实际上将土地开发与基础设施/公共服务设施建设/运营割裂开来，分成了两个步骤。

2）土地综合开发的示范政策

2014年7月，国务院办公厅印发了《关于支持铁路建设实施土地综合开发的意见》（国办发〔2014〕37号），提出了以土地开发支持铁路建设的模式，并系统性地提出了"土地综合开发"的概念及其具体的操作模式。根据该意见，"……对铁路站场及毗邻地区特定范围内的土地实施综合开发利用。通过市场方式供应土地，一体设计、统一联建方式开发利用土地，促进铁路站场及相关设施用地布局协调、交通设施无缝衔接、地上地下空间充分利用、铁路运输功能和城市综合服务功能大幅提高，形成铁路建设和城镇及相关产业发展的良性互动机制，促进铁路和城镇化可持续发展。"

类似的操作方式，在财政部《关于在收费公路领域推广运用政府和社会资本合作模式的实施意见》（财建〔2015〕111号）中也有相应体现。根据该意见："收费不足以满足社会资本或项目公司成本回收和合理回报的，在依法给予融资支持，项目沿线一定范围土地开发使用等支持措施仍不能完全覆盖成本的，可考虑给予合理的财政补贴。"该意见明确了政府支出责任的顺序"收费＋沿线土地开发＋补贴"，也首次明确了在公路建设项目中以土地开发资源补偿的操作方式。

案例1： **济青高铁的土地取得**

2015年4月15日，山东济南到青岛的高速铁路（济青高铁）获得《山东省人民政府关于同意济青高速铁路有限公司组建工作有关事宜的批复》（鲁政字〔2015〕72号）。依据批复，济青高速铁路项目总投资约600亿元，其中资本金300亿元。该公司首期注册资金为55亿元。其中，省土地储备中心出资20亿元，山东高速集团出资20亿元（其中暂代中国铁路总公司出资10亿元），中国建筑股份有限公司出资10亿元，南车青岛四方机车车辆股份有限公司出资5亿元。上述省级出资注入山东铁路建设投资有限公司，由其代表我省对济青高速铁路有限公司出资并持有股份。济青高速铁路项目其余资本金按照确定的资金来源和公司章程，分步落实到位。

根据2015年4月11日，《济青高铁（潍坊段）政府与社会资本合作（PPP）招标公告》，济青高铁（潍坊段）就"协调组织济青高铁（潍坊段）沿线市区的征地和拆迁以及资金的筹集、拨付和监管"进行政府采购甄选社会资本。该项目预计总投资43亿元。合作模式如下：

运作模式：项目采用PPP合作模式，按照拆迁（征地）-运营-移交方式运作。由政府采购甄选的社会资本与政府指定机构合资成立项目公司（SPV），政府方负责沿线的征地、拆迁工作和资金使用监管工作，社会资本负责征地拆迁补偿资金的筹集以及项目的运营管理。SPV成立后，由SPV统一入股到省济青高铁公司，按照持股比例获取济青高铁的运营收益。

● 项目期限和回购方式：项目期限不少于10年，自合作之日起至少5年后进入回购期。社会资本股权优先由政府指定机构按成本价回购。

● 投资收益：合作期内社会资本投资收益率不高于8%/年，按实际投资额计算。收益来源为济青高铁的运营收益，运营收益不足以支付投资收益的缺口由政府安排运营补贴弥补。

● 保障措施：对于济青高铁项目的政府运营补贴等支出由财政列入年度预算以及中长期财政规划。

● 操作模式可概况为：社会资本负责拿钱征地拆迁及项目运营管理，政府加以监管，将来收益分成。

案例2： **湖北某县土地一级开发案例**

湖北某县一个土地一级开发项目及基础设施建设项目，有约300多亩土地需要进行一级开发，地块周边规划的道路同步建设。364亩土地收储需要资金7000万，配套的2.4km道路建设造价约2700万。

实际操作中，意向投资商参与其中，政府、策划机构、企业三方共同参与，设计项目实施方案。投资商为政府提供土地收储的资金，同时作为2.4km道路建设的投资主体，道路建设工程仍采取公开招投标（该客户可能是施工方也可能不是），在土地收储完成之后，地块使用权以公开形式出让。政府支付投资客户前期投入成本（9700万），另外，投资人还将获得使用权出让溢价部分（即超出前期成本价的部分）30%的收益。

3）与传统模式相比，土地综合开发特点

（1）简化市场主体资格授权程序，通过一次招投标/政府采购程序，确定土地一级开发主体与基础设施/公共服务设施建设/运营主体

在传统操作方式下，就土地一级开发而言，根据2008年1月3日《国务院关于促进节约集约用地的通知》（国发〔2008〕3号）的规定："土地前期开发要引入市场机制，按照有关规定，通过公开招标方式选择实施单位。"根据国家层面的规定，鼓励企业通过招投标方式成为土地前期开发（一级开发）的主体。就基础设施/公共服务设施而言，根据《基础设施和公用事业特许经营管理办法》（国家发展改革委等6部委令第25号），能源、交通运输、水利、环境保护、市政工程等基础设施和公用事业领域，政府采用竞争方式依法授权中华人民共和国境内外的法人或者其他组织。

因此，在传统操作模式下，如企业希望同时取得某一区域范围内土地一级开发和基础设施/公共服务设施的建设/运营权，根据现行国家及地方层面的规定，企业可能需要通过两次招投标程序分别取得两个项目建设/运营主体资格的授权。然而，在土地综合开发下，由于土地一级开发与基础设施/公共服务设施的建设/运营项目合二为一，因此，企业仅需通过一次授权程序即可同时取得区域范围内土地一级开发和基础设施/公共服务设施的建设/运营权，主体授权程序得以简化。

（2）充分发挥市场机制，提高土地一级开发和基础设施/公共服务设施建设及运营的效率

在通过政企合作进行土地综合开发的模式之下，企业通过对土地进行一级开发，为项目范围内的基础设施/公共服务设施的建设提供了基础性条件；高水准的基础设施/公共服务设施建设/运营水平也将拉升项目用地的整体品质，有利于项目用地范围内储备土地的在二级市场上的出让。企业作为区域范围内土地一级开发和基础设施/公共服务设施建设/运营的唯一市场主体、享有对项目整体的收益权，自然具有了综合平衡和全面提升项目区域内地一级开发和基础设施/公共服务设施建设/运营水准的内在经济激励，也必将有利于提高区域范围内土地一级开发和基础设施/公共服务设施建设及运营的整体效率。

（3）土地综合开发中土地使用权出让收入使用的法律障碍

无论是在传统的土地财政模式下、还是在土地综合开发模式下，项目范围内经企业进行一级开发整理后的土地使用权出让收入都是项目获得收入、企业获得投资成本及收益支付的重要资金来源。然而，将项目范围内土地使用权出让收入用于支付企业投资成本和收益的操作方式可能受到我国现行土地出让收支管理制度的限制。

A. 现行土地出让收支管理制度

根据目前的土地管理相关法律法规及财政管理政策，经营性土地使用权不能通过直接授予的方式捆绑于特许经营项目，土地使用权转让的收益政府也不能与特许经营者直接分享。我国现行法律规定严格实行土地出让收支两条线的制度。根据2006年12月31日财政部、国土资源部、中国人民银行《国有地使用权出让收支管理办法》（财综〔2006〕68号）第十三条，"土地出让收入使用范围包括征地和拆迁补偿支出、土地开发支出、支农支出、城市建设支出以及其他支出。"就土地综合开发中的一级开发部分而言，企业所投入的开发成本及收益可通过征地和拆迁补偿支出及土地开发支出两个科目进行支付毫无疑问；就土地综合开发中的基础设施/公共服务设施的投资成本和收益，则可能通过支农支

出和城市建设支出两个科目进行支付。

根据《国有地使用权出让收支管理办法》第十六条、第十七条："支农支出。包括用于保持被征地农民原有生活水平补贴支出、补助被征地农民社会保障支出、农业土地开发支出以及农村基础设施建设支出。……农村基础设施建设支出。从土地出让收入中安排用于农村饮水、沼气、道路、环境、卫生、教育以及文化等基础设施建设项目支出，按照各省、自治区、直辖市及计划单列市人民政府规定，以及财政部门核定的预算执行。""城市建设支出。含完善国有土地使用功能的配套设施建设以及城市基础设施建设支出。具体包括：城市道路、桥涵、公共绿地、公共厕所、消防设施等基础设施建设支出。"

我国现行法律规定中并没有关于基础设施/公共服务设施的直接定义；现行PPP模式相关立法中对于基础设施/公共服务设施的范围界定也存在差异。但是，通过对比前述《国有地使用权出让收支管理办法》第十六条、第十七条的规定，不难发现，可以通过土地出让收入进行支出的农村基础设施建设支出和城市建设支出的范围并不足以涵盖基础设施/公共服务设施的全部外延，诸如医疗、旅游、教育培训、健康养老、水利、资源环境和生态保护等项目就显然不能被包含在支农支出和城市建设支出的项目之列。因此，如将土地出让收入直接用于支付此类设施的投资成本及收益回报，则面临着与现行土地出让收支管理制度冲突的局面。

  B. 政策突破已有原则性指导

综上所述，在现行法律制度下，土地综合开发仍可能在一定程度上受到土地出让收支管理制度的限制。根据《国家发展改革委关于开展政府和社会资本合作的指导意见》（发改投资〔2014〕2724号）："完善投资回报机制。依法依规为准经营性、非经营性项目配置土地、物业、广告等经营资源，为稳定投资回报、吸引社会投资创造条件。"虽然就准经营性、非经营性项目配置土地等经营资源的具体方式，尚未予以明确，但是，这样的原则性表述为未来出台进一步的操作细则、打破现行的土地出让收入与基础设施/公共服务设施项目成本收益支付的法律障碍和制度限制创造了极大的政策空间。

七、项目公司设立

（一）项目公司性质

1. 设立项目公司要点

社会资本可依法设立项目公司，政府可指定相关机构依法参股项目公司。依据《财政部关于印发政府和社会资本合作模式操作指南（试行）》（财金〔2014〕113号），项目实施机构和财政部门（政府和社会资本合作中心）应监督社会资本按照采购文件和项目合同约定，按时足额出资设立项目公司。

《国家发展改革委关于开展政府和社会资本合作的指导意见》（发改投资〔2014〕2724号）提出，如以设立项目公司的方式实施合作项目，应根据项目实际情况，明确项目公司的设立及其存续期间法人治理结构及经营管理机制等事项，如：

1) 项目公司注册资金、住所、组织形式等的限制性要求。
2) 项目公司股东结构、董事会、监事会及决策机制安排。

3）项目公司股权、实际控制权、重要人事发生变化的处理方式。

4）如政府参股项目公司的,还应明确政府出资人代表、投资金额、股权比例、出资方式等。政府股份享有的分配权益,如是否享有与其他股东同等的权益,在利润分配顺序上是否予以优先安排等；政府股东代表在项目公司法人治理结构中的特殊安排,如在特定事项上是否拥有否决权等。

根据《国务院关于调整固定资产投资项目资本金比例的通知》(国发〔2009〕27号),固定资产投资项目实行资本金制度。各行业固定资产投资项目的最低资本金比例按以下规定执行：

1）钢铁、电解铝项目,最低资本金比例为40%。

2）水泥项目,最低资本金比例为35%。

3）煤炭、电石、铁合金、烧碱、焦炭、黄磷、玉米深加工、机场、港口、沿海及内河航运项目,最低资本金比例为30%。

4）铁路、公路、城市轨道交通、化肥（钾肥除外）项目,最低资本金比例为25%。

5）保障性住房和普通商品住房项目的最低资本金比例为20%,其他房地产开发项目的最低资本金比例为30%。

6）其他项目的最低资本金比例为20%。

经国务院批准,对个别情况特殊的国家重大建设项目,可以适当降低最低资本金比例要求。属于国家支持的中小企业自主创新、高新技术投资项目,最低资本金比例可以适当降低。外商投资项目按现行有关法规执行。

2. 项目公司性质

项目公司是依法设立的自主运营、自负盈亏的具有独立法人资格的经营实体。项目公司可以由社会资本（可以是一家企业,也可以是多家企业组成的联合体）出资设立,也可以由政府和社会资本共同出资设立。但政府在项目公司中的持股比例应当低于50%且不具有实际控制力及管理权。

项目公司是社会资本为实施PPP项目而专门成立的公司,通常独立于社会资本而运营。根据项目公司股东国籍的不同,项目公司可能是内资企业,也可能是外商投资企业。

3. 有限责任公司设立应当具备的条件

设立有限责任公司的法律依据是《中华人民共和国公司法》(全国人民代表大会常务委员会于2013年12月28日发布)。设立有限责任公司,应当具备下列条件：

（1）股东符合法定人数；

（2）有符合公司章程规定的全体股东认缴的出资额；

（3）股东共同制定公司章程；

（4）有公司名称,建立符合有限责任公司要求的组织机构；

（5）有公司住所。

4. 股份有限公司设立应当具备的条件

设立股份有限公司的法律依据是《中华人民共和国公司法》(全国人民代表大会常务委员会于2013年12月28日发布)。设立股份有限公司,应当具备下列条件：

（1）发起人符合法定人数；

（2）有符合公司章程规定的全体发起人认购的股本总额或者募集的实收股本总额；

(3) 股份发行、筹办事项符合法律规定；
(4) 发起人制订公司章程，采用募集方式设立的经创立大会通过；
(5) 有公司名称，建立符合股份有限公司要求的组织机构；
(6) 有公司住所。

5. 合伙企业设立应当具备的条件

设立合伙企业的法律依据是《中华人民共和国合伙企业法》（第十届全国人民代表大会常务委员会第二十三次会议于 2006 年 8 月 27 日修订通过）。设立合伙企业，应当具备下列条件：

(1) 有二个以上合伙人。合伙人为自然人的，应当具有完全民事行为能力；
(2) 有书面合伙协议；
(3) 有合伙人认缴或者实际缴付的出资；
(4) 有合伙企业的名称和生产经营场所；
(5) 法律、行政法规规定的其他条件。

（二）股权结构

PPP 项目公司的股权结构反映股东对项目资产权益的法律拥有形式和股东之间的法律合同关系，是在项目所在地法律法规、会计和税务等客观因素的约束下，实现股东投资目标的一种项目资产所有权结构。PPP 项目公司的股东权益分布和调整，体现股东对项目短期利益或长期战略的目的。股东权益在项目前期或建设期的合理变化，能够有效促进项目实施；在项目商业运营期的合理变化，能够提高项目公司的治理效力、管理水平和公司价值。因此，合理的股权结构设计对提升 PPP 项目效率具有重要的应用价值。

1. 有限责任公司

根据《中华人民共和国公司法》（全国人民代表大会常务委员会于 2013 年 12 月 28 日发布），有限责任公司由五十个以下股东出资设立。

有限责任公司的注册资本为在公司登记机关登记的全体股东认缴的出资额。法律、行政法规以及国务院决定对有限责任公司注册资本实缴、注册资本最低限额另有规定的，从其规定。

2. 股份有限公司

根据《中华人民共和国公司法》（全国人民代表大会常务委员会于 2013 年 12 月 28 日发布），股份有限公司的设立，可以采取发起设立或者募集设立的方式。设立股份有限公司，应当有二人以上二百人以下为发起人，其中须有半数以上的发起人在中国境内有住所。

(1) 发起设立，是指由发起人认购公司应发行的全部股份而设立公司。注册资本为在公司登记机关登记的全体发起人认购的股本总额。在发起人认购的股份缴足前，不得向他人募集股份。

(2) 募集设立，是指由发起人认购公司应发行股份的一部分，其余股份向社会公开募集或者向特定对象募集而设立公司。注册资本为在公司登记机关登记的实收股本总额。

法律、行政法规以及国务院决定对股份有限公司注册资本实缴、注册资本最低限额另有规定的，从其规定。

3. 股权变更的限制

在PPP项目中，虽然项目的直接实施主体和PPP项目合同的签署主体通常是社会资本设立的项目公司，但项目的实施仍主要依赖于社会资本自身的资金和技术实力。项目公司自身或其母公司的股权结构发生变化，可能会导致不合适的主体成为PPP项目的投资人或实际控制人，进而有可能会影响项目的实施。《财政部关于规范政府和社会资本合作合同管理工作的通知》（财金〔2014〕156号）附件《PPP项目合同指南（试行）》，对股权变更的含义与范围、股权变更的限制做了说明。

1）股权变更的含义与范围

在不同PPP项目中，政府方希望控制的股权变更范围和程度也会有所不同，通常股权变更的范围包括：

（1）直接或间接转让股权

在国际PPP实践、特别是涉及外商投资的PPP项目中，投资人经常会搭建多层级的投资架构，以确保初始投资人的股权变更不会对项目公司的股权结构产生直接影响。但在一些PPP项目合同中，会将项目公司及其各层级母公司的股权变更均纳入股权变更的限制范围，但对于母公司股权变更的限制，一般仅限于可能导致母公司控股股东变更的情形。例如，在PPP项目合同中规定，在一定的期间内，项目公司的股权变更及其各级控股母公司的控股股权变更均须经过政府的事前书面批准。

（2）并购、增发等其他方式导致的股权变更

股权变更通常并不局限于项目公司或母公司的股东直接或间接将股权转让给第三人，还包括以收购其他公司股权或者增发新股等其他方式导致或可能导致项目公司股权结构或母公司控股股东发生变化的情形。

（3）股份相关权益的变更

广义上的股权变更，除包括普通股、优先股等股份的持有权变更以外，还包括股份上附着的其他相关权益的变更，例如表决权等。此外，一些特殊债权，如股东借款、可转换公司债等，如果也带有一定的表决权或者将来可转换成股权，则也可能被纳入"股权变更"的限制范围。

（4）兜底规定

为了确保"股权变更"范围能够全面地涵盖有可能影响项目实施的股权变更，PPP项目合同中往往还会增加一个关于股权变更范围的"兜底性条款"，即"其他任何可能导致股权变更的事项"。

2）股权变更的限制

（1）锁定期

锁定期是指限制社会资本转让其所直接或间接持有的项目公司股权的期间。通常在PPP项目合同中会直接规定：在一定期间内，未经政府批准，项目公司及其母公司不得发生上文定义的任何股权变更的情形。这也是股权变更限制的最主要机制。

锁定期的期限需要根据项目的具体情况进行设定，常见的锁定期是自合同生效日起，至项目开始运营日后的一定期限（例如2年，通常至少直至项目缺陷责任期届满）。这一规定的目的是为了确保在社会资本履行完其全部出资义务之前不得轻易退出项目。

在锁定期内，如果发生以下特殊的情形，可以允许发生股权变更：

① 项目贷款人为履行本项目融资项下的担保而涉及的股权结构变更；

② 将项目公司及其母公司的股权转让给社会资本的关联公司；

③ 如果政府参股了项目公司，则政府转让其在项目公司股权的不受上述股权变更限制。

（2）其他限制

除锁定期外，在一些 PPP 项目合同中还可能会约定对受让方的要求和限制，例如约定受让方须具备相应的履约能力及资格，并继承转让方相应的权利义务等。在一些特定的项目中，政府方有可能不希望特定的主体参与到 PPP 项目中，因此可能直接在合同中约定禁止将项目公司的股权转让给特定的主体。

这类对于股权受让方的特殊限制通常不以锁定期为限，即使在锁定期后，仍然需要政府方的事前批准才能实施。但此类限制通常不应存在任何地域或所有制歧视。

（3）违反股权变更限制的后果

一旦发生违反股权变更限制的情形，将直接认定为项目公司的违约行为，情节严重的，政府方将有权因该违约而提前终止项目合同。

（三）融资权利和义务

按照《财政部关于印发政府和社会资本合作模式操作指南（试行）》（财金〔2014〕113 号）PPP 项目操作流程，在项目执行阶段，社会资本或项目公司应及时开展融资方案设计、机构接洽、合同签订和融资交割等工作。财政部门（政府和社会资本合作中心）和项目实施机构应做好监督管理工作，防止企业债务向政府转移。

因此 PPP 项目融资由社会资本或项目公司负责。社会资本或项目公司可以通过银行贷款、企业债、项目收益债券、资产证券化等市场化方式举债并承担偿债责任。政府对投资者或特别目的公司按约定规则依法承担特许经营权、合理定价、财政补贴等相关责任，不承担投资者或特别目的公司的偿债责任。

1. 项目公司的融资权利

PPP 项目合同中通常会明确约定项目全生命周期内相关资产和权益的归属，以确定项目公司是否有权通过在相关资产和权益上设定抵质押担保等方式获得项目融资，以及是否有权通过转让项目公司股份以及处置项目相关资产或权益的方式实现投资的退出。

2. 项目公司的融资义务

由于能否成功获得融资直接关系到项目能否实施，因此大多数 PPP 项目合同中会将完成融资交割作为项目公司的一项重要义务以及 PPP 项目合同全部生效的前提条件。

3. 融资方的权利

为了保证项目公司能够顺利获得融资，在 PPP 项目合同中通常会规定一些保障融资方权利的安排。融资方在提供融资时最为关注的核心权利包括：

1）融资方的主债权和担保债权

如果项目公司以项目资产或其他权益（例如运营期的收费权）或社会资本以其所持有的与项目相关的权利（例如其所持有的项目公司股权）为担保向融资方申请融资，融资方在主张其担保债权时可能会导致项目公司股权以及项目相关资产和权益的权属变更。因此，融资方首先要确认 PPP 项目合同中已明确规定社会资本和项目公司有权设置上述担保，并且政府方可以接受融资方行使主债权或担保债权所可能导致的法律后果，以确保融资方权益能够得到充分有效的保障。

2）融资方的介入权

由于项目的提前终止可能会对融资方债权的实现造成严重影响，因此融资方通常希望在发生项目公司违约事件且项目公司无法在约定期限内补救时，可以自行或委托第三方在项目提前终止前对于项目进行补救。为了保障融资方的该项权利，融资方通常会要求在PPP项目合同中或者通过政府、项目公司与融资方签订的直接介入协议对融资方的介入权予以明确约定。

4. 再融资

为了调动项目公司的积极性并保障融资的灵活性，在一些PPP项目合同中，还会包括允许项目公司在一定条件下对项目进行再融资的规定。再融资的条件通常包括：再融资应增加项目收益且不影响项目的实施、签署再融资协议前须经过政府的批准等。此外，PPP项目合同中也可能会规定，政府方对于因再融资所节省的财务费用享有按约定比例（例如50%）分成的权利。

八、投资融资支持

（一）政府投资引导

1. 宏观引导

1）《国务院关于创新重点领域投融资机制鼓励社会投资的指导意见》（国发〔2014〕60号）

（1）优化政府投资使用方向。政府投资主要投向公益性和基础性建设。对鼓励社会资本参与的生态环保、农林水利、市政基础设施、社会事业等重点领域，政府投资可根据实际情况给予支持，充分发挥政府投资"四两拨千斤"的引导带动作用。

（2）改进政府投资使用方式。在同等条件下，政府投资优先支持引入社会资本的项目，根据不同项目情况，通过投资补助、基金注资、担保补贴、贷款贴息等方式，支持社会资本参与重点领域建设。抓紧制定政府投资支持社会投资项目的管理办法，规范政府投资安排行为。

2）《国务院办公厅转发财政部发展改革委人民银行关于在公共服务领域推广政府和社会资本合作模式指导意见的通知》（国办发〔2015〕42号）

中央财政出资引导设立**中国政府和社会资本合作融资支持基金**，作为社会资本方参与项目，提高项目融资的可获得性。

探索通过以奖代补等措施，引导和鼓励**地方融资平台存量项目转型为政府和社会资本合作项目**。

落实和完善国家支持公共服务事业的税收优惠政策，公共服务项目采取政府和社会资本合作模式的，可按规定享受相关税收优惠政策。

鼓励地方政府在承担有限损失的前提下，**与具有投资管理经验的金融机构共同发起设立基金**，并通过引入结构化设计，吸引更多社会资本参与。

3)《国家发展改革委关于开展政府和社会资本合作的指导意见》(发改投资〔2014〕2724号)

优化政府投资方向,通过**投资补助**、**基金注资**、**担保补贴**、**贷款贴息**等多种方式,优先支持引入社会资本的项目。合理分配政府投资资金,优先保障配套投入,确保PPP项目如期、高效投产运营。

4)《财政部关于推广运用政府和社会资本合作模式有关问题的通知》(财金〔2014〕76号)

财政部将积极研究利用现有专项转移支付资金渠道,对示范项目提供**资本投入支持**。

地方各级财政部门可以结合自身财力状况,因地制宜地给予示范项目**前期费用补贴**、**资本补助**等多种形式的资金支持。

在与社会资本协商确定项目财政支出责任时,地方各级财政部门要对**各种形式的资金支持给予统筹**,综合考虑项目风险等因素合理确定资金支持方式和力度,切实考虑社会资本合理收益。

2. 水利工程投资支持政策

1)《国家发展改革委、财政部、水利部关于鼓励和引导社会资本参与重大水利工程建设运营的实施意见》(发改农经〔2015〕488)

重大水利工程建设投入,原则上按功能、效益进行合理分摊和筹措,并按规定安排政府投资。对同类项目,中央水利投资优先支持引入社会资本的项目。

政府投资安排使用方式和额度,应根据不同项目情况、社会资本投资合理回报率等因素综合确定。

公益性部分政府投入形成的资产归政府所有,同时可按规定不参与生产经营收益分配。

鼓励发展支持重大水利工程的投资基金,政府可以通过认购基金份额、直接注资等方式予以支持。

2)《关于开展社会资本参与重大水利工程建设运营第一批试点工作的通知》(发改办农经〔2015〕1274号)

充分利用现有中央投资及相关资金渠道,加大对试点项目的支持力度,并优先安排年度投资计划。

3. 水污染防治投资支持政策

《国务院关于印发水污染防治行动计划的通知》(国发〔2015〕17号),提出在水污染防治方面增加政府资金投入:

中央财政加大对属于中央事权的水环境保护项目支持力度,合理承担部分属于中央和地方共同事权的水环境保护项目,向欠发达地区和重点地区倾斜;研究采取专项转移支付等方式,实施"以奖代补"。

地方各级人民政府要重点支持污水处理、污泥处理处置、河道整治、饮用水水源保护、畜禽养殖污染防治、水生态修复、应急清污等项目和工作。对环境监管能力建设及运行费用分级予以必要保障。

4. 城市地下管线投资支持政策

《国务院办公厅关于加强城市地下管线建设管理的指导意见》(国办发〔2014〕27

号),提出在 36 个大中城市开展地下综合管廊试点工程,探索投融资、建设维护、定价收费、运营管理等模式,提高综合管廊建设管理水平。

加快城市建设投融资体制改革,分清政府与企业边界,**确需政府举债的,应通过发行政府一般债券或专项债券融资。**

5. 社会事业投资支持政策

1)《关于加快发展养老服务业的若干意见》(国发〔2013〕35 号)

各级政府要加大投入,安排财政性资金支持养老服务体系建设。

加强养老服务机构信用体系建设,增强对信贷资金和民间资本的吸引力。

地方政府发行债券应统筹考虑养老服务需求,积极支持养老服务设施建设及无障碍改造。

2)《关于鼓励民间资本参与养老服务业发展的实施意见》(民发〔2015〕33 号)

(1) 加大对养老服务业发展的财政资金投入。有条件的地区,可设立专项扶持资金。充分利用支持服务业发展的各类财政资金,探索采取建立产业基金、PPP 等模式,支持发展面向大众的社会化养老服务产业,带动社会资本加大投入。

通过中央基建投资等现有资金渠道,对社会急需、项目发展前景好的养老项目予以适当扶持。

(2) 民政部本级彩票公益金和地方各级政府用于社会福利事业的彩票公益金,要将 50%以上的资金用于支持发展养老服务业,并随老年人口的增加逐步提高投入比例。其中,支持民办养老服务发展的资金不得低于 30%。

(3) 民办非营利性养老机构应当为捐资举办,机构享有对其资产的法人财产权,捐资人(举办者)不拥有对所捐赠财产的所有权。对于举办者没有捐赠而以租赁形式给予组织使用的固定资产以及以借款方式投入组织运营的流动资金,允许其收取不高于市场公允水平的租金和利息。

3)《关于促进社会办医加快发展若干政策措施的通知》(国办发〔2015〕45 号)提出的丰富筹资渠道政策:

通过特许经营、公建民营、民办公助等模式,支持社会力量举办非营利性医疗机构,健全法人治理结构,建立现代医院管理制度。

鼓励地方通过设立健康产业投资基金等方式,为社会办医疗机构提供建设资金和贴息补助。

6. 交通投资支持政策

1)《国务院关于创新重点领域投融资机制鼓励社会投资的指导意见》(国发〔2014〕60 号),提出完善公路投融资模式、探索发展"航电结合"等投融资模式:

完善公路投融资模式:建立完善政府主导、分级负责、多元筹资的公路投融资模式,完善收费公路政策,吸引社会资本投入,多渠道筹措建设和维护资金。逐步建立高速公路与普通公路统筹发展机制,促进普通公路持续健康发展。

探索发展"航电结合"等投融资模式:按相关政策给予投资补助,鼓励社会资本投资建设航电枢纽。积极吸引社会资本参与盈利状况较好的枢纽机场、干线机场以及机场配套服务设施等投资建设,拓宽机场建设资金来源。

2)《交通部关于印发全面深化交通运输改革试点方案的通知》(交政研发〔2015〕26 号)

试点省份交通运输主管部门要报请政府协调，优先考虑将财政补贴和项目沿线一定范围内的土地等资源作为政府投入。

3)《国家发展改革委关于加强城市轨道交通规划建设管理的通知》（发改基础〔2015〕49 号）

拟建地铁项目资本金比例不低于 40%，政府资本金占当年城市公共财政预算收入的比例一般不超过 5%。

（二）政府举债融资工具

《国务院关于加强地方政府性债务管理的意见》（国发〔2014〕43 号），赋予地方政府依法适度举债权限。经国务院批准，省、自治区、直辖市政府可以适度举借债务，市县级政府确需举借债务的由省、自治区、直辖市政府代为举借。明确划清政府与企业界限，政府债务只能通过政府及其部门举借，不得通过企事业单位等举借。地方政府举债采取政府债券方式：

（1）没有收益的公益性事业发展确需政府举借一般债务的，由地方政府发行一般债券融资，主要以一般公共预算收入偿还。

（2）有一定收益的公益性事业发展确需政府举借专项债务的，由地方政府通过发行专项债券融资，以对应的政府性基金或专项收入偿还。

地方政府举债融资机制如图 2-4 所示。

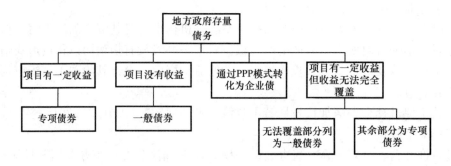

图 2-4 地方政府举债融资机制

1. 地方政府一般债券发行管理

《财政部关于印发〈地方政府一般债券发行管理暂行办法〉的通知》（财库〔2015〕64 号）定义地方政府一般债券，是指省、自治区、直辖市政府（含经省级政府批准自办债券发行的计划单列市政府）为没有收益的公益性项目发行的、约定一定期限内主要以一般公共预算收入还本付息的政府债券。

（1）一般债券采用记账式固定利率附息形式。

（2）一般债券期限为 1 年、3 年、5 年、7 年和 10 年，由各地根据资金需求和债券市场状况等因素合理确定，但单一期限债券的发行规模不得超过一般债券当年发行规模的 30%。

2. 地方政府专项债券发行管理

《财政部关于印发〈地方政府专项债券发行管理暂行办法〉的通知》（财库〔2015〕83

号）定义地方政府专项债券，是指省、自治区、直辖市政府（含经省级政府批准自办债券发行的计划单列市政府）为有一定收益的公益性项目发行的、约定一定期限内以公益性项目对应的政府性基金或专项收入还本付息的政府债券。

（1）专项债券采用记账式固定利率附息形式。

（2）单只专项债券应当以单项政府性基金或专项收入为偿债来源。单只专项债券可以对应单一项目发行，也可以对应多个项目集合发行。

（3）专项债券期限为1年、2年、3年、5年、7年和10年，由各地综合考虑项目建设、运营、回收周期和债券市场状况等合理确定，但7年和10年期债券的合计发行规模不得超过专项债券全年发行规模的50%。

（三）融资方式创新

1. 宏观引导

无论从国际经验还是国内实践来看，基础设施类项目公司进行融资一直是比较困难的。尤其是PPP项目，项目周期很长，而且既要提高社会效益、又要降低财政负担，同时还要对社会资本保持足够的吸引力，必然对于大规模低成本长期限的资金有较高需求。如果PPP项目公司对于运营资产的使用权和收益权不清晰，在抵质押的实际操作中缺乏规范的法律依据，融资就更加困难，而且容易引发后期的偿债风险和纠纷。为了解决融资难的问题，在推动PPP项目的融资便利性方面，国务院和各部委积极推出了各项政策安排。

1)《国务院关于创新重点领域投融资机制鼓励社会投资的指导意见》（国发〔2014〕60号），要求在公共服务、资源环境、生态建设、基础设施等重点领域进一步创新投融资机制。

（1）探索创新信贷服务。支持开展排污权、收费权、集体林权、特许经营权、购买服务协议预期收益、集体土地承包经营权质押贷款等**担保创新类贷款业务**。

探索利用工程供水、供热、发电、污水垃圾处理等**预期收益质押贷款**，允许利用相关收益作为还款来源。

鼓励金融机构对民间资本举办的社会事业提供融资支持。

（2）推进农业金融改革。探索采取**信用担保和贴息**、**业务奖励**、**风险补偿**、**费用补贴**、**投资基金**，以及**互助信用**、**农业保险**等方式，增强农民合作社、家庭农场（林场）、专业大户、农林业企业的贷款融资能力和风险抵御能力。

（3）充分发挥政策性金融机构的积极作用。在国家批准的业务范围内，加大对公共服务、生态环保、基础设施建设项目的支持力度。

努力为生态环保、农林水利、中西部铁路和公路、城市基础设施等重大工程提供长期稳定、低成本的资金支持。

（4）鼓励发展支持重点领域建设的投资基金。大力发展**股权投资基金和创业投资基金**，鼓励民间资本采取**私募**等方式发起设立主要投资于公共服务、生态环保、基础设施、区域开发、战略性新兴产业、先进制造业等领域的产业投资基金。

政府可以使用包括中央预算内投资在内的财政性资金，通过认购基金份额等方式予以支持。

(5) 支持重点领域建设项目开展股权和债权融资。大力发展**债权投资计划**、**股权投资计划**、**资产支持计划**等融资工具，延长投资期限，引导社保资金、保险资金等用于收益稳定、回收期长的基础设施和基础产业项目。

支持重点领域建设项目采用**企业债券**、**项目收益债券**、**公司债券**、**中期票据等方式**通过债券市场筹措投资资金。

推动铁路、公路、机场等交通项目建设企业**应收账款证券化**。

建立规范的地方政府举债融资机制，支持地方政府依法依规发行债券，用于重点领域建设。

2)《国务院办公厅转发财政部发展改革委人民银行关于在公共服务领域推广政府和社会资本合作模式指导意见的通知》（国办发〔2015〕42号），提出金融机构应创新符合政府和社会资本合作模式特点的金融服务，优化信贷评审方式，积极为政府和社会资本合作项目提供融资支持。

(1) 鼓励**开发性金融机构**发挥中长期贷款优势，参与改造政府和社会资本合作项目，引导商业性金融机构拓宽项目融资渠道。

(2) 鼓励符合条件的项目运营主体在资本市场通过发行**公司债券**、**企业债券**、**中期票据**、**定向票据**等市场化方式进行融资。

(3) 鼓励项目公司发行**项目收益债券**、**项目收益票据**、**资产支持票据**等。

(4) 鼓励社保资金和保险资金按照市场化原则，创新运用**债权投资计划**、**股权投资计划**、**项目资产支持计划**等多种方式参与项目。

(5) 对符合条件的"走出去"项目，鼓励**政策性金融机构**给予中长期信贷支持。

(6) 依托各类产权、**股权交易市场**，为社会资本提供多元化、规范化、市场化的退出渠道。

金融监管部门应加强监督管理，引导金融机构正确识别、计量和控制风险，按照风险可控、商业可持续原则支持政府和社会资本合作项目融资。

3)《国家发展改革委关于开展政府和社会资本合作的指导意见》（发改投资〔2014〕2724号），提出做好综合金融服务：

鼓励金融机构提供财务顾问、融资顾问、银团贷款等**综合金融服务**，全程参与PPP项目的策划、融资、建设和运营。

鼓励项目公司或合作伙伴通过成立**私募基金**、**引入战略投资者**、**发行债券**等多种方式拓宽融资渠道。

4)《**基础设施和公用事业特许经营管理办法**》（国家发展改革委等6部委令第25号），强化做好综合金融服务体系：

(1) 鼓励金融机构为特许经营项目提供财务顾问、融资顾问、银团贷款等金融服务。**政策性、开发性金融机构可以给予特许经营项目差异化信贷支持，对符合条件的项目，贷款期限最长可达30年**。探索利用特许经营项目预期收益质押贷款，支持利用相关收益作为还款来源。

(2) 鼓励通过设立产业基金等形式入股提供特许经营项目资本金。鼓励特许经营项目公司进行结构化融资，发行项目收益票据和资产支持票据等。

(3) 鼓励特许经营项目采用成立私募基金，引入战略投资者，发行企业债券、项目收益债券、公司债券、非金融企业债务融资工具等方式拓宽投融资渠道。

（4）县级以上人民政府有关部门可以探索与金融机构设立基础设施和公用事业特许经营引导基金，并通过投资补助、财政补贴、贷款贴息等方式，支持有关特许经营项目建设运营。

2. 水利工程融资支持政策

《国家发展改革委、财政部、水利部关于鼓励和引导社会资本参与重大水利工程建设运营的实施意见》（发改农经〔2015〕488），强调发挥政策性金融作用：

（1）加大重大水利工程信贷支持力度，完善贴息政策。

（2）允许水利建设贷款以项目自身收益、借款人其他经营性收入等作为还款来源，允许以水利、水电等资产作为合法抵押担保物，探索以水利项目收益相关的权利作为担保财产的可行性。

（3）积极拓展保险服务功能，探索形成"信贷＋保险"合作模式，完善水利信贷风险分担机制以及融资担保体系。

（4）进一步研究制定支持从事水利工程建设项目的企业直接融资、债券融资的政策措施，鼓励符合条件的上述企业通过IPO（首次公开发行股票并上市）、增发、企业债券、项目收益债券、公司债券、中期票据等多种方式筹措资金。

3. 水污染防治融资支持政策

（1）《国务院关于印发水污染防治行动计划的通知》（国发〔2015〕17号），促进多元融资政策：

积极推动设立融资担保基金，推进环保设备融资租赁业务发展。

推广股权、项目收益权、特许经营权、排污权等质押融资担保。

采取环境绩效合同服务、授予开发经营权益等方式，鼓励社会资本加大水环境保护投入。

（2）《财政部关于推进水污染防治领域政府和社会资本合作的实施意见》（财建〔2015〕90号），融资支持政策：

地方财政、环境保护部门应积极协调相关部门，着力支持PPP项目融资能力提升，尽快建立向金融机构推介PPP项目的常态化渠道，鼓励金融机构为相关项目提高授信额度、增进信用等级。

健全社会资本投入市场激励机制，推行排污权有偿使用，完善排污权交易市场。

鼓励环境金融服务创新，支持开展排污权、收费权、政府购买服务协议及特许权协议项下收益质押担保融资，探索开展污水垃圾处理服务项目预期收益质押融资。

鼓励社会资本建立环境保护基金，重点支持水污染防治领域PPP项目。

4. 市政公用设施融资支持政策

《关于市政公用领域开展政府和社会资本合作项目推介工作的通知》（财建〔2015〕29号），融资支持政策：

地方各级财政、住房城乡建设（市政公用）部门应当积极协调银监、证监、保监等部门，尽快建立向金融机构推介项目的常态化渠道，支持金融机构为推介项目增进信用等级、提高授信额度，采取有效方式降低项目融资成本。

5. 城市地下管线融资支持政策

《国务院办公厅关于加强城市地下管线建设管理的指导意见》（国办发〔2014〕27号），融资支持政策：

以政府和社会资本合作方式参与城市基础设施和综合管廊建设的企业，可以探索通过发行企业债券、中期票据、项目收益债券等市场化方式融资。

积极推进政府购买服务，完善特许经营制度，研究探索政府购买服务协议、特许经营权、收费权等作为银行质押品的政策，鼓励社会资本参与城市基础设施投资和运营。

支持银行业金融机构在有效控制风险的基础上，加大信贷投放力度，支持城市基础设施建设。

鼓励外资和民营资本发起设立以投资城市基础设施为主的产业投资基金。

6. 公共租赁住房融资支持政策

《财政部关于运用政府和社会资本合作模式推进公共租赁住房投资建设和运营管理的通知》（财综〔2015〕15号），融资支持政策：

银行业金融机构要在房地产开发贷款大项下建立公共租赁住房开发贷款的明细核算，对公共租赁住房贷款单独核算、单独管理、单独考核，根据自身实际，在依法合规、风险可控的前提下，加大对政府和社会资本合作模式公共租赁住房试点项目的信贷支持力度。

鼓励社保基金、保险资金等公共基金通过债权、股权等多种方式支持项目公司融资。

支持项目公司发行企业债券，适当降低中长期企业债券的发行门槛。

支持以未来收益覆盖融资本息的公共租赁住房资产发行房地产投资信托基金（RE-ITs），探索建立以市场机制为基础、可持续的公共租赁住房投融资模式。

7. 健康服务业融资支持政策

（1）《国务院关于促进健康服务业发展的若干意见》（国发〔2013〕40号），融资引导政策：

鼓励金融机构按照风险可控、商业可持续原则加大对健康服务业的支持力度，创新适合健康服务业特点的金融产品和服务方式，扩大业务规模。积极支持符合条件的健康服务企业上市融资和发行债券。

鼓励各类创业投资机构和融资担保机构对健康服务领域创新型新业态、小微企业开展业务。

政府引导、推动设立由金融和产业资本共同筹资的健康产业投资基金。

创新健康服务业利用外资方式，有效利用境外直接投资、国际组织和外国政府优惠贷款、国际商业贷款。

（2）《国务院办公厅关于促进社会办医加快发展若干政策措施的通知》（国办发〔2015〕45号），优化融资政策：

鼓励社会办医疗机构以股权融资、项目融资等方式筹集开办费和发展资金。

支持符合条件的社会办营利性医疗机构上市融资或发行债券，对接多层次资本市场，利用多种融资工具进行融资。

鼓励金融机构根据医疗机构特点创新金融产品和服务方式，扩大业务规模。拓宽信贷抵押担保物范围，探索允许社会办医疗机构利用有偿取得的用于非医用途的土地使用权和产权明晰的房产等固定资产办理抵押贷款。

鼓励社会办医疗机构在银行间债券市场注册发行非金融企业债务融资工具筹集资金，鼓励各类创业投资机构和融资担保机构对医疗领域创新型业态、小微企业开展业务。

8. 养老服务业融资支持政策

1)《国务院关于加快发展养老服务业的若干意见》(国发〔2013〕35号)，优化融资政策：

金融机构要加快金融产品和服务方式创新，拓宽信贷抵押担保物范围，积极支持养老服务业的信贷需求。

积极利用财政贴息、小额贷款等方式，加大对养老服务业的有效信贷投入。

逐步放宽限制，鼓励和支持保险资金投资养老服务领域。

开展老年人住房反向抵押养老保险试点。

鼓励养老机构投保责任保险，保险公司承保责任保险。

2)《国家发展改革委关于加快推进健康与养老服务工程建设的通知》(发改投资〔2014〕2091号)，加大融资支持力度：

通过扩大银行贷款抵押担保范围、上市、发行债券、融资租赁等方式，加大金融支持力度。政府引导、推动设立由金融和产业资本共同筹资的健康产业投资基金。

3)《民政部关于鼓励民间资本参与养老服务业发展的实施意见》(民发〔2015〕33号)，融资引导政策：

鼓励通过财政贴息、补助投资、风险补偿等方式，支持金融机构加快金融产品和服务方式创新，推进实施健康与养老服务工程。研究以养老服务产业为基础资产的证券化产品，稳步推进金融机构直接或间接投资养老服务业。

拓宽信贷抵押担保物范围，允许民办养老机构利用有偿取得的土地使用权、产权明晰的房产等固定资产办理抵押贷款，不动产登记机构要给予办理抵押登记手续。

4)《民政部 国家开发银行关于开发性金融支持社会养老服务体系建设的实施意见》(民发〔2015〕78号)，提出民政部和国家开发银行本着"优势互补，促进发展"的原则，加大对社会养老服务体系建设的支持。

申请国家开发银行贷款支持的养老项目，应通过民政部门推荐或认可。重点支持下列五个方面：

社区居家养老服务设施建设项目。主要包括城市社区日间照料中心、老年食堂、老年活动中心和养老服务信息平台；其他为改善老年人居住条件和生活环境的便利化社区养老服务设施。此类项目以市、县（区）为单位，实施整体融资支持。

居家养老服务网络建设项目。主要包括支持为老年人上门提供助餐、助浴、助洁、助急、助医等涵盖生活照料、健康服务、文化娱乐、精神慰藉、法律咨询等服务的居家养老服务型小微企业以及各类规模化、连锁化、品牌化的组织发展，对于此类项目通过统贷方式批量化支持。

养老机构建设项目。主要包括养老院、社会福利院、老年养护院、敬老院、养老社区等各类为老年人提供集中居住和照料等综合性服务的建筑及设施。

养老服务人才培训基地建设项目。主要包括支持高等院校和职业院校增加养老服务相关专业和学科建设，培养相关专门人才；支持依托职业院校和养老机构开展养老服务培训实训基地建设，加强对相关人员的专业培训。

养老产业相关项目。主要包括支持直接为老年人提供生活照料、健康服务、产品用品的企业。

申请国家开发银行贷款支持的养老项目贷款条件：

（1）借款人。借款人应为依法成立的实施社会养老服务体系建设的企（事）业法人及其他合格主体，具有清晰的产权关系和健全的治理结构，并具有与国家开发银行合作开展业务的相应资质。不同类型的借款人需满足相应行业的从业资质和条件。

（2）项目筹资。养老项目的资本金来源含政府补助资金、借款人自有资金和纳入项目总投资的借款人非货币资产等。资本金占比应不低于总投资的20％，不足部分可申请贷款；项目资本金应与贷款资金同比例到位。

（3）还款来源。公司融资的还款来源主要为公司自由现金流，包括但不限于借款人日常经营性收入、借款人自身拥有的资产变现产生的收益等。

项目融资的还款来源主要为项目自由现金流，包含但不限于养老床位的租赁收入、各项养老服务的收费、配套商业设施的销售（或租赁）收入等。

（4）贷款利率和期限。贷款利率按照国家开发银行贷款定价模型进行测算。贷款期限根据项目偿债能力分析确定，最长不超过15年，宽限期应不超过项目建设期，且一般不超过3年。

（5）信用结构。充分利用借款人、担保人、项目自身、地方政府等相关利益方的有效资源构建信用结构，可采用资产抵押、保证担保、股权质押、收费权质押等合格担保方式。完善其他风险缓释措施，包括客户在国家开发银行建立监管账户等。

9. 交通融资支持政策

（1）《国务院关于创新重点领域投融资机制鼓励社会投资的指导意见》（国发〔2014〕60号），用好铁路发展基金平台，吸引社会资本参与，扩大基金规模。

（2）《交通部关于印发全面深化交通运输改革试点方案的通知》（交政研发〔2015〕26号），项目融资由社会资本或特别目的公司负责。试点省份交通运输主管部门应敦促社会资本或特别目的公司及时开展融资方案设计、机构接洽、合同签订和融资交割等工作。特别目的公司债务不得转为政府债务。

（四）综合金融服务工具

PPP模式下，对于具备基础设施设计、建设、运营、维护的能力的社会资本，可以与政府签订框架合作协议，直接成立项目公司，或者通过发起有限合伙制基金后对项目公司进行股权投资，负责项目全生命周期的运作。但不管采用何种形式，均离不开金融机构各种形式的融资支持，金融机构的参与对项目的成败具有举足轻重的作用。由于PPP项目的债务率较高，因此融资工具的便利性和丰富程度是影响PPP项目成功与否的重要因素。

目前国际运用较为广泛的融资工具主要还是银行贷款（含银团贷款），但也有部分项目尝试采用多种融资工具，包括利用资本市场发行债券（含企业发债和政府发债），以及引进追求长期稳定回报的资金，如养老基金、保险资金和社保基金等。结合中国的实际情况，可以采用以下融资工具：

- 利用传统的商业贷款以及国家开发贷款等；

- 申请发行地方政府债券；
- 项目公司发行公司债券、企业债券、中期票据等中长期公募债券；发行项目收益债券；以及发行定向融资工具等非公开发行债券；
- 项目建成并运营后，在稳定现金流可期的情况下可以考虑资产证券化；
- 引入养老基金及保险基金等追求长期稳定收益的资金。目前已有的险资参与基础设施建设的形式主要为债权投资计划，未来还可以研究新的参与形式，如参与联合体的组建以股权方式进入 PPP 领域、参与设立 PPP 基金、购买与 PPP 项目相关的各种公司债券/地方政府债/资产证券化等。

1. 关于项目融资

中国银监会《关于印发〈项目融资业务指引〉的通知》（银监发〔2009〕71 号）中对项目融资进行定义。项目融资是指符合以下特征的贷款：

（1）贷款用途通常是用于建造一个或一组大型生产装置、基础设施、房地产项目或其他项目，包括对在建或已建项目的再融资；

（2）借款人通常是为建设、经营该项目或为该项目融资而专门组建的企事业法人，包括主要从事该项目建设、经营或融资的既有企事业法人；

（3）还款资金来源主要依赖该项目产生的销售收入、补贴收入或其他收入，一般不具备其他还款来源。

贷款人应当要求将符合抵质押条件的项目资产和/或项目预期收益等权利为贷款设定担保，并可以根据需要，将项目发起人持有的项目公司股权为贷款设定质押担保。

贷款人可以通过为项目提供财务顾问服务，为项目设计综合金融服务方案，组合运用各种融资工具，拓宽项目资金来源渠道，有效分散风险。

多家银行业金融机构参与同一项目融资的，原则上应当采用银团贷款方式。

2. 商业性金融

依据《中华人民共和国商业银行法》（2003 年修订，主席令第 13 号），对于商业银行贷款，借款人应当提供担保。商业银行应当对保证人的偿还能力，抵押物、质物的权属和价值以及实现抵押权、质权的可行性进行严格审查。经商业银行审查、评估，确认借款人资信良好，确能偿还贷款的，可以不提供担保。商业银行贷款应当与借款人订立书面合同。合同应当约定贷款种类、借款用途、金额、利率、还款期限、还款方式、违约责任和双方认为需要约定的其他事项。

1) 目前银行对 PPP 项目的最基本原则性要求

目前银监会尚未对 PPP 贷款有明确的定义和要求。实践中，针对 PPP 的不同模式，比如 BOT、BOO、TOT 等，银行有不同的贷款要求。一个 PPP 项目想要顺利获得银行贷款，需要满足包括所处区域、还款来源、资产负债率、实收资本以及现金流等在内的 20 多项条件。以现金流为例，贷款意见书要求，城市基础设施和公共服务项目需要经营性现金流稳定，项目使用者付费及政府付费获得的收入，要能全额覆盖贷款本息。而且，涉及使用付费者为公众，如果项目未通过价格听证机制，应追加有效抵押担保方式；若项目在完工后无法通过价格听证的，应立即停止放款，同时要求客户立即偿还贷款本息和有关费用。

2) 贷款的几个关键条件

（1）从目前某一国有商业银行的贷款审批意见书来看，该银行在办理BOT、BOO项目的融资贷款时，首先根据项目所处区域不同安排了不同级别的办理方式：

项目位于直辖市、省会城市、计划单列市的，可直接办理；

项目位于地级市的，分两种情况：对于还款来源是政府支付为主的，要综合考虑地方财政收入、GDP、地方政府负债率等因素，地方财政一般预算内收入须在15亿元（含）以上，且GDP在200亿元（含）以上。对于还款来源是使用者付费为主的，除上述条件外，还追加了地方社会商品零售总额需在80亿元（含）以上。

项目位于县域地区的，地区条件则需要满足地方财政一般预算内收入10亿元（含）以上，且GDP100亿元（含）以上。

（2）贷款主体条件限制。目前银行对于PPP项目公司，即贷款主体的条件比较严格，比如要求项目公司为在该银行信用评级10级（A）及以上的大中型企业客户，资产负债率不高于75%，实收资本在3000万元及以上。其他条件则包括：借款人的经营期限或存续期限应长于贷款期限，在该银行开立基本结算账户或一般存款账户等。

（3）对于项目本身，银行的基本要求是符合政府法规的要求。比如BOT/BOO贷款，要求符合财政部、发改委等相关政府部门的相关制度规定，符合国家产业、土地、环保等政策，符合土地利用总体规划、城乡规划、土地利用年度计划等规定。按规定履行了项目的合法管理程序，并取得相应的批准（审批、核准、备案）文件。

（4）银行对项目收益的条件规定。通常对现金流和政府预算提出了明确要求，"城市基础设施和公共服务项目经营性现金流稳定，项目使用者付费及政府付费获得的收入全额覆盖贷款本息。借款人和政府签署的项目合同中，须有明确的回报机制和收费定价调整机制。还款来源中涉及政府支付的部分，应纳入同级政府预算，并按照预算管理的相关规定执行。"

3. 开发性金融

作为中长期融资银行，开发性金融加入PPP项目，能为PPP模式的推广提供强大的助推作用，对社会资本起到引领示范的作用，提高社会资本进入的积极性。《国家发展改革委 国家开发银行关于推进开发性金融支持政府和社会资本合作有关工作的通知》（发改投资〔2015〕445号），对发挥开发性金融积极作用，推进PPP项目顺利实施等工作提出具体要求。

（1）积极引入外资企业、民营企业、中央企业、地方国企等各类市场主体，灵活运用基金投资、银行贷款、发行债券等各类金融工具，推进建立多元化、可持续的PPP项目资金保障机制。

（2）开发银行充分发挥开发性金融的中长期融资优势及引领导向作用，积极为各地的PPP项目建设提供"投资、贷款、债券、租赁、证券"等综合金融服务，并联合其他银行、保险公司等金融机构以银团贷款、委托贷款等方式，努力拓宽PPP项目的融资渠道。

（3）开发银行积极提供规划咨询、融资顾问、财务顾问等服务，提前介入并主动帮助各地做好建设项目策划、融资方案设计、融资风险控制、社会资本引荐等工作，切实提高PPP项目的运作效率。

（4）开发银行加强信贷规模的统筹调配，优先保障PPP项目的融资需求。在监管政策允许范围内，给予PPP项目差异化信贷政策，对符合条件的项目，贷款期限最长可达

30年，贷款利率可适当优惠。建立绿色通道，加快PPP项目贷款审批。

（5）开发银行认真贯彻国发〔2014〕60号文件关于"探索创新信贷服务"的要求，不断创新和完善PPP项目贷款风险管理体系，通过排污权、收费权、特许经营权、购买服务协议项下权益质押等方式，建立灵活有效的信用结构，切实防范贷款风险。

4. 产业投资基金

产业投资基金模式可以有效解决资金瓶颈，作为产业资本汇聚的平台，集合了银行、政府、上市公司等社会资本。产业投资基金模式是当前投资基础设施PPP项目的最佳模式。产业投资基金国际经验和国内实践如图2-5所示。

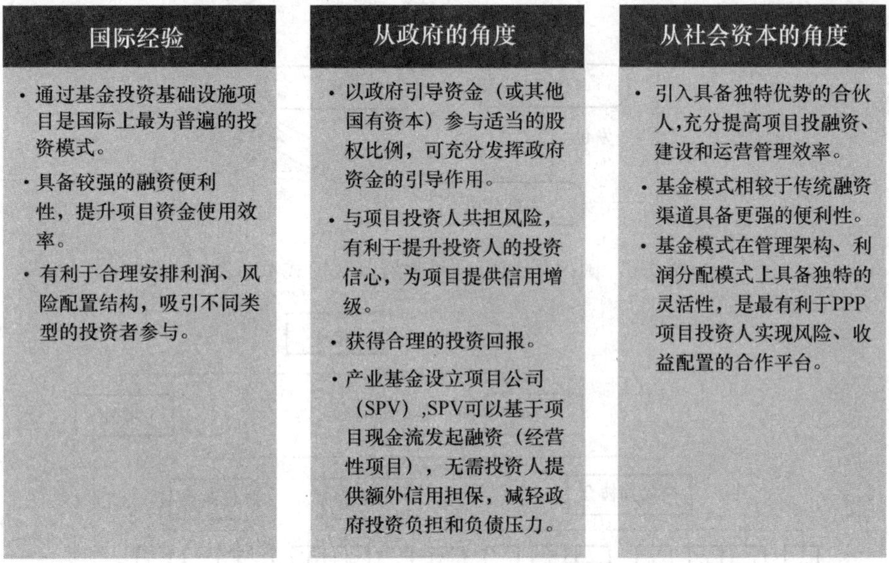

国际经验	从政府的角度	从社会资本的角度
• 通过基金投资基础设施项目是国际上最为普遍的投资模式。 • 具备较强的融资便利性，提升项目资金使用效率。 • 有利于合理安排利润、风险配置结构，吸引不同类型的投资者参与。	• 以政府引导资金（或其他国有资本）参与适当的股权比例，可充分发挥政府资金的引导作用。 • 与项目投资人共担风险，有利于提升投资人的投资信心，为项目提供信用增级。 • 获得合理的投资回报。 • 产业基金设立项目公司（SPV），SPV可以基于项目现金流发起融资（经营性项目），无需投资人提供额外信用担保，减轻政府投资负担和负债压力。	• 引入具备独特优势的合伙人，充分提高项目投融资、建设和运营管理效率。 • 基金模式相较于传统融资渠道具备更强的便利性。 • 基金模式在管理架构、利润分配模式上具备独特的灵活性，是最有利于PPP项目投资人实现风险、收益配置的合作平台。

图2-5 产业投资基金国际经验和国内实践

《国务院关于创新重点领域投融资机制鼓励社会投资的指导意见》（国发〔2014〕60号文）鼓励发展支持重点领域建设的投资基金。

大力发展股权投资基金和创业投资基金。

鼓励民间资本采取私募等方式发起设立主要投资于公共服务、生态环保、基础设施、区域开发、战略性新兴产业、先进制造业等领域的产业投资基金。

政府可以使用包括中央预算内投资在内的财政性资金，通过认购基金份额等方式予以支持。

国内某PPP项目投资基金模式如图2-6所示。

5. 债券

债券是一种金融契约，是政府、金融机构、工商企业等直接向社会借债筹措资金时，向投资者发行，同时承诺按一定利率支付利息并按约定条件偿还本金的债权债务凭证。债券的本质是债的证明书，具有法律效力。债券购买者或投资者与发行者之间是一种债权债务关系，债券发行人即债务人，投资者（债券购买者）即债权人。债券是一种有价证券。由于债券的利息通常是事先确定的，所以债券是固定利息证券（定息证券）的一种。我国目前发行的债券种类如图2-7所示。

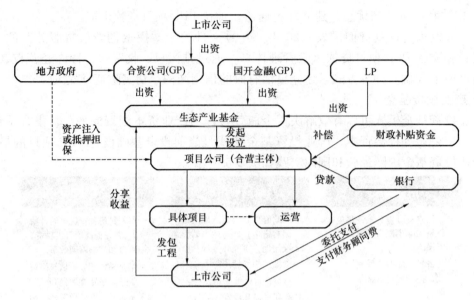

图 2-6 国内某 PPP 项目投资基金模式示意图

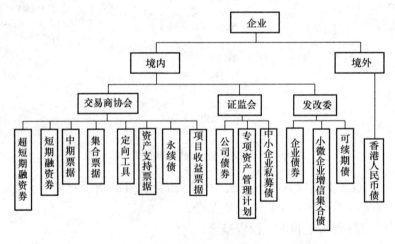

图 2-7 我国债券种类

(1) 企业债券：是按照《企业债券管理条例》规定发行与交易、由国家发展与改革委员会监督管理的债券，在实际中，其发债主体为中央政府部门所属机构、国有独资企业或国有控股企业，因此，它在很大程度上体现了政府信用。

(2) 公司债券：管理机构为中国证券监督管理委员会，发债主体为按照《中华人民共和国公司法》设立的公司法人，在实践中，其发行主体为上市公司，其信用保障是发债公司的资产质量、经营状况、盈利水平和持续赢利能力等。公司债券在证券登记结算公司统一登记托管，可申请在证券交易所上市交易，其信用风险一般高于企业债券。2008 年 4 月 15 日起施行的《银行间债券市场非金融企业债务融资工具管理办法》进一步促进了企业债券在银行间债券市场的发行。

6. 养老产业专项债券

为贯彻《国务院关于加快发展养老服务业的若干意见》（国发〔2013〕35 号）精神，

加大企业债券融资方式对养老产业的支持力度，引导和鼓励社会投入，国家发展改革委办公厅印发《养老产业专项债券发行指引》（发改办财金〔2015〕817号）。

1）支持专门为老年人提供生活照料、康复护理等服务的营利性或非营利性养老项目发行养老产业专项债券，用于建设养老服务设施设备和提供养老服务。发债企业可使用债券资金改造其他社会机构的养老设施，或收购政府拥有的学校、医院、疗养机构等闲置公用设施并改造为养老服务设施。

2）在偿债保障措施较为完善的基础上，企业申请发行养老产业专项债券，可适当放宽企业债券现行审核政策及《关于全面加强企业债券风险防范的若干意见》中规定的部分准入条件。

（1）发行养老产业专项债券的城投类企业不受发债指标限制。

（2）债券募集资金可用于房地产开发项目中配套建设的养老服务设施项目，具体投资规模可由房地产开发项目审批部门根据房地产开发项目可行性研究报告内容出具专项意见核定。

（3）募集资金占养老产业项目总投资比例由不超过60％放宽至不超过70％。

（4）将城投类企业和一般生产经营性企业需提供担保措施的资产负债率要求分别放宽至70％和75％；主体评级AAA的，资产负债率要求进一步放宽至75％和80％。

（5）不受"地方政府所属城投企业已发行未偿付的企业债券、中期票据余额与地方政府当年GDP的比值超过8％的，其所属城投企业发债应严格控制"的限制。

（6）城投类企业不受"单次发债规模，原则上不超过所属地方政府上年本级公共财政预算收入"的限制。

3）优化养老产业专项债券品种方案设计。一是根据养老产业投资回收期较长的特点，支持发债企业发行10年期及以上的长期限企业债券或可续期债券。二是支持发债企业利用债券资金优化债务结构，在偿债保障措施较为完善的情况下，允许企业使用不超过50％的募集资金用于偿还银行贷款和补充营运资金。

4）支持发债企业按照国土资源部《养老服务设施用地指导意见》有关规定，以出让或租赁建设用地使用权为债券设定抵押。

5）发债企业以出让方式获得的养老服务设施用地，可以计入发债企业资产；对于政府通过PPP、补助投资、贷款贴息、运营补贴、购买服务等方式，支持企业举办养老服务机构、开展养老服务的，在计算相关发债指标时，可计入发债企业主营业务收入。

6）支持企业设立产业投资基金支持养老产业发展，支持企业发行企业债券扩大养老产业投资基金资本规模。

7）积极开展债券品种创新，对于具有稳定偿债资金来源的养老产业项目，可按照融资-投资建设-回收资金封闭运行的模式，开展项目收益债券试点。

7. 城市停车场建设专项债券

为缓解我国城市普遍存在的因停车需求爆发式增长而导致的停车难问题，加大企业债券融资方式对城市停车场建设及运营的支持力度，引导和鼓励社会投入，国家发展改革委办公厅印发《城市停车场建设专项债券发行指引》（发改办财金〔2015〕818号）。

1）在偿债保障措施较为完善的基础上，企业申请发行城市停车场建设专项债券，可适当放宽企业债券现行审核政策及《关于全面加强企业债券风险防范的若干意见》中规定的部分准入条件。

(1) 发行城市停车场建设专项债券的城投类企业不受发债指标限制。

(2) 债券募集资金可用于房地产开发、城市基础设施建设项目（以下简称"主体项目"）中配套建设的城市停车场项目，具体投资规模可由主体项目审批部门根据主体项目可行性研究报告内容出具专项意见核定。

(3) 募集资金占城市停车场项目总投资比例由不超过60%放宽至不超过70%。

(4) 将城投类企业和一般生产经营性企业需提供担保措施的资产负债率要求分别放宽至70%和75%；主体评级AAA的，资产负债率要求进一步放宽至75%和80%。

(5) 不受"地方政府所属城投企业已发行未偿付的企业债券、中期票据余额与地方政府当年GDP的比值超过8%的，其所属城投企业发债应严格控制"的限制。

(6) 城投类企业不受"单次发债规模，原则上不超过所属地方政府上年本级公共财政预算收入"的限制。

2) 发债募集资金用于按照"政府出地、市场出资"公私合作模式（PPP）建设的城市停车场项目的，应提供当地政府和相关部门批准同意的城市停车场建设专项规划、实施方案、特许经营方案、资金补助协议，同时应明确项目所用土地的权属和性质。

3) 鼓励地方政府综合运用预算内资金、城市基础设施建设专项资金，通过投资补助、基金注资、担保补贴、贷款贴息等多种方式，支持城市停车场建设专项债券发行。地方价格部门应及时制定和完善停车场收费价格政策，保护城市停车场的合理盈利空间。

4) 优化城市停车场建设项目品种方案设计。一是可根据项目资金回流的具体情况科学设计债券发行方案，支持合理灵活设置债券期限、选择权及还本付息方式。二是积极探索停车设施产权、专项经营权、预期收益质押担保等形式。三是鼓励发债用于委托经营或转让-经营-转让（TOT）等方式，收购已建成的停车场统一经营管理。

5) 鼓励城市停车场建设项目采取"债贷组合"增信方式，由商业银行进行债券和贷款统筹管理。"债贷组合"是按照"融资统一规划、债贷统一授信、动态长效监控、全程风险管理"的模式，由银行为企业制定系统性融资规划，根据项目建设融资需求，将企业债券和贷款统一纳入银行综合授信管理体系，对企业债务融资实施全程管理。

6) 积极开展债券品种创新，对于具有稳定偿债资金来源的停车场建设项目，可按照融资-投资建设-回收资金封闭运行的模式，开展项目收益债券试点。

8. 战略性新兴产业专项债券

为贯彻《国务院关于加快培育和发展战略性新兴产业的决定》（国发〔2010〕32号）精神，落实2015年中央经济工作会议精神和国务院有关工作部署，加大企业债券对培育和发展战略性新兴产业的支持力度，引导和鼓励社会投入，国家发展改革委办公厅印发《战略性新兴产业专项债券发行指引》（发改办财金〔2015〕756号）。

(1) 鼓励节能环保、新一代信息技术、生物、高端装备制造、新能源、新材料、新能源汽车等领域符合条件的企业发行战略性新兴产业专项债券融资，重点支持《"十二五"国家战略性新兴产业发展规划》（国发〔2012〕28号）中明确的重大节能技术与装备产业化工程、重大环保技术装备及产品产业化示范工程、重要资源循环利用工程、宽带中国工程、高性能集成电路工程、新型平板显示工程、物联网和云计算工程、信息惠民工程、蛋白类等生物药物和疫苗工程、高性能医学诊疗设备工程、生物育种工程、生物基材料工程、航空装备工程、空间基础设施工程、先进轨道交通装备及关键部件工程、海洋工程装备工程、智能制造装备工程、新能源集成应用工程、关键材料升级换代工程以及新能源汽车工程等二十大产业创新发展工程项目。

（2）鼓励战略性新兴产业专项债券采取"债贷组合"增信方式，由商业银行进行债券和贷款统筹管理。"债贷组合"是按照"融资统一规划、债贷统一授信、动态长效监控、全程风险管理"的模式，由银行为企业制定系统性融资规划，根据项目建设融资需求，将企业债券和贷款统一纳入银行综合授信管理体系，对企业债务融资实施全程管理。

（3）优化战略性新兴产业专项债券品种方案设计。一是可根据项目资金回流的具体情况科学设计债券发行方案，支持合理灵活设置债券期限、选择权及还本付息方式。二是支持发债企业利用债券资金优化债务结构，在偿债保障措施较为完善的情况下，允许企业使用不超过50%的募集资金用于偿还银行贷款和补充营运资金。三是积极探索知识产权质押担保方式。四是允许发债募集资金用于战略性新兴产业领域兼并重组、购买知识产权等。

（4）鼓励地方政府加强金融政策和财政政策的结合，综合运用预算内资金支持、战略性新兴产业发展专项资金投入、加快建立包括财政出资和社会资金投入在内的多层次担保体系，以及财政贴息等风险补偿优惠政策，统筹加大对企业发行战略性新兴产业专项债券的政策扶持力度。

（5）发行战略性新兴产业专项债券，将《关于试行全面加强企业债券风险防范的若干意见》中提出的原则上需提供担保措施的资产负债率要求放宽至75%；主体评级达到AAA的企业，资产负债率要求进一步放宽至80%。

（6）积极开展债券品种创新，对于具有稳定偿债资金来源的战略性新兴产业类项目，可按照融资-投资建设-回收资金封闭运行的模式，开展项目收益债券试点。

9. 城市地下综合管廊建设专项债券

为加快推进以人为本的新型城镇化，推进城市地下综合管廊建设，保障城市安全运行，进一步扩大基础设施投资，发挥稳增长的积极作用，加大债券融资支持城市地下综合管廊建设的力度，国家发展改革委办公厅印发《城市地下综合管廊建设专项债券发行指引》（发改办财金〔2015〕755号）。

1）鼓励各类企业发行企业债券、项目收益债券、可续期债券等专项债券，募集资金用于城市地下综合管廊建设，在相关手续齐备、偿债措施完善的基础上，比照我委"加快和简化审核类"债券审核程序，提高审核效率。

2）在偿债保障措施较为完善的基础上，企业申请发行城市地下综合管廊建设专项债券，可适当放宽企业债券现行审核政策及《关于全面加强企业债券风险防范的若干意见》中规定的部分准入条件。

（1）发行城市地下综合管廊建设专项债券的城投类企业不受发债指标限制。

（2）募集资金占城市地下综合管廊建设项目总投资比例由不超过60%放宽至不超过70%。

（3）将城投类企业和一般生产经营性企业需提供担保措施的资产负债率要求分别放宽至70%和75%；主体评级AAA的，资产负债率要求进一步放宽至75%和80%。

（4）不受"地方政府所属城投企业已发行未偿付的企业债券、中期票据余额与地方政府当年GDP的比值超过8％的,其所属城投企业发债应严格控制"的限制。

(5) 城投类企业不受"单次发债规模,原则上不超过所属地方政府上年本级公共财政预算收入"的限制。

(6) 对于与新区、开发区、新型城镇化建设规划相配套的综合管廊项目,若项目建设期限超过5年,可将专项债券核准文件的有效期从现行的1年延长至2年。企业可在该期限内根据项目建设资金需求和市场情况自主择机发行。

3) 发债企业可根据地下综合管廊项目建设和资金回流特点,灵活设计专项债券的期限、还本付息时间安排以及发行安排。

4) 地方政府应积极引导社会资本参与地下综合管廊项目建设,进一步完善城市规划,积极制定投资分担、使用付费、明晰产权等配套政策,为企业发行专项债券投资地下综合管廊项目创造收益稳定的政策环境。鼓励地方政府综合运用预算内资金支持、专项政府债券、城建配套资金等方式,制定多层次风险缓释政策,统筹加大对地下综合管廊建设专项债券的政策扶持力度。

5) 鼓励地下综合管廊建设专项债券采取"债贷组合"增信方式,由商业银行进行债券和贷款统筹管理。"债贷组合"是按照"融资统一规划、债贷统一授信、动态长效监控、全程风险管理"的模式,由银行为企业制定系统性融资规划,根据项目建设融资需求,将企业债券和贷款统一纳入银行综合授信管理体系,对企业和项目债务融资实施全程管理。

6) 积极开展债券品种创新。鼓励地下综合管廊项目发行可续期债券,根据与使用单位签订合同和付款安排特点设置续期和利息偿付安排。对于具有稳定偿债资金来源的地下综合管廊建设项目,可按照融资-投资建设-回收资金封闭运行的模式,开展项目收益债券试点。

10. 创新类固定收益产品

除了传统的企业债、短期融资券、中期票据、非公开定向债务融资工具(PPN)等渠道外,还可以采用资产证券化和项目收益债券等。由于前面几种传统的债券产品都已经比较成熟,目前各监管机构都在积极推进资产证券化和项目收益债等以项目现金流为基本偿债来源的固定收益产品的创新。2014年以来,交易商协会和国家发展改革委相继推出了项目收益票据和项目收益债券。保监会推出了资产支持计划。银监会和证监会先后启动了资产证券化备案制,如表2-7所示。

项目融资方式加速推进　　　　　　　　　　　　　　　　表2-7

时间	相关产品	相关部门	政策文件或相关事件
2014年7月	项目收益票据	交易商协会	《银行间债券市场非金融企业项目收益票据业务指引》
2014年8月	项目资产支持计划	保监会	《项目资产支持计划试点业务监管口径》
2014年11月	项目收益债券	国家发展改革委	2014年11月,国家发改委批复了国内首单试点发行的公募项目收益债券——广州市垃圾焚烧发电项目"14穗热电债"
2014年11月	资产证券化备案制	银监会、证监会	《关于信贷资产证券化备案登记工作流程的通知》

除了 PPP 项目公司自身外，其他与项目公司有关的主体，比如 PPP 项目引入的社会资本方，也可能因此产生融资需求，从而可以发行各类标准或非标融资产品。作为 PPP 项目公司的股东，由于要对项目投入资金，可能也会因此产生融资需求，从而也可以发行目前市场上各类成熟的债券产品。甚至可以以股东方在 PPP 项目中产生的收益权为基础，发行标准、甚至非标类产品。

11. 保险资金

《保险资金间接投资基础设施项目试点管理办法》（中国保险监督管理委员会令 2006 年第 1 号）中保险资金间接投资基础设施项目，是指委托人将其保险资金委托给受托人，由受托人按委托人意愿以自己的名义设立投资计划，投资基础设施项目，为受益人利益或者特定目的，进行管理或者处分的行为。其中**投资计划是指各方当事人以合同形式约定各自权利义务关系，确定投资份额、金额、币种、期限、资金用途、收益支付和受益权转让等内容的金融工具。**

1）投资计划的投资范围，主要包括交通、通讯、能源、市政、环境保护等国家级重点基础设施项目。

2）投资计划可以采取债权、股权、物权及其他可行方式投资基础设施项目。投资计划投资的基础设施项目应当符合下列条件：

（1）符合国家产业政策和有关政策；

（2）具有国家有关部门认定最高级别资质的专业机构出具的可行性分析报告和评估报告；

（3）具有或者预期具有稳定的现金流回报；

（4）具备按期偿付本金和收益的能力，或者能够提供合法有效的担保；

（5）已经投保相关保险；

（6）项目管理人（以下简称项目方）控股股东或者主要控制人，为大型企业或者企业集团，且无不良信用记录；

（7）项目方取得有关部门颁发的业务许可证；

（8）中国保监会规定的其他条件。

3）投资计划以债权、股权及其他可行方式投资的基础设施项目，除符合以上规定条件外，还应当符合下列条件：

（1）自筹资金不得低于项目总预算的 60%，且资金已经实际到位；

（2）项目方资本金不得低于项目总预算的 30%，且资金已经实际到位；

（3）中国保监会规定的其他条件；

（4）已经建成的项目不受以上规定的限制。

4）投资计划投资的基础设施项目，经国务院或者有关部门批准后，各方当事人方可组织实施。

5）投资计划以债权方式投资基础设施项目应当取得担保。担保方式可以为保证、抵押、质押、留置和定金等。

（1）提供保证担保的担保人，应当是国内信用评级机构最近一年评级在 AA 级或者相当于 AA 级以上的金融机构，也可是上年末净资产达到 200 亿元人民币以上的非金融机构。担保人必须提供保证担保的有关证明文件；

（2）提供抵押、质押担保的担保人，应当按照有关法律、行政法规规定，提供相应的资产抵押、质押物清单和有处分权人同意提供抵押、质押的有效证明文件。提供抵押担保的，抵押担保的债权不能超过抵押物价值的50%；

（3）提供留置、定金担保的担保人，应当按照有关法律法规规定，提供相应的资产留置清单、定金合同和有处分权人同意提供留置、定金的有效证明文件。

12. 应收账款质押

根据我国《物权法》第223条第六款规定，应收账款债权可以出质。2007年央行出台的现行《应收账款质押登记办法》规定，由中国人民银行征信中心建立应收账款质押登记公示系统办理应收账款质押登记。2015年1月21日，人民银行对外公布《应收账款质押登记办法（修订征求意见稿）》，宣布向社会公开征求意见。

相比现行办法，该征求意见稿对应收账款的定义和范围进行了完善。本办法所称的应收账款是指权利人因提供一定的货物、服务或设施而获得的要求义务人付款的权利以及依法享有的其他付款请求权，包括现有的和未来的金钱债权及其产生的收益，但不包括因票据、信用证或其他有价证券而产生的付款请求权，以及法律、行政法规禁止转让的付款请求权。本办法所称的应收账款包括下列权利：

（1）销售、出租产生的债权，包括销售货物，供应水、电、气、暖，知识产权的许可使用，出租动产或不动产等；

（2）提供医疗、教育、旅游等服务或劳务产生的债权；

（3）城市和农村基础设施项目收益权，包括公路、桥梁、隧道、渡口等不动产收益权，水利、电网、环保等项目收益权；

（4）提供贷款或其他信用产生的债权；

（5）其他以合同为基础的具有金钱给付内容的债权。

其中第三项相比现行办法中的"公路、桥梁、隧道、渡口等不动产收费权"完善了很多。将城市和农村基础设施项目收益权明确纳入规范可质押的应收账款范围，未来相关PPP项目利用项目收益权质押融资可能会更加便利。

第三章 PPP 项目策划和总体设计

PPP 模式的主要目的是吸引社会资本参与基础设施和社会服务项目，提高效率，更有效地利用现有资源，通过职能、激励和责任、风险的再分配推动相关行业的改革。PPP 模式允许政府将建设权利和运行职能转移给高效的私人运营商，同时保留和完善监管即监督等国家部门的核心职能。

社会资本进行投资和业务机会目标很明确，即实现利润最大化，而利润是通过提高投资和运营效率来获得的。良好的需求和收入预测，可实质性地将风险在政府和社会资本之间进行合理分配。

PPP 模式成功的主要条件之一是项目参与各方应清楚地了解各自的角色、责任、风险和回报，调动各方面的积极性。

一、PPP 项目整体策划和设计思路

PPP 的整体策划和设计，应考虑三方面的基本内容：
（1）理清楚各方的职能和责任；
（2）社会资本和政府部门以合理的方式共担风险；
（3）社会资本取得事先约定的业绩和完成约定的服务后应获得相应的资金回报。

PPP 的整体策划和设计中需要充分考虑合作伙伴关系。PPP 的策划涉及项目筛选，PPP 的设计主要是完成项目筛选后的工作。

对于 PPP 项目整体策划和设计，首先需要分析项目建设的意义，发起方的初衷，同时需要分析项目的背景，这样利于了解项目的总体目标，利于理清项目范围，确定采用何种 PPP 模式，利于设计各方的职责和 PPP 协议的内容。

分析项目背景，理清项目范围，明确项目的目标是项目设计的前提。确定参与方的职责，设计项目结构，确定参与各方及职责，策划风险分担计划，设计融资结构、合同结构和组织结构是 PPP 项目顶层设计的主要内容。

PPP 项目策划与设计可以分为五方面内容，主要包括：确定项目实施目标，以实施目标为基础，策划和设计项目的运作模式、风险分配，设计项目交易结构，设计项目采购有关内容，设计项目的实施内容。

图 3-1 简要表示了 PPP 项目策划和设计的主要思路。

（一）分析项目实施目标

PPP 项目的目标有两种，一是低层次目标，指特定项目的短期目标；二是高层次目标，指长期目标。短期目标实现项目的建设和运营，长期目标是实现政府与社会资本的融合。

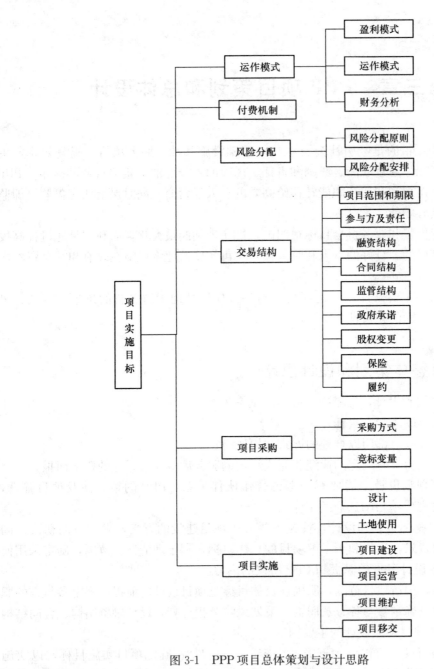

图 3-1　PPP 项目总体策划与设计思路

一般情况下，项目采用 PPP 模式的主要目标包括：

(1) 通过引进社会资本，缓解政府资金匮乏难题；

(2) 提升基础设施承载能力；

(3) 优化项目风险分配，提高绩效水平，通过风险的优化分配和激励进步，鼓励社会资本改进管理，提高绩效水平；

(4) 降低项目全生命周期成本，通过引入社会资本竞争，降低项目实施成本；

(5) 提高公共服务质量，通过对社会资本技术经验的整合、服务创新，实现项目的规模经济，提供更优质的公共服务；

（6）加快基础设施建设，将政府短期内无法承担的初始投资转化为社会资本投资和政府通过最终用户的长期付费，从而加快基础设施发展步伐。

（二）确定运作模式

确定PPP项目运作模式，需要从两方面分析，从社会资本的角度分析项目的盈利模式，同时从政府角度分析给社会资本的付费方式。在确定付费方式后需要选择项目的PPP运作模式，设计付费机制，进行财务分析。

1. 盈利模式

参与PPP的双方通常具有截然不同的利益诉求，政府部门关注公众需求满足和社会资本的融资能力，而社会资本关注利润。因此，实现政府部门、社会资本和公众的"多方共赢"，保证社会资本适当盈利是提高PPP项目成功的关键。

根据大多数项目营利性及其投资方的情况分析，PPP项目可以大致分为经营性项目、非经营性项目，如表3-1所示。

项目盈利属性分类表　　　　　　　　　　　　　　　表3-1

项目盈利属性		项目示例	投资主体
经营性项目	纯经营性项目	收费的高速公路、收费桥梁、废弃物的高收益资源利用厂等	全社会投资
	准经营性项目	煤气厂、地铁、轻轨、自来水厂、收费不到位的高速公路等	政府适当补贴吸纳各种投资
非经营性项目		敞开式城市道路、医院、学校等	政府投资

对上述结果进行分析，非经营性项目一般要靠政府投资才能成功发展，因为非经营性项目没有盈利能力，所以其对社会资本的吸引力很差，而且项目本身还存在着防线，所以社会投资者一般不会选择去投资这类PPP项目，所以非经营性项目从收入角度分析，其非营利性导致了政府进行投资。对比纯经营类项目和准经营类项目，根据科斯定理，准经营类项目在运营过程中会出现一系列负外部性，造成了投资者不愿意投资此类项目，政府需要进行相应补贴来抵消准经营类项目的负外部性，所以一般来看，准经营项目的融资都是由政府给项目公司补贴的方式来吸引融资。而纯经营项目几乎没有负外部性，所以政府在投资方面无需对项目进行大力支持。

作为社会资本，基本的盈利模式是通过项目服务收费来实现；创新盈利模式是通过社会资本充分发挥市场作用，优化收益结构、搭配增值产品来实现。

1）基本盈利模式

（1）公共交通项目，例如机场、港口、公路、铁路、桥梁和城市轨道交通等，其共同特点是公共服务性强、投资规模较大，基本盈利模式主要靠运营过程中的服务收费，也就是通过使用者付费方式实现。实践中也可以考虑组合使用收益结构的优化等方式。

（2）市政公用基础设施项目，包括供电、供气、供水、供热、污水处理、垃圾处理、通信服务设施等，具有公益性、自然垄断性、政府监管严、价格固定等特点。基本盈利模式主要靠运营过程中的服务收费，即通过使用者付费方式实现。

（3）社会公共服务项目，包括医疗服务设施、学校、监狱、养老院、保障性住房等，其共同特点是项目直接提供社会公共服务，这些公共服务具有公益性，属于政府服务范畴，项目公司一般负责项目的建设和运营维护，或者为社会服务设施提供部分或全部的运营和管理服务。基本盈利模式主要靠政府对运营过程中的服务支付全部或部分费用，即通过政府付费和可行性缺口补助方式实现。此外，在一些PPP项目中，基本盈利模式还可能包括项目周边土地开发和设施经营，例如餐厅、商店等。

2）创新盈利模式

《基础设施和公用事业特许经营管理办法》（简称25号令）明确规定，"向用户收费不足以覆盖特许经营建设、运营成本及合理收益的，可由政府提供可行性缺口补助，包括政府授予特许经营项目相关的其他开发经营权益"，因此，优化收益结构实现盈利具有法律法规的支持。

（1）优化收益结构

收益即财富的增加，其既包括货币收益，又可以包括声誉提高、潜在收益等非货币的。PPP项目可以通过优化收益结构实现盈利。

A. 将盈亏状况不同的公共产品捆绑，提高目标利润的可持续性

基础设施和公用事业领域既有现金流入充裕的经营性公共项目，也有现金流入不足的非经营性公共项目，甚至是没有任何现金流入的非经营性公共项目。经营性公共项目对于社会资本具有强大的吸引力，而准/非经营性公共项目则对社会资本缺乏吸引力。为了吸引社会资本进入更为广泛的基础设施和公用事业领域，可以将盈亏状况迥异的项目捆绑实施PPP：既可以是同类公共产品中盈亏状况不同的项目捆绑，如捆绑交通流量不同的高速公路路段；也可是具有特定联系的异类公共产品中盈亏状况不同的项目捆绑，如海水淡化与发电捆绑。

B. 合理设定业务保底量，提高目标利润的稳定性

由于PPP合同的长期性，成本与需求的不确定即成为其显著特征。为了保证社会资本目标利润的稳定性，公私双方通常会设定最小需求保证或最小收益保证，即业务保底量，这本质上是一种公私双方风险共担策略或社会资本的风险共担机制。运营前期设定保底量的做法在污水处理、垃圾处理、隧道、桥梁、新能源汽车充电等具有流量特征的PPP项目中比较普遍，下面介绍污水处理与垃圾处理两个领域的具体做法。

污水处理PPP项目通常会在运营期前3~5年，按设计处理规模的一定比例设定阶梯式增长的保底水量，剩余特许经营期内则以设计规模为保底水量，根据按月付费的惯例，若当月实际处理量达不到保底量则仍按保底量计付污水处理服务费，从而使得投资人获得可预期的、稳定的现金流担保。

垃圾处理PPP项目保底量的设定，需要综合考虑实际垃圾供应量及预期增长速度、设计处理规模、垃圾含水率以及垃圾处理设备的实际负荷能力，如果为垃圾焚烧发电项目还需考虑焚烧率；此外，由于一年之中的垃圾供应量会因季节变化出现较大波动，因此，垃圾供应保底量不是按月执行，而是按年累计执行的，即只在开始付费日起每满一年时才计算年度累计实际垃圾处理量，若该累计量低于年垃圾保底量则按全年垃圾保底量计算全年应付垃圾处理费。

（2）搭配增值产品

①增补资源开发权，弥补收益不足

政府以对PPP项目公司进行补偿的方式，将基础设施或公用事业项目（地铁、隧道、环境治理等）周边一定数量的资源（如土地、旅游、矿产）的开发权出让给PPP项目公司，以捆绑的方式提高项目公司的整体盈利能力，以确保项目投资者获取合理回报，调动投资者的积极性。

②授权提供配套服务，拓展盈利链条

当PPP项目供给的基础设施或公用事业建成后，必需相应的配套服务才能正常运转时，政府可授权PPP项目公司提供这种可以产生预期收益的配套服务（如餐饮、物业、绿化、餐饮、搬运、安全、保洁、维护和物品供给），服务周期或从30年延长至45年，从而通过延长价值链创建现金流、补偿主体项目财务上的不可行。

③开发副产品，增加收益来源

PPP项目公司在提供政府需求的公共产品或服务时，可以附带生产出更具经营性的副产品（如广告、道路冠名权），以此弥补主产品项目财务上的不可行，例如在限价房项目中增配商品房开发。例如市政设施的维护和设备更新可以通过经营灯杆和公路标志广告、交通视频等增加社会资本收益，来作为维护投资和获取相应回报。

④冠名公共产品，增值社会资本声誉

通过为体育场馆冠名、道路、桥梁和标志性建筑等公共产品的冠名来达到广告的作用，增加社会资本的声誉，通过冠名权带给社会资本潜在收益。

（3）不同行业优化收益结构的案例

①城市轨道交通、高速公路、城市综合交通枢纽、铁路、港口/码头、水库、环境治理等项目授权增加土地、旅游、矿产等资源开发权；

②医疗、教育、养老服务设施、场馆类、机场航站楼等项目授权提供餐饮、物业、绿化等配套服务；

③高速公路、公厕、垃圾投放设施、路灯、城市公共停车场站、城市公共交通项目授权开发广告等副产品；

④保障性安居工程捆绑商品房等副产品，优化成本机构；

⑤海水淡化捆绑工业制盐等副产品，优化成本机构；

⑥城市轨道交通、城际铁路等投资规模大、专业复杂的工程，可根据专业进行分割并分别选择适当的融资模式，例如土建工程和设备安装工程分开选择合适的PPP模式；

⑦规模小且分布零散的能源站、污水处理、生活及餐厨垃圾处理项目，进行打包，优化成本结构；

⑧城市供水、能源站、污水处理、垃圾处理等PPP发展相对成熟的领域，采用不同打包模式，优化成本结构；

⑨既可以是同类公共产品中盈亏状况不同的项目打包，如打包交通流量不同的高速公路路段，也可是具有特定联系的不同公共产品中盈亏状况不同的项目打包，如海水淡化与发电打包；

⑩污水处理、垃圾处理、隧道、桥梁等具有流量特征的项目，以及新能源汽车充电等市场不稳定的项目，运营前期设定保底量。

2. 运作模式

确定项目运作模式简单说就是确定采用 BOT、TOT、ROT 或者 BOO 等其中的哪一种方式。

确定项目运作模式后将进入 PPP 项目实质设计阶段。

目前较常采用的 PPP 项目运作模式包括：

1）建设-运营-移交（BOT）

建设-运营-移交是指社会资本或项目公司承担新建项目设计、融资、建造、运营、维护和用户服务职责，合同期满后项目资产及相关权利等移交给政府的项目运作方式。社会资本通过政府或使用者付费实现投资运营回报。BOT 的合同期限一般为 20 至 30 年，是政府获得可持续稳定运营的公共资产的一种有效路径。

2）建设-拥有-运营（BOO）

建设-拥有-运营与 BOT 方式下社会资本和项目公司承担的公共职责和投资运营回报机制基本一致。二者区别主要是 BOO 方式下社会资本或项目公司拥有项目所有权，一般不涉及项目期满移交。BOO 方式的目的是政府通过该等项目获得持续稳定的公共服务而非掌握公共资产；在双方没有发生提前终止合同情形的情况下，可通过续约实现持续经营。

3）转让-运营-移交（TOT）

转让-运营-移交是指政府将存量资产所有权有偿转让给社会资本或项目公司，并由其负责运营、维护和用户服务，合同期满后资产及其所有权等移交给政府的项目运作方式。社会资本通过政府或使用者付费实现投资运营回报。TOT 的合同期限一般为 20 至 30 年，其项目资产所有权/经营权通常会在运营期末无偿移交给政府，其目的在于政府通过盘活固定资产融资，同时引入先进的管理经营。

4）改建-运营-移交（ROT）

改建-运营-移交是指政府在 TOT 模式的基础上，增加改扩建内容的项目运作方式。ROT 的合同期限一般为 20 至 30 年，除增加了建造和融资功能外，其他属性和特征均与 TOT 方式一致。

5）委托运营

委托运营是指政府将存量公共资产的运营维护职责委托给社会资本或项目公司，社会资本或项目公司不负责用户服务的 PPP 项目运作方式。政府保留资产所有权，只向社会资本或项目公司支付委托运营费。合同的一般不超过 8 年，可续签，目的在于引入运营管理公共资产的团体，以解决新建成的基础设施缺乏具备相应运营管理技能和经验的人员问题。

6）管理合同

管理合同是指政府将存量公共资产的运营、维护及用户服务职责授权给社会资本或项目公司的项目运作方式。政府保留公共资产所有权，只向社会资本或项目公司支付管理费。MC 通常采用中短期合同的方式（合同期限一般不超过 3 年），其目的在于引入先进的运营管理技能和经验，改进存量公共资产的运营管理效率，通常作为后续与社会资本进行更为深入的转让—运营—移交（TOT）合作的过渡方式。

表 3-2 是常见的基础设施领域 PPP 模式的应用举例，供大家参考。

PPP 模式及付费机制一览表　　　　　　　表 3-2

基础设施领域	适用模式	项目付费机制
供水、供热、燃气、城市综合管廊、公园配套服务、公共交通、停车设施	BOT、TOT、BOO、MC、O&M	特许经营、投资补助、政府购买服务
铁路、公路、城市轨道交通、航运港口、民航基础设施	BOT、MC、O&M	开放经营权/所有权，以铁路土地开发收益提供回报
电站（水电、风光电、生物质能、核电）、电网通配、电动车充换电设备、油气管网储配、煤炭储配	BOT、MC、O&M	特许经营、投资补助、政府购买服务
农田水利、水资源开发利用与保护、水土保持设施、节水供水重大工程	TOT、BT、BOT、MC、O&M	特许经营、参股控股、政府补助
网络建设、移动通信、民用空间基础设施	BOT、BT	民间主体参与、政府采购
教育、医疗、养老、文化、旅游、体育健身	BOT、TOT、BOO、MC、O&M	特许经营、公建民营、民办公助
生态建设、环境监测、污水处理、垃圾治理	BOT、BT、BOO、MC、O&M	委托治理服务、托管运营服务

3. 财务分析

财务分析是项目决策分析与评价中为判定项目财务可行性所进行的一项重要工作，是项目经济评价的重要组成部分，是投融资决策的重要依据。

1) 财务分析方法

选择分析方法。在明确项目范围的基础上，根据项目性质和融资方式选取适宜的财务分析方法。

识别财务效益与费用范围。项目财务分析的利益主体主要包括项目投资经营实体和权益投资方等。

测定基础数据，估算财务效益与费用。选取必要的基础数据进行财务效益与费用的估算，包括营业收入、成本费用估算和相关税金估算等，同时编制相关辅助报表。

编制财务分析报表和计算财务分析指标进行财务分析，主要包括盈利能力分析、偿债能力分析和财务生存能力分析。

在对初步设定的建设方案（称为基本方案）进行财务分析后，还应进行盈亏平衡分析和敏感性分析。常常需要将财务分析的结果进行反馈，优化原初步设定的建设方案。有时需要对原建设方案进行较大的调整。

财务分析内容随 PPP 项目性质和目标有所不同，对于旨在实现投资盈利的经营性 PPP 项目，其财务分析内容应包括上面所述全部内容；对于旨在为社会公众提供公共产品和服务的非经营性 PPP 项目，在通过相对简单的财务分析比选优化项目方案的同时，了解财务状况，分析其财务生存能力，以便采取必要的措施使项目得以财务收支平衡，正常运营。

财务分析包括设计具体、可行的定价策略，包括收费标准、包销协议等。目标是提供合理的服务，同时保证社会资本参与方获得足够收入以保障正常的商业运作。

财务模型是 PPP 项目分析的基本工具。建立财务模型需要评估现有数据，保证项目假设,并支持模型使用的所有数据,识别关键点,且通过反复的评估检验与更新关键假设验证模型分析结果。

2) 财务基础数据

(1) 项目基础数据。财务分析及建模的第一步就是收集、分析历史数据,包括财务信息、机构信息(例如员工数量)、运营信息(例如产量和销售量),以及技术信息(例如运营资产的类型和产能)。所需数据包括:

①经审计的财务报表、当前财务报告(未经审计),以及计划/预算;

②资费标准——历史数据和现行标准;

③雇员人数和类型(例如操作人员、管理人员、正式员工、合同工);

④客户数据;

⑤债务结构和资本成本;

⑥营运资产结构(包括产能、历史产量、营运成本等信息);

⑦正在运行/规划中的资本投资项目明细。

(2) 宏观基础数据。除了行业数据,重要宏观经济数据(例如通胀率、GDP、汇率和利率)以及人口统计信息(例如人口增长率)等也十分重要。这些宏观经济和人口统计数据可用于预测总需求、必要的资费调整、营业成本、收入、投资及资本成本等关键信息。

3) 财务模型的结构

财务模型通常是一个标准的电子表格(例如 Excel 表格),一般包括下列内容:

输入数据和假设条件,例如:

(1) 经济数据(通胀率、税收水平等);

(2) 工程数据(工程造价和未来各期的投资额等);

(3) 持续的资本支出(包括维护和新建支出);

(4) 资本总量和类型(股权、信贷、债券、补贴等);

(5) 财务数据(例如融资工具条款);

(6) 运营数据(运营成本、需求预测、费率、转让价格等)。

4) 项目公司的现金流量表、损益表和资产负债表。

5) 成果和汇总表:

(1) 项目的内部收益率(IRR):这个指标代表项目的收益,与融资结构无关,较有吸引力的 IRR 实际值(即综合考虑国家、部门、行业和风险预期等因素后得出的 IRR 值),很多 PPP 潜在投资者用股权收益或调整后 IRR 值来衡量其投资收益,应为 7% 至 8%。

(2) 项目的股东权益收益率(ROE):该项指标指获得股息的股东的投资报酬率。

(3) 年债务成本覆盖率(ADSCR):该指标反映某一运营年份项目公司偿还债务的能力。若 ADSCR 在项目存续期内每一年都高于 1,对贷款方来说该项目是可行的。或者说即使某一年的项目收入低于财务模型的预期,项目公司仍能够偿还债务。通常来讲,ADSCR 最低值应大于 1.1 或 1.2。

(4) 贷款期限内债务成本覆盖率:该指标反映项目公司在某一运营年份应对可能导致其无法在项目结束年份偿还贷款本息的现金流短缺的能力。

(5) 净现值（NPV）：在设定基准收益率下的净现值为负数也可以说是项目公司的补贴净现值。若项目连续多年获得补贴，则各期资金的净现值相当于扣除通货膨胀的影响后当前可一次性获得的实际补贴额。

6) 财务模型应用：

财务模型通过模拟项目在不同情形下的预期现金流以预测项目的财务状况。这些模型反映了关于风险（及相关资本成本）和风险分担的不同假设，为决策者提供项目结构和运营环境，包括不同费率（价格）、补贴水平或不同覆盖目标等方面的信息。财务模型给出的信息让决策者能够了解贷款方、合作伙伴和消费者是如何安排融资及获得收益。

财务模型可以模拟施工成本超支、经营成本变动、预期需求变化、通货膨胀和利率变化情况。

财务模型还常被用来评估潜在社会资本提出的建议，一旦项目启动后，它可被用来监控项目绩效。

财务模型的应用贯穿于PPP全过程。在项目实施过程中，决策者需要不断评估不同定价、财务和服务情景的影响，并更新或矫正关于项目的决策。虽然这项分析始于总体设计阶段，但作为关于PPP结构的互动式分析，它贯穿于PPP全过程。

7) PPP项目财务分析的特别之处：

项目的财务分析有专门章节介绍，这里简要介绍PPP项目与其他项目在财务分析上的区别。

PPP项目财务分析时需要判断社会资本对提供公共服务的基础设施所拥有的权利性质。

固定资产：对于PPP项目所建造或购入的基础设施，如果在特许服务权期间及期满后，社会资能够始终控制该基础设施的使用，那么就应当确认为自有的固定资产。

无形资产或金融资产：如果在特许服务权期间，政府能够通过政策监管及/或合同约定的方式对该基础设施的使用以及期满移交实施控制，那么可以作为一项向公众收取费用的权利而确认为无形资产，或者作为一项无条件向政府收取可确定金额的收款权利而确认为金融资产，抑或是无形资产及金融资产两者兼而有之。这也是现行会计准则中对特许服务权核算的特别之处。

（三）付费机制

1. 付费机制顶层设计

付费机制关系PPP项目的风险分配和收益回报，是PPP项目的核心内容。政府明确规定通过采用财政补贴、纳入财政预算等多种方式来满足社会资本的回报率要求。实践中，需要根据各方的合作预期和承受能力，结合项目所涉的行业、运作方式等实际情况，因地制宜地设置合理的付费机制。

《国务院关于加强地方政府性债务管理的意见》（国发〔2014〕43号）从顶层设计对PPP收益进行明确，提出政府通过特许经营权、合理定价、财政补贴等事先公开的收益约定规则，使投资者有长期稳定收益；地方政府要将政府与社会资本合作项目中的财政补贴等支出按性质纳入相应政府预算管理。由此看出，PPP项目的收益得到明确保障。

《财政部关于印发政府和社会资本合作模式操作指南（试行）》（财金〔2014〕113

号),对项目回报机制进行界定。项目回报机制主要说明社会资本取得投资回报的资金来源,包括使用者付费(User Charges)、可行性缺口补助(用户付费不足部分由政府补贴)(Viability Gap Funding,简称 VGF)和政府付费(Government Payment)等支付方式。

(1)使用者付费。是指由最终消费用户直接付费购买公共产品和服务,一般适用于可市场化运作,收入能覆盖成本和合理回报的项目。项目公司直接从最终用户处收取费用,以回收项目的建设和运营成本并获得合理收益。高速公路、桥梁、地铁等公共交通项目以及供水、供热等公用设施项目通常可以采用使用者付费机制。

(2)可行性缺口补助。是指使用者付费不足以满足社会资本或项目公司成本回收和合理回报,而由政府以财政补贴、股本投入、优惠贷款和其他优惠政策的形式,给予社会资本或项目公司的经济补助。可行性缺口补助是在政府付费机制与使用者付费机制之外的一种折中选择。在我国实践中,可行性缺口补助的形式多种多样,具体可能包括土地划拨、投资入股、投资补助、优惠贷款、贷款贴息、放弃分红权、授予项目相关开发收益权等其中的一种或多种。

(3)政府付费。政府付费是指政府直接付费购买公共产品和服务。在政府付费机制下,政府可以依据项目设施的可用性、产品或服务的使用量以及质量向项目公司付费。政府付费是公用设施类和公共服务类项目中较为常用的付费机制,在一些公共交通项目中也会采用这种机制。

《国家发展改革委关于开展政府和社会资本合作的指导意见》(发改投资〔2014〕2724号)提出关于 PPP 付费的主要原则:因地制宜,建立合理的投资回报机制,要根据各地实际,通过授予特许经营权、核定价费标准、给予财政补贴、明确排他性约定等,稳定社会资本收益预期。同时还提出对影响付费的价格进一步规范管理。按照补偿成本、合理收益、节约资源以及社会可承受的原则,加强投资成本和服务成本监测,加快理顺价格水平。深化价格管理体制改革,对于涉及中央定价的 PPP 项目,可适当向地方下放价格管理权限。以上付费原则对 PPP 项目实施有较强指导性。

2. 付费机制设置思路

付费机制需要根据各方的合作预期和承受能力,结合项目所涉的行业、运作方式等实际情况,因地制宜地合理设置。《财政部关于规范政府和社会资本合作合同管理工作的通知》(财金〔2014〕156 号)附件《PPP 项目合同指南(试行)》对设置付费机制的基本原则、主要因素及定价和调价机制做了相关说明。

1)基本原则

一般而言,在设置项目付费机制时需要遵循以下基本原则:

统筹考虑社会资本方的合理收益预期、政府方的财政承受能力以及使用者的支付能力,防止任何一方因此过分受损或超额获益。既能够激励项目公司妥善履行其合同义务,又能够确保在项目公司未履行合同义务时,政府能够通过该付费机制获得有效的救济。

定价和调价机制时需根据相关法律法规规定、结合项目自身特点,设置合理的定价和调价机制,明确项目定价的依据、标准,调价的条件、方法和程序,以及是否需要设置唯一性条款和超额利润限制机制等内容。

2)主要考虑因素

在设置付费机制时,通常需要考虑以下因素:

（1）项目产出是否可计量。PPP项目所提供的公共产品或服务的数量和质量是否可以准确计量，决定了其是否可以采用使用量付费和绩效付费方式。因此，在一些公用设施类和公共服务类PPP项目中，如供热、污水处理等，需要事先明确这类项目产出的数量和质量是否可以计量以及计量的方法和标准，并将上述方法和标准在PPP项目合同中加以明确。

（2）适当的激励。付费机制应当能够保证项目公司获得合理的回报，以对项目公司形成适当、有效的激励，确保项目实施的效率和质量。

（3）灵活性。鉴于PPP项目的期限通常很长，为了更好地应对项目实施过程中可能发生的各种情势变更，付费机制项下一般也需要设置一定的变更或调整机制。

（4）可融资性。对于需要由项目公司进行融资的PPP项目，在设置付费机制时还需考虑该付费机制在融资上的可行性以及对融资方吸引力。

（5）财政承受能力。在多数PPP项目，尤其是采用政府付费和可行性缺口补助机制的项目中，财政承受能力关系到项目公司能否按时足额地获得付费，因此需要事先对政府的财政承受能力进行评估。

3. 政府付费

根据项目类型和风险分配方案的不同，政府付费机制下，政府通常会依据项目的可用性、使用量和绩效中的一个或多个要素的组合向项目公司付费。

1）可用性付费

可用性付费（Availability Payment）是指政府依据项目公司所提供的项目设施或服务是否符合合同约定的标准和要求来付费。可用性付费通常与项目的设施容量或服务能力相关，而不考虑项目设施或服务的实际需求，因此项目公司一般不需要承担需求风险，只要所提供设施或服务符合合同约定的性能标准即可获得付费。

大部分的社会公共服务类项目（例如学校、医院等）以及部分公用设施和公共交通设施项目可以采用可用性付费。一些项目中也可能会与按绩效付费搭配使用，即如果项目公司提供设施或服务的质量没有达到合同约定的标准，则政府付费将按一定比例进行扣减。

（1）适用条件：

符合以下条件的PPP项目，政府可以考虑采用按可用性付费：

①相对于项目设施或服务的实际使用量，政府更关注该项目设施或服务的可用性。例如，奥运会场馆。

②相对于项目公司，政府对于项目设施或服务的需求更有控制力，并且政府决定承担需求风险。例如，在学校PPP项目中，政府教育部门负责向各学校分配生源，其能够更好地管控学校设施的使用量，因此政府可基于学校设施的可用性向项目公司付款，而不考虑实际的学生人数。

（2）可用性付费的设置

可用性付费的一个基本原则就是在符合我国法律强制性规定的前提下，直至项目设施已建成且全面服务可用时（通常是项目开始运营时）才开始付款。但也存在一些例外，比如改造项目，有可能改造的同时也需要项目公司继续提供服务，在这种情形下，政府可能需要就项目公司继续提供的服务支付一定费用。

在按可用性付费的项目中，通常在项目开始时就已经确定项目公司的投资成本，在项目开始运营后，政府即按照原先约定的金额向项目公司付款，但如果存在不可用的情形，再根据不可用的程度扣减实际的付款。

2) 使用量付费

使用量付费（Usage Payment），是指政府主要依据项目公司所提供的项目设施或服务的实际使用量来付费。在按使用量付费的项目中，项目的需求风险通常主要由项目公司承担。因此，在按使用量付费的项目中，项目公司通常需要对项目需求有较为乐观的预期或者有一定影响能力。实践中，污水处理、垃圾处理等部分公用设施项目较多地采用使用量付费。

一些项目中，使用量付费也可能与绩效付费搭配使用，即如果项目公司提供的设施或服务未达到合同约定的绩效标准，政府的付费将进行相应扣减。

(1) 基本原则

使用量付费的基本原则就是由政府（而非使用者）依据项目设施或服务的实际使用量向项目公司付费，付费多少与实际使用量大小直接挂钩。

(2) 分层级付费机制

在按使用量付费的PPP项目中，双方通常会在项目合同签订前根据项目的性质、预期使用量、项目融资结构及还款计划等设置分层级的使用量付费机制。

图3-2为比较典型的分层级的使用量付费机制。

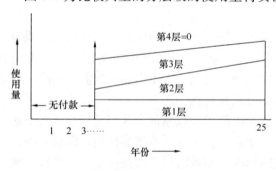

图 3-2　分层付费机制示意图

图3-2中将使用量付费分为四个层级，其中第1层为"最低使用量"，第4层为"最高使用量"。

①最低使用量：即政府与项目公司约定一个项目的最低使用量，在项目实际使用量低于最低使用量时，不论实际使用量多少，政府均按约定的最低使用量付费。最低使用量的付费安排可以在一定程度上降低项目公司承担实际需求风险的程度，提高项目的可融资性。

②最高使用量：即政府与项目公司约定一个项目的最高使用量，在实际使用量高于最高使用量时，政府对于超过最高使用量的部分不承担付款义务。最高使用量的付费安排为政府的支付义务设置了一个上限，可以有效防止政府因项目使用量持续增加而承担过度的财政风险。

需要特别强调的是，即使在设置最低使用量的情形下，政府仍然需要承担实际使用量低于最低使用量的风险；即使在设置最高使用量的情形下，实际使用量低于最高使用量时，政府付费的金额仍然会因实际使用量的变化而变化，存在一定不确定性，需要进行合理的预算安排。

3) 绩效付费

绩效付费（Performance Payment）是指政府依据项目公司所提供的公共产品或服务的质量付费，通常会与可用性付费或者使用量付费搭配使用。

在按绩效付费的项目中，政府与项目公司通常会明确约定项目的绩效标准，并将政府付费与项目公司的绩效表现挂钩,如果项目公司未能达到约定的绩效标准,则会扣减相应的付费。

(1) 设定绩效标准

政府和项目公司应当根据项目的特点和实际情况在 PPP 项目合同中明确约定适当的绩效标准。设定绩效标准时,通常需要考虑以下因素:

①绩效标准是否客观,即该标准是否符合项目的实际情况和特点,是否可以测量和监控等。这是绩效付费能否有效实施的关键要素。

②绩效标准是否合理,即该标准是否超出项目公司的能力范围,是否为实施本项目所必需等。这是项目融资方的核心关切之一。

(2) 绩效监控机制

在按绩效付费的项目中,通常会专门编制绩效监控方案并将其作为 PPP 项目合同的附件,以明确项目公司的监控义务、政府的监控措施以及具体的绩效标准。在社会公共服务项目中,绩效监控机制的设置尤为重要。

(3) 未达到绩效标准的后果

为了对项目公司形成有效约束,PPP 项目合同中通常会明确约定未达到绩效标准的后果,具体包括:

①扣减政府付费。PPP 项目合同中通常会根据设施或服务在整个项目中的重要程度以及未达到绩效标准的情形和影响程度分别设置相应的政府付费扣减比例。此外,实践中还有一种"递进式"的扣款机制:即对于首次未达到绩效标准的情形,仅进行警告或少量扣款,但如果该情形在某段时期内多次发生,则会逐渐增加对于该情形的扣款比例,以促使项目公司及时采取补救措施。

②如果长期或者多次无法达到绩效标准,或者未达到绩效标准的情形非常严重,还有可能构成严重违约从而导致合同终止。

4) 政府付费的调价机制

在长达 20~30 年的 PPP 项目生命周期中,市场环境的波动会对直接引起项目运营成本的变化,进而影响项目公司的收益情况。设置合理的价格调整机制,可以将政府付费金额维持在合理范围,防止过高或过低付费导致项目公司亏损或获得超额利润,有利于项目物有所值目标的实现。常见的调价机制包括:

(1) 公式调整机制

是指通过设定价格调整公式来建立政府付费价格与某些特定系数之间的联动关系,以反映成本变动等因素对项目价格的影响,当特定系数变动导致根据价格调整公式测算的结果达到约定的调价条件时,将触发调价程序,按约定的幅度自动调整定价。常见的调价系数包括:消费者物价指数、生产者物价指数、劳动力市场指数、利率变动、汇率变动等。调价系数的选择需要根据项目的性质和风险分配方案确定,并应综合考虑该系数能否反映成本变化的真实情况并且具有可操作性等。

(2) 基准比价机制

是指定期将项目公司提供服务的定价与同类服务的市场价格进行对比,如发现差异,则项目公司与政府可以协商对政府付费进行调价。

(3) 市场测试机制

是指在 PPP 项目合同约定的某一特定时间，对项目中某项特定服务在市场范围内重新进行采购，以更好地实现项目的物有所值。通过竞争性采购程序，政府和项目公司将可能会协商更换此部分服务的运营商或调整政府付费等。

但上述的基准比价机制和市场测试机制通常适用于社会公共服务类项目，而很少出现在公共交通或者公用设施项目中，主要原因有二：

① 在公共交通或者公用设施项目中，项目公司的各项服务互相关联、难以明确分割，很难对某一项服务单独进行比价或市场测试；

② 难以找到与该项目公司所处的运营情况、市场条件完全相同的比较对象。

此外，政府在考虑采用基准比价机制和市场测试机制时还需要注意，这两种调价机制既有可能减少政府付费金额，也有可能增加政府付费金额。

4. 使用者付费

使用者付费机制是指由最终消费用户直接付费购买公共产品和服务。项目公司直接从最终用户处收取费用，以回收项目的建设和运营成本并获得合理收益。在此类付费项目中，项目公司一般会承担全部或者大部分的项目需求风险。

并非所有 PPP 项目都能适用使用者付费机制，使用者付费机制常见于高速公路、桥梁、地铁等公共交通项目以及供水、供热等部分公用设施项目中。

设置使用者付费机制时，需要根据项目的特性和具体情况进行详细的评估，重点考虑以下几个问题：

- 项目是否适合采用使用者付费机制？
- 使用费如何设定？
- 政府是否需要保障项目公司的最低收入？是否需要设置机制避免项目公司获得过高的利润？

1) 使用者付费机制的适用条件

具体 PPP 项目是否适合采用使用者付费机制，通常需要结合项目特点和实际情况进行综合评估。适合采用使用者付费机制的项目通常需要具备以下条件：

（1）项目使用需求可预测

项目需求量是社会资本进行项目财务测算的重要依据，项目需求量是否可预测以及预测需求量的多少是决定社会资本是否愿意承担需求风险的关键因素。通常社会资本只有能够在一定程度上确定其可以通过使用者付费收回投资成本并且获得合理收益的情形下，才有参与 PPP 项目的动机。

（2）向使用者收费具有实际可操作性

在一些项目中，项目公司向使用者收费可能并不实际或者并不经济。例如，在采取使用者付费机制的公路项目中，如果公路有过多的出入口，使得车流量难以有效控制时，将会使采取使用者付费机制变得不具有成本效益，而丧失实际可操作性。

（3）符合法律和政策的规定

根据相关法律和政策规定，政府可能对于某些项目实行政府定价或者政府指导价，如果按照该政府定价或政府指导价无法保障项目公司回收成本并获得合理收益，则无法适用使用者付费机制，但可以考虑采用可行性缺口补助机制。

使用者付费机制的优势在于，政府可以最大限度地将需求风险转移给项目公司，而且不用提供财政补贴,同时还可以通过与需求挂钩的回报机制激励项目公司提高项目产品或服务的质量。

但需要强调的是,除非需求量可预测且较为明确或者政府提供其他的补助或承诺,否则使用者付费项目的可融资性相对较低,如果融资难度和融资成本过高,则可能会导致项目无法实施;同时,由于项目公司承担较大的需求风险,在需求不足时,项目公司为了确保能够收回成本,有可能会要求提高使用费的定价或者变相降低产品或服务质量。

2) 使用者付费的定价机制

(1) 定价方式

实践中,使用者付费的定价方式主要包括以下三种:

① 根据《价格法》等相关法律法规及政策规定确定;

② 由双方在 PPP 项目合同中约定;

③ 由项目公司根据项目实施时的市场价格定价。

其中,除了最后一种方式是以市场价为基础外,对于前两种方式,均需要政府参与或直接决定有关 PPP 项目的收费定价。

(2) 政府参与定价的考虑因素

① 需求的价格弹性。是指需求量对价格变动的敏感程度,即使用者对于价格的容忍程度。收费价格上涨到一定程度后,可能会导致使用量的下降。

② 项目公司的目标,即在综合考虑项目的实施成本、项目合作期限、预期使用量等因素的情况下,收费定价能否使项目公司获得合理的收益。

③ 项目本身的目标,即能否实现项目预期的社会和经济效益。

④ 有关定价是否超出使用者可承受的合理范围(具体可以参考当地的物价水平);

⑤ 是否符合法律法规的强制性规定,等等。

(3) 政府参与定价的方式

根据 PPP 实践,政府参与收费定价通常可以采取以下几种具体方式:

① 由政府设定该级政府所辖区域内某一行业的统一价(例如,某市政府对该市所有高速公路收费实行统一定价)。由于该使用费定价无法因具体项目而调整,如果社会资本在提交响应文件时测算出有关使用费定价无法覆盖其成本,则通常允许其要求政府提供一定的补贴。

② 由政府设定该级政府所辖区域内某一行业的最高价。在具体项目中,项目公司仅能够按照该最高价或者低于该最高价的价格进行财务评估,如果社会资本在提交响应文件时测算出即使采用最高价也无法使其收回成本时,则通常允许其要求政府提供可行性缺口补助。

③ 由双方在合同中约定具体项目收费的价格。

④ 由双方在合同中约定具体项目收费的最高价。

此外,在一些 PPP 项目中,双方还有可能约定具体项目收费的最低价,实际上将 PPP 项目的部分建设和运营成本直接转移给使用者承担。

3) 唯一性条款和超额利润限制机制

(1) 唯一性条款

在采用使用者付费机制的项目中,由于项目公司的成本回收和收益取得与项目的实际需求量直接挂钩，为降低项目的需求风险，确保项目能够顺利获得融资支持和稳定回报，项目公司通常会要求在 PPP 项目合同中增加唯一性条款，要求政府承诺在一定期限内不在项目附近新建竞争性项目。

（2）超额利润限制

在一些情形下，使用者需求激增或收费价格上涨，将可能导致项目公司因此获得超出合理预期的超额利润。针对这种情形，政府在设计付费机制时可以考虑设定一些限制超额利润的机制，包括约定投资回报率上限，超出上限的部分归政府所有，或者就超额利润部分与项目公司进行分成等。但基本的原则是无论如何限制，付费机制必须能保证项目公司获得合理的收益，并且能够鼓励其提高整个项目的效率。

5. 可行性缺口补助

可行性缺口补助是在政府付费机制与使用者付费机制之外的一种折中选择。对于使用者付费无法使社会资本获取合理收益、甚至无法完全覆盖项目的建设和运营成本的项目，可以由政府提供一定的补助，以弥补使用者付费之外的缺口部分，使项目具备商业上的可行性。但此种付费机制的基本原则是"补缺口"，而不能使项目公司因此获得超额利润。

在我国实践中，可行性缺口补助的形式多种多样，具体包括：

1）投资补助

在项目建设投资较大，无法通过使用者付费完全覆盖时，政府可无偿提供部分项目建设资金，以缓解项目公司的前期资金压力，降低整体融资成本。通常政府的投资额应在制定项目融资计划时或签订 PPP 项目合同前确定，并作为政府的一项义务在合同中予以明确。投资补助的拨付通常不会与项目公司的绩效挂钩。

2）价格补贴

在涉及民生的公共产品或服务领域，为平抑公共产品或服务的价格水平，保障民众的基本社会福利，政府通常会对特定产品或服务实行政府定价或政府指导价。如果因该定价或指导价较低导致使用者付费无法覆盖项目的成本和合理收益，政府通常会给予项目公司一定的价格补贴。例如地铁票价补贴。

3）其他

此外，政府还可通过无偿划拨土地，提供优惠贷款、贷款贴息，投资入股，放弃项目公司中政府股东的分红权，以及授予项目周边的土地、商业等开发收益权等方式，有效降低项目的建设、运营成本，提高项目公司的整体收益水平，确保项目的商业可行性。

（四）风险分配机制

PPP 模式在项目初期就可以实现风险分配，同时由于政府和社会资本各自承担一部分风险，可以调节风险，使风险分配更合理，从而降低项目整体风险和融资难度，提高项目融资成功率。

1. 风险分配原则

PPP 项目模式的目的之一就是要在政府方和项目公司之间合理分配风险，明确双方当事人之间的权利义务关系，以确保 PPP 项目顺利实施和实现物有所值。在设计 PPP 项目时，要始终遵循上述目的，并坚持风险分配的下列基本原则：

（1）承担风险的一方应该对该风险具有控制力；

（2）承担风险的一方能够将该风险合理转移（例如通过购买相应保险）；

（3）承担风险的一方对于控制该风险有更大的经济利益或动机；

（4）由该方承担该风险最有效率；

（5）如果风险最终发生，承担风险的一方不应将由此产生的费用和损失转移给合同相对方。

2. 常见风险分配安排

具体PPP项目的风险分配需要根据项目实际情况，以及各方的风险承受能力，在谈判过程中确定，在实践中不同PPP项目的风险分配安排可能完全不同。下文列举了一些实践中较为常见的风险分配安排，但需要强调的是，这些风险分配安排并非适用于所有项目，在具体项目中，仍需要具体问题具体分析并进行充分评估论证。

1）通常由政府方承担的风险，主要为承担法律和政治风险，包括：

（1）土地获取风险（在特定情形下也可能由项目公司承担）；

（2）项目审批风险（根据项目具体情形不同，可能由政府方承担，也可能由项目公司承担）；

（3）政治不可抗力（包括非因政府方原因且不在政府方控制下的征收征用和法律变更等）。

2）通常由项目公司承担的风险，主要项目技术、融资、运营、需求等风险，包括：

（1）如期完成项目融资的风险；

（2）项目设计、建设和运营维护相关风险，例如完工风险、供应风险、技术风险、运营风险以及移交资产不达标的风险等；

（3）项目审批风险（根据项目具体情形不同，可能由政府方承担，也可能由项目公司承担）；

（4）获得项目相关保险。

3）通常由双方共担的风险：自然不可抗力。

4）转移给社会资本方的主要风险包括：

（1）建设成本超支。社会资本方承担建设成本高于项目协议约定价格的全部风险；

（2）项目融资。社会资本方在完成建设和试运营之前不会收到回报，项目交付后才将收到部分建设成本，其余在之后运营期内逐渐收回。若社会资本方在运营期内出现违约，政府可保留剩余资金，因此，社会资本方承担项目建设期间的全部融资风险；

（3）项目进度。社会资本方同意在合同实施后的约定期限内完成设施的建设及相关基础设施的改造工作。若未能满足这一要求，将从即日起扣减其应得的付费。因此，社会资本方必须合理做好建设计划以确保按时完工；

（4）许可和批复。社会资本方负责获得必要的环境、卫生、健康等标准审批；

（5）运营成本超支。政府根据服务约定按预先设定的支付率支付设备运营费用。因此社会资本方承担所有高出合同价格的运营和维护成本；

（6）资产维护。社会资本方负责在合同期内按照行业标准进行设备维护，并每年向市政府提交《资产管理计划》，每月提交《运营和维护报告》。《项目协议》规定，若未按照计划和行业标准进行维护，将予以付费扣减。

(五) 交易结构

1. 项目范围和期限

1) 项目的范围

项目的范围条款，用以明确约定在项目合作期限内政府与项目公司的合作范围和主要合作内容，是PPP项目合同的核心条款。

根据项目运作方式和具体情况的不同，政府与项目公司的合作范围可能包括设计、融资、建设、运营、维护某个基础设施或提供某项公共服务等。以BOT运作方式为例，项目的范围一般包括项目公司在项目合作期限内建设（和设计）、运营（和维护）项目并在项目合作期限结束时将项目移交给政府。

通常上述合作范围是排他的，即政府在项目合作期限内不会就该PPP项目合同项下的全部或部分内容与其他任何一方合作。

2) 项目合作期限

（1）期限的确定

① 项目的合作期限通常应在项目前期论证阶段进行评估。评估时，需要综合考虑以下因素：
- 政府所需要的公共产品或服务的供给期间；
- 项目资产的经济生命周期以及重要的整修时点；
- 项目资产的技术生命周期；
- 项目的投资回收期；
- 项目设计和建设期间的长短；
- 财政承受能力；
- 现行法律法规关于项目合作期限的规定，等等。

② 根据项目运作方式和付费机制的不同，项目合作期限的规定方式也不同，常见的项目合作期限规定方式包括以下两种：
- 自合同生效之日起一个固定的期限（例如，25年）；
- 分别设置独立的设计建设期间和运营期间，并规定运营期间为自项目开始运营之日起的一个固定期限。

上述两种合作期限规定方式的最主要区别在于：在分别考虑设计建设期间和运营期间的情况下，如建设期出现任何延误，不论是否属于可延长建设期的情形，均不会影响项目运营期限，项目公司仍然可以按照合同约定的运营期运营项目并获得收益；而在规定单一固定期限的情况下，如项目公司未按照约定的时间开始运营且不属于可以延长期限的情形，则会直接导致项目运营期缩短，从而影响项目公司的收益情况。

鉴于此，实践中应当根据项目的风险分配方案、运作方式、付费机制和具体情况选择合理的项目合作期限规定方式。基本的原则是，项目合作期限可以实现物有所值的目标并且形成对项目公司的有效激励。需要特别注意的是，项目的实际期限还会受制于提前终止的规定。

（2）期限的延长

由于PPP项目的实施周期通常较长，为了确保项目实施的灵活性，PPP项目合同中还可能包括关于延长项目合作期限的条款。

政府和项目公司通常会在合同谈判时商定可以延期的事由,基本的原则是：在法律允许的范围内,对于项目合作期限内发生非项目公司应当承担的风险而导致项目公司损失的情形下,项目公司可以请求延长项目合作期限。常见的延期事由包括：

① 因政府方违约导致项目公司延误履行其义务；
② 因发生政府方应承担的风险导致项目公司延误履行其义务；
③ 经双方合意且在合同中约定的其他事由。

(3) 期限的结束。

导致项目合作期限结束有两种情形：项目合作期限届满或者项目提前终止。

2. 参与方及责任

PPP项目的参与方通常包括政府、社会资本方、融资方、承包商和分包商、原料供应商、专业运营商、保险公司以及专业机构等。

3. 融资结构

PPP项目投融资结构：

- 项目资本金：根据项目实施方案确定项目总投资,按照政府相关要求确定项目资本金。
- 投资安排：制定项目分年度投资计划。
- 融资安排：项目公司初始投资主要由项目公司母公司注入的自有资金以及政府初始投资补贴构成,其余部分为社会融资机构,例如商业银行贷款。
- 付费机制：由终端用户向项目公司直接付费。

典型项目融资机构如图3-3所示：

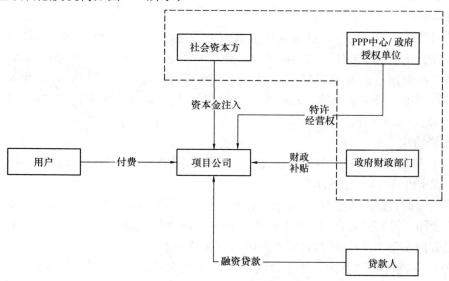

图3-3 典型项目投融资结构

1) 项目公司的融资权利和义务

在PPP项目中,通常项目公司有权并且有义务获得项目的融资。为此,PPP项目合同中通常会明确约定项目全生命周期内相关资产和权益的归属,以确定项目公司是否有权通过在相关资产和权益上设定抵质押担保等方式获得项目融资，以及是否有权通过转让项目公司股份以及处置项目相关资产或权益的方式实现投资的退出。

与此同时，由于能否成功获得融资直接关系到项目能否实施，因此大多数PPP项目合同中会将完成融资交割作为项目公司的一项重要义务以及PPP项目合同全部生效的前提条件。

2）融资方的权利

为了保证项目公司能够顺利获得融资，在PPP项目中通常会规定一些保障融资方权利的安排。融资方在提供融资时最为关注的核心权利包括：

(1) 融资方的主债权和担保债权

如果项目公司以项目资产或其他权益（例如运营期的收费权），或社会资本以其所持有的与项目相关的权利（例如其所持有的项目公司股权）为担保向融资方申请融资，融资方在主张其担保债权时可能会导致项目公司股权以及项目相关资产和权益的权属变更。因此，融资方首先要确认PPP项目合同中已明确规定社会资本和项目公司有权使用上述担保，并且政府方可以接受融资方行使主债权或担保债权所可能导致的法律后果，以确保融资方权益能够得到充分有效的保障。

(2) 融资方的介入权

由于项目的提前终止可能会对融资方债权的实现造成严重影响，因此融资方通常希望在发生项目公司违约事件且项目公司无法在约定期限内补救时，可以自行或委托第三方在项目提前终止前对于项目进行补救。为了保障融资方的该项权利，融资方通常会要求在PPP项目合同中或者通过政府、项目公司与融资方签订的直接介入协议对融资方的介入权予以明确约定。

3）再融资

为了调动项目公司的积极性并保障融资的灵活性，在一些PPP项目合同中，还会包括允许项目公司在一定条件下对项目进行再融资的规定。再融资的条件通常包括：再融资应增加项目收益且不影响项目的实施、签署再融资协议前须经过政府的批准等。此外，PPP项目合同中也可能会规定，政府方对于因再融资所节省的财务费用享有按约定比例（例如50%）分成的权利。

4. 合同结构

在PPP项目中，项目参与方通过签订一系列合同来确立和调整彼此之间的权利义务关系，构成PPP项目的合同体系。

PPP项目的合同通常包括PPP项目合同、股东协议、履约合同（包括工程承包合同、运营服务合同、原料供应合同、产品或服务购买合同等）、融资合同和保险合同等。其中，PPP项目合同是整个PPP项目合同体系的基础和核心。

在PPP项目合同体系中，各个合同之间并非完全独立、互不影响，而是紧密衔接、相互贯通的，合同之间存在着一定的"传导关系"，了解PPP项目的合同体系和各个合同之间的传导关系，有助于对PPP项目合同进行更加全面、准确地把握。

首先，在合同签订阶段，作为合同体系的基础和核心，PPP项目合同的具体条款不仅会直接影响到项目公司股东之间的协议内容，而且会影响项目公司与融资方的融资合同以及与保险公司的保险合同等其他合同的内容。此外，PPP项目合同的具体约定，还可能通过工程承包或产品服务购买等方式，传导到工程承包（分包）合同、原料供应合同、运营服务合同和产品或服务购买合同上。

其次，在合同履行阶段，合同关系的传导方向可能发生逆转。例如分包合同的履行出现问题，会影响到总承包合同的履行，进而影响到PPP项目合同的履行。PPP项目基本合同体系如图3-4所示：

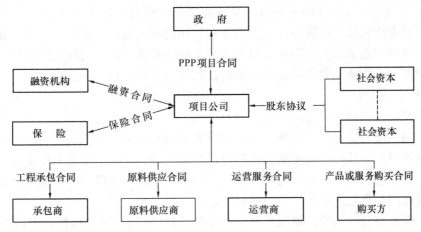

图3-4 PPP项目基本合同体系

1) PPP项目合同

PPP项目合同是政府方与社会资本方依法就PPP项目合作所订立的合同。其目的是在政府方与社会资本方之间合理分配项目风险，明确双方权利义务关系，保障双方能够依据合同约定合理主张权利，妥善履行义务，确保项目全生命周期内的顺利实施。PPP项目合同是其他合同产生的基础，也是整个PPP项目合同体系的核心。

在项目初期阶段，项目公司尚未成立时，政府方会先与社会资本（即项目投资人）签订意向书、备忘录或者框架协议，以明确双方的合作意向，详细约定双方有关项目开发的关键权利义务。待项目公司成立后，由项目公司与政府方重新签署正式PPP项目合同，或者签署关于承继上述协议的补充合同。在PPP项目合同中通常也会对PPP项目合同生效后政府方与项目公司及其母公司之前就本项目所达成的协议是否会继续存续进行约定。

2) 股东协议

股东协议由项目公司的股东签订，用以在股东之间建立长期的、有约束力的合约关系。股东协议通常包括以下主要条款：前提条件、项目公司的设立和融资、项目公司的经营范围、股东权利、履行PPP项目合同的股东承诺、股东的商业计划、股权转让、股东会、董事会、监事会组成及其职权范围、股息分配、违约、终止及终止后处理机制、不可抗力、适用法律和争议解决等。

项目投资人订立股东协议的主要目的在于设立项目公司，由项目公司负责项目的建设、运营和管理，因此项目公司的股东可能会包括希望参与项目建设、运营的承包商、原料供应商、运营商、融资方等主体。在某些情况下，为了更直接地参与项目的重大决策、掌握项目实施情况，政府也可能通过直接参股的方式成为项目公司的股东（但政府通常并不控股和直接参与经营管理）。在这种情形下，政府与其他股东相同，享有作为股东的基本权益，同时也需履行股东的相关义务，并承担项目风险。

股东协议除了包括规定股东之间权利义务的一般条款外，还可能包括与项目实施相关的特殊规定。以承包商作为项目公司股东为例，承包商的双重身份可能会导致股东之间一定程度的利益冲突，并在股东协议中予以反映。例如，为防止承包商在工程承包事项上享有过多的控制权，其他股东可能会在股东协议中限制承包商在工程建设及索赔事项上的表决权；如果承包商参与项目的主要目的是承担项目的设计、施工等工作，并不愿长期持股，承包商会希望在股东协议中预先做出股权转让的相关安排；但另一方面，如果融资方也是股东，融资方通常会要求限制承包商转让其所持有的项目公司股权的权利，例如要求承包商至少要到工程缺陷责任期满后才可转让其所持有的项目公司股权。

3）履约合同

（1）工程承包合同

项目公司一般只作为融资主体和项目运营管理者而存在，本身不一定具备自行设计、采购、建设项目的条件，因此可能会将部分或全部设计、采购、建设工作委托给工程承包商，签订工程承包合同。项目公司可以与单一承包商签订总承包合同，也可以分别与不同承包商签订合同。承包商的选择要遵循相关法律法规的规定。

由于工程承包合同的履行情况往往直接影响 PPP 项目合同的履行，进而影响项目的贷款偿还和收益情况。因此，为了有效转移项目建设期间的风险，项目公司通常会与承包商签订一个固定价格、固定工期的"交钥匙"合同，将工程费用超支、工期延误、工程质量不合格等风险全部转移给承包商。此外，工程承包合同中通常还会包括履约担保和违约金条款，进一步约束承包商妥善履行合同义务。

（2）运营服务合同

根据 PPP 项目运营内容和项目公司管理能力的不同，项目公司有时会考虑将项目全部或部分的运营和维护事务外包给有经验的专业运营商，并与其签订运营服务合同。个案中，运营维护事务的外包可能需要事先取得政府的同意。但是，PPP 项目合同中约定的项目公司的运营和维护义务并不因项目公司将全部或部分运营维护事务分包给其他运营商实施而豁免或解除。

由于 PPP 项目的期限通常较长，在项目的运营维护过程中存在较大的管理风险，可能因项目公司或运营商管理不善而导致项目亏损。因此，项目公司应优先选择资信状况良好、管理经验丰富的运营商，并通过在运营服务合同中预先约定风险分配机制或者投保相关保险来转移风险，确保项目平稳运营并获得稳定收益。

（3）原料供应合同

有些 PPP 项目在运营阶段对原料的需求量很大、原料成本在整个项目运营成本中占比较大，同时受价格波动、市场供给不足等影响，又无法保证能够随时在公开市场上以平稳价格获取，继而可能会影响整个项目的持续稳定运营，例如燃煤电厂项目中的煤炭。因此，为了防控原料供应风险，项目公司通常会与原料的主要供应商签订长期原料供应合同，并且约定一个相对稳定的原料价格。

在原料供应合同中，一般会包括以下条款：交货地点和供货期限、供货要求和价格、质量标准和验收、结算和支付、合同双方的权利义务、违约责任、不可抗力、争议解决等。除上述一般性条款外，原料供应合同通常还会包括"照供不误"条款，即要求供应商以稳定的价格、稳定的质量品质为项目提供长期、稳定的原料。

（4）产品或服务购买合同

在PPP项目中，项目公司的主要投资收益来源于项目提供的产品或服务的销售收入，因此保证项目产品或服务有稳定的销售对象，对于项目公司而言十分重要。根据PPP项目付费机制的不同，项目产品或服务的购买者可能是政府，也可能是最终使用者。以政府付费的供电项目为例，政府的电力主管部门或国有电力公司通常会事先与项目公司签订电力购买协议，约定双方的购电和供电义务。

此外，在一些产品购买合同中，还会包括"照付不议"条款，即项目公司与产品的购买者约定一个最低采购量，只要项目公司按照最低采购量供应产品，不论购买者是否需要采购该产品，均应按照最低采购量支付相应价款。

（5）融资合同

从广义上讲，融资合同可能包括项目公司与融资方签订的项目贷款合同、担保人就项目贷款与融资方签订的担保合同、政府与融资方和项目公司签订的直接介入协议等多个合同。其中，项目贷款合同是最主要的融资合同。

在项目贷款合同中一般会包括以下条款：陈述与保证、前提条件、偿还贷款、担保与保障、抵销、违约、适用法律与争议解决等。同时，出于贷款安全性的考虑，融资方往往要求项目公司以其财产或其他权益作为抵押或质押，或由其母公司提供某种形式的担保或由政府做出某种承诺，这些融资保障措施通常会在担保合同、直接介入协议以及PPP项目合同中予以具体体现。

需要特别强调的是，PPP项目的融资安排是PPP项目实施的关键环节，鼓励融资方式多元化、引导融资方式创新、落实融资保障措施，对于增强投资者信心、维护投资者权益以及保障PPP项目的成功实施至关重要。

（6）保险合同

由于PPP项目通常资金规模大、生命周期长，负责项目实施的项目公司及其他相关参与方通常需要对项目融资、建设、运营等不同阶段的不同类型的风险分别进行投保。通常可能涉及的保险种类包括货物运输险、工程一切险、针对设计或其他专业服务的职业保障险、针对间接损失的保险、第三者责任险。

鉴于PPP项目所涉风险的长期性和复杂性，为确保投保更有针对性和有效性，建议在制定保险方案或签署保险合同前先咨询专业保险顾问的意见。

（7）其他合同

在PPP项目中还可能会涉及其他的合同，例如与专业中介机构签署的投资、法律、技术、财务、税务等方面的咨询服务合同。

图3-5为一个典型项目的合同结构设计实例。

5. 监管结构

项目的监管包括各方面的监管：政府合同监管、最终用户服务监管、金融机构资金监管、其他利益相关者合同履行监管等。

政府在进行合同监管期间，有可能引入第三方监管机构对项目公司履约情况进行监督或中期评估。

用户可以参照项目公司与其签订的服务协议对项目公司提供的服务进行监督，并根据

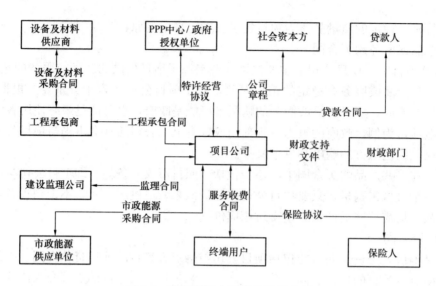

图 3-5 典型项目合同结构设计实例

服务满意程度向政府机构进行投诉或提出建议。

金融机构会就项目资金使用及还款进度进行监管。

另外，参建方、保险公司等项目其他利益相关者将依据各类协议对项目公司的合同履行情况予以监督和约束。

典型项目监管结构设计实例见图 3-6、图 3-7。

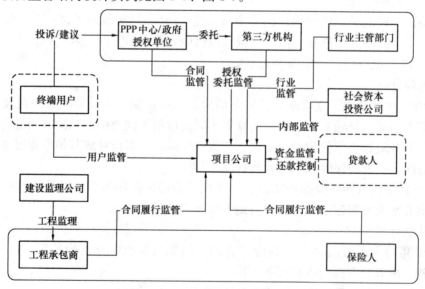

图 3-6 典型项目监管结构设计实例

1) 政府方的监督权

在项目从建设到运营的各个实施阶段，为了能够更好地了解项目进展、确保项目能够按照合同约定履行，政府方通常会在 PPP 项目合同中规定各种方式的监督权利，这些监督权通常散见于合同的不同条款中。需要特别说明的是，政府方的监督权必须在不影响项目正常实施的前提下行使，并且必须要有明确的限制，否则将会违背 PPP 项目的初衷，

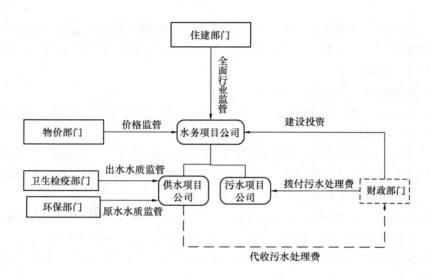

图 3-7 污水处理 PPP 项目监管结构设计实例

将本已交由项目公司承担的风险和管理角色又揽回到政府身上。不同项目、不同阶段下的政府监督权的内容均有可能不同，常见的政府方监督权包括：

(1) 项目实施期间的知情权

在 PPP 项目合同中通常会规定项目公司有义务定期向政府提供有关项目实施的报告和信息，以便政府方及时了解项目的进展情况。政府方的上述知情权贯穿项目实施的各个阶段，每一阶段知情权的内容和实现方式也会有所不同，具体包括：

① 建设期——审阅项目计划和进度报告

在项目正式开工以前（有时在合同签订前），项目公司有义务向政府提交项目计划书，对建设期间重要节点做出原则规定，以保障按照该工程进度在约定的时间内完成项目建设并开始运营。

在建设期间，项目公司还有义务定期向政府提交项目进度报告，说明工程进度及项目计划的完成情况。

有关上述项目计划和进度报告的格式和报送程序，应在 PPP 项目合同的合同条款或者附件中予以明确约定。

② 运营维护期——审阅运营维护手册和有关项目运营情况的报告

在开始运营之前，项目公司通常应编制项目运营维护手册，载明生产运营、日常维护以及设备检修的内容、程序和频率等，并在开始运营日之前报送政府备查。

在运营维护期间，项目公司通常还应定期向政府报送有关运营情况的报告或其他相关资料，例如运营维护报告（说明设备和机器的现状以及日常检修、维护状况等）、严重事故报告等。此外，有时政府也会要求项目公司定期提交经审计的财务报告、使用者相关信息资料等。

(2) 进场检查和测试

在 PPP 项目合同中，有时也会规定在特定情形和一定限制条件下，政府方有权进入项目现场进行检查和测试。

政府方行使进场检查和测试权不得影响项目的正常实施，并且受制于一些特定的条件，例如：需要遵守一般的安全保卫规定，并且不得影响项目的正常建设和运营；履行双方约定的合理通知义务后才可入场；仅在检查建设进度、监督项目公司履约情况等特定目的下才有权进入场地；等等。

（3）对承包商和分包商选择的监控

有时政府方也希望在建设承包商或者运营维护分包商的选择上进行一定程度的把控。通常可能采取两种途径：

① 在合同中约定建设承包商或运营维护分包商的资质要求。但须特别注意，上述要求必须是保证本项目建设质量或者运营质量所必需的且合理的要求，不得不合理地限制项目公司自行选择承包商或分包商的权利。

② 事先知情权。要求项目公司在签订工程承包合同或运营维护合同前事先报告政府方，由政府方在规定的期限（例如，5个工作日）内确认该承包商或分包商是否符合上述合同约定的资质要求；如果在规定期限内，政府方没有予以正式答复，则视为同意项目公司所选择的承包商或分包商。

需要特别说明的是，在 PPP 项目中，原则上项目公司应当拥有选择承包商和分包商的充分控制权。政府方对于项目质量的控制一般并不依赖于对承包商及分包商选择的直接控制，而是通过付费机制和终止权利来间接把控项目的履约。例如，如果项目质量无法达到合同约定的标准，项目的付费就会被扣减，甚至在严重情形下，政府方可以终止项目。

（4）参股项目公司

在 PPP 实践中，为了更直接地了解项目的运作以及收益情况，政府也有可能通过直接参股项目公司的方式成为项目公司股东、甚至董事（即使政府所持有的股份可能并不多），以便更好地实现知情权。在这种情形下，原则上政府与其他股东相同，享有作为股东的基本权益，同时也需履行股东的相关义务，并承担项目风险，但是经股东协商一致，政府可以选择放弃部分权益或者可能被免除部分义务。有关政府与其他股东的权利义务安排，通常会规定在项目公司的股东协议中。

2）政府方的介入权

由于 PPP 项目通常是涉及公共利益的特殊项目，从履行公共管理职能的角度出发，政府需要对项目执行的情况和质量进行必要的监控，甚至在特定情形下，政府有可能临时接管项目。PPP 项目合同中关于政府方的监督和介入机制，通常包括政府方在项目实施过程中的监督权以及政府方在特定情形下对项目的介入权两部分内容。

除了上述的一般监督权，在一些 PPP 项目合同中，会赋予政府方在特定情形下（如紧急情况发生或者项目公司违约）直接介入项目实施的权利。但与融资方享有的介入权不同，政府方的介入权通常适用于发生短期严重的问题且该问题需要被快速解决、而政府方在解决该问题上更有优势和便利的情形，通常包括项目公司未违约情形下的介入和项目公司违约情形下的介入两类。需要注意的是，上述介入权是政府一项可以选择的权利，而非必须履行的义务。

（1）项目公司未违约情形下的介入。

① 政府方可以介入的情形。

为了保证项目公司履行合同不会受到不必要的干预，只有在特定的情形下，政府方才拥有介入的权利。常见的情形包括：

● 存在危及人身健康或安全、财产安全或环境安全的风险；
● 介入项目以解除或行使政府的法定责任；
● 发生紧急情况，且政府合理认为该紧急情况将会导致人员伤亡、严重财产损失或造成环境污染，并且会影响项目的正常实施。

如果发生上述情形，政府方可以选择介入项目的实施，但政府方在介入项目之前必须按PPP项目合同中约定的通知程序提前通知项目公司，并且应当遵守合同中关于行使介入权的要求。

② 政府方介入的法律后果。

在项目公司未违约的情形下，发生了上述政府方可以介入的情形，政府方如果选择介入项目，需要按照合同约定提前通知项目公司其介入的计划以及介入的程度。该介入的法律后果一般如下：

● 在政府方介入的范围内，如果项目公司的任何义务或工作无法履行，这些义务或工作将被豁免；
● 在政府方介入的期间内，如果是采用政府付费机制的项目，政府仍应当按照合同的约定支付服务费或其他费用，不论项目公司是否提供有关的服务或是否正常运营；
● 因政府方介入引发的所有额外费用均由政府承担。

（2）项目公司违约情形下的介入

如果政府方在行使监督权时发现项目公司违约，政府方认为有可能需要介入的，通常应在介入前按照PPP项目合同的约定书面通知项目公司并给予其一定期限自行补救；如果项目公司在约定的期限内仍无法补救，政府方才有权行使其介入权。

政府方在项目公司违约情形下介入的法律后果一般如下：

① 政府方或政府方指定第三人将代项目公司履行其违约所涉及的部分义务；
② 在项目公司为上述代为履行事项提供必要协助的前提下，在政府方介入的期间内，如果是采用政府付费或可行性缺口补助机制的项目，政府方仍应当按照合同约定就不受违约影响部分的服务或产品支付费用或提供补助；
③ 任何因政府方介入产生的额外费用均由项目公司承担，该部分费用可从政府付费中扣减或者由项目公司另行支付；
④ 如果政府方的介入仍然无法补救项目公司的违约，政府方仍有权根据提前终止机制终止项目合同。

6. 政府承诺

为了确保PPP项目的顺利实施，在PPP项目策划与设计中通常会包括政府承诺的内容，用以明确约定政府在PPP项目实施过程中的主要义务。一般来讲，政府承诺需要同时具备以下两个前提：一是如果没有该政府承诺，会导致项目的效率降低、成本增加甚至无法实施；二是政府有能力控制和承担该义务。

由于PPP项目的特点和合作内容各有不同，需要政府承担的义务有可能完全不同。实践中较为常见的政府承诺如下：

1）付费或补助

在采用政府付费机制的项目中，政府按项目的可用性、使用量或绩效来付费是项目的主要回报机制；在采用可行性缺口补助机制的项目中，也需要政府提供一定程度的补助。

对于上述两类项目，按照合同约定的时间和金额付费或提供补助是政府的主要义务。

在一些供电、供气等能源类项目中，可能会有"照付不议"的付费安排，即政府在项目合同中承诺一个最低采购量，如果项目公司按照该最低采购量供应有关能源并且不存在项目公司违约等情形，不论政府是否需要采购有关能源，其均应按照上述最低采购量付费。

2）负责或协助获取项目相关土地权利

在一些PPP项目中，根据作为一方签约主体的政府方的职权范围以及项目的具体情形不同，政府方有可能会承诺提供项目有关土地的使用权或者为项目公司取得相关土地权利提供必要的协助。

3）提供相关连接设施

一些PPP项目的实施，可能无法由项目公司一家独自完成，还需要政府给予一定的配套支持，包括建设部分项目配套设施，完成项目与现有相关基础设施和公用事业的对接等。例如，在一些电力项目中，除了电厂建设本身，还需要建设输电线路以及其他辅助连接设施用以实现上网或并网发电，这部分连接设施有可能由政府方建设或者由双方共同建设。因此，在这类PPP项目中，政府方可能会承诺按照一定的时间和要求提供其负责建设的部分连接设施。

4）办理有关政府审批手续

通常PPP项目的设计、建设、运营等工作需要获得政府的相关审批后才能实施。为了提高项目实施的效率，一些PPP项目合同中，政府方可能会承诺协助项目公司获得有关的政府审批。尤其是对于那些项目公司无法自行获得或者由政府方办理会更为便利的审批，甚至可能会直接规定由政府方负责办理并提供合法有效的审批文件。但政府承诺的具体审批范围以及承诺的方式，需要根据法律法规的有关规定、项目具体情况以及获得相关审批的难易程度作具体评估。

5）防止不必要的竞争性项目

在采用使用者付费机制的项目中，项目公司需要通过从项目最终用户处收费以回收投资并获取收益，因此必须确保有足够的最终用户会使用该项目设施并支付费用。鉴此，在这类项目的PPP项目中，通常会规定政府方有义务防止不必要的竞争性项目，即通常所说的唯一性条款。例如，在公路项目中，通常会规定政府承诺在一定年限内、在PPP项目附近一定区域不会修建另一条具有竞争性的公路。

6）其他承诺

在某些PPP项目合同中也有可能规定其他形式的政府承诺。例如，在污水处理和垃圾处理项目中，政府可能会承诺按时提供一定量的污水或垃圾以保证项目的运营。

7. 股权变更

股权变更限制：在PPP项目中，虽然项目的直接实施主体和PPP项目合同的签署主体通常是社会资本设立的项目公司，但项目的实施仍主要依赖于社会资本自身的资金和技术实力。项目公司自身或其母公司的股权结构发生变化，可能会导致不合适的主体成为PPP项目的投资人或实际控制人，进而有可能会影响项目的实施。鉴此，为了有效控制项目公司股权结构的变化，在PPP项目合同中一般会约定限制股权变更的条款。该条款通常包括股权变更的含义与范围以及股权变更的限制等内容。

1) 限制股权变更的考虑因素

对于股权变更问题，社会资本和政府方的主要关注点完全不同，合理地平衡双方的关注点是确定适当的股权变更范围和限制的关键。

（1）政府方关注

对于政府方而言，限制项目公司自身或其母公司的股权结构变更的目的主要是为了避免不合适的主体被引入到项目的实施过程中。由于在项目合作方选择阶段，通常政府方是在对社会资本的融资能力、技术能力、管理能力等资格条件进行系统评审后，才最终选定社会资本合作方。因此如果在项目实施阶段、特别是建设阶段，社会资本将自身或项目公司的部分或全部股权转让给不符合上述资格条件的主体，将有可能直接导致项目无法按照既定目的或标准实施。

（2）社会资本关注

对社会资本而言，其希望通过转让其所直接或间接持有的部分或全部的项目公司股权的方式，来吸引新的投资者或实现退出。保障其自由转让股权的权利，有利于增加资本灵活性和融资吸引力，进而有利于社会资本更便利地实现资金价值。因此，社会资本当然不希望其自由转让股份的权利受到限制。

因此，为更好地平衡上述两方的不同关注，PPP项目合同中需要设定一个适当的股权变更限制机制，在合理的期限和限度内有效的限制社会资本不当变更股权。

2) 股权变更的内容与范围

在不同PPP项目中，政府方希望控制的股权变更范围和程度也会有所不同，通常股权变更的范围包括：

（1）直接或间接转让股权

在国际PPP实践、特别是涉及外商投资的PPP项目中，投资人经常会搭建多层级的投资架构，以确保初始投资人的股权变更不会对项目公司的股权结构产生直接影响。但在一些PPP项目合同中，会将项目公司及其各层级母公司的股权变更均纳入股权变更的限制范围，但对于母公司股权变更的限制，一般仅限于可能导致母公司控股股东变更的情形。例如，在PPP项目合同中规定，在一定的期间内，项目公司的股权变更及其各级控股母公司的控股股权变更均须经过政府的事前书面批准。

（2）并购、增发等其他方式导致的股权变更

PPP合同中的股权变更，通常并不局限于项目公司或母公司的股东直接或间接将股权转让给第三人，还包括以收购其他公司股权或者增发新股等其他方式导致或可能导致项目公司股权结构或母公司控股股东发生变化的情形。

（3）股份相关权益的变更

广义上的股权变更，除包括普通股、优先股等股份的持有权变更以外，还包括股份上附着的其他相关权益的变更，例如表决权等。此外，一些特殊债权，如股东借款、可转换公司债等，如果也带有一定的表决权或者将来可转换成股权，则也可能被纳入"股权变更"的限制范围。

（4）兜底规定

为了确保"股权变更"范围能够全面地涵盖有可能影响项目实施的股权变更，PPP项目合同设计中往往还会增加一个关于股权变更范围的"兜底性条款"，即"其他任何可

能导致股权变更的事项"。

3）股权变更的限制

（1）锁定期。

① 锁定期的含义

锁定期，是指限制社会资本转让其所直接或间接持有的项目公司股权的期间。通常在PPP项目合同设计中会直接规定：在一定期间内，未经政府批准，项目公司及其母公司不得发生上文定义的任何股权变更的情形。这也是股权变更限制的最主要机制。

② 锁定期期限

锁定期的期限需要根据项目的具体情况进行设定，常见的锁定期是自合同生效日起，至项目开始运营日后的一定期限（例如 2 年，通常至少直至项目缺陷责任期届满）。这一规定的目的是为了确保在社会资本履行完其全部出资义务之前不得轻易退出项目。

③ 例外情形

在锁定期内，如果发生以下特殊的情形，可以允许发生股权变更：

● 项目贷款人为履行本项目融资项下的担保而涉及的股权结构变更；

● 将项目公司及其母公司的股权转让给社会资本的关联公司；

● 如果政府参股了项目公司，则政府转让其在项目公司股权的不受上述股权变更限制。

（2）其他限制

除锁定期外，在一些PPP项目中还可能会约定对受让方的要求和限制，例如约定受让方须具备相应的履约能力及资格，并继承转让方相应的权利义务等。在一些特定的项目中，政府方有可能不希望特定的主体参与到PPP项目中，因此可能直接在合同中约定禁止将项目公司的股权转让给特定的主体。

这类对于股权受让方的特殊限制通常不以锁定期为限，即使在锁定期后，仍然需要政府方的事前批准才能实施。但此类限制通常不应存在任何地域或所有制歧视。

（3）违反股权变更限制的后果

一旦发生违反股权变更限制的情形，将直接认定为项目公司的违约行为，情节严重的，政府方将有权因该违约而提前终止项目合同。

8. 保险

在项目合同谈判中，通常只有在最后阶段才会谈及项目相关的保险问题，因此这一问题也极易被有关各方所忽略。然而，能否获得相关保险、保险覆盖的范围等问题恰恰是项目风险的核心所在，需要政府与项目公司在谈判中予以重点关注。

需要特别说明的是，保险并不能覆盖项目的所有风险，对于具体项目涉及的具体风险而言，保险也并不一定是最适合的风险应对方式。此外，由于保险是一个复杂且专业的领域，具体项目需要购买哪些保险还需要根据项目的具体情况来制定保险方案，并参考专业保险顾问的意见。

1）一般保险义务

（1）购买和维持保险义务。

大多数PPP项目合同会约定由项目公司承担购买和维持保险的相关义务，具体可能包括：

① 在整个PPP项目合作期限内，购买并维持项目合同约定的保险，确保其有效且达到合同约定的最低保险金额；

② 督促保险人或保险人的代理人在投保或续保后尽快向政府提供保险凭证，以证明项目公司已按合同规定取得保单并支付保费；

③ 如果项目公司没有购买或维持合同约定的某项保险，则政府可以投保该项保险，并从履约保函项下扣抵其所支付的保费或要求项目公司偿还该项保费；

④ 向保险人或保险代理人提供完整、真实的项目可披露信息；

⑤ 在任何时候不得做出或允许任何其他人做出任何可能导致保险全部或部分失效、可撤销、中止或受损害的行为；

⑥ 当发生任何可能影响保险或其项下的任何权利主张的情况或事件时，项目公司应立即书面通知政府方；

⑦ 尽一切合理努力协助政府或其他被保险人及时就保险提出索赔或理赔；等等。

（2）保单要求。

在PPP项目合同中，政府方可能会要求保单满足以下要求：

① 项目公司应当以政府方及政府方指定的机构作为被保险人进行投保；

② 保险人同意放弃对政府方行使一些关键性权利，比如代位权（即保险人代替被保险人向政府及其工作人员主张权利）、抵扣权（根据《保险法》第六十条第二款规定：前款规定的保险事故发生后，被保险人已经从第三者取得损害赔偿的，保险人赔偿保险金时，可以相应扣减被保险人从第三者已取得的赔偿金额）以及多家保险公司共同分摊保险赔偿的权利，等等。

③ 在取消保单、不续展保单或对保单做重大修改等事项发生时提前向政府方发出书面通知。

当然，实践中政府方需要根据项目实际情况以及保险人的意愿确定具体的保单要求。

（3）保险条款变更

由于保险条款的变更可能对项目风险产生影响，一般情况下，合同中会规定未经政府方同意，不得对保险合同的重要条款（包括但不限于保险范围、责任限制以及免赔范围等等）做出实质性变更。

政府方在审议保险条款变更事项时，需要结合当时的市场情况，分析保险条款变更是否会对项目整体保险方案产生影响以及影响的程度等。

2）常见的保险种类

在选择需要投保的险种时，各方需要考虑项目的具体风险以及相关保险能否在当地获得。实践中，可供选择的险种包括但不限于：

（1）货物运输保险

投保货物运输相关保险主要是为了转移项目相关的材料和设备在运输途中遭遇损坏或灭失的风险。主要分为海洋货物运输保险、国内水路货物运输保险、国内陆路货物运输保险、航空货物运输保险、和其他货物运输保险。

（2）建筑工程一切险

建筑工程一切险是针对在项目现场的所有作业和财产的保险。这一保险主要承保因保险合同所列除外责任以外的自然灾害或意外事故造成的在建工程物质损失。同时，可以加保第三者责任险,以使保险公司承保与建筑工程直接相关的、由意外事故或由建筑作业所造成的工地内或邻近地区内的第三者人身伤亡或财产损失。

(3) 安装工程一切险

安装工程一切险是采用除外列明方式,为机器设备的安装和调试提供一切险保障。安装工程一切险承保被保险工程项目在安装过程中由于自然灾害、意外事故(不包括保险条款中规定的除外责任)等造成的物质损坏或灭失,以及与所承保工程直接相关的意外事故引起工地内及邻近区域的第三者人身伤亡、疾病或财产损失。

(4) 第三者责任险

从项目开始建设到特许权期结束的整个期间内,项目公司都要确保已对在项目所在地发生的、因实施工程或运营导致的第三者人身伤害或财产损失进行投保。这项保险非常重要,保险覆盖的风险事件应当尽可能的宽泛。

(5) 施工机具综合保险

这一保险通常是指在工程建设、安装、运营测试及调试期间,就项目公司选定的承包商自有或其租赁的施工机具的损坏或灭失的可保风险进行投保。具体承保的范围与除外责任,依具体保险合同的约定可能略有不同,投保的范围也需要根据项目作业的类型,以及关键设备的数量来定。

(6) 雇主责任险。

这一保险通常是对所有雇员在从事与工程建设和运营有关的业务工作时,因遭受意外或患与业务有关的国家规定的职业性疾病而致伤、残或死亡的,对被保险人依照劳动合同和我国法律须承担的医疗费及赔偿责任等进行投保。

9. 履约

1) 履约担保概述

(1) 履约担保的含义和方式

在大部分PPP项目中,政府通常会与专门为此项目新设的、没有任何履约记录的项目公司签约。鉴于项目公司的资信能力尚未得到验证,为了确保项目公司能够按照合同约定履约,政府通常会希望项目公司或其承包商、分包商就其履约义务提供一定的担保。本节所述的履约担保广义上是指为了保证项目公司按照合同约定履行合同并实施项目所设置的各种机制。

履约担保的方式通常包括履约保证金、履约保函以及其他形式的保证等。

(2) 要求项目公司提供履约担保的主要考虑因素

在传统的采购模式中,政府通常可能会要求项目承包商或分包商通过提供保函或第三人保证(例如母公司担保)等方式为其履约进行担保。

但PPP模式与传统的采购模式有所不同,在要求项目公司提供履约担保时还需要考虑以下因素:

① 社会资本成立项目公司的目的之一就是通过项目责任的有限追索来实现风险剥离(即项目公司的投资人仅以其在项目公司中的出资为限对项目承担责任),因此多数情况下项目公司的母公司本身可能并不愿意为项目提供额外的担保;

② PPP项目本身通常已经设置了一些保证项目公司按合同履约的机制(例如付费机制和项目期限机制等),足以激励和约束项目公司妥善履约;

③ 在 PPP 项目中并非采用的担保方式越多、担保额度越大对政府越有利，因为实际上每增加一项担保均会相应增加项目实施的成本。

(3) 选择履约担保方式的基本原则

为了更好地实现物有所值原则，在具体项目中是否需要项目公司提供履约担保、需要提供何种形式的担保以及担保额度，均需要具体分析和评估。一般的原则是，所选用的担保方式可以足够担保项目公司按合同约定履约，且在出现违约的情形下政府有足够的救济手段即可。

如果该项目公司的资信水平和项目本身的机制足以确保项目公司不提供履约担保同样能够按照合同约定履约，且在项目公司违约的情形下，政府有足够的救济手段，则可以不需要项目公司提供履约担保。

反言之，如果项目公司资信和项目机制均不足以确保项目公司按合同约定履约，同时项目公司违约时，政府缺乏充足有效的救济手段，则需要项目公司提供适当的履约担保。

2) 常见的履约担保方式——保函

在 PPP 实践中，最为常见、有效的履约担保方式是保函。保函是指金融机构（通常是银行）应申请人的请求，向第三方（即受益人）开立的一种书面信用担保凭证，用以保证在申请人未能按双方协议履行其责任或义务时，由该金融机构代其履行一定金额、一定期限范围内的某种支付责任或经济赔偿责任。在出具保函时，金融机构有可能要求申请人向金融机构提供抵押或者质押。

为了担保项目公司根据 PPP 项目合同约定的时间、质量实施项目、履行义务，政府可以要求项目公司提供一个或多个保函，具体可能包括建设期履约保函、维护保函、移交维修保函等。在 PPP 项目中，保函既包括项目公司向政府提供的保函，也包括项目承包商、分包商或供应商为担保其合同义务履行而向项目公司或直接向政府提供的保函。

政府可能根据项目的实际情况，要求项目公司在不同期间提供不同的保函，常见的保函包括：

(1) 建设期的履约保函

建设期履约保函是比较常见的一种保函，主要用于担保项目公司在建设期能够按照合同约定的标准进行建设，并且能够按时完工。该保函的有效期一般是从项目合同全部生效之日起到建设期结束。

(2) 运营维护期的履约保函/维护保函

运营维护期的履约保函，也称维护保函，主要用以担保项目公司在运营维护期内按照项目合同的约定履行运营维护义务。该保函的有效期通常视具体项目而定，可以一直到项目期限终止。在项目期限内，项目公司有义务保证该保函项下的金额一直保持在一个规定的金额，一旦低于该金额，项目公司应当及时将该保函恢复至该规定金额。

(3) 移交维修保函

在一些 PPP 项目中，还可能会约定移交维修保函。移交维修保函提交时点一般在期满终止日 12 个月之前，担保至期满移交后 12 个月届满。

与此同时，在 PPP 项目合同签订前，政府还可能要求项目公司提供下列保函：

① 投标保函

在许多 PPP 项目中，政府会要求参与项目采购的社会资本提供一个银行保函，作为防止恶意参与采购的一项保障（如社会资本参与采购程序仅仅是为了获取商业信息，而没有真正的签约意图）。这类保函通常在采购程序结束并且选定社会资本同意或正式签署PPP项目合同时才会予以返还。因此，投标保函并不直接规定在PPP项目合同中，因为一旦签署了PPP项目合同，投标保函即被返还并且失效。

② 担保合同前提条件成就的履约保函

在一些PPP项目中，为了确保项目公司能够按照规定的时间达成融资交割等PPP项目合同中约定的前提条件，政府可能会要求项目公司在签署PPP项目合同之前向政府提交一份履约保函，以担保合同前提条件成就。该保函通常在PPP项目合同条款全部生效之日即被返还并失效。

（六）项目采购

1. 采购方式的选择

根据财政部于2014年12月31日发布《政府和社会资本合作项目政府采购管理办法》（财库〔2014〕215号文）（以下简称采购管理办法），PPP项目采购遵循公开、公平、公正和诚实信用原则，依法选择社会资本合作者（供应商）的过程。

管理办法提出PPP项目采购方式主要有公开招标、邀请招标、竞争性谈判、竞争性磋商和单一来源采购。项目实施机构应当根据PPP项目采购需求特点，依法选择适当的采购方式。

公开招标应作为政府采购的主要方式。

竞争性谈判是与公开招标并列的一种最常见的PPP项目社会资本甄选方式。

（1）公开招标适用范围：公开招标主要适用于采购需求中核心边界条件和技术经济参数明确、完整、符合国家法律法规及政府采购政策，且采购过程中不作更改的项目。

（2）邀请招标适用范围：具有特殊性，只能从有限范围的供应商处采购的；采用公开招标方式的费用占政府采购项目总价值的比例过大的。

（3）竞争性谈判适用范围：招标后没有供应商投标或者没有合格标的，或者重新招标未能成立的；技术复杂或者性质特殊，不能确定详细规格或者具体要求的；采用招标所需时间不能满足用户紧急需要的。

（4）竞争性磋商适用范围：政府购买服务项目；技术复杂或者性质特殊，不能确定详细规格或者具体要求的；专有技术或者服务的时间、数量事先不能确定；市场竞争不充分的科研项目，以及需要扶持的科技成果转化项目；招标项目以外的工程建设项目。

（5）单一来源采购适用范围：只能从唯一供应商处采购的；发生了不可预见的紧急情况不能从其他供应商处采购的；必须保证原有采购项目一致性或者服务配套的要求，需要继续从原供应商处添购，且添购资金总额不超过原合同采购金额百分之十的。

2. 竞标变量及评价标准

1）竞标变量

PPP项目选择社会投资方竞争的要点主要包括：收费价格、特许经营期限、融资能力、技术水平等等。

PPP项目采购的指标通常为综合指标。不是所有的PPP项目都能提出最低产出单价。

实践中，竞标的标准还包括：

① 设计方案的质量；
② 交付项目整体进度计划；
③ 建造期间维持交通方案；
④ 质量保证和质量控制方案；
⑤ 环保方案；
⑥ 提出的融资计划。

表 3-3 列出了典型项目的竞争条款和评审条款。

典型项目的竞争条款和评审条款　　　　　　　　　　表 3-3

项目	内容	备注
竞争条款	特许经营期 收费单价	
评审项	设计方案的质量 项目整体交付进度计划 建造实施方案 质量保证和质量控制方案 环境保护方案 融资计划	

2）评价标准

评价的目标是使符合技术标准且成本最低的一方胜出。

PPP 项目评价标准一般分为三类：技术、财务和风险分配，每一类又被进一步细分。在评价标准中，价格权重一般高于技术权重。

表 3-4 总结了典型项目评价标准和权重分配的情况。

典型项目评价标准　　　　　　　　　　表 3-4

评 价 标 准	分值比例
技术方案技术、产出说明以及运营维护要求	25%
中风险分担计划	10%
融资方案	10%
财务报价（以净现值为基础）	55%
总分	100%

案例：PPP 项目公开招标公告

北京兴延高速公路政府与社会资本合作（PPP）项目招标公告

1. 招标条件

北京兴延高速公路政府与社会资本合作（PPP）项目实施方案已由北京市政府批准，根据市政府批准文件，北京兴延高速公路政府与社会资本合作（PPP）项目（以下简称该项目）采用政府和社会资本合作方式实施，北京市交通委员会作为该项目实施机构，北京市首都公路发展集团有限公司（以下简称首发集团）为该项目政府出资人代表。该项目已具备招标条件，北京市交通委员会作为招标人，工程咨询公司作为该项目的招标代理人，采用公开招标方式选择该项目的社会投资人。

2. 项目概况、招标范围及PPP操作模式

2.1 项目概况

兴延高速公路位于京藏高速公路以西，呈南北走向，南起西北六环路双横立交，北至京藏高速营城子立交收费站以北，路线全长约42.2km。线路途径昌平、延庆两个区县，其中平原段约17.8km，山区段约24.4km。

兴延高速公路工程按高速公路标准设计，其中平原段设计速度为100km/h，山区段设计速度为80km/h。

全线桥梁共33座，互通式立交4座，分离式立交3座，服务区立交1座，特大桥4850m/3座，大桥2666.7m/5座，中桥133.2m/2座，管理区车行天桥1座，通道桥14座，桥梁总面积39.8万m^2，全线桥梁占比：24.8%。

全线设隧道5处，共11座，其中特长隧道3处（最长隧道全长约5700m），长隧道2处，单洞累计全长31089m（进京线全长15508m，出京线全长15581m），隧道比36.7%。

本项目总投资约143亿元，采用PPP模式由首发集团（政府方出资代表）与社会投资人共同组建项目公司，对该项目进行特许经营。

以上数据以批准的初步设计文件为准。

本项目特许经营期分为建设期和运营期，建设期：约39个月（2015年10月～2018年12月）；运营期：自正式通车之日起至项目移交日止25年（2019年1月～2043年12月）。

2.2 招标范围

本次招标范围为北京兴延高速公路政府与社会资本合作（PPP）项目的社会投资人。

2.3 PPP操作模式

本项目操作模式为特许经营模式，在特许经营期内，由北京市交通委员会代表北京市人民政府授予项目公司特许经营权，由项目公司投资、建设、运营兴延高速公路，期限届满移交政府。本项目特许经营权包括高速公路收费权、沿线广告牌、加油站及附属设施经营权。政府就约定通行费标准与实际通行费标准之间的通行费差额对项目公司进行补贴。

投标人中标后，社会投资人与首发集团按照《中华人民共和国公司法》及其他相关法律和政策规定共同出资组建项目公司，项目公司对项目的筹划、资金筹措、建设实施、运营管理、债务偿还和资产管理等全过程负责，特许经营期满后，按照本项目PPP合同将公路、广告牌、加油站及附属设施等实物资产及相关资料无偿移交给交通运输主管部门或其指定单位。

首发集团出资金额为项目总投资的25%，约为36亿元，股权比例为49%（不参加项目公司利润分配），社会投资人出资金额约为37.5亿元，股权比例为51%。

项目公司履行项目法人职责，社会投资人按施工总承包模式负责工程施工。

3. 投标人资格要求及资格审查方式

3.1 本次招标要求投标人具备的资格条件包括：

(1) 在中国境内依法注册的企业法人，且合法存续，没有处于被吊销营业执照、责令关闭或者被撤销等不良状态。

（以联合体形式投标的，联合体所有成员均需要满足此要求）；

(2) 投标人需具有建设行政主管部门核发的安全生产许可证并具有下列条件之一：

1) 住建部颁发的公路工程施工总承包特级资质；

2) 同时具有住建部颁发的公路工程施工总承包一级资质及隧道工程专业承包一级资质。

（以联合体形式投标的，联合体承担建设施工任务方需要满足此要求）；

(3) 投标人须具备如下项目经验及业绩：

1) 近五年（2010年6月至投标截止日期）作为投资人累计承揽过投资建设合同金额不少于40亿元人民币的公路投资项目。

2) 近五年（2010年6月至投标截止日期）累计承揽过40km及以上的新建高速公路施工任务，且承揽过1条10km及以上的新建高速公路施工任务。

3) 近五年（2010年6月至投标截止日期）累计承揽过20km及以上的（公路、铁路、轨道交通）隧道施工任务，且承揽过单洞3公里及以上的（公路、铁路、轨道交通）隧道施工任务。

（以联合体形式投标的，项目经验及业绩按照联合体各成员单位之和确定）；

(4) 注册资本10亿元人民币以上（以联合体形式投标的，联合体成员均需要满足此要求），2014年末净资产40亿元人民币以上（以联合体形式投标的，可以联合体各成员单位之和计算）。

(5) 最近连续三年每年均为盈利，且年度财务报告应当经具有法定资格的中介机构审计；财务状况良好，没有处于财产被接管、冻结、破产或其他不良状态、无重大不良资产或不良投资项目

（以联合体形式投标的，联合体所有成员均需要满足此要求）；

(6) 具有不低于110亿元人民币（或等值货币）的投融资能力

（以联合体形式投标的，联合体投融资能力按照联合体各成员单位之和确定）；

(7) 商业信誉良好，在经济活动中无重大违法违规行为，近三年内财务会计资料无虚假记载、银行和税务信用评价系统或企业信用系统中无不良记录，且未被省级及以上交通运输主管部门取消项目所在地的投标资格或禁止进入该区域公路建设市场且处罚期未满的。

（以联合体形式投标的，联合体所有成员均需要满足此要求）；

(8) 单位负责人为同一人或者存在控股、管理关系的不同单位，不得同时参加投标；属于同一控股、管理关系单位的投标人不超过2家。

3.2 本次招标接受联合体投标。联合体投标的，应满足下列要求：

(1) 联合体各方应签订共同投标协议，明确联合体各方拟承担的工作和责任，明确联合体牵头人和联合体其他成员的权利义务、出资额或出资比例；

(2) 联合体各方不得再以自己名义单独投标，也不得参加其他联合体在本招标项目中投标；

(3) 联合体组成后不得再发生变化；

(4) 联合体成员不得超过3家；

(5) 联合体各方必须指定牵头人，授权其代表所有联合体成员负责投标和合同实施阶段的主办、协调工作，并应当向招标人提交由所有联合体成员法定代表人签署的授权书，且牵头人必须为本项目施工总承包任务的承担者。

(6) 尽管委任了联合体牵头人，但联合体各成员在投标、中标与组建项目公司过程中，仍负有连带的和各自的法律责任。

(7) 投标人中标后，未经招标人书面同意，联合体的成员结构、相互关系及出资比例均不得变动。

3.3 本次招标实行资格后审，资格审查的具体要求详见招标文件。资格审查不合格的投标人其投标文件按废标处理。

4. 招标文件的获取

4.1 凡有意参加投标的单位，请于2015年6月23日至2015年6月29日（法定公休日、法定节假日除外，下同），每日上午9时至11时30分，下午14时至17时（北京时间，下同），在工程咨询公司持以下资料报名并领取招标文件：

(1) 营业执照副本；

(2) 资质证书副本；

(3) 安全生产许可证副本；

(4) 组织机构代码证书副本；

(5) 公司章程；

(6) 联合体投标意向书；

(7) 法定代表人授权委托书及被授权人身份证件。

上述资料需提供加盖单位公章的彩色扫描件，并均需交验原件，以联合体投标的，联合体各方均需提供上述资料（非施工单位可不提供（2）、（3））。

4.2 招标文件每套售价人民币1000元，招标图纸及相关资料每套售价人民币5000元，一律现金支付，售后不退。

5. 投标文件的递交及相关事宜

5.1 招标人将于下列时间和地点组织进行工程现场踏勘并召开投标预备会。

踏勘现场时间：2015年7月3日8时，集中地点：京新高速公路（G7）沙河收费站东侧管理区，每个投标人参加人数不超过3人。

投标预备会时间：2015年7月6日9时，地点：首发大厦C座第一会议室。

5.2 投标文件递交的截止时间（投标截止时间，下同）为2015年8月25日9时30分，投标人应于当日8时30分至9时30分将投标文件递交至大厦一层会议室（如有变化另行通知）。

5.3 逾期送达的或者未送达指定地点的或者不按照招标文件要求密封的投标文件，招标人不予受理。

6. 发布公告的媒介

本次招标公告同时在中国采购与招标网（www.chinabidding.com）、中国政府采购网（www.ccgp.gov.cn）、北京市招投标公共服务平台（www.bjztb.gov.cn）、北京市财政局（www.bjcz.gov.cn）以及北京市交通委员会（www.bjjtw.gov.cn）网站上发布。

7. 联系方式：略。

（七）项目实施

1. 项目设计

（1）设计的范围

根据项目的规模和复杂程度，一般来讲设计可以分为三个或四个阶段。对于土建项目，设计通常分为可行性研究、初步设计（或初始设计）和施工图设计（或施工设计）三个阶段；对于工业项目（包括工艺装置设施）以及复杂的基础设施项目，通常还要在上述初步设计和施工图设计阶段之间增加一个扩初设计（或技术设计）阶段。

根据政府已完成设计工作的多少，PPP项目合同中约定的设计范围也会有所不同：如果政府仅编制了项目产出说明和可行性研究报告，项目公司将承担主要的设计工作；如果政府已完成了一部分设计工作（如已完成初步设计），则项目公司的设计范围也会相应缩小。

（2）设计工作的分工

根据项目具体情况的不同，PPP项目合同中对于设计工作的分工往往会有不同。常见的设计工作分工包括：

① 可行性研究报告、项目产出说明——由政府或社会资本方完成

如果PPP项目由政府发起，则应由政府自行完成可行性研究报告和项目产出说明的编制工作；如果PPP项目由社会资本发起，则可行性研究报告和项目产出说明由社会资本方完成。

无论可行性研究报告和项目产出说明由谁完成，其均应作为采购文件以及最终签署的合同文件的重要组成部分。

② 初步设计和施工图设计——由项目公司完成

在PPP项目合同签署后，项目公司负责编制或最终确定初步设计和施工图设计，并完成全部的设计工作。

（3）项目设计要求

在PPP项目合同签订之前，双方应协商确定具体的项目设计要求和标准，并在PPP项目合同中予以明确约定。确定项目设计要求和标准的依据通常包括：

① 政府编制或项目公司编制并经政府方审查同意的可行性研究报告和项目产出说明；

② 双方约定的其他技术标准和规范；

③ 项目所在地区和行业的强制性技术标准；

④ 建设工程相关法律法规的规定，例如建筑法、环境保护法、产品质量法等。

（4）设计的审查

在PPP项目中，虽然设计工作通常主要由项目公司承担，但政府方享有在一定的期

限内审查设计文件并提出意见的权利，这也是政府方控制设计质量的重要途径。设计审查条款通常包括以下内容：

① 政府方有权审查由项目公司制作的任何设计文件（特别是初步设计以及施工图设计），项目公司有义务将上述文件提交政府方审查。

② 政府方应当在约定期限内（通常在合同明确约定）审查设计文件。如果设计文件中存在任何不符合合同约定的内容，政府方可以要求项目公司对不符合合同的部分进行修正，有关修正的风险、费用由项目公司承担；如果政府方在上述约定期限内未提出审查意见，约定审查期限届满后项目公司即可实施项目设计方案并开始项目建设。

③ 如项目公司对政府方提出的意见存在异议，可以提交争议解决程序处理。

④ 政府方的上述审查不能减轻或免除项目公司依法履行相关设计审批程序的义务。

（5）项目设计责任

在PPP项目中，通常由项目公司对其所做出的设计承担全部责任。该责任不因该设计已由项目公司分包给其他设计单位或已经政府方审查而被豁免或解除。

2. 土地使用

PPP项目合同中的项目用地条款，是在项目实施中涉及的土地方面的权利义务规定，通常包括土地权利的取得、相关费用的承担以及土地使用的权利及限制等内容。

1）土地权利的取得

（1）一般原则

大部分的PPP项目，尤其是基础设施建设项目或其他涉及建设的项目，均会涉及项目用地问题，由哪一方负责取得土地对于这类项目而言非常关键。

在PPP实践中，通常根据政府方和项目公司哪一方更有能力、更有优势承担取得土地的责任的原则，来判定由哪一方负责取得土地。

（2）两种实践选择

实践中，根据PPP项目的签约主体和具体情况不同，土地使用权的取得通常有以下两种选择：

① 由政府方负责提供土地使用权

A. 主要考虑因素

如果签署PPP项目合同的政府方是对土地使用权拥有一定控制权和管辖权的政府或政府部门（例如，县级以上人民政府），在PPP项目实施中，该政府方负责取得土地使用权对于项目的实施一般更为经济和效率，主要原因在于：一方面，在我国的法律框架下，土地所有权一般归国家或集体所有，由对土地使用权有一定控制力的政府方负责取得土地使用权更为便利（根据我国法律，除乡（镇）村公共设施和公益事业建设经依法批准可使用农民集体所有的土地外，其他的建设用地均须先由国家征收原属于农民集体所有的土地，将其变为国有土地后才可进行出让或划拨）；另一方面，根据《土地管理法》及其他相关法律的规定和实践，对于城市基础设施用地和公益事业用地以及国家重点扶持的能源、交通、水利等基础设施用地，大多采用划拨的方式，项目公司一般无法自行取得该土地使用权。

B. 具体安排

政府方以土地划拨或出让等方式向项目公司提供项目建设用地的土地使用权及相关进

入场地的道路使用权,并根据项目建设需要为项目公司提供临时用地。项目的用地预审手续和土地使用权证均由政府方办理,项目公司主要予以配合。

上述土地如涉及征地、拆迁和安置,通常由政府方负责完成该土地的征用补偿、拆迁、场地平整、人员安置等工作,并向项目公司提供没有设定他项权利、满足开工条件的净地作为项目用地。

② 由政府方协助项目公司获得土地使用权。

如果项目公司完全有权、有能力根据我国法律规定自行取得土地使用权的,则可以考虑由项目公司自行取得土地使用权,但政府方应提供必要的协助。

2) 取得土地使用权或其他相关权利的费用

(1) 取得土地使用权或其他相关权利所涉及的费用。

在取得土地使用权或其他相关权利的过程中可能会涉及的费用包括:土地出让金、征地补偿费用(具体可能包括土地补偿费、安置补助费、地上附着物和青苗补偿费等)、土地恢复平整费用以及临时使用土地补偿费等。

(2) 费用的承担。

实践中,负责取得土地使用权与支付相关费用的有可能不是同一主体。通常来讲,即使由政府方负责取得土地权利以及完成相关土地征用和平整工作,也可以要求项目公司支付一定的相关费用。

具体项目公司应当承担哪些费用和承担多少,需要根据费用的性质、项目公司的承担能力、项目的投资回报等进行综合评估。例如,实践中项目公司和政府方可能会约定一个暂定价,项目公司在暂定价的范围内承担土地使用权取得的费用,如实际费用超过该暂定价,对于超出的部分双方可以协商约定由政府方承担或由双方分担。

3) 土地使用的权利及限制

(1) 项目公司的土地权利——土地使用权

PPP项目合同中通常会约定,项目公司有权在项目期限内独占性地使用特定土地进行以实施项目为目的的活动。根据我国《土地管理法》规定,出让国有土地使用权可以依法转让、出租、抵押和继承;划拨国有土地使用权在依法报批并补缴土地使用权出让金后,可以转让、出租、抵押。

(2) 项目公司土地使用权的限制

由于土地是为专门实施特定的PPP项目而划拨或出让给项目公司的,因此在PPP项目合同中通常还会明确规定,未经政府批准,项目公司不得将该项目涉及的土地使用权转让给第三方或用于该项目以外的其他用途。

除PPP项目合同中的限制外,项目公司的土地使用权还要受土地使用权出让合同或者土地使用权划拨批准文件的约束,并且要遵守《土地管理法》等相关法律法规的规定。

(3) 政府方的场地出入权

① 政府方有权出入项目设施场地。

为了保证政府对项目的开展拥有足够的监督权(关于政府方的监督和介入权利,请见本章第十七节),在PPP项目合同中,通常会规定政府方出入项目设施场地的权利。

② 条件和限制。

但政府方行使上述出入权需要有一定的条件和限制,包括:

- 仅在特定目的（双方可在PPP项目合同中就"特定目的"的具体范围予以明确约定）下才有权进入场地，例如检查建设进度、监督项目公司履行PPP项目合同项下义务等；
- 履行双方约定的合理通知义务后才可入场；
- 需要遵守一般的安全保卫规定，并不得影响项目的正常建设和运营。需要特别说明的是，上述条件和限制仅是对政府方合同权利的约束，政府方及其他政府部门为依法行使其行政监管职权而采取的行政措施不受上述合同条款的限制。

3. 项目建设

PPP项目主要包含新建或改扩建内容的PPP项目，通常采用BOT、BOO或ROT等运作方式。

在PPP项目合同中，要合理划分政府方与项目公司在建设期间的权利义务，更好地平衡双方的不同诉求，确保项目的顺利实施。

1）项目建设要求

（1）建设标准要求

与项目设计类似，在PPP项目合同签订之前，双方应协商确定具体的项目建设标准，并规定在PPP项目合同中。常见的建设标准和要求包括：

① 设计标准，包括设计生产能力或服务能力、使用年限、工艺路线、设备选型等；
② 施工标准，包括施工用料、设备、工序等；
③ 验收标准，包括验收程序、验收方法、验收标准；
④ 安全生产要求；
⑤ 环境保护要求；等等。

项目的建设应当依照项目设计文件的要求进行，并且严格遵守建筑法、环境保护法、产品质量法等相关法律法规的规定以及国家、地方及行业强制性标准的要求。项目建设所依据的相关设计文件和技术标准通常会作为PPP项目合同的附件。

（2）建设时间要求

在PPP项目合同中，通常会明确约定项目的建设工期及进度安排。在完工时间对于项目具有重大影响的项目中，还会在合同中进一步明确具体的完工日期或开始运营日。

2）项目建设责任

在PPP项目中，通常由项目公司负责按照合同约定的要求和时间完成项目的建设并开始运营，该责任不因项目建设已部分或全部由项目公司分包给施工单位或承包商实施而豁免或解除。

当然，在PPP项目中，项目建设责任对项目公司而言是约束与激励并存的。在确保项目按时按质量完工方面，项目公司除了客观上要受合同义务约束之外，还会有额外的商业动机，因为通常只有项目开始运营，项目公司才有可能获得付费。

3）政府方对项目建设的监督和介入

（1）概述

为了能够及时了解项目建设情况，确保项目能够按时开始运营并满足合同约定的全部要求，政府方往往希望对项目建设进行必要的监督或介入，并且通常会在PPP项目合同中约定一些保障政府方在建设期的监督和介入权利的条款。

这种政府方的监督和介入权应该有多大，也是项目建设条款的核心问题。需要强调的是，PPP项目与传统的建设采购项目完全不同，政府方的参与必须有一定的限度，过度的干预不仅会影响项目公司正常的经营管理以及项目的建设和投运，而且还可能将本已交由项目公司承担的风险和管理角色又揽回到政府身上，从而违背PPP项目的初衷。

（2）政府对项目建设的监督和介入权利主要包括：

① 定期获取有关项目计划和进度报告及其他相关资料；

② 在不影响项目正常施工的前提下进场检查和测试；

③ 对建设承包商的选择进行有限的监控（例如设定资质要求等）；

④ 在特定情形下，介入项目的建设工作；等等。

4. 项目运营

在PPP项目中，项目的运营不仅关系到公共产品或服务的供给效率和质量，而且关系到项目公司的收入，因此对于政府方和项目公司而言都非常关键。有关项目运营的条款通常包括开始运营的时间和条件、运营期间的权利与义务以及政府方和公众对项目运营的监督等内容。

1）开始运营

（1）概述

开始运营，是政府方和项目公司均非常关注的关键时间点。

对政府方而言，项目开始运营意味着可以开始提供公共产品或服务，这对于一些对时间要求较高的特殊项目尤为重要。例如奥运会场馆如果没有在预定的时间完工，可能会造成极大的影响和损失。

对项目公司而言，在多数PPP项目中，项目公司通常只有项目开始运营后才能开始获得付费。因此，项目尽早开始运营，意味着项目公司可以尽早、尽可能长时间的获得收入。

基于上述原因，开始运营的时间和条件也是双方的谈判要点。

（2）开始运营的条件

① 一般条件

在订立PPP项目合同时，双方会根据项目的技术特点和商业特性约定开始运营的条件，以确定开始运营及付费的时间点。常见的条件包括：

● 项目的建设已经基本完工（除一些不影响运营的部分）并且已经达到满足项目目的的水平；

● 已按照合同中约定的标准和计划完成项目试运营；

● 项目运营所需的审批手续已经完成（包括项目相关的备案审批和竣工验收手续）；

● 其他需要满足项目开始运营条件的测试和要求已经完成或具备。

② 具体安排

在一些PPP项目中，开始运营与建设完工为同一时间，完工日即被认定为开始运营日。但在另一些项目中，开始运营之前包括建设完工和试运营两个阶段，只有在试运营期满时才被认定为开始运营。

这种包括试运营期的安排通常适用以下两种情形：

- 在项目完工后,技术上需要很长的测试期以确保性能的稳定性;
- 在项目开始运营之前,需要进行大量的人员培训或工作交接。

(3) 因项目公司原因导致无法按期开始运营的后果

如果项目公司因自身原因没有按照合同约定的时间和要求开始运营,将可能承担如下后果:

① 一般的后果:无法按时获得付费、运营期缩短

通常来讲,根据PPP项目合同的付费机制和项目期限机制,如果项目公司未能按照合同约定开始运营,其开始获得付费的时间也将会延迟,并且在项目合作期限固定、不分别设置建设期和运营期且没有正当理由可以展期的情况下,延迟开始运营意味着项目公司的运营期(即获得付费的期限)也会随之缩短。

② 支付逾期违约金

一些PPP项目合同中会规定逾期违约金条款,即如果项目公司未能在合同约定的日期开始运营,则需要向政府方支付违约金。

需要注意的是,并非所有的PPP项目合同中都必然包括逾期违约金条款,特别是在逾期并不会对政府方造成很大损失的情况下,PPP项目合同中的付费机制和项目期限机制已经足以保证项目公司有动机按时完工,因而无需再另行规定逾期违约金。

如果在PPP项目合同中加入逾期违约金条款,则应在项目采购阶段对逾期可能造成的损失进行评估,并据此确定逾期违约金的金额和上限(该上限是项目融资方非常关注的要点)。

③ 项目终止

如果项目公司延误开始运营日超过一定的期限(例如,200日),政府方有权依据PPP项目合同的约定主张提前终止该项目(关于终止的后果和处理机制,请见本章第十八节)。

④ 履约担保

为了确保项目公司按时按约履行合同,有时政府方也会要求项目公司以履约保函等形式提供履约担保。如果项目公司没有按照合同约定运营项目,政府方可以依据双方约定的履约担保机制获得一定的赔偿。

(4) 因政府方原因导致无法按期开始运营的后果

此处的政府方原因包括政府方违约以及在PPP项目合同中约定的由政府方承担的风险,例如政治不可抗力等(关于通常由政府方承担的风险,请见本章第一节)。

① 延长工期和赔偿费用

因政府方原因导致项目公司无法按期开始运营的,通常项目公司有权主张延迟开始运营日并向政府方索赔额外费用。

② 视为已开始运营

在一些采用政府付费机制的项目(如电站项目)中,对于因发生政府方违约、政治不可抗力及其他政府方风险而导致项目在约定的开始运营日前无法完工或无法进行验收的,除了可以延迟开始运营日之外,还可以规定"视为已开始运营",即政府应从原先约定的开始运营日起向项目公司付费。

(5) 因中性原因导致无法按期开始运营的后果

此处的中性原因是指不可抗力及其他双方约定由双方共同承担风险的原因。不可抗力是指 PPP 项目合同签订后发生的，合同双方不能预见、不能避免并不能克服的客观情况，主要是指自然不可抗力，不包括按照合同约定属于政府方和项目公司违约或应由其承担风险的事项。

因中性原因导致政府方或项目公司不能按期开始运营的，受到该中性原因影响的一方或双方均可以免除违约责任（例如违约金、赔偿等），也可以根据该中性原因的影响期间申请延迟开始运营日。

2）运营期间的权利与义务

（1）项目运营的内容。

根据项目所涉行业和具体情况的不同，PPP 项目运营的内容也各不相同（关于各个行业的特性和运营特点，请见第四章），例如：

① 公共交通项目运营的主要内容是运营有关的高速公路、桥梁、城市轨道交通等公共交通设施；

② 公用设施项目运营的主要内容是供水、供热、供气、污水处理、垃圾处理等；

③ 社会公共服务项目运营的主要内容是提供医疗、卫生、教育等公共服务。

（2）项目运营的标准和要求。

在 PPP 项目的运营期内，项目公司应根据法律法规以及合同约定的要求和标准进行运营。常见的运营标准和要求包括：

① 服务范围和服务内容；

② 生产规模或服务能力；

③ 运营技术标准或规范；

④ 产品或服务质量要求；

⑤ 安全生产要求；

⑥ 环境保护要求；等等。

为保障项目的运营质量，PPP 项目中通常还会要求项目公司编制运营与维护手册，载明生产运营、日常维护以及设备检修的内容、程序和频率等，并在开始运营之前报送政府方审查。运营维护手册以及具体运营标准通常会作为 PPP 项目合同的附件。

（3）运营责任划分

一般情况下，项目的运营由项目公司负责。但在一些 PPP 项目、特别是公共服务和公用设施行业下的 PPP 项目中，项目的运营通常需要政府方的配合与协助。在这类项目中，政府方可能需要提供部分设施或服务，与项目公司负责建设运营的项目进行配套或对接，例如垃圾处理项目中的垃圾供应、供热项目中的管道对接等。

具体项目中如何划分项目的运营责任，需要根据双方在运营方面的能力及控制力来具体分析，原则上仍是由最有能力且最有效率的一方承担相关的责任。

（4）暂停服务

在项目运营过程中不可避免地会因一些可预见的或突发的事件而暂停服务。暂停服务一般包括两类：

① 计划内的暂停服务

一般来讲，对项目设施进行定期的重大维护或者修复，会导致项目定期暂停运营。对于这种合理的、可预期的计划内暂停服务，项目公司应在报送运营维护计划时提前向政府方报告，政府方应在暂停服务开始之前给予书面答复或批准，项目公司应尽最大努力将暂停服务的影响降到最低。

发生计划内的暂停服务，项目公司不承担不履约的违约责任。

② 计划外的暂停服务

若发生突发的计划外暂停服务，项目公司应立即通知政府方，解释其原因，尽最大可能降低暂停服务的影响并尽快恢复正常服务。对于计划外的暂停服务，责任的划分按照一般的风险分担原则处理，即：

- 如因项目公司原因造成，由项目公司承担责任并赔偿相关损失；
- 如因政府方原因造成，由政府方承担责任，项目公司有权向政府方索赔因此造成的费用损失并申请延展项目期限；
- 如因不可抗力原因造成，双方共同分担该风险，均不承担对对方的任何违约责任。

3）政府方对项目运营的监督和介入

政府方对于项目运营同样享有一定的监督和介入权（请见本章第十七节），通常包括：

- 在不影响项目正常运营的情况下入场检查；
- 定期获得有关项目运营情况的报告及其他相关资料（例如运营维护计划、经审计的财务报告、事故报告等）；
- 审阅项目公司拟定的运营方案并提出意见；
- 委托第三方机构开展项目中期评估和后评价；
- 在特定情形下，介入项目的运营工作；等等。

4）公众监督

为保障公众知情权，接受社会监督，PPP项目合同中通常还会明确约定项目公司依法公开披露相关信息的义务。

关于信息披露和公开的范围，一般的原则是，除法律明文规定可以不予公开的信息外（如涉及国家安全和利益的国家秘密），其他的信息均可依据项目公司和政府方的合同约定予以公开披露。实践中，项目公司在运营期间需要公开披露的信息主要包括项目产出标准、运营绩效等，如医疗收费价格、水质报告。

5. 项目维护

在PPP项目中，有关项目维护的权利义务规定在很多情况下是与项目运营的有关规定重叠和相关的，通常会与项目运营放在一起统一规定。有关项目维护通常会规定项目维护义务和责任以及政府方对项目维护的监督等内容。

1）项目维护义务和责任

（1）项目维护责任

在PPP项目中，通常由项目公司负责根据合同约定及维护方案和手册的要求对项目设施进行维护和修理，该责任不因项目公司将部分或全部维护事务分包给其他运营维护商实施而豁免或解除。

（2）维护方案和手册

① 维护方案

为了更好地保障项目的运营和维护质量，在PPP项目合同中，通常会规定项目公司在合同生效后、开始运营日之前编制项目维护方案并提交政府方审核，政府方有权对该方案提出意见。在双方共同确定维护方案后，项目公司做出重大变更，均须提交政府方。但维护方案的实施是否以取得政府方同意为前提，则需要视维护的技术难度要求、政府方参与维护的程度、政府方希望对维护控制的程度等具体情况而定。

维护方案中通常包括项目运营期间计划内的维护、修理和更换的时间以及费用以及上述维护、修理和更换可能对项目运营产生的影响等内容。

② 维护手册

对于某些PPP项目、特别是技术难度较大的项目，除维护方案外，有时还需要编制详细的维护手册，进一步明确日常维护和设备检修的内容、程序及频率等。

（3）计划外的维护

如果发生意外事故或其他紧急情况，需要进行维护方案之外的维护或修复工作，项目公司应立即通知政府方，解释其原因，并尽最大努力在最短的时间内完成修复工作。对于计划外的维护事项，责任的划分与计划外暂停服务基本一致，即：

① 如因项目公司原因造成，由项目公司承担责任并赔偿相关损失；

② 如因政府方原因造成，由政府方承担责任，项目公司有权向政府方索赔因此造成的费用和损失并申请延展项目期限；

③ 如因不可抗力及其他双方约定由双方共同承担风险的原因造成，双方共同分担该风险，均不承担对对方的任何违约责任。

2）政府方对项目维护的监督和介入

政府方对项目维护的监督和介入权，与对项目运营的监督和介入权类似，主要包括：在不影响项目正常运营和维护的情形下入场检查；定期获得有关项目维护情况的报告及其他相关资料；

审阅项目公司拟定的维护方案并提供意见；在特定情形下，介入项目的维护工作；等等。

典型项目维护内容　　　　　　　　　　　　　　　　表3-5

服务内容	维护内容项目
建筑物维护	应急抢修 日常维修，场地维护 确保安全、美观的外部设施维护 对周边区域道路及设施的维护 虫害防治
公用设施	供电、供热、供气 供水、污水处理 通讯、语音和数据电缆
保洁服务	设施内外部清洁 提供整洁、干净的环境
安保设施	安全设施的维护 消防以及其他安全设备的供应、维护和管理
附属设施	提供维护建筑运行所需的固定和移动设备工具
垃圾管理	处理运行所产生的垃圾
应急管理	应急和减灾的管理规划

6. 项目移交

项目移交通常是指在项目合作期限结束或者项目合同提前终止后，项目公司将全部项目设施及相关权益以合同约定的条件和程序移交给政府或者政府指定的其他机构。

项目移交的基本原则是，项目公司必须确保项目符合政府回收项目的基本要求。项目合作期限届满或项目合同提前终止后，政府需要对项目进行重新采购或自行运营的，项目公司必须尽可能减少移交对公共产品或服务供给的影响，确保项目持续运营。

1）移交范围

起草合同移交条款时，首先应当根据项目的具体情况明确项目移交的范围，以免因项目移交范围不明确造成争议。移交的范围通常包括：

（1）项目设施；

（2）项目土地使用权及项目用地相关的其他权利；

（3）与项目设施相关的设备、机器、装备、零部件、备品备件以及其他动产；

（4）项目实施相关人员；

（5）运营维护项目设施所要求的技术和技术信息；

（6）与项目设施有关的手册、图纸、文件和资料（书面文件和电子文档）；

（7）移交项目所需的其他文件。

2）移交的条件和标准

为了确保回收的项目符合政府的预期，PPP 项目合同中通常会明确约定项目移交的条件和标准。特别是在项目移交后政府还将自行或者另行选择第三方继续运营该项目的情形下，移交的条件和标准更为重要。通常包括以下两类条件和标准：

（1）权利方面的条件和标准：项目设施、土地及所涉及的任何资产不存在权利瑕疵，其上未设置任何担保及其他第三人的权利。但在提前终止导致移交的情形下，如移交时尚有未清偿的项目贷款，就该未清偿贷款所设置的担保除外。

（2）技术方面的条件和标准：项目设施应符合双方约定的技术、安全和环保标准，并处于良好的运营状况。建议在合同中对"良好运营状况"的标准做进一步明确，例如在不再维修情况下，项目可以正常运营 3 年等。

3）移交程序

（1）评估和测试

在 PPP 项目移交前，通常需要对项目的资产状况进行评估并对项目状况能否达到合同约定的移交条件和标准进行测试。实践中，上述评估和测试工作通常由政府方委托的独立专家或者由政府方和项目公司共同组成的移交工作组负责。

经评估和测试，项目状况不符合约定的移交条件和标准的，政府方有权提取移交维修保函，并要求项目公司对项目设施进行相应的恢复性修理、更新重置，以确保项目在移交时满足约定要求。

（2）移交手续办理

移交相关的资产过户和合同转让等手续由哪一方负责办理主要取决于合同的约定，多数情况下由项目公司负责。

（3）移交费用（含税费）承担

关于移交相关费用的承担，通常取决于双方的谈判结果，常见的做法包括：

① 由项目公司承担移交手续的相关费用（这是比较常见的一种安排，而且办理移交手续的相关费用也会在项目的财务安排中予以预先考虑）；

② 由政府方和项目公司共同承担移交手续的相关费用；

③ 如果因为一方违约事件导致项目终止而需要提前移交，可以约定由违约方来承担移交费用。

4）转让

（1）项目相关合同的转让

项目移交时，项目公司在项目建设和运营阶段签订的一系列重要合同可能仍然需要继续履行，因此可能需要将这些尚未履行完毕的合同由项目公司转让给政府或政府指定的其他机构。为能够履行上述义务，项目公司应在签署这些合同时即与相关合同方（如承包商或运营商）明确约定，在项目移交时同意项目公司将所涉合同转让给政府或政府指定的其他机构。实践中，可转让的合同可能包括项目的工程承包合同、运营服务合同、原料供应合同、产品或服务购买合同、融资租赁合同、保险合同以及租赁合同等。

通常政府会根据上述合同对于项目继续运营的重要性，决定是否进行合同转让。此外，如果这些合同中包含尚未期满的相关担保，也应该根据政府的要求全部转让给政府或者政府指定的其他机构。

（2）技术转让

在一些对于项目实施专业性要求较高的PPP项目中，可能需要使用第三方的技术（包括通过技术转让或技术许可的方式从第三方取得的技术）。在此情况下，政府需要确保在项目移交之后不会因为继续使用这些技术而被任何第三方进行侵权索赔。

鉴于此，PPP项目合同中通常会约定，项目公司应在移交时将项目运营和维护所需要的所有技术，全部移交给政府或政府指定的其他机构，并确保政府或政府指定的其他机构不会因使用这些技术而遭受任何侵权索赔。如果有关技术为第三方所有，项目公司应在与第三方签署技术授权合同时即与第三方明确约定，同意项目公司在项目移交时将技术授权合同转让给政府或政府指定的其他机构。

此外，PPP项目合同中通常还会约定，如果这些技术的使用权在移交日前已期满，项目公司有义务协助政府取得这些技术的使用权。

5）风险转移

移交条款中通常还会明确在移交过程中的风险转移安排：在移交日前，由项目公司承担项目设施的全部或部分损失或损坏的风险，除非该损失或损坏是由政府方的过错或违约所致；在移交日及其后，由政府承担项目设施的全部或部分损失或损坏的风险。

（八）项目谈判

采用竞争性采购方式甄选社会资本方过程中，政府和社会资本方就PPP项目边界条件的谈判是项目谈判的重点。

一般情况下，PPP的核心边界条件包括权利边界、交易边界、保障边界和衔接边界等。每个项目的具体情况不同，要分别分析项目的边界条件。

PPP项目谈判实际上是对项目的运作模式、盈利模式、财务指标、付费、风险分配和交易结构所涉及的内容进行再次确认，同时对项目的实施内容和要求进行再次确认，保证双方清楚理解项目约定的权利和义务。

PPP项目谈判的最终成果通过PPP项目合同来体现。

二、不同行业策划及设计要点

受不同行业政策及行业特点的影响，不同行业的PPP项目合同中会有一些特殊的条款安排。本章将会就公共交通、公用设施及社会公共服务等PPP模式应用较为广泛的行业领域内，PPP项目合同的特殊条款和机制进行详细介绍。

(一) 公共交通项目

公共交通项目通常包括机场、港口、公路、铁路、桥梁和城市轨道交通等，其共同特点是公共服务性强、投资规模较大。

高速公路项目在公共交通项目中比较典型，在世界范围内采用PPP模式的高速公路项目案例也非常多。实践中，高速公路项目主要采用BOT和委托运营两种运作方式。

1. 项目的范围和期限

(1) 项目的范围

根据具体PPP项目合同的约定，高速公路项目的合作范围，除了高速公路的建设运营外，还可能包括沿途服务设施和广告等的开发和运营。

(2) 项目期限

在采用BOT运作方式的高速公路项目中，项目期限通常包括高速公路的建设期和运营期，待项目期限届满后，通常项目公司将无偿把高速公路移交给政府。

项目期限的长短与项目公司的收益直接相关，在投资成本一定、其他条件不变的情况下，项目公司所获得利润与项目期限成正比。在设置项目期限时，需要综合考虑项目的建设运营成本、回报率、融资计划、风险分配以及政策法律规定等多种因素，合理平衡政府、项目公司和使用者的利益。需要强调的是，高速公路项目的收费期限还要同时受到我国《收费公路管理条例》以及相关地方性法律法规的限定。

2. 付费和调价机制

1) 付费机制

PPP模式下的高速公路项目存在多个利益相关方，各方均有各自的定价目标，项目公司希望利润最大化，高速公路使用者希望获得质优价廉的服务，而政府则希望尽可能实现既定区域内的社会效益最大化。合理的收费标准除了可以覆盖高速公路在各时期的建设、维护、管理等成本，还能让项目公司获得合理的利润。

(1) 高速公路付费机制

在高速公路项目中，如何收取车辆通行费是一个非常关键的问题。实践中，高速公路项目通常有三种付费机制：

① 使用者付费：项目公司直接向高速公路使用者收费；

② 政府按使用量付费：政府根据高速公路的实际使用量、即车流量向项目公司付费，车流量越大，付费越多；

③ 政府按可用性和绩效付费：政府根据项目公司提供的高速公路是否达到合同约定

的可用性标准来付费,并在此基础上根据项目公司的绩效设定相应的扣减机制。如果项目公司未能保证高速公路达到供公众使用的标准,政府将根据不达标高速公路的长度和数量以及不达标所持续的时间等,从应当支付给项目公司的费用中作相应扣减。

(2) 高速公路收费定价的影响因素

① 高速公路成本:通常包括高速公路的建设成本和运营维护成本,例如工程建设费、设备购置费、道路维修费、养护费以及日常管理费用等;

② 车流量:收费公路项目,尤其是使用者付费或政府按使用量付费的项目中,车流量对项目公司的收入有直接影响。车流量的大小通常由该高速公路辐射区域内的经济发展状况和汽车拥有量等因素决定;

③ 项目期限:项目期限直接影响高速公路的收益,期限过短无法保证项目公司获得合理收益;而期限过长则有可能导致项目公司暴利、甚至构成垄断;

④ 使用者的支付意愿:高速公路使用者的支付意愿通常具有很强的主观性,主要取决于使用者个人的支付能力。使用者的支付能力通常会受当地物价水平、个人年龄层次、职业稳定与否等因素影响;

⑤ 高速公路的性能和技术条件:高速公路的技术等级和服务水平越高,高速公路使用者可以接受的通行费标准也会越高;

⑥ 高速公路辐射区内的其他交通运输方式及其定价:高速公路辐射区内是否有其他交通运输方式,例如普通公路、铁路和民航等,这些交通运输方式的定价通常也会影响高速公路收费的定价。

2) 调价机制

(1) 必要性

PPP 模式下的高速公路项目期限通常较长,在符合法律法规规定的前提下,一般为 15 至 30 年不等,在长期的高速公路运营过程中,诸如物价水平、车流量以及路况条件等因素均可能发生较大变化,进而对高速公路项目的运营维护成本和收益水平产生直接影响。如果不适时进行价格调整,可能会导致当前收费标准无法实现项目公司的合理收益,从而进一步影响高速公路的运营品质和社会效益。

(2) 调价原则

① 保证合理回报原则:项目公司在收回高速公路的建设成本和运营维护成本后,应获得与同行业平均收益率相适应的合理收益回报;

② 使用者可承受原则:高速公路收费价格不应过分高于使用者可承受的合理范围,如果使用者通过使用高速公路所获得的时间节约、距离缩短和安全提高等效益,不能补偿其付出的通行费、燃油费等成本,使用者就可能不会选择使用该高速公路出行;

③ 综合考虑原则:高速公路项目在进行价格调整时,除了应考虑项目公司的收益水平和高速公路使用者的承受能力外,还应当综合考虑通货膨胀、物价上涨和收费管理人员工资变化等各种影响因素。

3) 唯一性条款

唯一性条款是 PPP 模式下高速公路项目中的重要条款,因为高速公路的收益直接取决于过往车辆的通行量,而且高速公路项目先期投资成本大、回收周期长,如果项目附近有性能和技术条件与本项目类似、但免费或收费较低的可替代路线,将会严重影响项目公司的成本回收及合理收益的获得，从长远来看，不利于调动社会资本的投资积极性。因此，为保证项目建成通车后项目公司有稳定的收入，项目公司在前期需要认真研究路网规划，对是否有可代替的路线以及如果存在这些路线将会对项目收益产生怎样的影响进行详细评估。在合同谈判阶段则要求政府做出相关承诺，即承诺项目期限内不在项目附近兴建任何竞争性的道路，并控制公路支线叉道口的连接，使项目公司保持较高的回报率，以避免过度竞争引起项目公司经营收益的下降。

4）政府对项目的优惠政策

政府对项目提供优惠政策有利于项目公司在高速公路项目中规避一定的投资风险，因此，项目公司在与政府谈判时会希望努力争取切实可行、规避风险的优惠条件。

政府提供给项目的优惠政策可能包括向项目公司无偿划拨土地，授予周边土地或商业开发收益权，以及优先审批、简化审批等。

（二）公用设施项目

公用设施通常是指政府有义务提供的市政公用基础设施，包括供电、供气、供水、供热、污水处理、垃圾处理等，有时也包括通信服务设施。公用设施项目普遍具有公益性、自然垄断性、政府监管严、价格弹性较小等特点，但不同的公用设施项目也具有不同的特性。下文将重点阐述公用设施项目中一些特别的条款和机制。

1. 付费和调价机制

由于多数公用设施项目的产品或服务均可以量化，因此此类项目通常采用以实际使用量为基础的付费机制，例如按使用量付费的政府付费机制或者使用者付费机制。同时，由于公用设施项目的产品，如水、电、燃气等，涉及公共安全和公众利益，通常受到政府的严格监管并由政府统一定价，因此如果在使用者付费机制下，政府的定价无法使项目公司收回成本并获得合理收益，也可以考虑采用可行性缺口补助机制。

不同类型公用设施项目的付费和调价机制各有特点，下文中将以供电项目为例对公用设施类PPP项目的付费和调价机制进行详细介绍。

供电项目的一个主要特点是购买主体的唯一性。在我国，电力供应属于政府实行严格管制的自然垄断行业，项目公司通常不能直接将项目所发的电销售给最终用户，而须先将电统一销售给政府电力主管部门或国家电力公司，再由政府电力主管部门或国家电力公司销售给最终用户。实践中，项目公司通常会与购电方（可能是PPP项目合同的政府方，也可能是政府的电力主管部门或国家电力公司，以下统称为"购电方"）另行签署电力购买协议，或者在PPP项目合同中设置具体条款，以明确具体购电安排和定价调价机制。

1）购电安排

对于供电项目而言，购电安排是最为核心的条款，直接关系到项目公司的投资回报。为了确保供电项目建成后能够通过售电收回成本并获取收益，在电力购买协议或PPP项目合同中有可能会为购电方设定一些强制性的购电安排。常见的购电安排包括以下两种：

（1）照付不议

是指规定一个最小净输出发电量，只要项目公司达到该最小净输出量的发电能力并且不存在项目公司违约等情形，购电方就有义务按照该最小净输出发电量向项目公司支付电费，而不论项目公司是否实际生产了该部分的电量。如果能够超出最小净输出发电量的发电能力，购电方则可根据其需求和实际购得的电量支付电费。

这种购电安排，可以为项目公司的收入提供一定保障，有助于提高项目的可融资性，一般在煤电项目中较为常见。

（2）强制购买

是指购电方有义务购买该供电项目所发的全部电量并根据所发的电量支付电费，而无论购电方是否真正需要。但如果非因政府方原因，项目公司没有实际发出电量，则项目公司将无法获得付费。

这种安排在风力发电、太阳能发电等新能源发电项目中较为常见。

2）电价组成要素

在不同供电项目中的电价组成要素可能不同，通常包括容量电价和电量电价中的一种或两种。

（1）容量电价

容量电价是基于项目是否达到合同约定的容量标准而支付的电价，与项目是否被实际使用无关，可以看作是可用性付费的一种形式。根据项目的具体情况，容量电价通常由项目的建设成本、固定的运营维护成本等组成。

在采用容量电价时，合同中通常会就发电机组的额定功率、可用小时数等设定严格的标准，如果项目公司无法达到该标准，则会扣减相应的付费；如果项目的实际性能优于合同约定的标准，在一些项目中还有可能获得相应的奖励。

（2）电量电价

电量电价是基于项目公司每月实际供应的电量来进行支付的电价形式。电量电价通常会根据季节及用电的峰谷时段设置不同的价格，以激励项目公司在电力供应紧张时期多供电。电量电价的组成通常包括燃料成本以及非固定的运营维护成本等。

3）电价调整机制

电价的调整机制主要包括基于公式调整机制和协商调整机制两种。

（1）公式调整机制

在电价调整公式中，通常可能会以燃料价格变动、利率变动、消费者物价指数等作为主要的调价系数，当上述系数变动达到约定的幅度时即可触发调价程序，按调价公式自动调整电价。

（2）协商调整机制

在一些供电项目中，双方会在项目采购阶段根据项目预算成本初步确定电价和电价组成要素，待项目建成后如果实际结算成本与预算成本差别较大的，双方再根据实际结算成本对电价和电价组成要素进行重新谈判。这种调价方式，也称为成本加成电价模式（表3-6）。

与之相对应的是馈网电价模式，即双方在项目采购阶段确定一个固定的馈网电价，并且在项目在实施过程中不会因实际成本与预算成本有差别而对该电价进行调整。但在国际PPP实践中，一些以馈网电价为基础的供电项目，也可能设定一些调价机制，但通常调价幅度有限，并且一般不需要双方再次协商。

典型项目定价模式　　　　　　　　　　　　　　　　表 3-6

定价模式	定价基本理念	政府补贴	价格调整程序	适用性分析
价格上限模式	在全成本加合理收益的定价原则下，补偿企业成本并提供合理回报，从而达到对企业的激励效果	原则上无政府补贴，企业自负盈亏，特殊情况下由政府财政承担有关项目的投资建设成本	监管部门确定价格最大上调幅度，企业可以在满足服务条件的基础下，在监管部门确定的价格上限范围内调整价格，追求利润	PPP推广模式。在考虑付费方可承受能力的基础上，价格的制定更加注重企业的经济效益，可激励企业降低成本，提高服务质量，适合于市场化水平较高的行业和地区
成本加成模式	企业可保证全成本回收，并获取合理微利	价格设定及调整不能实现全成本回收加合理收益的情形下对企业进行一定补贴	企业申请调价，物价部门进行严格的成本监审，并举行听证会	价格的制定与调整在保证全成本回收的前提下，更注重其公平性，但是企业降低服务成本、提高运营效率的积极性不高，对于监管者的能力要求较高

2. 连接设施建设

与其他领域项目不同，一些公用设施项目需要建设一些与公共管网连接的设施才能实现运营。例如，供电项目中与国家电网连接的输变电设施，供热项目中与城市现有供热管网连接的换热站、管道等。因此，在这类公用设施项目的 PPP 项目合同中，通常会详细规定有关连接设施的建设条款。

实践中，根据项目具体情况的不同，关于连接设施的建设责任由哪一方承担通常有以下三种情形：

1) 全部由政府负责建设

由于连接设施需要与公共管网直接连接，因此为了确保其与管网的配套统一性且不影响公共管网的正常运作，一些项目中，政府会主张自己建设此部分设施。但在这种情形下，为了确保该连接设施建设与项目建设和运营配合，通常会在 PPP 项目合同中规定：

（1）建设标准，以确保政府所建设的连接设施能够与项目设施相连接，并且符合项目正常运营的要求；

（2）完工时间要求。如果必要的连接设施没有完工，即使项目已达到开始运营的条件，也仍然无法开始运营。因此在 PPP 项目合同中通常会规定，政府有义务在项目设施完工时或之前完成连接设施的建设。如果政府无法按照合同约定的要求完工，项目公司将可能获得一定的救济，如项目期限延长、损害赔偿等。

（3）政府建设连接设施的费用承担，通常由双方在合同中约定。

2) 由项目公司和政府方共同负责建设

即项目公司和政府方每方负责一部分连接设施的建设。对于这种情况，合同条款中应当特别注意设施边界和双方责任的划分，同时要重点关注连接设施的建设标准和工程进度的统一性问题。为此，PPP 项目合同中通常会规定：

（1）各方的义务和责任范围，包括应建设的工程范围、建设的标准以及完工时间和进度要求等；

（2）双方互相通知和报告的义务，以确保一方能够及时了解对方设施的建设情况；等等。

3）全部由项目公司负责建设

如果全部由项目公司负责建设，该连接设施通常会包含在整个项目设施的范围内，并在项目的建设条款中对连接设施设计、建设标准和要求进行规定。与此同时，在PPP项目合同中可能不会专门针对连接设施规定完工时间，而是与整个项目开始运营的时间相结合（关于项目的建设条款，请见第二章第七节）。

3. 原料供应

一些公用设施项目的运营通常会与原料供应紧密相关。例如，在污水处理、垃圾处理以及火电项目中，污水、垃圾、煤炭等原料的供应量直接决定项目产出的产品或服务的数量。因此，保障原料的持续稳定供应是这些公用设施项目需要解决的关键问题。具体项目的原料供应由哪一方负责，需要根据原料的特性、项目公司取得原料的能力等进行综合评估。

1）由项目公司负责

对于可在公开市场上购买的原料，例如原煤、水泥等，原料供应的风险和责任通常由项目公司自行承担。为了确保原料供应能够满足项目运营的要求，项目公司通常会根据项目的需求，制定详细的供应计划，并力争与原料供应商签订长期的原料供应合同，以尽可能地降低原料供应风险。

为了确保项目所用原料的保质保量和持续稳定供应，PPP项目合同中有时也会规定政府在原料供应商选择、供应合同签订等方面的协助义务和监管权。

2）由政府方负责

在原料无法从公开市场上取得、仅能由政府供应（例如污水、垃圾），或者项目公司无法承担有关原料供应风险的情形下，通常会约定由政府负责供应原料，同时会在合同中对原料的质量和数量予以明确约定。

（1）原料质量

通常原料的质量标准应根据项目的成本和运营标准等进行评估，原则上原料的质量应确保项目在不增加预计成本的情形下实现正常的运营。如果因政府供应的原料质量未达到约定标准而导致项目公司的运营成本增加，政府应给予相应的补偿。

（2）原料数量

在多数的公用设施项目中，原料供应的数量将直接决定项目提供产品或服务的数量，并且可能直接与项目公司的收益挂钩。因此，有必要对供应原料的数量进行明确约定。例如，一些污水处理项目的PPP项目合同中规定，政府应确保在整个项目期限内，收集和输送污水至污水处理项目指定的交付地点，并满足合同约定的基本水量（如日均污水量）和进水水质等。

4. 环境保护责任

一些公用设施项目的运营会产生"三废"和噪声，对环境造成不利影响，因此在PPP项目合同中会明确规定这类项目的建设运营所应遵守的环保标准和应履行的环境保护责任。项目公司的环境保护责任通常包括：

(1) 按照有关环保要求，建设相应的环保设施并采取环境污染防治措施，确保项目建设、运营期间产生的废水、废气、固体废弃物以及噪声满足相应的环保标准；

(2) 遵守有关公共卫生和安全生产等法律法规的规定；

(3) 在项目的建设、运营期间应采取一切合理的措施尽量减少对项目设施周围建筑物和居民区的干扰；等等。

(三) 社会公共服务项目

社会公共服务领域的项目通常包括医疗服务设施、学校、监狱、养老院、保障性住房等。在社会公共服务 PPP 项目中，项目公司有可能负责社会服务设施的建设和运营维护，或者为社会服务设施提供部分或全部的运营和管理服务，或者直接负责提供社会公共服务。此外，在一些 PPP 项目中，合作范围还可能包括项目周边土地开发和设施经营，例如餐厅、商店等。社会公共服务项目中的付费调价机制和绩效监控机制通常较为关键且特点鲜明，下文将对此进行详细阐述。

1. 付费和调价机制

1) 付费机制

实践中，社会公共服务项目通常采用政府付费或者可行性缺口补助机制，很少采用单纯的使用者付费机制。这主要是因为社会公共服务项目通常具有较强的公益性（如学校、医疗机构等），其所提供的公共服务通常是免费的或者收费较低，项目公司很难通过单纯的使用者付费机制回收成本并获得合理收益。

(1) 政府付费

社会公共服务项目通常采用依可用性和绩效付费的政府付费机制。例如，在公立学校项目中，由项目公司负责学校设施的建设并提供部分运营管理服务，在学校设施建成后，政府根据学校设施的可用性和项目公司的运营表现，按月向项目公司支付一笔固定费用。但是，如果项目公司没有达到学校设施的可用性标准（如教室数量不符合合同要求），或者一些项目公司提供的运营管理服务没有达到合同约定的绩效标准（如安保工作、卫生状况等未达标），则政府会在固定支付的费用中作相应的扣减。

(2) 可行性缺口补助

在一些服务定价较低，使用者付费无法完全覆盖项目公司的投资成本和合理收益的项目中，可以考虑采用可行性缺口补助机制。例如，在养老服务和保障性住房项目中，使用者可以优惠价格购买服务或住房，而政府就该优惠价与市场价之间的差额部分向项目公司提供适当的补助，以保证项目公司收回成本并获得合理的收益。

2) 调价机制

由于社会公共服务项目通常实施期限较长，在项目实施过程中劳动力成本、物价指数等价格影响因素可能会发生较大变化，并对项目的运营维护成本和收益水平产生影响，因此设置合理的调价机制能够更好地平衡政府和项目公司的利益，促进社会公共服务项目实现物有所值。

常见的调价机制包括基准比价机制和市场测试机制两种。

(1) 基准比价机制

基准比价机制是指由项目公司对其自身或其分包商提供某项服务的价格与该服务的市

场价格进行比较,如果与市场价格存在差异,则项目公司将与政府协商调价。但是采用基准比价机制通常不会直接导致服务提供者的更换。

通常基准比价机制的具体操作程序如下:

① 在PPP项目合同中约定一个固定周期或者一个特定日期,在该周期届满或该日期到来时,由项目公司启动比价程序,就其提供某项特定服务的价格与市场上提供同类服务的一般价格进行比较。

② 项目公司应在PPP项目合同中约定的比价期限内(例如40周)完成比价工作。具体比价期限的长短需要根据相关服务的规模和性质确定。

③ 若比价结果显示同类服务市场价高于项目公司当前定价的,通常会有两种以下情形:若现有服务分包商依其分包合同仍有义务按原价提供服务的,则无需进行调价;若现有服务分包商依其合同有权重新调价的,则可由项目公司向政府申请调价。

④ 若比价结果显示同类服务市场价低于项目公司当前定价的,PPP项目合同通常会规定项目公司必须与政府协商对该项服务的价格进行调整。

同时,鉴于在基准比价机制下的比价工作主要由项目公司负责实施,为加强政府对项目公司比价过程的监控,通常会在合同中规定政府有权对项目公司或其分包商提供服务的相关成本分析进行评估和审核。

需要特别说明的是,基准比价机制不仅仅是一种调价机制,也是一种有效的激励机制,项目公司可以通过基准比价,对自己或其分包商提供特定服务的方式和成本进行回顾,及时改善服务的效率和质量。

(2) 市场测试机制

市场测试机制是指在PPP项目合同约定的某一特定时间,对项目中某项特定服务在市场范围内重新进行采购。相比基准比较机制,市场测试机制的程序更具透明性和竞争性,可以更好地实现项目的物有所值。采用市场测试机制有可能导致服务提供者的更换,市场测试后确定的采购价格既可能高于、也可能低于原来的价格。

通常市场测试机制的具体操作程序如下:

① 在合同约定的特定日期到来时,项目公司将会就特定的软性服务进行重新采购,通常原分包商可以参与采购程序,但应避免利益冲突的情况,例如项目公司的关联公司即不能参与。

② 如果采购程序结果显示,项目公司通过替换该服务的分包商,更能够实现项目的物有所值,则政府和项目公司可协议更换该服务的分包商,政府则可因此减少付费或者获得更优质的服务。

③ 如果采购程序结果显示,该服务的原分包商更能实现项目的物有所值,则不会更换分包商,也不会对当前的服务定价进行调整。

市场测试机制的采购工作通常由项目公司负责实施,项目公司有义务确保采购工作的依法实施以及分包商之间的顺利交接。

(3) 调价机制的选择

总体来讲,定期调价符合政府和项目公司双方的利益,但这需要以适当的调价机制为保障。

市场测试机制主要适用于社会公共服务项目中的一些软性服务,如学校项目中的清洁、餐饮、安保服务等，通常对这类服务进行重新招标不会影响到整个项目的运行。而对于一些关系到项目运行的核心服务（如医院项目中的医疗服务或学校项目中的教学服务等），如果重新进行招标，可能影响整个项目的正常运行或者需要对整个项目进行较大调整，则无法采用市场测试机制。

此外，相比基准比价机制，市场测试机制在程序上具有更强的灵活性，并且能够利用充分竞争更好地达成提高服务效率和质量的目的。但是，如果某项服务特殊性较强或者资质要求较高，能够提供该项服务的分包商过少，缺乏充分的市场竞争，则无法采用市场测试机制，而可以采用基准比价机制。

需要特别说明的是，市场测试机制和基准比价机制并不是必须二选其一的，合同中可以约定先采取某一机制，而将另一机制作为替代方案。例如，某项服务先采用市场测试机制进行重新采购，如果采购过程中出现竞争者不足的情况，则可以改用基准比价机制；反之，在采用基准比价机制时，如果政府无法与项目公司或原有分包商就价格调整达成一致的，也可以改用市场测试机制；另外，如果某一项目涉及多项服务的调价时，也可以根据需要分别选择不同的调价机制。

2. 绩效监控机制

在社会公共服务项目中，公共服务的质量至关重要，因此在实践中，通常会设置一些机制以保障对项目相关设施和服务的绩效进行有效监控，确保实现项目物有所值。

1）绩效监控方案

在社会公共服务项目，尤其是将绩效作为付费依据之一的项目中，政府方和项目公司通常会在项目合同中约定一个详细的绩效监控方案，以确保项目公司能够达到合同要求的绩效标准。

绩效监控方案通常会明确约定项目公司的监控义务，包括：

（1）运营情况监测，例如医院就诊人数、接诊率监测；

（2）信息发布，例如向公众公布医疗收费价格；

（3）定期报告，项目公司通常按月或按季向政府方提交绩效情况报告；

（4）保证相关信息的真实性、准确性和完整性；等等。

除此之外，绩效监控方案还会列明各项设施和服务的具体绩效标准。

2）政府监控措施

除项目公司负责实施的绩效监控方案外，通常PPP项目合同中还会规定政府方的一些监控措施，例如：

（1）使用者满意度调查；

（2）独立审计；

（3）定期或不定期检查；

（4）使用者反馈；等等。

3）运营委员会

在一些社会公共服务项目中，还会设立运营委员会来对项目的绩效进行监控。运营委员会一般由政府方和项目公司指派的至少两位代表组成，其职责根据项目的具体情况而定。运营委员会通常会定期（至少一月一次）审议项目的绩效情况报告，并处理项目有关运营、管理、媒体关系等事项。

4) 未达到绩效标准的后果

项目公司未达到绩效标准的，通常会根据该未达标情形对项目的影响程度扣减相应的付款。如果长期或多次未达标，或者未达标的情形非常严重，则可能构成严重违约从而导致合同终止。

三、PPP 项目操作流程

PPP 项目操作流程可分为项目识别、项目准备、项目采购、项目执行和项目移交等 5 个阶段，每个阶段又可分为若干步骤。PPP 操作流程详见图 3-8。

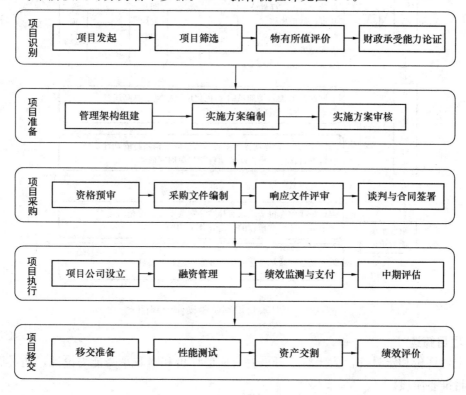

图 3-8 PPP 项目操作总体流程图

下面，本书对 PPP 项目操作流程中的 5 个阶段分别进行了分析。

（一）识别阶段

项目识别阶段操作流程如图 3-9 所示。

项目识别阶段主要包括以下四个方面内容：

1. 项目发起

由政府或社会资本发起，以政府发起为主。政府方从行业主管部门规划的新建、改建、存量项目中遴选潜在项目，建立项目储备库或 PPP 项目清单；社会资本方以项目建议书方式推荐潜在合作项目。

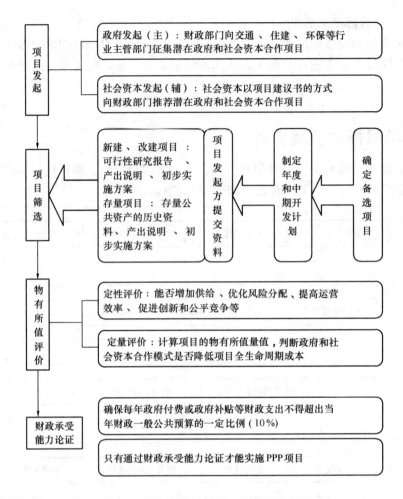

图 3-9 PPP 项目识别阶段操作流程图

2. 项目筛选

以定性评价和定量评价为工具，开展物有所值评价和财政承受能力论证，通过后方可进入项目准备阶段。

3. 物有所值评价

定性评价内容包括能否增加供给、优化风险分配、提高运营效率、促进创新和公平竞争等；定量评价与公共部门比较值相比是否降低项目全生命周期成本。

4. 财政承受能力论证

财政中长期可持续性论证，统筹财政收支平衡。

（二）准备阶段

项目准备阶段操作流程如图 3-10 所示。

项目准备阶段主要包括以下三个方面：

1. 管理架构组建

政府方指定实施机构，形成协调机制。

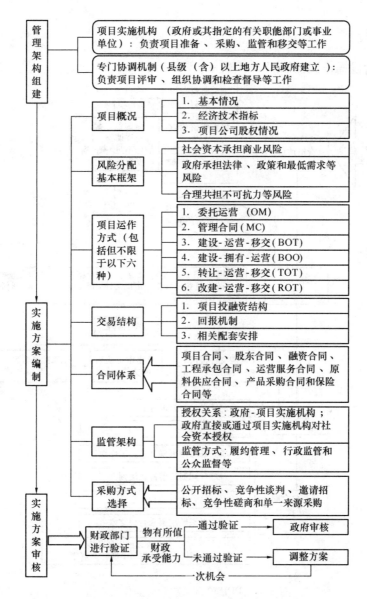

图 3-10 PPP项目准备阶段操作流程图

2. 实施方案编制

实施机构组织实施方案编制，聘请顾问团队，进行前期论证，确定项目实施范围和实施内容；理清项目概况（基本情况、经济技术指标和项目公司股权情况）；设计风险分配机制；选择运作模式；设计交易结构（投融资结构、回报机制和相关配套安排）；设计合同体系、界定边界条件（权利义务、交易条件、履约保障和调整衔接等）；设计监管架构；选择采购方式（公开招标、竞争性谈判、邀请招标、竞争性磋商和单一来源采购）；形成PPP项目合同草案。

3. 实施方案审核

配合财政部门对项目实施方案进行物有所值和财政承受能力验证，调整实施方案，验证能否采用PPP模式。

（三）采购阶段

项目采购阶段操作流程如图 3-11 所示。

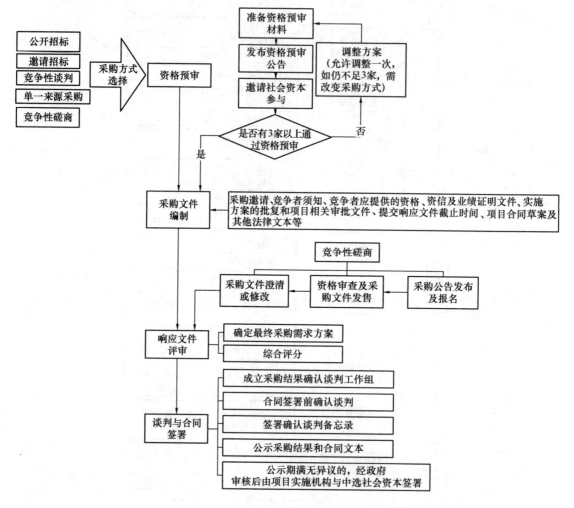

图 3-11　PPP 项目采购阶段操作流程图

项目采购阶段主要包括以下四个方面：

1. 资格预审

编制资格预审文件，组织资格预审，验证项目能否获得社会资本响应和实现充分竞争。

2. 采购文件编制

依据批复的实施方案，以 PPP 项目合同草案为核心，编制采购文件，按实施方案确定的采购方式依法组织采购。

3. 响应文件评审

依法组建评审小组，对响应文件进行两阶段评审。

4. 谈判与合同签署

成立专门的采购结果确认谈判工作组，按社会资本排名先后顺序就合同中可变的细节问题进行合同签署前的确认谈判，率先达成一致的即为中选者，形成谈判备忘录，公示期满无异议，经政府审核同意后，实施机构与社会资本签署项目合同。

（四）执行阶段

项目执行阶段操作流程如图 3-12 所示。

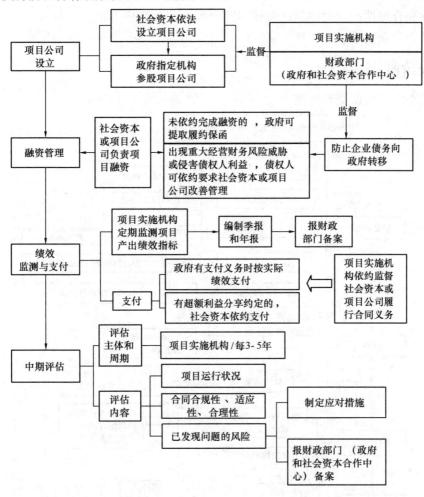

图 3-12　PPP项目执行阶段操作流程图

项目执行阶段主要包括以下四个方面：

1. 项目公司成立

依据项目合同规定，社会资本可依法成立项目公司，由项目公司承继项目合同，项目公司与项目相关方签订各子合同，由项目公司执行项目投融资、建设、运营维护。

2. 融资管理

社会资本或项目公司及时开展融资方案设计、机构接洽、合同签订和融资交割等工作。财政部门和项目实施机构应做好监督管理工作，防止企业债务向政府转移。

3. 绩效监测与支付

项目实施机构根据项目合同约定，监督社会资本或项目公司履行合同义务，定期监测

147

项目产出绩效指标，编制季报和年报，并报财政部门备案。政府有支付义务的，项目实施机构根据项目合同约定的产出说明，按照实际绩效直接或通知财政部门向社会资本或项目公司及时足额支付（含投资回报、超额收益分享、优绩奖励、违约惩处等）。

4. 中期评估

实施机构每3～5年对项目进行中期评估，重点分析项目运行状况和项目合同的合规性、适应性和合理性；及时评估已发现问题的风险，制订应对措施，并报财政部门备案，并依法向社会公众披露。

（五）移交阶段

项目移交阶段操作流程如图3-13所示。

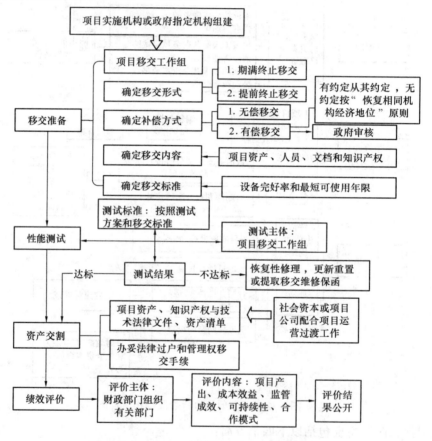

图3-13　PPP项目移交阶段操作流程图

项目移交阶段主要包括以下四个方面：

1. 移交准备

实施机构或政府指定的其他机构应组建项目移交工作组，制定移交方案（资产评估方案、性能测试方案、人员安置及培训方案、技术转让方案、保险及承包商合同处置方案、备品备件移交方案、移交维修担保方案等）。

2. 性能测试

项目移交工作组按照性能测试方案和移交标准对移交资产进行性能测试；性能测试结

果不达标的,要求社会资本或项目公司进行恢复性修理、更新重置或提取移交维修保函。

3. 资产交割

项目移交工作组委托具有相关资质的资产评估机构,按照项目合同约定的评估方式,对移交资产进行资产评估,作为确定补偿金额的依据;社会资本或项目公司应将满足性能测试要求的项目资产、知识产权和技术法律文件,连同资产清单移交项目实施机构或政府指定的其他机构,办妥法律过户和管理权移交手续。

4. 绩效评价

财政部门组织有关部门对项目产出、成本效益、监管成效、可持续性、政府和社会资本合作模式应用等进行绩效评价,并按相关规定公开评价结果。评价结果作为政府开展政府和社会资本合作管理工作决策参考依据。

四、投融资结构设计

随着PPP各项目采购程序的逐渐完成,政府与社会资本完成签约的越来越多。寻求融资支持将成为PPP工作的重点之一。

PPP融资不同于以往抵押融资、担保融资,项目融资主要依赖项目自身未来现金流量及形成的资产,而不是依赖项目的投资者或发起人的资信及项目自身以外的资产来安排融资。建设运营PPP项目的项目公司通常为一家有限责任公司,仅负有限追索责任。如果项目失败了,母公司不承担赔偿责任。

(一)金融机构

银行:PPP模式应用给商业银行基建融资业务带来的最大变化之一是客户对象和关注重点的改变,从以前的以政府客户到主到以投资人/社会资本及其设立的项目公司为主的转变;从注重政府财力和信用考察,到更加关注PPP项目基础交易的质量和财务可行性。银行需要习惯于和更广泛运用依靠项目自身现金流及项目资产权益保障的有限追索项目融资,提供长期限债务融资。需在传统担保方式之外,尝试主要靠收费权、合同收益权、保险权益转让及直接介入等综合增信担保措施。

券商:金融机构中,券商在PPP介入深度不太可能超过银行、私募基金和信托,其发力点主要在地方政府债、项目收益债、ABS等固收类产品,资管计划及PPP项目并购财务顾问业务上寻找机会。

信托:信托在PPP业务中其实处于非常尴尬位置,既不如银行贷款成本低成为PPP项目债务融资主渠道,又不像真正的基础设施基金能提供PPP项目股权资本,甚至比不上券商可以承销发行项目收益债。但信托可以在两方面对接PPP业务,一方面是做PPP项目过桥性融资,以名股实债、高息债介入,融资周期性是对应风险较高的PPP建设期;另一方面是发起和管理信托计划,作为基础设施基金的优先级投资人。

保险:保险资金具有"安全、大额、长久"的特点,本应是基础设施最佳资金来源之一,但囿于现行监管政策和交易结构特点,参与PPP业务的对接点有:资产端,专项债权计划可以为大型PPP项目解决部分债务融资并且通过保险资管公司等工具,险资成为PPP基金的优先级LP(有限合伙人)是很有前景的资产配置方向。负债端,保险公司开发信用险种，为某些政府付费PPP项目的履约风险承保，可增加PPP项目结构设计的灵活性。

(二) 项目的融资主体

项目的融资主体是指进行项目融资活动并承担融资责任和风险的经济实体。为建立投资责任约束机制，规范项目法人的行为，明确其责、权、利，提高投资效益，依据《中华人民共司法》（以下简称《公司法》），原国家计委制定了《关于实行建设项目法人责任制的暂行规定》（计建设〔1996〕673号）。实行项目法人责任制，由项目法人对项目的策划、资金筹措、建设实施、生产经营、债务偿还和资产的保值增值实行全过程负责。项目的融资主体应是项目法人。项目融资分为新设项目法人融资和既有法人融资。

1. 项目公司（新设法人）融资

项目公司融资是指组建新的项目公司（即新设项目法人）进行项目建设的融资活动。其特点：一是项目投资由新设法人筹集的资本金和债务资金构成；二是由新设法人承担融资责任和风险；三是以项目投产后的经济效益考察偿债能力。

在这种方式下，为了实施新项目，由项目的发起人及其他投资人出资，建立新的独立承担民事责任的法人（公司法人或事业法人），承担项目的融资及运营。新组建的法人享有法人财产权，并承担融资责任和风险。新设法人可按《公司法》的规定设立有限责任公司（包括国有独资公司）和股份有限公司。

2. 项目法人与项目发起人及投资人的关系

投资活动有一个组织发起的过程，为投资活动投入财力物力或信息的叫作项目发起人或项目发起单位。项目发起人可以是项目的实际权益资金投资的出资人（项目投资人）也可以是项目产品或服务的用户或者提供者、项目业主等。项目发起人可以来自政府或民间。

项目投资人是作为项目权益投资的出资人，按照《公司法》，项目投资人是设立一家公司时公司注册资本的出资人。投资人提供权益资金的目的就是为了获取项目投资所形成的权益。权益投资人取得对项目或企业产权的所有权、控制权和收益权。

投资活动的发起人和投资人可以只有一家（一家发起，发起人同时也是唯一的权益投资的出资人），也可以有多家。因此，项目投资主体也可以分为两种情况，一是单一投资主体，二是多元投资主体。单一投资主体不涉及投资项目责、权、利在各主体之间的分配关系，可以自主决定其投资产权结构和项目法人的组织形式。多元投资主体则必须围绕投资项目的责、权、利在各主体之间的分配关系，恰当地选择合适的投资产权结构和项目法人的组织形式。

(三) 项目投资产权结构

项目的投资产权结构是指项目投资形成的资产所有权结构，是指项目的权益投资人对项目资产的拥有和处置形式、收益分配关系。投资产权结构与投融资的组织形式联系密切。

权益投资方式有三种：股权式合资结构、契约式合资结构、合伙制结构。

1. 股权式合资结构

依照《公司法》设立的有限责任公司、股份有限公司是股权式合资结构。在这种投资结构下，按照法律规定设立的公司是一个独立的法人，公司对其财产拥有产权。一般情况下，公司的股东依照股权比例来分配对于公司的控制权及收益。公司对其债务承担偿还的义务，公司的股东对于公司承担的责任以注册资本额为限。公司股东可以用货币出资，也可用实物、知识产权、土地使用权等可以用货币估价并可以依法转让的非货币财产作价出资，但法律、行政法规规定不得作为出资的财产除外；全体股东的货币出资金额不得低于公司注册资本的30%。

2. 契约式合资结构

契约式合资结构是公司的投资人（项目的发起人）为实现共同的目的，以合作协议方式结合在一起的一种投资结构。在这种投资结构下，投资各方的权利和义务依照合作契约约定，可以不严格地按照出资比例分配，而是按契约约定分配项目投资的风险和收益。这种投资结构在石油天然气勘探、开发、矿产开采、初级原材料加工行业使用较多。

3. 合伙制结构

合伙制结构是两个或两个以上合伙人共同从事某项投资活动建立起来的一种法律关系。根据《中华人民共和国合伙企业法》，合伙制企业有两种基本形式：普通合伙企业与有限合伙企业。对于普通合伙企业，每一个合伙人对于合伙企业的债务及其他经济责任和民事责任均承担无限连带经济责任。对于有限合伙企业，合伙人中至少有一个普通合伙人和一个有限合伙人，每一个普通合伙人对合伙企业承担无限连带责任，有限合伙人只承担有限责任。普通合伙企业通常只适用于一些小型项目。有限合伙制可以在一些大型基础设施建设及高风险投资项目中使用。在国外，85%以上的风险投资都采用有限合伙制。

4. 投资产权结构的选择

投资产权结构是项目投资前期研究的重要内容，通常应当在项目研究的初期确定。项目的投资产权结构影响项目的投资方案、融资方案、融资谈判，影响项目实施的各个方面。投资产权结构选择要服从项目实施目标的要求。商业性的投资人需要取得投资收益，投资结构应当能够使权益投资人获取满意的投资收益。基础设施投资项目需要以低成本取得良好的服务效果，投资结构应当能够使得基础设施得以高效率运行。

在PPP模式下，投资人在项目公司中具有多元化特点，不同的投资人，由于其背景和特长的不同，对于项目的成功有着不同的贡献。政府易于协调土地审批并获得相关部门的支持；社会投资人可以为项目带来长期稳定的市场，社会投资人还可能拥有原材料或矿产资源，可以提供技术或管理，可以提供资金并提供有效的担保。各个投资人之间的优势互补可以使项目的成功得到更好的保障。

(四) PPP项目融资的组织形式

PPP项目融资从组织形式上一般安排为专门为项目设立的独立的项目法人来负责。因此，项目融资从组织形式上一般和新设法人融资的组织形式相同。但是新设法人融资既可以采取项目融资形式，也可以应用或套用传统的公司融资模式。新设法人设立后可以完全使用股东的资信、新公司的自身资金（如注册资本）等作为融资的信用基础，而不是仅仅依赖项目自身所能提供的资信。

既有法人融资如果采取项目融资模式,一般需要围绕项目新设立一个项目子公司或股份公司,这样就等同于新设法人的组织形式。如果不按新设法人的组织形式来进行,很难实现无追索的融资,很难割断项目投资人和项目之间的风险联系。一旦选择新设法人的组织形式,也就转化为新设法人的项目融资模式了。

一般来说,项目融资并非完全交给一个新设立的独立的项目公司来负责运作。成立一个独立的项目公司往往是项目融资方案研究中的一个组成部分。项目的发起人和其他投资人往往是项目融资方案研究的主要角色。为了实现项目融资的目的,召集项目当事人围绕项目进行谈判,并为实现项目融资安排,根据谈判的结果和进程来组建独立的项目公司。当然也有先设立一个公司,完全由该项目公司独立进行项目融资活动。项目发起人和其他投资人不直接参与。这时项目融资的难度会加大。

(五) PPP 项目融资

项目融资是一种无追索权或有限追索权的融资模式,可以理解为是通过该项目的期望收益或现金流量、资产和合同权益来融资的活动。

项目的经济强度从两个方面来测度,一方面是项目未来的可用于偿还贷款的净现金流量;另一方面是项目本身的资产价值(在项目最初资产基础上,随着项目建设进程不断形成项目新的资产)。

如果项目的经济强度不足以支撑在最坏情况下的贷款偿还,那么贷款人就可能要求项目借款人以直接担保、间接担保或其他形式给予项目附加的信用支持。因此,一个项目的经济强度,加上项目投资人(借款人)和其他与该项目有关的各个方面对项目所做出的有限承诺,就构成了项目融资的基础。

1. 以项目为导向

项目融资主要依赖于项目的现金流量而不是依赖于项目的投资人或发起人的资信来安排融资。金融机构在项目融资中的注意力主要放在项目的贷款期间能够产生多少现金流量用于还款,贷款的数量、融资成本的高低以及融资结构的设计都是与项目的预期现金流量和资产价值直接联系在一起的。

2. 以公司价值为基础的有限追索

追索是指借款人未按期偿还债务时,贷款人要求借款人用除抵押资产之外的其他资产偿还债务的权利。贷款人对借款人的追索形式和程度是区分融资是属于项目融资还是属于传统形式融资的重要标志。PPP 项目一般采取有限追索或无追索。

采取有限追索项目融资,项目的发起人或股本投资人只对项目的借款承担有限的担保责任,即项目公司的债权人只能对项目公司的股东或发起人追索有限的责任。追索的有限性表现在时间及金额两个方面。时间方面的追索限制通常表现为:项目建设期内项目公司的股东提供担保,而项目建成后,这种担保则会解除,改为以项目公司的财产抵押。金额方面的限制可能是股东只按事先约定的金额对项目借款提供担保,其余部分不提供担保,或者仅仅只是保证在项目投资建设及经营的最初一段时间内提供事先约定金额的追加资金支持。除此之外,无论项目出现任何问题,贷款人均不能追索到项目借款人除该项目资产、现金流量以及所承担的义务之外的任何形式的资产。

无追索项目融资,即借款人仅以项目财产权益、经济收益对债权人提供债务偿还,承担责任，借款人的股东等投资人不对债权人提供担保，债权人不能向借款人以外的其他人追索。

有限追索项目融资的实质是由于项目本身的经济强度还不足以支撑一个"无追索"的融资结构，因而还需要项目的借款人在项目的特定阶段提供一定形式的信用支持。追索的程度则是根据项目的性质，现金流量的强度和可预测性，项目借款人的经验、信誉以及管理能力，借贷双方对未来风险的分担方式等多方面的综合因素通过谈判确定的。

PPP项目采用有限追索还是采用无追索，取决于项目的具体情况，需在PPP协议中约定。

3. 风险分担

项目的风险分担机制是保证项目实施达到预期目的的重要保障。一个成功的项目融资结构应该是，由项目的各个参与方根据其能力承担恰当的责任，分担项目风险。项目实施中的各方当事人都可能、可以分担一部分项目的风险。例如：项目的股权投资人承担股权投资的风险，并承担对项目债务的有限或无限担保责任，项目的工程承包方承担工程施工质量及完工期限的责任和风险，与下游用户签订产品销售合同可以降低市场营销风险，与上游供应商签订原材料采购合同，锁定采购价格，保证取得供给量，可以降低原材料采购的市场风险。

4. 非公司负债型融资

非公司负债型融资亦称为资产负债表之外的融资。资产负债表外融资（Off-Balance-Sheet Financing），简称表外融资，是指不需列入资产负债表的融资方式，即该项融资既不在资产负债表的资产方表现为某项资产的增加，也不在负债及所有者权益方表现为负债的增加。表外融资可以创造较为宽松的财务环境，为经营者调整资金结构提供方便。

项目融资通过对其投资结构和融资结构的设计，可以帮助投资人（借款人）将贷款安排成为一种非公司负债型融资。例如应收账款贴现。

5. 信用结构多样化

在项目融资中，用于支撑贷款的信用结构的安排是灵活和多样化的。一个成功的项目融资可以将贷款的信用支持分配到与项目有关的各个关键方面。比如，在市场方面，可以要求对项目产品感兴趣的购买者提供一种长期购买合同作为融资的信用支持（这种信用支持所能起到的作用取决于合同的形式和购买者的资信）；在工程建设方面，为了减少风险，可以要求工程承包公司提供固定价格、固定工期的合同，或"交钥匙"工程合同。这些做法都可以成为项目融资强有力的信用支持，提高项目的债务承受能力，减少融资对投资人（借款人）资信和其他资产的依赖程度。

6. 融资成本较高

项目融资涉及面广，结构复杂，需要做好大量有关风险分担、税收结构、资产抵押等一系列技术性工作，所需文件比传统的公司融资往往要多很多。与传统的融资模式相比，项目融资存在的一个主要问题是相对融资成本较高，组织融资所需要的时间较长。

（六）PPP项目资金来源及融资方式

1. 资金来源

制订融资方案必须要有明确的资金来源，并围绕可能的资金来源，选择合适的融资方式，制订可行的融资方案。资金来源按融资主体分为内部资金来源和外部资金来源。相应的融资可以分为内源融资和外源融资两个方面。由于内源融资不需要实际对外支付利息或股息，因此应首先考虑内源融资，然后再考虑外源融资。

内源融资也称内部融资，即将作为融资主体的既有法人内部的资金转化为项目投资的过程。既有法人内部融资的渠道和方式主要有：货币资金、资产变现、企业产权转让、直接使用非现金资产。

外源融资，即吸收融资主体外部的资金来源。外部的资金来源渠道很多，应当根据外部资金来源供应的可靠性、充足性以及融资成本、融资风险等选择合适的外部资金来源渠道。

目前我国建设项目外部资金来源渠道主要有：
(1) 中央和地方政府可用于项目建设的财政性资金（即政府投资）。
(2) 商业银行和政策性银行的信贷资金。
(3) 证券市场的资金。
(4) 非银行金融机构的资金。
(5) 国际金融机构的信贷资金。
(6) 外国政府提供的信贷资金、赠款。
(7) 企业、团体和个人可用于项目建设投资的资金。
(8) 外国公司或个人直接投资的资金。

PPP项目均可采用以上各种外部资金。

2. 融资方式

融资方式是指为了筹集资金所采取的方式方法以及具体的手段和措施。同一资金来源渠道可以采取不同的融资方式，同一融资方式也可以运用于不同的资金来源渠道。制订融资方案时，不仅要有明确的资金来源渠道，还必须有针对该资金来源渠道切实可行的融资方式、合理优化的手段和措施。

外源融资又可以分为直接融资和间接融资。

直接融资方式是指融资主体不通过银行等金融中介机构而从资金提供者手中直接融资。比如发行股票和企业债券融资。在市场经济条件下，PPP项目直接融资已成为一种重要的融资方式。

间接融资方式是指融资主体通过银行等金融中介机构向资金提供者间接融资。比如，向商业银行申请贷款，委托信托公司进行证券化融资等。

PPP项目的外源融资究竟是以直接融资为主还是以间接融资为主，要具体分析项目情况，综合考虑各种因素。

第四章 PPP 项目可行性评估

在 PPP 项目规划和决策过程中,政府应科学合理地评估不同建设模式,将全生命周期内的全部成本以及风险等因素考虑在内,比较哪种模式能够更经济有效地提供基础设施及公共服务。

PPP 项目一般需要进行综合评价:一是项目可行性评价,从项目建设需求和建设条件入手,对建设方案进行综合评价,评价项目可行性;二是物有所值评价,判断传统建设模式与 PPP 模式哪个更好;三是实施方案评价,计算建设和运营维护成本,并通过计算项目的利润确定政府与社会资本的付费方式及政府补贴规模。

目前实践中对采用 PPP 模式的基本评价有三项:物有所值(Value for Money, VFM)、财政承受能力(Affordbility)、风险分配(Risk Allocation)。

物有所值评价主要回答是否应当采用 PPP 模式的问题,判断采用 PPP 模式的必要性。政府财政承受能力和风险分配主要回答是否能够采用 PPP 模式的问题,判断采用 PPP 模式的可行性。

国家发改委发布《关于开展政府和社会资本合作的指导意见》(发改投资〔2014〕2724 号),明确提出对 PPP 项目前期的审核会同相关部门建立"联审机制",要求从项目建设的必要性及合规性、PPP 模式的适用性、财政承受能力以及价格的合理性等方面,对项目实施方案进行可行性评估,确保"物有所值"。审查结果作为项目决策的重要依据。

为保障政府切实履行合同义务,有效防范和控制财政风险,财政部于 2015 年 4 月发布了《政府和社会资本合作项目财政承受能力论证指引》(财金〔2015〕21 号)。

一、PPP 项目物有所值评价

(一)物有所值评价的概念及意义

"物有所值"这一概念主要源于 20 世纪 90 年代的英国。英国审计署把它定义为"最优化利用可用资源以获取想要的结果",包含三个方面,即节约(Economy)、效率(Efficiency)和效果(Effectiveness)。"节约"是指节约利用资源,从而节省费用、时间和精力,即所需资源的成本最小化,是从成本角度对投入进行度量;"效率"是指使用较少的成本、时间和精力而提供相同的服务,是生产率的度量,即度量从投入中获得多少产出;"效果"是指使用相同的费用、时间和精力而提供更好的服务或获取更好的回报,是结果的定性和度量,表明项目可否有效地实现预期目标。因而,物有所值即用来衡量投入的资金所获得的效果。

PPP 范畴下的物有所值主要是一个相对概念,需要将 PPP 模式与政府传统采购模式进行比较。判断物有所值的主要标准是相对于成本的效果，即物有所值是投入的成本与获得的效果之间的关系。物有所值评价不但是总体上判断PPP适用于项目的关键，而且也是判断具体设计方案是否可以采用PPP方式的重要一环。

假设两种采购模式的效果相同，则比较投入的多少就可以判断哪种模式更能实现物有所值；如果假设两种采购模式的投入相同，则比较所获效果的好坏就可以判断哪种模式更物有所值。

物有所值评价包括定性评价和定量评价。

定性因素是指质量、资源利用、适用性、及时性、便利性、创新、竞争等。国际上普遍认为物有所值定性评价很重要，但目前没有统一的标准评价框架和程序，一般是通过分析和回答一系列问题来定性判断。参考我国目前的有关文件，我们推荐物有所值定性评价采用定性评价问题清单。

定量因素是指可以用货币量化，如成本、价格等。物有所值定量评价主要是通过对PPP项目全生命周期内政府支出成本的现值与公共部门比较值进行比较，确定一个明确的物有所值量值。

物有所值定量评价首先制定详细的产出说明，明确产出和服务交付的规格要求，并定义一个由政府采用传统采购模式实施、所提供服务符合产出说明规格要求的参照项目。然后，进行物有所值定性评价和定量评价。无论是定性还是定量评价，都包含项目风险评价。

交通运输部2015年发布《关于印发全面深化交通运输改革试点方案的通知》（交政研发〔2015〕26号），并在交通基础设施政府与社会资本合作等模式试点方案中明确要求对推荐试点的项目，提出要求委托专业机构从定性和定量两方面对项目进行物有所值评价，定性评价重点关注项目采用政府和社会资本合作模式与采用政府直接投资或收费还债模式相比，能否缓解政府部门公路建设的资金压力，优化收费公路项目的风险分配，提高运营效率，促进管理创新，保障公路使用者权益等；定量评价主要通过对推荐项目全生命周期内政府支出成本现值与公共部门比较值进行比较，计算项目的物有所值量值，判断政府和社会资本合作模式是否降低项目全生命周期成本。

（二）物有所值评价阶段及流程

国际上对物有所值的评价分为事前评价和事后评价。事前评价是为了决定是否采用PPP，事后评价是为了检验PPP是否实现了物有所值。我国目前物有所值的评价主要集中在事前评价，处于PPP项目操作流程的项目识别阶段。具体物有所值评价流程见图4-1所示。

（三）物有所值定性评价

1. 英国PFI项目的物有所值定性评价

英国财政部《物有所值评价指南》要求，项目群、项目两个阶段的物有所值定性评价都从可行性（Viability）、有益性（Desirability）、可实现性（Achievability）等三方面开展。

第一，可行性。主要评价基于合同的方法在多大程度上可以满足服务要求，能否用明

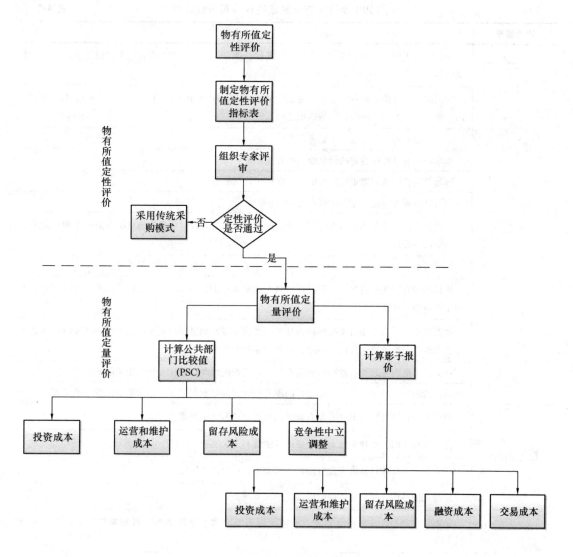

图 4-1 物有所值评价流程

确的 PFI 产出说明有效地把风险转移给社会资本；评估在效率、问责和公平等方面是否应由政府直接提供服务，而不是通过 PFI 提供服务。

第二，有益性。主要评价不同采购模式的相对优势，如 PFI 的激励程度和风险转移相对于传统采购中政府的低借贷成本的优势；政府与企业的长期合同关系的相对优势和劣势；以及确保不同利益机制发挥作用。

第三，可实现性。衡量可能的市场兴趣水平、社会资本的能力、专长、风险偏好和金融机构对其的约束等，以及负责项目采购的政府部门（以下称为"项目实施机构"）是否有足够的能力来管理所涉及的复杂过程。

1）可行性评价

要使项目采用 PPP 模式具有可行性，主要从项目产出，运营灵活性，公平、效率和问责等三方面进行评估，如表 4-1 所示：

英国PFI项目物有所值定性评价可行性评价　　　　　　表4-1

评价要素	评价内容
项目产出	项目实施机构是否确信可以为这个项目安排长期合同？产出能否在合同里得到界定，以便被客观地测量？
	所提出的产出要求是否可通过服务交付得到落实，并能成为长期安排？这些要求可以用清楚的、客观的、产出导向的合同条款描述吗？
	是否可以客观、独立地评估服务质量？
	需求与拟通过合同约定的结果能否很好地匹配？
	所起草的合同能否避免反向激励，确保提供优质服务？
	项目是否需要新增大量固定资产投资？
	有没有工作人员调动等基本问题？人员调动是否不会导致对项目实施机构有战略性和长期重要性影响的核心技能的丢失？
	是否可能按约定的监测标准和从满足利益相关方的角度直接核证服务质量？
	项目是否有明确的边界（尤其是在项目实施机构控制的范围内）？如果与其他项目有界面，界面是否清晰、可管理？
	能否基本上不需要项目实施机构人员参与提供服务？如果项目实施机构人员有所参与，那么会在多大程度上影响风险转移（风险转移能产生物有所值）？
	社会资本能否或是否可能控制或拥有与项目资产的性能、设计、开发相关的知识产权？
	项目范围内（或项目重要界面上）的现有或计划的要素在服务开始前能否完成、准备好？
运营灵活性	期望的运营灵活性与PFI长期合同之间能否形成务实的平衡？
	合同在有效期内出现必要大幅变更的可能性有多大？
	在不对未来运营目标落实进行限制的情况下，项目能否实施？
	是否有信心在合同有效期内以可接受的成本维持运营灵活性？
公平、效率和问责	是否存在公平、效率和问责等方面的原因需要由政府直接实施项目和提供服务，而不是通过PFI？
	项目范围是否有利于社会资本对相关功能过程进行"一条龙"控制？项目是否有明确的边界？
	是否有法律法规政策要求政府直接提供服务？
	社会资本是否能够运营维护其他类似项目，向其他客户提供类似服务（不一定只通过一个项目提供），从而追求规模经济效应？
	社会资本是否比项目实施机构在提供该服务方面具有更多的经验和专长？该服务是项目实施机构的非核心业务吗？
	从该行业主管部门整体来看，考虑到本项目对该部门其他项目的影响，本项目采用PFI模式是否可能提供更好的物有所值？
总体可行性	总体而言，考虑采用PFI时，该行业主管部门是否确信：(1)可以采用适当的长期合同，(2)能够克服策略和法律方面的问题？

2) 有利性评价

PFI可以更好地管理风险，激励社会资本创新服务交付的做法，可以通过绩效和支付机制来激励其提供始终如一的高品质服务。然而,当风险转移被社会资本反映在合同报价内时,要分析PFI带来的收益能否超过它带来的额外费用和其他不足。PFI项目是否有益,主要是对风险管理、创新、合同期和残值、激励和监测、全生命周期成本等五个方面进行评估,如表4-2所示。

英国PFI项目物有所值定性评价有利性评价　　　　　　　　　　表4-2

评价要素	评价内容
风险管理	考虑到需要管理的与项目群相关的风险,社会资本对这些风险进行定价和管理的能力如何?
	支付机制和合同条款可以激励社会资本进行良好的风险管理吗?
创新	在解决方案设计、服务提供等方面是否有创新空间?
	在解决方案、服务、项目范围中是否有灵活空间?解决方案是否有充分自由不受法律法规、项目实施机构和技术标准等的相关约束?
	初步评估是否已经表明行业部门PFI项目群可能有创新空间?
	社会资本能否提高项目资产的利用率(比如通过出售、商业许可、商业开发等方式供第三方使用)?
合同期和残值	可以对未来多长时间内对服务的需要进行合理预测?项目的预期寿命是多长?长期合同的缺点有哪些?
	合同结束后,会不会仍然存在对项目资产的属性、状况等方面的约束?
	鉴于要求、资产及运营环境可能发生变化,在合同有效期内,是否能适当利用相关机制(如标杆和技术更新)维持物有所值?
激励和监测	项目成果或产出可以用客观、可测量的合同条款来描述吗?
	可以按照约定的标准对服务进行独立审核吗?
	可以通过PFI支付机制加强对服务交付的激励吗?
全生命周期成本	有可能把项目的设计、建设和运营整合在一起吗?
	有持续的大量运营成本和维护要求吗?这些对于建造类型敏感吗,受建造类型的影响大吗?
总体有益性	总体而言,是否确信PFI会带来足够的好处,这些好处将超过预期的较高融资成本和其他缺点?

3)可实现性评价

虽然PFI可以把政府和社会资本的长处更有效地结合起来,但双方依法平等开展项目合作,需要花费大量交易费用。特别是,采购过程可能很复杂,而且需要大量资源,包括高级管理人员的时间,例如项目开发和对服务交付进行持续监测所需要的时间。此外,项目实施机构的能力与社会资本的交付能力都对采购时间以及市场兴趣的水平和质量产生直接影响。PFI流程还需要充分竞争,以充分实现它的好处,所以选择具体采购方式时还需先评估市场响应程度。PFI项目的可实现性评价,主要是对市场兴趣、其他问题等两个方面进行评估,如表4-3所示。

英国 PFI 项目物有所值定性评价可实现性评价　　　　　　　　　表 4-3

评价要素	评价内容
市场兴趣	是否有证据表明社会资本能够交付所需要的产出？
	社会资本方面是否有一个有足够能力提供服务的市场？
	市场对行业部门 PFI 项目群中的项目都感兴趣的可能性是否存在？是否已进行过扎实的市场测试？是否有类似项目但失败了？
	有没有类似的项目已经进行过 PFI 采购？项目实施机构是否履行过采用 PFI 实施此类项目的承诺？
	项目性质是否意味着市场看好它的盈利前景？
	考虑到项目可能的解决方案，与设计、开发和实施相关的风险是否可控？
其他问题	采购在要求的时限内是否可行？是否有足够的时间解决以下问题：关键的采购权限、采购文件的编制和批准、对参与竞争的社会资本的评价和筛选淘汰、谈判、批准、尽职调查等？
	项目的总价值是否与政府和社会资本投入的交易费用相称？
	交易性质、工作的战略重要性、未来业务前景是否表明市场看好项目的盈利前景？
	在整个采购和此后的服务交付过程中，项目实施机构是否有能力和资源去界定、交付和支付服务？
总体可实现性	总体而言，考虑到市场评估、项目实施机构的资源、项目文件对市场的吸引力，是否确信 PFI 是否可以实现的？

2. 加拿大的物有所值定性评价

加拿大 PPP 中心在《加拿大新建项目基金：采购模式评估指南》中指出，物有所值定性评价包括三个步骤：①为拟建项目制定定性评价准则和计分方法；②对照所制定的评价准则，评估和比较每个采购模式；③进行敏感性分析和结论解释说明等。定性评价准则共十八项，具体如下：

(1) 符合项目目标：各个采购模式在何种程度上符合该项目的目标。

(2) 项目交付时间：各个采购模式在何种程度上在指定日期实现。

(3) 社会资本的市场兴趣及能力：各个采购模式在何种程度上引起合适的、具有相关技能、专业知识和能力交付基础设施项目的社会资本的兴趣，同时还促进公平和透明的竞争。

(4) 成本的确定性：各个采购模式在何种程度上帮助项目实施机构更早获得成本的确定性。

(5) 机构的风险：各个采购模式在何种程度上能够满足项目实施机构的使命（职责）。

(6) 运营灵活性（将来的变更）：随着时间的推移，当预计需要做出变更时，各个采购模式在何种程度上允许项目实施机构管理和落实变更（尤其是涉及所需基础设施容量的变更）。

(7) 利益相关者管理：各个采购模式在何种程度上允许项目实施机构在全生命周期内处理利益相关者的问题和需要。

(8) 政治上的约束：各个采购模式在何种程度上能应对政治方面的约束，并能获得管理部门的批准。

（9）经济因素：各个采购模式在何种程度上能够处理经济因素，如融资可行性、就业和汇率。

（10）社会因素：各个采购模式在何种程度上能够解决社会和社区的需求。

（11）可持续发展因素：各个采购模式在何种程度上与经济、环境和社会方面的新倡议新举措一致。

（12）用户事项：各个采购模式在何种程度上解决了用户的关切和期望，例如，服务的获得、服务满意度等。

（13）战略一致：各个采购模式在何种程度上与项目实施机构的方案执行战略一致，例如项目实施机构所列出的计划和重点。

（14）实施和能力：各个采购模式在何种程度上与项目实施机构监督或管理基础设施投资的能力一致。

（15）监管和法律：各个采购模式在何种程度上考虑了风险、成本、公共政策等因素。

（16）技术因素：各个采购模式在何种程度上提供了创新的元素。

（17）公众接受：各个采购模式在何种程度上得到利益相关者（即最终用户、公众和媒体）的正面看待。

（18）安全因素：各个采购模式在何种程度上合理地保护信息、服务和资产，防止员工遭受工作场所暴力，建立起安全方面的管理机制。

3. 符合我国实践的物有所值定性评价

根据财政部操作指南的相关规定，财政部门应会同行业主管部门对项目采用 PPP 模式开展物有所值评价工作。

定性评价主要关注项目采用 PPP 与传统采购模式相比能否增加供给，优化风险分配，提高运营效率，促进创新和公平竞争。

物有所值定性评价工作应严格按照操作指南的相关规定开展，将项目采用 PPP 模式与政府传统供给模式相比能否增加供给、优化风险分配、提高运营效率、促进创新和公平竞争等纳为重点评价指标，另结合项目实际，并考虑其他有助实现"物有所值"的相关因素，分析项目采用 PPP 模式与采用传统政府供给模式相比，是否具有增加供给、优化风险分配、提高运营效率、提升产出收益、促进创新和公平竞争等优势，分析内容举例如下：

（1）是否有利于增加供给

借助社会资本的资本优势，是否有助于缓解短期内政府方的财政压力，从而突破资金瓶颈，加快基础设施及相关公用设施的建设，增加近期公共服务（例如：雨水收集、污水处理及回用、河道整治、水体修复等水生态环境服务以及沿岸景观塑造服务等）供给。例如，随着本项目的实施，以 2014 年平均水量×万 m^2/d 计算，××市每年 COD 削减量约 1.2 万 t，氨氮削减量约×万 t，同时项目也将每年为××市提供河道补水、景观用水、绿化用水、市政中水共计约×万 t。

（2）是否有助于风险分配优化

采用 PPP 操作模式，社会资本方为追求一定的合理收益，是否承担与其收益相对等的项目设计、投融资、建设、运营和维护风险。从政府方的角度来看，在明确投资回报机制的同时，是否可以将绝大部分核心风险转移给更有能力管控的社会资本方，从而切实降低风险发生的概率，减轻风险带来的损失。是否符合风险分配框架最优风险分配原则、风险收益对等原则与风险有上限原则。

（3）是否有助于提高运营效率

采用PPP操作模式，是否通过引入专业社会资本，是否有效解决政府方专业综合技术能力不足的问题，保障项目运营的可持续性，是否做到"让专业的人做专业的事"，政府部门和社会资本方通过合理分工和加强协调，在激励机制的作用下，可带来"1+1＞2"的项目运营效果，是否有效提升公共服务提供效率。

（4）是否有助于节约全寿命周期成本

采用PPP操作模式，从全寿命周期来考虑，是否比采用传统模式更能起到节约成本的作用。一方面，社会资本方将设计和施工进行无缝对接（传统方式下分开实施），在建设管理上更有优势？项目建成后是否由社会资本方继续负责运营，是否在保证质量的前提下尽可能降低建设成本和建设质量。项目后续运营管理是否是社会资本方的优势或专长，通过借助竞争程序，社会资本的报价尽可能放大其在运营成本控制方面的优势。

（5）是否有助于发挥规模经济效益

采用PPP操作模式，是否发挥了规模经济效益，是否发挥规模经济的优势，如成本下降、管理人员和工程技术人员的专业化和精简、有利于新技术的开发等。

（6）是否有助于提升产业经济效益

采用PPP操作模式，是否具有可复制性与示范效应。未来，项目公司是否可在本项目成功运作的基础上对外进行综合服务、工程及运营服务的输出，推动相关上下游产业发展，提升区域产业经济效益。

（7）是否有助于促进创新和公平竞争

采用PPP操作模式，项目通过引入多家社会投资人参与竞争，是否可以有效促成良好的公平竞争局面。是否有利于实现政府、企业、百姓的多方共赢。

表4-4为物有所值定性评价要素表供参考。

物有所值定性评价要素表 表4-4

序号	评价要素		评价标准及相关性	评价
1	项目特征	项目规模	按建设投资额评价。规模越大越可行	是/否
2		资产寿命	按预期使用寿命年限评价。使用寿命越长越可行	是/否
3		资产复杂性	按不同类别资产或独特性资产组合评价。资产越复杂，越可行	是/否
4		场地类型	按照场地类型和风险划分难易度评价。场地类型越简单，越可行	是/否
5		创新潜力	按照产出说明而非投入要求，为创新留出空间。创新潜力越大，越可行	是/否
6		合同整合	按照整合潜力所产生的物有所值的可能性来评价。整合程度越高，越可行	是/否

续表

序号	评价要素		评价标准及相关性	评价
7	社会资本的参与能力	运营和维护要求	按照长期运营和维护要求的稳定性和可预见性来评价。运营要求越稳定，可预见性越强，越可行	是/否
8		绩效指标	按照能否建立并监测关键绩效指标评价。绩效指标越明确具体，越可行	是/否
9		全生命周期成本	全生命周期成本预测越准确，越可行	是/否
10		项目收入	项目第三方收入不是PPP成功的必要条件，但可以减轻公共部门的负担。第三方收入越多，越可行	是/否
11		私营部门实力	为确保投标竞争环境和私营部门能履行职能和管理风险，按参加企业数量评价。有能力参与的企业越多，越可行	是/否
12		市场先例	按照有无类似项目（投资规模和项目范围）评价。先例越多，越可行	是/否
13	政府的风险分担	风险管理	按照项目风险在政府和社会资本之间的分配合理度评价。风险分配越合理，越可行	是/否
14				
15		财政承受力	按照政府为该项目准备财政资金的充裕度评价。财政承受力越大，越可行	是/否
16				
17		政府管理能力	按照政府实施机构是否具有PPP项目的管理能力和相关经验评价。政府管理PPP项目的能力越强，越可行	是/否
18		政府问责	按照公共产品或服务是否完全能由社会资本提供和需要政府监督的程度评价。问责要求越小，越可行	是/否
		法律环境	按照政策与法律是否有限制及解决问题的难易度评价。法律环境越适宜，越可行	是/否
		资产利用	按照单一设施能否支持多种收入来源评价。资产利用越充分，越可行	是/否
19	综合评价			

实际应用这十八项定性评价准则时，应注意两方面：一是它们是通用的，需要根据拟建项目的具体情况进行调整；二是应与定量分析结合起来，避免同一个要素在定性和定量评价中重复考虑，否则可能会扭曲不同项目采购模式的整体分析结果。

此外，各行业主管部门在开展PPP项目时，如果发现有关问题与物有所值密切相关、但不在上述评分表中，那么应当纳入物有所值定性评价中。

（四）物有所值定量评价

物有所值定量评价是针对具体项目，在项目全生命周期内比较PPP模式的总收益和总成本与传统公共采购模式的总收益和总成本，看哪种采购模式总成本低而总效益高。物有所值（VFM）定量评估模型如图4-2所示。

1. 物有所值定量评价步骤

定量评价的主要步骤如下：①对项目进行假设；②进行风险分析，识别和量化风险，

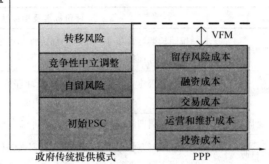

图 4-2 物有所值（VFM）定量评估模型

并在政府与社会资本之间分配风险；③制定公共部门比较值（PSC）；④制定影子报价；⑤计算公共部门比较值与影子报价之差，如果影子报价低于公共部门比较值，则物有所值量值为正，说明拟采用 PPP 的项目通过了物有所值定量评价。

PPP 模式的净成本现值一般采用影子报价（Shadow Bid，SB）。

政府传统采购模式的净成本现值即公共部门比较值，公共部门比较值可以理解为"政府使用传统的项目交付方式建设运营基础设施项目的成本"。公共部门比较值（PSC）是假设一个项目由政府进行融资、拥有和实施时的成本估算，包括四个关键属性：一是基于参照项目，即如果不采用 PPP 而采用传统采购模式，政府将提供同样产出要求的基础设施和服务；二是基于全生命周期成本；三是考虑资金时间价值，用净成本的现值表示；四是公共部门比较值包含风险，竞争性中立等调整因素的量化值。相对于传统项目，物有所值的量化分析中比较重要的是制定公共部门比较值、确定影子价格。

2. 投资、维护和运营成本

投资成本是用于公共项目建设投入的成本。例如，基础设施的建设、购入现有资产等，典型的投资成本包括：项目设计施工成本、采购所需设备的成本、购买或租赁土地费用、其他开发成本等。

运营维护费用是维持公共设施在一定水平上正常运转所需要的成本费用。在估算过程中，需要考虑项目全寿命周期的情况，如服务的数量和质量变动所产生的运营成本。直接运营成本一般包括：原材料和燃料动力成本、员工工资福利、设备更新和维护费用、租赁成本、直接管理费用和保险等。

3. 竞争性中立调整值

竞争性中立调整值主要考虑政府相对社会资本不需要缴纳的地租、税费、关税等，这些金额的现值应该添加到公共部门比较值中；政府的劣势应该从公共部门比较值中扣减掉。

通过竞争中立调整可以排除由于政府部门通过公共关系可以得到的相对私营机构的竞争优势。竞争中立调整可以使得 PSC 与 PPP 报价更加公平地比较，如果不做这样的调整，无法反映政府部门运作项目的真实成本，可能导致错误的采购决策。

竞争中立调整对于不同的项目其包含的内容也不尽相同。应该根据项目的具体情况进行分析。其根本目的是保证 PSC 与 PPP 报价的可比性和一致性，使得物有所值评价更加精确。

竞争中立调整主要体现的是私营部门不具备的政府采购优势，不包括政府与企业成本管理水平不同带来的绩效和效率的差异。公共部门的竞争优势主要体现在税收上，例如 PPP 项目的土地使用税，如果换成政府采购则不会发生。

公共部门与私营部门竞争也存在劣势，例如政府传统采购审查力度会加大，公开报告的要求也会提高。

竞争中立调整的第一步是根据相关文件，确定所有需要调整的项目，并根据政策文件和工程的实际情况，确定每项的金额及缴纳时间。

竞争中立调整同样需要采用现金流的模型，即同投资成本的计算一样，确定每个调整项现金流的大小和发生时间，再分别计算每期的现金流量，建立现金流模型，选择折现率，折现得到竞争中立调整的净现值。

注意区别现金流计算和按照权责发生制的区别，避免混淆。一些对于现金流没有影响的事项，例如资产折旧，不应包括其中。

在公共部门比较值计算中，表 4-5 列出的政府面临的潜在成本优势与劣势可能会给 PSC 带来调整。

政府潜在的优势/劣势和公共部门比较值的调整　　　　表 4-5

竞争中立调整因素	量化处理方式
无需承担资本成本	选择适当的资金成本（折现率）对一定时期的现金流折现
土地使用费免除	判断参考项目所占用的土地是否需要投标人缴纳土地使用费 量化社会资本需要交纳的土地使用税数额 如果所有成本的计算中包括商业租金，则不需要进行调整
地方政府费用免除部分	判断参考项目需要的厂房设施是否需要向地方政府缴纳费用 量化可能发生的地方政府费用的数额 分析交付费用的时间，及其对现金流的影响 如果所有成本的计算中包括这部分的商业租金，则不需要进行调整
印花税、增值税免除	判断参考项目是否需要缴纳印花税、增值税 识别参考项目应纳税的交易，以及政府的免税事项 计算参考项目相关的政府免税事项的数额
个人所得税免除	量化政府预期参考项目投标人应该缴纳的个人所得税数额和发生时点
企业管理费	计算政府不需要承担的企业管理费，包括工资单、人力资源部门、办公场地费、销售和计算机服务

通过上表的细分，竞争中立调整主要有两部分，一部分是由于公有制造成的国家税收义务上的区别，一部分是公有制带来的国家监管成本的差异。国家税收对于投标者来说是成本增加项，因为政府运作参考项目可能不需要纳税。因此，等价的成本应该被计入 PSC 体系。与 PPP 项目相关的税收主要有土地税、地方政府税金、印花税、增值税、个人所得税。其中产生的成本数额和种类对 PSC 具有重大的影响。

4. 留存风险成本

在 PSC 的构成中，一个全面的、实际的、对所有可量化和物质性的风险的定价是非常必要的。为进行物有所值要求的对实现风险调整后的成本比较,标准的做法是制定风险矩阵,并通过风险研讨会来量化风险。

在物有所值评价过程中,物有所值评价机构应确定风险矩阵。风险矩阵的目的是找出设计、施工、运营和维护阶段可能发生的项目风险,并促进风险量化。确定用于物有所值分析的风险矩阵,参征求实施机构、咨询机构以及PPP中心的意见。

确定风险矩阵的步骤如下:

1) 列出该项目的所有潜在问题

(1) 规划和采购阶段:能够从政府获得资金的风险、市场和能力风险、土地征用风险和财务风险(如项目启动前的资本市场波动);

(2) 设计阶段:与设计失误和具体产出相关的风险,国内工程建设项目设计变更一般在15%左右;

(3) 建设阶段:地质和环境风险、建设延误风险、许可审批风险、成本超支风险、潜在缺陷和范围变化风险、特许经营方建造失败或违约风险;

(4) 运营阶段:设施运营和维护、设施修复、运营商之间的协调(设施运营商、维护承包商和政府工作人员)。

2) 依次估计这些潜在问题发生的可能性,可按低、较低、中、较高、高,也可按数字0~5。

3) 依次再估计这些潜在问题发生后对整个项目的影响,可按低、较低、中、较高、高,也可按数字0~5。

4) 可得出风险矩阵图便于分析。

绘制矩阵时,影响在一个轴上,可能性在另一个轴上。表4-6显示了矩阵的部分事例,该矩阵带有5点影响和5点可能性等级。

风险矩阵示例　　　　表4-6

发生概率	5	较小	一般	一般	重大	重大
	4	较小	一般	一般	重大	重大
	3	较小	较小	一般	一般	重大
	2	较小	较小	一般	一般	重大
	1	较小	较小	较小	一般	一般
		1	2	3	4	5
		影响程度				

5) 风险的量化

当所有的重大风险都被识别出来后,工作组需要对风险进行量化评估,对每一个风险可能产生的后果以及风险可能发生的时点进行分析。风险量化是对于每一个确定的风险,分别评估采用传统政府提供模式和PPP模式发生风险的概率和对项目成本的影响。政府保留的风险的总价值也分别在传统政府提供和PPP模式下进行了估算。

(1) 风险的后果

根据风险矩阵,当所有的重大风险都被识别出来后,工作组需要对风险进行量化评估,对每一个风险可能产生的后果以及风险可能发生的时点进行分析。这需要彻底了解项目的各个方面。

在评估风险对现金流发生时点的影响时,有两点非常重要。首先,需要考虑通货膨胀对现金流的影响。其次,不同的风险在全寿命周期中有不同的成本和时间属性。例如,施工风险对财务的影响仅限于项目完工之前,运营、需求和维护风险发生在项目运营期间。残值风险则仅限于特许经营期结束,剩余资产移交或出售时发生。

在风险的后果估计过程中,需要对所有的重要风险进行量化,即使是早期量化很困难的风险也需要尝试。当然,考虑到量化的成本,在估价的过程中也要注重效率,应该对最重要的项目风险进行详细的估价,可以遵循二八定律。风险不是相互独立的,它们之间可能存在联系。对于风险之间的联系也可以进行初步评估。

风险的后果可能是直接的也可能是间接的,直接后果包括时间和成本超出投资成本、运营和维护成本的预期。间接后果主要是指风险间的相互联系,一种风险对项目其他方面的影响。当估计某一具体风险的后果时,风险潜在的相互作用应该考虑进去,尤其是对关键路径有影响或贯穿整个项目周期的风险。

在评级风险后果时应该做到不重不漏。在有些案例中,项目的设计和建造采用的是固定总价合同或者交钥匙工程,则成本超支风险已经包括到合同总价之中了,在计算投资成本时已经包括,所以在风险调整中就不需要考虑。

风险的后果随着时间点变化会发生变化。例如,由于技术落后需要更新技术、重置设备,这种风险会随着项目运营时间积累而增加,而且设备的重置成本随着时间也会发生变化。

(2) 风险的概率

在识别重要的风险并评估各种风险的潜在后果之后,关键的一步就是估计风险的发生概率。评估特定的风险时,需要考虑概率是否随着项目的进行而变化。例如,运营成本超支风险就是典型的随时间变化而变化的,在项目刚建成进入试运营阶段时,超支的风险最大,随着试运营结束,进入正式运营阶段,风险发生的可能性逐步降低。

评估风险概率的方法很多,从简单的主观估计概率方法到在一定置信区间内的先进的加权概率估算技术,项目要求既有对单一复杂风险的估计又有对项目所有风险运用多变量统计技术的估计。下面举例介绍在 PSC 计算中应用广泛的简单概率计算法。

简单概率计算法是对风险进行主观概率估计的方法。这种方法的优势在于比较简便易操作,而且容易理解。

对风险的主观估计要基于过去的经验、目前最佳的实践结果和未来可能的改进。典型的方法是根据曾经发生过的类似项目,按照原来项目的预计情况和实践对比,总结出项目成本、时间方面发生风险的概率,套用到需要评价的项目。其中最简单易行的方法是点估计方法。分析人员应该尽可能真实的评价最终成本会高于还是低于投资成本。对风险的点估计数量反映了风险的重要性和信息的有效性。下面举例进行说明:

如图 4-3 所示,该图反映了某污水处理项目的建设成本可能的预期结果和发生的概率。在计算投资成本过程中,根据现金流计算出来的建设成本是 2 亿元,建设期为两年。根据风险的后果和概率估计,建设成本与投资估算相同的概率为 10%,其他的各种可能性如图 4-3 所示。施工风险概率分布表如表 4-7 所示。

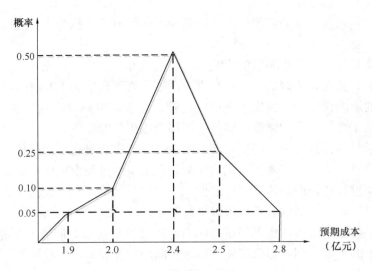

图 4-3　假设的建设工程施工风险成本

施工风险概率分布表　　　　　　　　（单位：亿元）　表 4-7

建设成本超支概率	建设成本	超支额度	概率	风险价值
−5%	1.9	−0.1	5%	−0.005
0%	2.0	0	10%	0
10%	2.4	0.4	50%	0.2
25%	2.5	0.5	25%	0.125
40%	2.8	0.8	10%	0.08
风险价值合计				0.4

考虑到建设期为两年，建设成本超支如果发生，也是在这两年中发生的，根据经验，一般建设初期风险较大，末期较小，所以假设第一年超支成本占总量的 60%，第二年占 40%，把风险影响列成现金流形式，按折现率 8% 计算，该项目建设成本风险现值为 3594 万元（4000 万元×60%+4000 万元×40%/（1+8%））。

5. 定量评价举例

某污水处理厂项目自行建设总投资 20000 万元，建设期 2 年，运营 15 年后更新设备。PPP 模式下，建设总投资 20600 万元，建设期 2 年，建设投资的 70% 银行贷款，还款期 10 年，运营 15 年后更新设备。则根据前文分析，本项目物有所值定量评价结果如表 4-8 所示，物有所值（VFM）=101 万元。

物有所值定量评价表　　　　　　　　（单位：万元）　表 4-8

序号	项目	净现值	计算期（30 年）					
			1	2	3-16	17	18	19-30
1	公共部门比较值	39100	12705	11905	1658	6905	1658	1658
1.1	建设投资、运营和维修费用	33126	10000	10000	1500	5500	1500	1500
1.2	自留风险	4148	2160	1440	75	825	75	75
1.3	竞争中立调整	1010	305	305	46	168	46	46

续表

序号	项 目	净现值	计算期（30年）					
			1	2	3-16	17	18	19-30
1.4	转移风险	816	240	160	38	413	38	38
2	影子报价	38999	12953	12665	2095	5750	1230	1230
2.1	建设投资	21564	10600	10000		4000		
2.2	运营和维修费用	12819			1160	1160	1160	1160
2.3	留存风险成本	3196	1590	1500	35	435	35	35
2.4	融资成本	4429	445	865	865			
2.5	交易成本	914	318	300	35	155	35	35
3	物有所值净现金流量	−101	248	760	436	−1156	−429	−429

二、PPP项目财政承受能力论证

开展PPP项目财政承受能力论证，是政府履行合同义务的重要保障，有利于规范PPP项目财政支出管理，有序推进项目实施，有效防范和控制财政风险，实现PPP可持续发展。

（一）PPP项目财政承受能力论证指引的要点

2015年4月7日财政部颁发了关于印发《政府和社会资本合作项目财政承受能力论证指引》的通知（财金〔2015〕21号）。文件明确了财政承受能力论证的目的、内容、测算方式方法及相关管理要求，是一个规范PPP发展的里程碑式文件。

1. 财政承受能力论证的内涵

财政承受能力论证是识别、测算PPP项目的各项财政支出责任，科学评估项目实施对当前及今后年度财政支出的影响，为PPP项目财政管理提供依据。

1）财政支出责任识别

PPP项目全生命周期过程的财政支出责任，包括股权投资、运营补贴、风险承担、配套投入等。

2）支出测算的需要注意的几个方面

财政部门（或PPP中心）要综合考虑各类支出责任的特点、情景和发生概率等因素，对项目全生命周期内财政支出责任分别进行测算。其中：

（1）股权投资支出应当依据项目资本金要求以及项目公司股权结构合理确定。股权投资支出责任中的土地等实物投入或无形资产投入，应依法进行评估，合理确定价值。

（2）运营补贴支出应当根据项目建设成本、运营成本及利润水平合理确定，并按照不同付费模式分别测算。

（3）风险承担支出应充分考虑各类风险出现的概率和带来的支出责任，可采用比例法、情景分析法及概率法进行测算。

（4）配套投入支出责任应综合考虑政府将提供的其他配套投入总成本和社会资本方为

此支付的费用。

3）财政承受能力评估

财政承受能力评估包括财政支出能力评估以及行业和领域平衡性评估：

（1）财政支出能力评估：根据PPP项目预算支出责任，评估PPP项目实施对当前及今后年度财政支出的影响。财政支出能力评估体现了财政支出的效益原则，即以市场机制发挥基础性作用为基点的，遵循市场效率准则来安排财政支出，优化资源配置，以最小的社会成本取得最大的社会效益；

（2）行业和领域均衡性评估，是根据PPP模式适用的行业和领域范围，以及经济社会发展需要和公众对公共服务的需求，平衡不同行业和领域PPP项目，防止某一行业和领域PPP项目过于集中。行业和领域均衡性评估体现了财政支出的公平分配原则，即通过再分配纠正市场机制导致的财富分配不公平状况，实现社会分配公平，缩小贫富差距。

2. PPP项目全生命周期财政承受能力评估

财政部门要根据PPP项目全生命周期内的财政支出、政府债务等因素，对部分政府付费或政府补贴的项目，开展财政承受能力论证，确保财政中长期可持续性。政府在安排财政支出时要从以往单一年度的预算收支管理，转向强化中长期财政规划，要考虑PPP项目生命周期全过程（20～30年）的财政支出承受能力，做到统筹考虑，不能只顾眼前，推动PPP项目的持续向前发展。

3. 财政承受能力论证的一票否决制

财政部门（政府和社会资本合作中心）应对PPP项目实施方案进行物有所值和财政承受能力验证。财政承受能力论证是PPP项目操作流程项目识别阶段的最后一步，论证结论分为"通过论证"和"未通过论证"。《指引》明确要求，只有通过财政承受能力论证的项目才能开展下一阶段（项目准备）的相关工作。"通过论证"的项目，由项目实施机构报政府审核，各级财政部门在编制年度预算和中期财政规划时，将项目财政支出责任纳入预算统筹安排。"未通过论证"的项目，则不宜采用PPP模式。

如果政府不具备财政承受能力或者政府付费或政府补贴等财政支出超出当年财政收入的一定比例，PPP模式项目就不能上马。这就意味着财政承受能力论证具有一票否决权。

财政承受能力论证阶段如图4-4所示。

4. PPP项目财政支出纳入预算管理

《指引》明确规定，通过财政承受能力论证的项目，各级财政部门将项目财政支出责任纳入预算统筹安排，使PPP项目财政支出有了保障。

1）PPP项目财政支出法律约束

预算法规定，各级政府财政部门必须依照法律、行政法规和

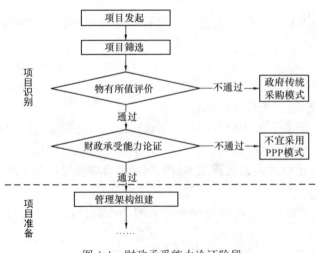

图4-4 财政承受能力论证阶段

国务院财政部门的规定，及时、足额地拨付预算支出资金，加强对预算支出的管理和监督。可见，PPP项目财政支出责任纳入预算后，对地方政府形成了很强的法律约束，政府该支付给社会资本的费用、补贴在财务上得到了保障。

2）规范地方政府行为

从实践看，PPP项目推广的主要风险包括政府信用风险，即地方政府怠于履行或不履行合同约定的责任和义务，具体形式包括地方政府换届风险、法律法规环境变化风险、审批延误风险、项目唯一性风险、腐败风险等。而纳入预算管理后，对PPP项目的政府补贴资金支出就有了法律保障，并接受人大的监督，有利于规范地方政府行为，打消社会资本的疑虑，吸引社会资本投资基础设施。

3）提高政府支付信用

项目财政支出只要通过PPP财政承受能力评估就直接进入预算。项目财政支出责任纳入预算后，实现了PPP项目财政支付的制度化。通过制度化建设和政府财务报表体系的重构，提升了政府支付信用，为PPP项目未来的健康发展打下基础。

5. PPP项目财政支出额度

每一年度全部PPP项目需要从预算中安排的支出责任，占一般公共预算支出比例应当不超过10%。省级财政部门可根据本地实际情况，因地制宜确定具体比例，并报财政部备案，同时对外公布。

1）PPP项目大部分是"政府付费"或者"可行性缺口补助"项目，需要财政资金的投入，如果盲目上PPP项目，运作不好的，会形成政府的隐形债务。《指引》将PPP项目支出责任制定在一般公共预算支出的10%之内，严格控制将PPP项目形成的债务变相转化为政府债务，防止因项目实施加剧财政收支矛盾。

2）一般公共预算是对以税收为主体的财政收入，安排用于保障和改善民生、推动经济社会发展、维护国家安全、维持国家机构正常运转等方面的收支预算。

（1）中央一般公共预算包括中央各部门（含直属单位，下同）的预算和中央对地方的税收返还、转移支付预算。中央一般公共预算收入包括中央本级收入和地方向中央的上解收入。中央一般公共预算支出包括中央本级支出、中央对地方的税收返还和转移支付。

例如：2015年，全国一般公共预算收入预计154300亿元，增长7.3%。加上从中央预算稳定调节基金调入1000亿元，可安排的收入总量为155300亿元。全国一般公共预算支出171500亿元，增长10.6%。其中，中央一般公共预算支出81430亿元，增长9.5%，主要用于教育、科学技术、社会保障和就业、医疗卫生与计划生育、农林水、节能环保、住房保障、文化体育与传媒、交通运输、一般公共服务等方面支出。

（2）地方各级一般公共预算包括本级各部门（含直属单位，下同）的预算和税收返还、转移支付预算。地方各级一般公共预算收入包括地方本级收入、上级政府对本级政府的税收返还和转移支付、下级政府的上解收入。地方各级一般公共预算支出包括地方本级支出、对上级政府的上解支出、对下级政府的税收返还和转移支付。

例如：2012年天津市一般预算收入1760亿元，完成预算105.2%，比上年增长21%，其中税收收入1105.6亿元，增长10.1%。一般预算收入加上中央税收返还、转移支付补助等资金354.5亿元和上年结余214.8亿元，减除区县设立预算稳定调节基金等调出资金75.5亿元，全市一般预算总财力为2253.8亿元。全市一般预算支出2112.2亿元，完成预算 96.6%，比上年增长 19.2%。财力与支出相抵后，全市一般预算结余 141.6 亿元，其中结转项目资金 122.1 亿元，主要是建设类项目资金和中央专项补助资金；预算纯结余 19.5 亿元。待市和区县人大常委会批准决算后结转到 2013 年使用。

6. 采取 PPP 模式化解存量债务

《指引》鼓励列入地方政府性债务风险预警名单的高风险地区，采取 PPP 模式化解地方融资平台公司存量债务。同时，审慎控制新建 PPP 项目规模，防止因项目实施加剧财政收支矛盾。

（二）财政承受能力论证工作流程

《指引》推荐的财政承受能力论证工作主要分为责任识别、支出测算、能力评估和信息披露四个环节，具体工作流程如图 4-5 所示。

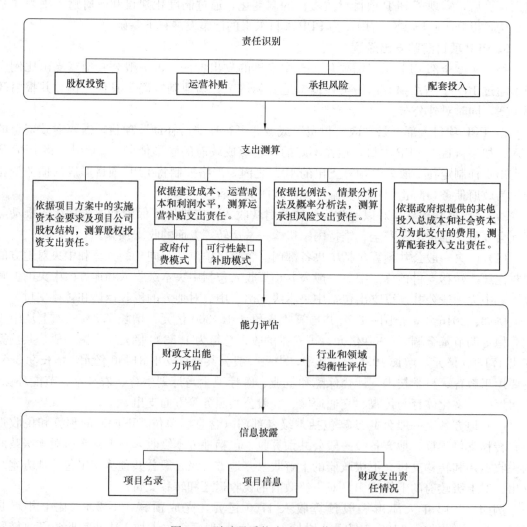

图 4-5　财政承受能力论证工作流程

(三) 财政承受能力论证的主要内容

PPP项目财政承受能力指引体现了"规范、责任、适度、公开"的精神，明确了地方政府在PPP开展过程中的责任，尤其是规范PPP项目形成的债务责任，防止变相激增政府债务，引导地方政府根据自身财力情况量力而行推动PPP项目。

1. 论证主体

各级财政部门（或PPP中心）负责行政区域内PPP项目财政承受能力论证工作的组织实施，并会同行业主管部门，共同开展PPP项目财政承受能力论证工作，必要时可通过政府采购方式聘请专业中介机构协助。

2. 论证方法

财政承受能力论证采用定量和定性分析方法，坚持合理预测、公开透明、从严把关，统筹处理好当期与长远关系，严格控制PPP项目财政支出规模。

财政承受能力论证定量分析是综合考虑各类支出责任的特点、情景和发生概率等因素，对项目全生命周期内财政支出责任分别进行测算。财政承受能力论证定性分析是根据PPP项目预算支出责任，评估PPP项目实施对当前及今后年度财政支出的影响并平衡不同行业和领域PPP项目。

3. 责任识别

1) 股权投资支出责任

（1）政府与社会资本共同组建项目公司，政府承担股权投资支出责任；

（2）社会资本单独组建项目公司，政府不承担股权投资支出责任。

2) 运营补贴支出责任

运营补贴支出责任是在项目运营期间，政府承担的直接付费责任，按照不同付费模式分别测算

（1）政府付费模式：政府承担全部运营补贴支出责任；

（2）可行性缺口补助模式：政府承担部分运营补贴支出责任；

（3）使用者付费模式：政府不承担运营补贴支出责任。

3) 风险承担支出责任

项目实施方案中政府承担风险带来的财政或有支出责任。通常由政府承担的法律风险、政策风险、最低需求风险以及因政府方原因导致项目合同终止等突发情况，会产生财政或有支出责任。

4) 配套投入支出责任

政府提供的项目配套工程等其他投入责任，通常包括土地征收和整理、建设部分项目配套措施、完成项目与现有相关基础设施和公用事业的对接、投资补助、贷款贴息等。配套投入支出应依据项目实施方案合理确定。

4. 责任测算

财政部门（或PPP中心）应当综合考虑各类支出责任的特点、情景和发生概率等因素，对项目全生命周期内财政支出责任分别进行测算。

1) 股权投资支出责任测算

$$股权投资支出 = 项目资本金 \times 政府占项目公司股权比例$$

2) 运营补贴支出责任测算

政府付费模式项目,在项目运营补贴期间,政府承担全部直接付费责任。

$$当年运营补贴支出数额=\frac{项目全部建设成本\times(1+合理利润率)\times(1+年折现率)^n}{财政运营补贴周期(年)}$$
$$+年度运营成本\times(1+合理利润率)$$

可行性缺口补助模式项目,在项目运营补贴期间,政府承担部分直接付费责任。

$$当年运营补贴支出数额=\frac{项目全部建设成本\times(1+合理利润率)\times(1+年度折现率)^n}{财政运营补贴周期(年)}$$
$$+年度运营成本\times(1+合理利润率)-当年使用者付费数额$$

其中:n 为折现年数;财政运营补贴周期为财政提供运营补贴的年数。

3) 风险承担支出责任测算

(1) 比例法

在各类风险支出数额和概率难以进行准确测算的情况下,可以按照项目的全部建设成本和一定时期内的运营成本的一定比例确定风险承担支出。

(2) 情景分析法

在各类风险支出数额可以进行测算、但出现概率难以确定的情况下,可针对影响风险的各类事件和变量进行"基本"、"不利"及"最坏"等情景假设,测算各类风险发生带来的风险承担支出。

$$风险承担支出数额=基本情景下财政支出数额\times基本情景出现的概率$$
$$+不利情景下财政支出数额\times不利情景出现的概率$$
$$+最坏情景下财政支出数额\times最坏情景出现的概率$$

(3) 概率法

在各类风险支出数额和发生概率均可进行测算的情况下,可将所有可变风险参数作为变量,根据概率分布函数,计算各种风险发生带来的风险承担支出。

风险承担支出应充分考虑各类风险出现的概率和带来的支出责任。如果PPP合同约定保险赔款的第一受益人为政府,则风险承担支出应为扣除该等风险赔款金额的净额。

4) 配套投入支出责任测算

$$配套投入支出数额=政府拟提供的其他投入总成本-社会资本方支付的费用$$

配套投入支出责任应综合考虑政府将提供的其他配套投入总成本和社会资本方为此支付的费用。配套投入支出责任中的土地等实物投入或无形资产投入,应依法进行评估,合理确定价值。

5) 相关指标的确定及影响因素

(1) 折现率

年度折现率应参照财政补贴支出发生年份地方政府债券收益率合理确定。

(2) 合理利润

合理利润率应以商业银行中长期贷款利率水平为基准,充分考虑可用性付费、使用量付费、绩效付费的不同情景,结合风险等因素确定。在计算运营补贴支出时,应当充分考虑合理利润率变化对运营补贴支出的影响。

（3）定价和调价机制

在计算运营补贴支出数额时，应当充分考虑定价和调价机制的影响。PPP项目实施方案中的定价和调价机制通常与消费物价指数、劳动力市场指数等因素挂钩，会影响运营补贴支出责任。在可行性缺口补助模式下，运营补贴支出责任受到使用者付费数额的影响，而使用者付费的多少因定价和调价机制而变化。

5. 财政承受能力论证管理

1) 财政部门（或PPP中心）识别和测算单个项目的财政支出责任后，汇总年度全部已实施和拟实施的PPP项目，进行财政承受能力评估。

2) 省级财政部门负责汇总统计行政区域内的全部PPP项目财政支出责任，对财政预算编制、执行情况实施监督管理。

3) 每一年度全部PPP项目需要从预算中安排的支出责任，占一般公共预算支出比例应当不超过10%。省级财政部门可根据本地实际情况，因地制宜确定具体比例，并报财政部备案，同时对外公布。

4) 在PPP项目正式签订合同时，财政部门（或PPP中心）应当对合同进行审核，确保合同内容与财政承受能力论证保持一致，防止因合同内容调整导致财政支出责任出现重大变化。财政部门要严格按照合同执行，及时办理支付手续，切实维护地方政府信用，保障公共服务有效供给。

5) 各级财政部门（或PPP中心）要以财政承受能力论证结论为依据，会同有关部门统筹做好项目规划、设计、采购、建设、运营、维护等全生命周期管理工作。

6) 财政部门按照权责发生制会计原则，对政府在PPP项目中的资产投入，以及与政府相关项目资产进行会计核算，并在政府财务统计、政府财务报告中反映；按照收付实现制会计原则，对PPP项目相关的预算收入与支出进行会计核算，并在政府决算报告中反映。

7) 省级财政部门应当汇总区域内的项目目录，及时向财政部报告。项目实施后，各级财政部门（或PPP中心）应跟踪了解项目运营情况，包括项目使用量、成本费用、考核指标等信息，定期对外发布。

6. 信息披露

1) 信息发布单位

财政部、各级财政部门（或PPP中心）；

2) 披露渠道

PPP中心网站、官方网站及报刊媒体；

3) 披露时间

每年定期发布；

4) 披露内容

（1）PPP项目目录、项目信息及财政支出责任情况。其中财政支出责任信息包括：PPP项目的财政支出责任数额及年度预算安排情况、财政承受能力论证考虑的主要因素和指标等。

（2）项目运营情况，包括项目使用量、成本费用、考核指标等信息。

(四) 财政承受能力论证与物有所值评价的异同

1. 不同之处

1) 目的不同

财政承受能力论证与物有所值评价在 PPP 项目操作流程中同处于项目识别阶段，但两者的目的不同。

项目识别是发现对项目的需求，明确项目的目的、目标以及实施该项目所有必要和充分条件的过程。在这个阶段上项目还只是一个概念，项目的范围和具体内容完全没有成型，项目发起人只是发现了实施一个项目的需求，并对项目的必要性、限制条件、实施后的影响、项目的资源需求等做出初步的分析。

在这一过程中，进行物有所值评价来解决是否应当采用 PPP 模式的问题，判断采用 PPP 模式的必要性，只有预期 PPP 模式能带来物有所值，才予以采用，否则就应当采用其他采购模式。而财政承受能力论证解决是否能够采用 PPP 模式的问题，判断采用 PPP 模式的可行性。即确保每年政府付费或政府补贴等财政支出不得超出当年财政收入的一定比例。

2) 评估对象不同

物有所值评价是基于项目本身评审，其研究对象是项目本身，是对项目进行定性和定量分析来判断是否采用 PPP 模式。财政承受能力论证是基于政府预算及总体财政承受能力，是对项目的政府支出部分进行分析，判断财政承受能力是否能够实施项目。

3) 评估程序不同

财政承受能力论证如图 4-6 所示，物有所值评价如图 4-7 所示。

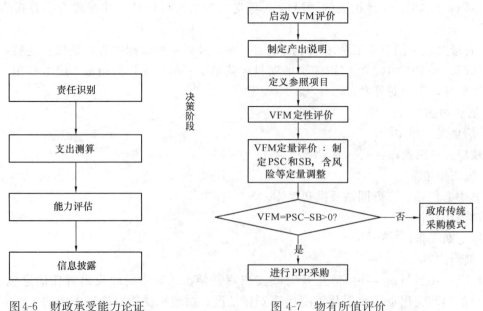

图 4-6　财政承受能力论证　　　　图 4-7　物有所值评价

4) 财政承受能力论证与物有所值评价的顺序

先进行物有所值评价，再进行财政承受能力论证，也即先判断是否有必要采用 PPP

模式，再对其可行性进行论证。

5）PPP 运作各阶段的物有所值评价

物有所值评价不仅在项目识别阶段开展，还可以在项目采购和执行等阶段开展。

项目识别阶段：由于在项目识别阶段项目还处在酝酿阶段，很多国家进行物有所值评价时通常在项目早期开展定性评价为主。而随着项目的开展，项目的目标、内容随着项目的实施逐渐明确，信息和数据的不断积累和完善，通常在项目后期开展定量评价。

项目采购阶段：将公共部门比较值与社会资本的实际报价和政府的自留风险承担成本之和进行比较。如果各个社会资本的实际报价和政府的自留风险承担成本之和均高于公共部门比较值，那么可能需要终止 PPP 采购，转为采购政府传统采购模式。

项目执行阶段：持续对公共部门比较值与 PPP 项目实际成本进行比较，对 PPP 项目的物有所值进行验证。

2. 相似之处

财政承受能力论证与物有所值评价的都采用定性加定量的评估方式。

（1）物有所值定量评价对拟采用 PPP 模式的基础设施及公共服务项目，比较政府在传统采购模式与 PPP 模式下的全生命周期的净成本现值。物有所值定性评价是一般采用制定定性评价问题清单，通过先逐项分析，后综合判断的方式评价项目是否适合采用 PPP。或者对照制定的定性标准和计分方法，评估和比较不同采购模式。

（2）财政承受能力论证定量分析是综合考虑各类支出责任的特点、情景和发生概率等因素，对项目全生命周期内财政支出责任分别进行测算。财政承受能力论证定性分析是根据 PPP 项目预算支出责任，评估 PPP 项目实施对当前及今后年度财政支出的影响并平衡不同行业和领域 PPP 项目。

三、PPP 项目风险分配评价

PPP 项目风险分担在项目的实行中扮演着重要的角色，直接关系到整个项目的成败。合理的 PPP 项目风险分担机制的建立应该具备两个功能：一是在合理的风险分担机制下，风险的管理成本应该最低，风险发生的可能性最小，风险发生后给项目造成的损失最小。与此同时，项目参与方只需要承担分配给自己的风险，而不需要为其他方的风险承担一定的后果。二是在合理的风险分担机制下，项目参与方对分配给自己的风险拥有控制能力，且能够为了项目的顺利进行做出应尽的努力。因此，要充分发挥 PPP 模式公私合作的优势，必须建立公平合理的"利益共享，风险分担"的风险承担机制。本节对 PPP 项目风险进行了分析，并提出了风险分配建议。

PPP 模式下风险管理过程可分为风险识别、风险评价、风险分担。

（一）风险识别

影响 PPP 项目实现预期目标的风险因素来源于法律、法规、政策、市场供需、资源开发与利用、技术的可靠性、工程方案、融资方案、组织管理、环境与社会、外部配套条件等一个方面或几个方面。影响项目经济效益的风险因素可归纳为下列内容：

1. 政治风险

政府信用风险、机制风险、政府决策与审批风险、政府干预、公众反对、政治不可抗力事件。

2. 法律及合同风险

法律及监管体系不完善、法律变更、第三方违约风险、税收调整、合同及文件风险。

3. 金融风险

利率风险、通货膨胀风险、汇率风险。

4. 建设风险

土地征用和拆迁安置风险、资金筹措风险、供应量与供应时间风险、技术风险、不可抗力风险、建筑安装工程风险、设备选型与数量风险、人材机使用风险、工期延长风险等。

5. 市场运营风险

收益不足、长时间停工、供给不足、运营成本增加。

(二) 风险评价

风险评价是在风险识别的基础上，对风险发生的概率，损失程度，结合其他因素进行全面考虑，评估发生风险的可能性及危害程度，衡量风险的程度，并决定是否需要采取相应的措施的过程。下面列举了PPP项目风险因素，并对其产生的后果和影响对象进行了分析（表4-9）。

PPP项目风险因素及其影响　　　　　　表4-9

序号	风险因素	风险后果	影响对象
1	政府干预	项目效率降低	社会资本方
2	政府信用	支付延误甚至终止	社会资本方
3	公众反对	工期延误，可能需要重新谈判修改具体合同条款，严重时导致项目终止	社会资本方
4	税收调整	改变项目税收条件	社会资本方/地方政府
5	决策、审批延误	项目周期过长，增加项目前期成本	社会资本方
6	环保风险	设计变更，投资或运营费增加	社会资本方
7	法律变更	可能引起项目投资或成本增加	社会资本方/地方政府
8	利率风险	融资成本增加	社会资本方
9	外汇风险	货币兑换成本增加或者禁止兑换	社会资本方
10	通货膨胀	成本增加	社会资本方
11	融资风险	融资成本增加，甚至融资失败	社会资本方
12	项目唯一性	市场竞争激烈，导致项目收入减少	社会资本方
13	市场需求变化	项目收入减少或增加	社会资本方
14	第三方延误/违约	工期延误，也可能引起成本增加	社会资本方
15	土地获取风险	前期成本增加，开工延误	社会资本方
16	完工风险	建设成本增加，工期延误	社会资本方

续表

序号	风险因素	风险后果	影响对象
17	供应风险	工期延误,或影响项目运行	社会资本方
18	技术风险	技术改造成本增加,运营中断	社会资本方
19	运营成本超支	运营成本增加	社会资本方
20	工程变更	建设成本增加,有可能导致工期延误	社会资本方
21	收费变更	对项目收费增加,项目成本增加	社会资本方
22	费用支付风险	政府或用户不按时全额支付费用	社会资本方
23	项目移交风险	项目设施维护不用,移交后影响使用	地方政府
24	私营投资者变动	影响项目稳定性	社会资本方/地方政府
25	招标竞争不充分	中标价格不合理	地方政府/公众
26	项目测算不当	项目收入低于预期,严重影响项目公司生存	社会资本方
27	经营者能力不足	运营达不到预期效果	地方政府/公众
28	财务监管不力	项目财务状况恶化	地方政府/银行
29	配套基础设施风险	工期延误,影响项目运营	社会资本方
30	合同文本不完善	合同改造出现纠纷	社会资本方/地方政府

(三)风险分担

风险分担是为减少风险发生概率,降低风险发生后造成的损失和风险管理成本,合理的风险分担有利于参与者在项目全寿命期内注意理性和谨慎的行为,使各项目参与者能达到互惠互利、共赢的目标。因此,PPP项目风险应满足以下分担原则:

- 风险由对其最有控制力的一方承担,降低风险发生概率和风险控制成本。
- 承担风险的程度与所获得收益相匹配,有效调动风险承担方的积极性。
- 承担的风险要有上限,避免一方承担过多的风险。

1. PPP项目风险分担流程

在PPP项目的实施过程中,风险管理对项目目标的实现至关重要,对于公共部门和私营部门而言,有必要详尽地评估整个项目生命周期中的潜在风险,以确保风险分担的公平性和合理性。

PPP项目实施是一个比较复杂的过程,涉及的风险因素很多,而且这些风险不能仅仅依靠技术性措施进行根除,因此,必须分配给项目各参与方来承担。

在项目风险分担流程中,发起PPP项目的政府部门首先基于风险因素属性提出风险分担方案,按照属性风险分为三种:由社会资本承担的风险,由政府部门承担的风险以及共同承担的风险。对拟由社会资本承担的风险,社会资本首先对分配给自己的风险进行评价报价,如果政府部门接受报价,则此风险由私营企业承担,反之,进行协商并重新进行风险分配。

PPP风险分担流程如图4-8所示:

经过风险分担后,传统项目的风险分配会发生变化,如图4-9所示。

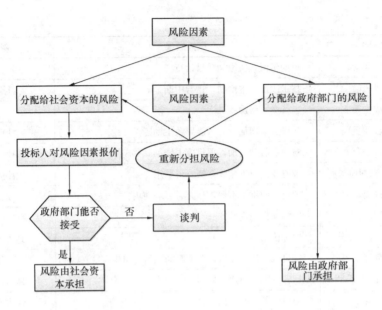

图 4-8 PPP 项目风险分担流程图

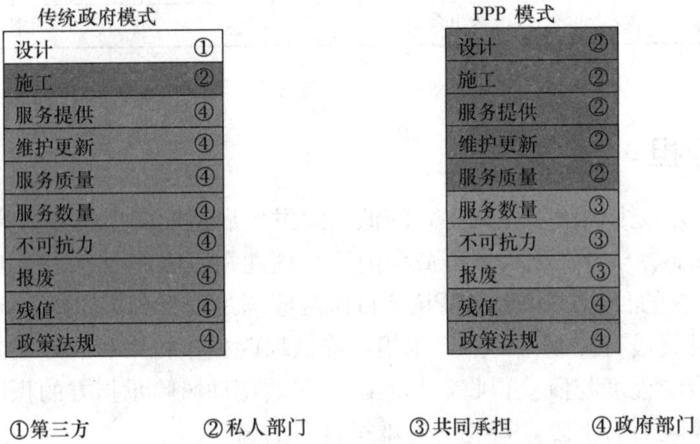

①第三方　②私人部门　③共同承担　④政府部门

图 4-9 风险分配变化

2. PPP 项目风险分担原则

（1）发挥禀赋优势，分配优化原则，即按风险控制能力和承担的能力进行分配。

控制能力：谁最有能力控制风险或处于风险控制的有利地位，就承担该类风险的主要部分，这样能使风险损失最小。如私人部门擅长控制建造、运营、技术风险，不但可以促进技术革新，同时也增加了公私双方的收益；政府擅长分担政治、法律、政策风险，如公共部门对征地拆迁风险的控制能力较强。

通过最优风险配置，可以有效降低整个项目的整体风险。承担能力：谁处理该风险是最经济的，由其处理风险公私双方共同的收益最大（如承担风险的一方能够将该风险合理转移，例如通过购买相应保险，或由该方承担该风险最有效率）。

（2）风险和收益匹配对等原则：即按风险与回报相符原则进行分配，承担风险的一方对于控制该风险有更大的经济利益或动机。公私双方在合作中的作用不同，在不同阶段创造的项目价值不同。项目中需要按风险与回报相符的原则来分配。

(3) 做到量力而行原则，承担有上限。在风险分配优化和风险收益分配的原则下，还要考虑政府和社会资本各自的风险承担能力。

3. 典型 PPP 项目风险分担

PPP 项目在开发建设、生产经营过程中由于受到超出项目公司或投资者控制范围的经济、环境变化的影响而遭受损失的风险，主要为系统风险，包括不可抗力风险、政治风险和金融风险。不可抗力风险是指项目的参与方不能预见且无法克服和避免的事件给项目所造成损失的风险。如自然灾害、战争、工厂和设备遭受意外损坏等风险。一旦出现不可抗力，整个项目可能失败、延期或项目建成后不能正常运行。一般情况，项目建设方无法控制这些不可抗力风险，只能将此类风险转移给保险公司。

政治风险存在于项目全过程，按其表现形式可分为国家风险和国家政治经济法律稳定性风险。PPP 国际多边机构来参与项目，这种科学合理的产权布局就可能使得政治风险降低很多。

金融风险主要表现为利率风险和外汇风险两个方面，是指在生产经营过程中，由于利率或汇率变动直接或间接地造成项目价值降低或收益受到损失的风险。

非系统风险是指与项目建设、生产经营管理直接相关，并为项目公司或投资者可控制的风险，包括信用风险、完工风险、生产风险、市场风险和环境保护风险。

信用风险是指参与融资的各方因故无法履行或拒绝履行合同所规定的责任与义务的潜在风险。信用风险贯穿于项目的各阶段，提供信用保证的项目参与者的资信状况、技术、资金能力和管理水平都是评价项目信用风险程度的重要指标。项目的完工风险存在于项目的建设阶段和试生产阶段，是项只融资的主要核心风险之一。如果项目不能按照预定计划建设投产，项目融资所依存的基础就受到根本的破坏。

建设风险是对项目在建设阶段存在的技术、施工、管理和原材料供应等风险因素的总称。建设风险直接关系着项目是否能够按照预定的计划正常使用，是否能够按照计划控制投资。

生产运行风险是对项目在生产运行阶段存在的技术、资源储备和原材料供应、生产经营等风险因素的总称。生产风险直接关系着项目是否能够按照预定的计划正常运转，是否具有足够的现金流量支付生产费用和偿还债务。

市场风险通常是指与项目产品或服务相关的市场价格和销售量两个要素的变动对项目预期收入的不利影响。

以下列举了几种主要的风险、风险承担及合同组织案例，供大家参考。如表 4-10～表 4-14 所示。

政策风险　　　　　　　　　　　　　　　　表 4-10

风险因素	政府部门单独承担	共同承担	社会资本单独承担
特许权收回	√		
项目被政府征用	√		
法律变更		√	
审批		√	√
行业规定变化		√	√
宏观经济变化			√

建设风险 表4-11

风险因素	政府部门单独承担	共同承担	社会资本单独承担
工程/运营需求变更	√		
公共设施提供	√		
文物保护	√		
融资可靠性			√
融资成本增加			√
设计失误			√
工程质量差			√
技术不过关			√
分包商违约			√
施工安全			√
地质条件			√
材料浪费			√
建造成本超支			√
完工风险			√

法律风险 表4-12

风险因素	政府部门单独承担	共同承担	社会资本单独承担
天气/环境重大变化	√		
不可抗力		√	
第三方延误/违约			√
项目公司破产		√	

财务风险 表4-13

风险因素	政府部门单独承担	共同承担	社会资本单独承担
外汇风险	√	√	
通货膨胀		√	
市场需求变化		√	√
利率变化		√	√
收益不足			√
材料费上涨			√
收费变更			√
税收变更			√

风险因素承担方及合同组织建议表　　　　　　　　　　　表 4-14

序号	风险因素	承担方	合同组织建议
1	政府干预	政府	在合同中明确政府监管内容和方法,除规定内容外,不得干预项目公司事务
2	政府信用	政府	协议中要求政府进行相应声明和承诺
3	民众反对	共担	当风险事件出现时,项目公司负责解释,政府方负责协调。如果因项目公司运营不当引起,项目公司应尽快纠正;如因项目规划原因,项目公司可申请赔偿;如因不可抗力原因,双方共同承担损失
4	税收调整	政府	社会资本方可要求政府部门尽量提供法律许可内的税收优惠,如因税收政策调整,可申请相应补偿
5	决策、审批延误	共担	尽量列明审批事项和公私各方应尽的职责
6	环保风险	共担	协议中要求项目建设、运营中应遵守环保法规规定;因环保问题所产生的损失、费用等,根据归责原则,由过错方承担
7	法律变更	政府	因法律变更导致对项目的建设或运营要求增加,从而增加项目投资或运营费用,社会资本方可申请补偿
8	利率风险	共担	可约定一定范围内的变动由社会资本方承担,超出一定范围后,申请政府补偿
9	外汇风险	共担	
10	通货膨胀	共担	
11	融资风险	社会资本方	明确政府部门需提供的融资协助事项,对社会资本方的融资进度做细化要求
12	项目唯一性	政府	约定在特许经营期内,一定区域范围内禁止新建类似项目,或明确新建项目的条件
13	市场需求变化	共担	可设定社会资本方承担市场需求变化的范围,超出范围后申请补偿
14	第三方延误/违约	共担	约定双方在第三方延误的申明和追偿责任
15	土地获取风险	政府	协议明确政府对土地的供应时间、费用及地上物要求,并配合办理土地手续
16	完工风险	社会资本方	协议约定工程完工时间及验收标准
17	供应风险	社会资本方	协议约定公共产品或服务供应时间、供应量及供应标准
18	技术风险	社会资本方	协议明确社会资本方负责提供技术
19	运营成本超支	社会资本方	协议明确社会资本方负责运营的全部费用
20	工程变更	社会资本方	协议明确社会资本方负责工程建设
21	收费变更	政府	协议明确收费标准,如政府方面提出变更则应对社会资本方做出补偿
22	费用支付风险	政府	协议中要求政府进行相应声明和承诺
23	项目移交风险	社会资本方	协议明确对项目设施的维护要求和移交前的大修标准等事宜
24	社会资本方变动	社会资本方	约定社会资本方的变更条件,并且需经政府部门同意

续表

序号	风险因素	承担方	合同组织建议
25	招标竞争不充分	政府	
26	项目测算不当	共担	政府方对其提供的项目条件负责，由社会资本方自行判断的条件尤其承担
27	经营者能力不足	政府	约定退出机制
28	财务监管不力	共担	约定政府方对项目财务进行监管的内容
29	配套基础设施风险	政府	明确政府方为项目提供的配套条件
30	合同文本不完善	共担	明确争议协商机制

第五章　PPP 项目财务分析

一、财务分析概述

财务分析是项目决策分析与评价中为判定项目财务可行性所进行的一项重要工作，是项目经济评价的重要组成部分，是投融资决策的重要依据。

（一）财务分析的作用

财务分析是项目决策分析与评价的重要组成部分。项目评价应从多角度、多方面进行，财务分析贯穿了项目的前评价、中间评价和后评价。在项目的前评价——决策分析与评价的各个阶段中，包括机会研究报告、项目建议书、初步可行性研究报告、可行性研究报告，财务分析都是重要的组成部分。

财务分析是重要的决策依据。在经营性项目决策过程中，项目发起人决策是否发起或进一步推进该项目，权益投资人决策是否投资于该项目，债权人决策是否贷款给该项目，财务分析都是重要依据之一。对于那些需要政府核准的项目，各级核准部门在做出是否核准该项目的决策时，许多相关财务数据可作为项目社会和经济影响大小的估算基础。

财务分析在项目或方案比选中起着重要作用。项目决策分析与评价的精髓是方案比选，在项目建设规模、产品方案、工艺技术方案、工程方案等方面都必须通过方案比选予以优此。财务分析结果可以反馈到建设方案构造和研究中，用于方案比选，优化方案设计，使项目整体更趋于合理。

财务分析能配合投资各方谈判，促进平等合作。在 PPP 项目决策和谈判过程中，在酝酿合作的过程中，咨询工程师会成为各方谈判的有力助手，财务分析结果起着促使投资各方平等合作的重要作用。

财务分析中的财务生存能力分析对项目，特别是对非经营性项目的财务可持续性的考察起着重要作用。

（二）财务分析基本原则

（1）费用与效益计算范围的一致性原则。
（2）费用与效益识别的有无对比原则（项目评价中通用的费用与效益识别的基本原则）。
（3）PPP 项目动态分析原则。
（4）基础数据确定的稳妥原则（财务分析结果的准确性取决于基础数据的可靠性）。

(三) 财务分析内容

选择分析方法。在明确项目评价范围的基础上，根据项目性质和融资方式选取适宜的财务分析方法。PPP项目一般采取动态分析法。

识别财务效益与费用范围。项目财务分析的利益主体主要包括项目投资经营实体（或项目财务主体）和权益投资方等。对于不同利益主体，项目带来的财务效益与费用范围不同，需要仔细识别。PPP项目主要识别项目成本和量化收益。

测定基础数据，估算财务效益与费用。选取必要的基础数据进行财务效益与费用的估算，包括营业收入、成本费用估算和相关税金估算等，同时编制相关辅助报表。以上内容实质上是在为财务分析进行准备，也称财务分析基础数据与参数的确定、估算与分析。

编制财务分析报表和计算财务分析指标进行财务分析，主要包括盈利能力分析、偿债能力分析和财务生存能力分析。

在对初步设定的建设方案（称为基本方案）进行财务分析后，还应进行盈亏平衡分析和敏感性分析。常常需要将财务分析的结果进行反馈，优化原初步设定的建设方案，有时需要对原建设方案进行较大的调整。

财务分析内容随项目性质和目标有所不同，对于旨在实现投资盈利的经营性项目，其财务分析内容应包括本章所述全部内容；对于旨在为社会公众提供公共产品和服务的非经营性项目，在通过相对简单的财务分析比选优化项目方案的同时，了解财务状况，分析其财务生存能力，对PPP项目要采取必要的补助措施使项目得以财务收支平衡，正常运营。

（四）PPP项目财务分析逻辑框架

投资估算和融资方案是财务分析的基础。

首先要做的是融资前的项目投资现金流量分析，其结果体现项目或方案本身设计的合理性，用于投资决策以及方案或项目的比选。也就是说用于考察项目是否基本可行，并值得去为之融资，这对项目发起人、投资者、债权人和政府部门都是有用的。PPP项目可行性研究阶段采用融资前分析。

对于是否可以采用PPP模式，需要进行项目的融资后分析，包括项目资本金现金流量分析、偿债能力分析和财务生存能力分析等。融资后分析是比选融资方案，进行融资决策和投资者最终出资的依据。PPP项目财务分析逻辑框架图如图5-1所示。

如果融资前分析结果不能满足要求，可返回对项目建设方案进行修改；若多次修改后分析结果仍不能满足要求，甚至可以做出放弃或暂时放弃项目的建议。如果融资后分析结果不能满足要求，可以返回对项目的融资方案进行修改。

（五）PPP项目财务分析模型

PPP项目财务分析模型以全生命周期成本为总成本，估算服务量、单价、税费等水平和标准，形成总收入，在考虑项目公司合理收入的基础上（初定一个收益率），按照净现值为零（NPV=0）的情况测算相关服务价格。

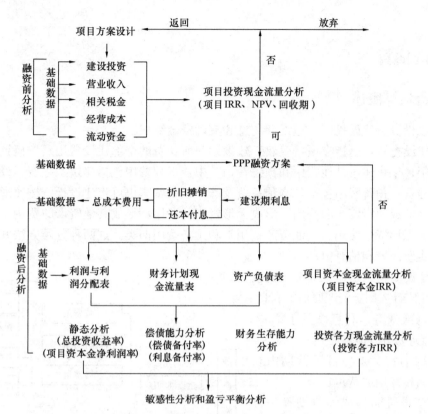

图 5-1 PPP项目财务分析逻辑框架图

图 5-2 为用户付费定价模型的原理图。

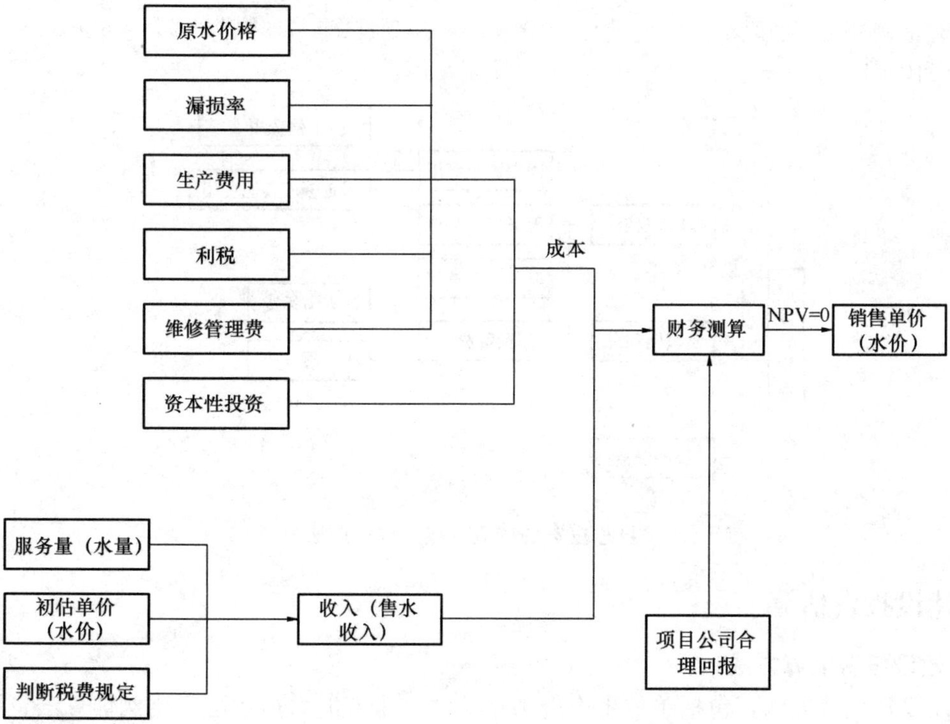

图 5-2 用户付费定价模型

二、投资估算

(一) 投资估算概述

项目总投资由建设投资、建设期利息和流动资金组成。

(1) 建设投资：是指在项目筹建于建设期间所花费的全部建设费用。按概算法分类包括工程费用、工程建设其他费用和预备费，其中：工程费用包括建筑工程费、设备购置费和安装工程费；预备费用包括基本预备费及涨价预备费。也可将建设投资按照形成资产法分类，分为形成固定资产的费用、形成无形资产的费用、形成其他资产的费用（简称固定资产费用、无形资产费用、其他资产费用）和预备费用四类。这两种分类方法并不影响建设投资的实质内容和估算值。

(2) 建设期利息是债务资金在建设期内发生并应计入固定资产原值的利息，包括借款（或债券）利息以及手续费、承诺费、管理费等其他融资费用。

(3) 流动资金是项目运营期内长期占用并周转使用的营运资金。

项目总投资的构成，即投资估算的具体内容如图 5-3、图 5-4 所示。

投资估算的要求：可行性研究阶段对投资估算的准确度要求（允许误差率）±10％以内。

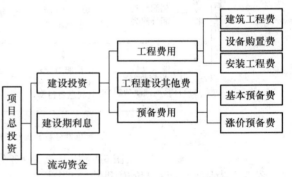

图 5-3 项目总投资的构成（按概算法分类）

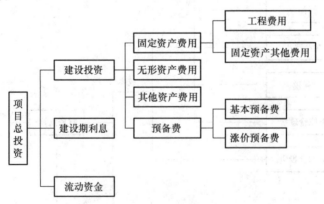

图 5-4 项目总投资的构成（按形成资产法分类）

(二) 建设投资估算

1. 建设投资估算方法

建设投资估算方法，包括单位生产能力估算法、生产能力指数法、比例估算法、系数估算法、估算指标法等。

2. 建设投资的分类估算

1) 估算步骤

（1）分别估算项目建设所需的建筑工程费、设备购置费和安装工程费。

（2）汇总建筑工程费、设备购置费和安装工程费，得出分装置的工程费用，然后加总得出项目建设的总工程费用。

（3）在工程费用的基础上估算工程建设其他费用。

（4）以工程费用和工程建设其他费用为基础估算基本预备费。

（5）在确定工程费用分年投资计划的基础上估算涨价预备费。

（6）求和得出建设投资。

2) 建筑工程费用估算

建筑工程费是指为建造永久性建筑物和构筑物所需要的费用，主要包括以下几部分内容：

（1）各类房屋建筑工程和列入房屋建筑工程预算的供水、供暖、卫生、通风、煤气等设备费用及其装设、油饰工程的费用，列入建筑工程的各种管道、电力、电信和电缆导线敷设工程的费用。

（2）设备基础、支柱、工作台、烟囱、水塔、水池、灰塔等建筑工程以及各种窑炉的砌筑工程和金属结构工程的费用。

（3）建设场地的大型土石方工程、施工临时设施和完工后的场地清理等费用。

（4）矿井开凿、井巷延伸、露天矿剥离，石油、天然气钻井，修建铁路、公路、桥梁、水库、堤坝、灌渠及防洪等工程的费用。

建筑工程费的估算方法有单位建筑工程投资估算法、单位实物工程量投资估算法和概算指标投资估算法。可行性研究阶段一般采用概算指标法。

3) 设备购置费估算

设备购置费指需要安装和不需要安装的全部设备、仪器、仪表等和必要的备品备件及工器具、生产家具购置费用，其中包括一次装入的填充物料、催化剂及化学药品等的购置费。可按国内设备购置费、进口设备购置费、备品备件和工器具及生产家具购置费分类估算。

4) 安装工程费估算

安装工程费一般包括：

（1）生产、动力、起重、运输、传动和医疗、实验等各种需要安装的机电设备、专用设备、仪器仪表等设备的安装费。

（2）工艺、供热、供电、给排水、通风空调、净化及除尘、自控、电讯等管道、管线、电缆等的材料费和安装费。

（3）设备和管道的保温、绝缘、防腐，设备内部的填充物等的材料费和安装费。

投资估算中安装工程费通常是根据行业或专门机构发布的安装工程定额、取费标准进行估算。具体计算可按安装费费率、每吨设备安装费指标或每单位安装实物工程量费用指标进行估算。

5) 工程建设其他费用估算

（1）建设用地费

建设项目要取得其所需土地的使用权，必须支付征地补偿费或者土地使用权出让（转让）金或者租用土地使用权的费用，主要包括以下几项内容：

①征地补偿费。征地补偿费是指建设项目通过划拨方式取得土地使用权，依据《中华人民共和国土地管理法》等法规所应支付的费用，其内容包括：

- 土地补偿费。
- 安置补助费。
- 地上附着物和青苗补偿费。
- 征地动迁费。包括征用土地上房屋及附属构筑物、城市公共设施等拆除、迁建补偿费、搬迁运输费，企业单位因搬迁造成的减产、停产损失补贴费、拆迁管理费等。
- 其他税费。包括按规定一次性缴纳的耕地占用税、分年缴纳的城镇土地使用税在建设期支付的部分、征地管理费，征收城市郊区菜地按规定缴纳的新菜地开发建设基金，以及土地复耕费等。

项目投资估算中对以上各项费用应按照国家和地方相关规定标准计算。

②土地使用权出让（转让）金。指通过土地使用权出让（转让）方式，使建设项目取得有限期的土地使用权，依照《中华人民共和国城镇国有土地使用权出让和转让暂行条例》规定，支付的土地使用权出让（转让）金。

③在建设期采用租用的方式获得土地使用权所发生的租地费用，以及建设期间临时用地补偿费。

（2）建设管理费

建设管理费是指建设单位从项目筹建开始直至项目竣工验收合格或交付使用为止发生的项目建设管理费用。费用内容包括：

①建设单位管理费。指建设单位发生的管理性质的开支。建设管理费以建设投资中的工程费用为基数乘以建设管理费费率计算。

②工程建设监理费。指建设单位委托工程监理单位实施工程监理的费用。工程建设监理费以国家物价局、建设部有关规定确定的费用标准为指导性价格，具体收费标准应根据委托监理业务的范围、深度和工程的性质、规模、难易程度以及工作条件等情况，由建设单位和监理单位在监理合同中商定。

（3）可行性研究费

可行性研究费是指在建设项目前期工作中编制和评估项目建议书（或初步可行性研究报告）、可行性研究报告所需的费用。可行性研究费参照原国家计委相关规定执行，或按委托咨询合同的咨询费数额估算。

（4）研究试验费

研究试验费是指为建设项目提供或验证设计数据、资料等进行必要的研究试验以及按照设计规定在建设过程中必须进行试验、验证所需的费用。研究试验费应按照研究实验内容和要求进行估算。

（5）勘察设计费

勘察设计费是指委托勘察设计单位进行工程水文地质勘查、工程设计所发生的各项费用。包括：工程勘察费、初步设计费（基础设计费）、施工图设计费（详细设计费）以及设计模型制作费。勘察设计费参照原国家计委、建设部有关规定计算。

(6) 环境影响评价费

环境影响评价费是按照《中华人民共和国环境影响评价法》等相关规定为评价建设项目对环境可能产生影响所需的费用。包括编制和评估环境影响报告书（含大纲）、环境影响报告表等所需的费用。环境影响评价费可参照有关环境影响咨询收费的相关规定或咨询合同计算。

(7) 安全、职业卫生健康评价费

安全、职业卫生健康评价费是指对建设项目存在的职业危险、危害因素的种类和危险、危害程度以及拟采取的安全、职业卫生健康技术和管理对策进行研究评价所需的费用，包括编制预评价大纲和预评价报告及其评估等，可依照建设项目所在省、自治区、直辖市劳动安全行政部门规定的标准计算。

(8) 场地准备及临时设施费

建设场地准备费是指建设项目为达到工程开工条件所发生的场地平整和对建设场地余留的有碍施工建设的设施进行拆除清理的费用。建设单位临时设施费是指为满足施工建设需要而供到场地界区的，未列入工程费用的临时水、电、气、道路、通信等费用和建设单位的临时建筑物、构筑物搭设、维修、拆除或者建设期间的租赁费用，以及施工期间专用公路养护费、维修费。新建项目的场地准备和临时设施费应根据实际工程量估算，或按工程费用的比例计算。改、扩建项目一般只计拆除清理费。具体费率按照部门或行业的规定执行。

(9) 引进技术和设备其他费用

引进技术和设备其他费用是指引进技术和设备发生的未计入设备购置费的费用，内容包括：引进设备材料国内检验费；引进项目图纸资料翻译复制费、备品备件测绘费；出国人员费用；来华人员费用；银行担保及承诺费。

(10) 工程保险费

工程保险费是指建设项目在建设期间根据需要对建筑工程、安装工程、机器设备和人身安全进行投保而发生的保险费用。包括建筑安装工程一切险、引进设备财产保险和人身意外伤害险等。建设项目可根据工程特点选择投保险种，编制投资估算时可按工程费用的比例估算。工程保险费费率按照保险公司的规定或按部门、行业规定执行。建筑安装工程费中已计入的工程保险费，不再重复计取。

(11) 市政公用设施建设及绿化补偿费

市政公用设施建设及绿化补偿费是指使用市政公用设施的建设项目，按照项目所在省、自治区、直辖市人民政府有关规定，建设或者缴纳市政公用设施建设配套费用以及绿化工程补偿费用。市政公用设施建设及绿化补偿费按项目所在地人民政府规定标准估算。

(12) 超限设备运输特殊措施费

超限设备运输特殊措施费是指超限设备在运输过程中需进行的路面拓宽、桥梁加固、铁路设施、码头等改造时所发生的特殊措施费。超限设备的标准遵从行业规定。

(13) 特殊设备安全监督检验费

特殊设备安全监督检验费是指在现场组装和安装的锅炉及压力容器、压力管道、消防设备、电梯等特殊设备和实施，由安全监察部门进行安全检验，应由项目向安全监察部门缴纳的费用。该费用可按受检设备和设施的现场安装费的一定比例估算。安全监察部门有规定的，从其规定。

（14）联合试运转费

联合试运转费是指新建项目或新增加生产能力的工程，在交付生产前按照批准的设计文件所规定的工程质量标准和技术要求，进行整个生产线或装置的负荷联合试运转或局部联动试车所发生的费用净支出（试运转支出大于收入的差额部分费用）。联合试运转费一般根据不同性质的项目按需要试运转车间的工艺设备购置费的百分比估算。具体费率按照部门或行业的规定执行。

（15）安全生产费用

安全生产费用是指建筑施工企业按照国家有关规定和建筑施工安全标准，购置施工安全防护用具、落实安全施工措施、改善安全生产条件、加强安全生产管理等所需的费用。建筑安装工程费中已计入安全生产费用的不再重复计取。

（16）专利及专有技术使用费

费用内容包括：国外设计及技术资料费，引进有效专利、专有技术使用费和技术保密费；国内有效专利、专有技术使用费；商标使用费、许经营权费等。

（17）生产准备费

生产准备费是指建设项目为保证竣工交付使用、正常生产运营进行必要的生产准备所发生的费用。包括生产人员培训费，提前进厂参加施工、设备安装、调试以及熟悉工艺流程及设备性能等人员的工资、工资性补贴、职工福利费、差旅交通费、劳动保护费、学习资料费等费用。

（18）办公及生活家具购置费

办公及生活家具购置费是指为保证新建、改建、扩建项目初期正常生产、使用和管理所必须购置的办公和生活家具、用具的费用。该项费用一般按照项目定员人数乘以费用指标估算。具体费用指标按照部门或行业的规定执行。

工程建设其他费用按各项费用的费率或者取费标准估算后，应编制工程建设其他费用估算表，见表 5-1。

某项目工程建设其他费用估算表　　　　表 5-1

序号	费用名称	计算依据	费率或标准	总价（万元）
1	土地使用权费	35000 平方米	每平方米 176 元	616.0
2	建设管理费	工程费用	4.8%	293.6
3	前期工作费	工程费用	1.0%	61.2
4	勘察设计费	工程费用	3.0%	183.5
5	工程保险费	工程费用	0.3%	18.3
6	联合试运转费	工程费用	0.5%	30.6
7	专利费	专利转让协议		240.0
8	人员培训费	项目定员 180 人	每人 2000 元	36.0
9	人员提前进厂费	项目定员 180 人	每人 5000 元	90.0
10	办公及生活家具购置费	项目定员 180 人	每人 1000 元	18.0
	合计			1587.2

注：表内的前期工作费包括可行性研究费、环境影响评价费和安全、职业卫生健康评价费。

6) 基本预备费估算

基本预备费是指在项目实施中可能发生，但在项目决策分析与评价阶段难以预计的，需要事先预留的费用，又称工程建设不可预见费。一般由下列三项内容构成：

(1) 在批准的设计范围内，技术设计、施工图设计及施工过程中所增加的工程费用；经批准的设计变更、工程变更、材料代用、局部地基处理等增加的费用。

(2) 一般自然灾害造成的损失和预防自然灾害所采取的措施费用。

(3) 竣工验收时为鉴定工程质量对隐蔽工程进行必要的挖掘和修复费用。

基本预备费以工程费用和工程建设其他费用之和为基数，按部门或行业主管部门规定的基本预备费费率估算。

7) 涨价预备费估算

涨价预备费是对建设工期较长的项目，由于在建设期内可能发生材料、设备、人工、机械台班等价格上涨引起投资增加而需要事先预留的费用，亦称价格变动不可预见费、价差预备费。

(三) 建设期利息估算

建设期利息的计算要根据借款在建设期各年年初发生或者在各年年内均衡发生的情况，采用不同的计算方法。

(四) 流动资金估算

流动资金是指项目运营期内长期占用并周转使用的营运资金，不包括运营中临时性需要的资金。流动资金估算的基础主要是营业收入和经营成本。因此，流动资金估算应在营业收入和经营成本估算之后进行。

流动资金估算可按行业要求或前期研究的不同阶段选用扩大指标估算法或分项详细估算法估算（表5-2）。

某项目流动资金估算表（单位：万元） 表5-2

序号	项目	最低周转天数	周转次数	运营期		
				第3年	第4年	第5~12年
1	流动资产			2936.3	4703.3	7059.2
1.1	应收账款	45	8	705.8	1136.2	1710.1
1.2	存货			2000.4	3254.1	4925.6
1.2.1	原材料	45	8	255.6	511.2	851.9
1.2.2	在产品	4	90	39.4	66.6	102.9
1.2.3	产成品	120	3	1705.4	2676.3	3970.8
1.3	现金	30	12	230.1	313.0	423.5
2	流动负债			306.1	612.2	1020.3
2.1	应付账款	45	8	306.1	612.2	1020.3
3	流动资金（1-2）			2630.2	4091.1	6038.9
4	流动资金本年增加额				1460.9	1947.8
5	用于流动资金的项目资本金			789.1	1227.3	1811.7
6	流动资金借款			1841.1	2863.8	4227.2

(五) 项目总投资与分年投资计划

1. 项目总投资估算表编制

如表 5-3 所示。

项目总投资估算表（单位：万元）　　　　　表 5-3

序号	费用名称	投资额		估算说明
		合计	其中：外币	
1	建设投资			
1.1	工程费用			
1.1.1	建筑工程费			
1.1.2	设备购置费			
1.1.3	安装工程费			
1.2	工程建设其他费用			
1.3	基本预备费			
1.4	涨价预备费			
2	建设期利息			
3	流动资金			
	项目总投资（1+2+3）			

2. 分年投资计划表编制

估算出项目建设投资、建设期利息和流动资金后，应根据项目计划进度的安排，编制分年投资计划表。该表中的分年建设投资可以作为安排融资计划，估算建设期利息的基础。由此估算的建设期利息列入该表。流动资金本来就是分年估算的，可由流动资金估算表转入。分年投资计划表是编制项目资金筹措计划表的基础（表 5-4）。

分年投资计划表（单位：万元）　　　　　表 5-4

序号	项目	人民币			外币		
		第1年	第2年	……	第1年	第2年	……
1	建设投资						
2	建设期利息						
3	流动资金						
	项目总投资（1+2+3）						

三、财务效益与费用估算

（一）项目计算期

项目财务效益与费用的估算涉及整个计算期的数据。项目计算期是指对项目进行经济评价应延续的年限，是财务分析的重要参数，包括建设期和运营期。

(二) 营业收入

营业收入是指销售产品或提供服务所取得的收入，对于销售产品的项目，营业收入即为销售收入。在估算营业收入的同时，一般还要完成相关流转税金的估算。流转税金主要指营业税、增值税、消费税以及营业税金附加等。

营业收入估算的具体要求如下：

1. 合理确定运营负荷

计算营业收入，首先要正确估计各年运营负荷（或称生产能力利用率、开工率）。在市场经济条件下，如果其他方面没有大的问题，运营负荷的高低应主要取决于市场。运营负荷的确定一般有两种方式：一是经验设定法，即根据以往项目的经验，结合该项目的实际情况，以设计能力的百分数表示。二是营销计划法，通过制订详细的分年营销计划，确定各种产出各年的生产量和商品量。

2. 合理确定产品或服务的价格

对于某些基础设施项目，其提供服务的价格或收费标准有时需要通过由成本加适当的利润的方式来确定，或者根据政府调控价格确定。

3. 编制营业收入估算表

营业收入估算表的格式可随行业和项目而异。项目的营业收入估算表格既可单独给出，也可同时列出各种应纳营业税金及附加以及增值税。典型项目示例见表 5-5。

某项目营业收入估算表（单位：万元）   表 5-5

序号	项目	年销量(吨)	单价(元/吨)	合计	计算期							
					1	2	3	4	5	6	7	8
	生产负荷	100%					90%	100%	100%	100%	100%	100%
1	营业收入合计	536300		753152	0	0	114888	127653	127653	127653	127653	127653
1.1	产品 A	330000	2094	407702	0	0	62192	69102	69102	69102	69102	69102
1.2	产品 B	150000	2735	242048	0	0	36923	41025	41025	41025	41025	41025

(三) 补贴收入

按照《企业会计制度》（2001），企业按规定实际收到退还的增值税，或按销量或工作量等依据国家规定的补助定额计算并按期给予的定额补贴，以及属于国家财政扶持的领域而给予的其他形式的补贴，应计入补贴收入科目。

(四) 成本与费用

按照《企业会计准则——基本准则》（2006），费用是指企业在日常活动中发生的、会导致所有者权益减少的、与向所有者分配利润无关的经济利益的总流出。在项目财务分析中，为了对运营期间的总费用一目了然，将管理费用、财务费用和营业费用这三项期间费用与生产成本合并为总成本费用。

1. 总成本费用构成与计算

总成本费用是指在一定时期（项目评价中一般指一年）为生产和销售产品或提供服务

而发生的全部费用。

(1) 生产成本加期间费用法

$$总成本费用＝生产成本＋期间费用$$

其中：生产成本＝直接材料费＋直接燃料和动力费＋直接工资或薪酬
　　　　　　　＋其他直接支出＋制造费用

期间费用＝管理费用＋财务费用（利息支出）＋营业费用

(2) 生产要素估算法

总成本费用＝外购原材料、燃料及动力费＋工资或薪酬＋折旧费＋摊销费＋修理费＋利息支出＋其他费用

采用这种估算方法，不必考虑项目内部各生产环节的成本结转，同时也较容易计算可变成本、固定成本和增值税进项税额。

2. 总成本费用各分项估算

以生产要素估算法公式为例，分步说明总成本费用各分项的估算要点。

(1) 外购原材料、燃料及动力费。

(2) 工资或薪酬。

(3) 固定资产原值和折旧费。

固定资产原值是指项目投产时（达到预定可使用状态）按规定由投资形成固定资产的价值，包括工程费用（设备购置费、安装工程费、建筑工程费）和工程建设其他费用中应计入固定资产原值的部分（也称固定资产其他费用）。预备费通常计入，建设期利息应计入固定资产原值。

固定资产的折旧方法可在税法允许的范围内由企业自行确定。一般采用直线法，包括年限平均法（原称平均年限法）和工作量法。

固定资产折旧年预计净残值率可在税法允许的范围内由企业自行确定，或按行业规定。

(4) 固定资产修理费。

(5) 无形资产摊销费。

无形资产是指企业拥有或者控制的没有实物形态的可辨认非货币性资产，包括专利权、非专利技术、商标权、著作权、土地使用权和特许权等。

无形资产的摊销一般采用年限平均法，不计残值。

(6) 其他资产摊销费。

生产准备费、办公和生活家具购置费等开办费性质的费用直接形成其他资产。采用年限平均法，不计残值，其摊销年限应注意符合税法的要求。

(7) 其他费用。

包括其他制造费用、其他管理费用和其他营业费用，指由制造费用、管理费用和营业费用中分别扣除工资或薪酬、折旧费、摊销费和修理费等以后的其余部分。

(8) 利息支出

利息支出的估算包括长期借款利息（即建设投资借款在投产后需支付的利息）、用于流动资金的借款利息和短期借款利息三部分。

建设投资借款利息：一般是长期借款。通行的还本付息方法主要有等额还本付息和等

额还本、利息照付两种，有时也可约定采取其他方法。

流动资金借款利息：流动资金借款从本质上说应归类为长期借款，但财务分析中往往设定年终偿还，下年初再借的方式，并按一年期利率计息。

短期借款利息：短期借款利息应计入总成本费用表的利息支出中。

3. 经营成本

经营成本构成：

经营成本＝外购原材料费＋外购燃料及动力费＋工资或薪酬＋修理费＋其他费用

经营成本与总成本的关系：

$$经营成本＝总成本费用－折旧费－摊销费－利息支出$$

4. 固定成本与可变成本

可变成本主要包括外购原材料、燃料及动力费和计件工资等。固定成本主要包括工资或薪酬（计件工资除外）、折旧费、摊销费、修理费和其他费用等。长期借款利息应视为固定成本，流动资金借款和短期借款利息可能部分与产品产量相关，其利息可视为半可变（或半固定）成本，为简化计算，一般也将其作为固定成本。进行盈亏平衡分析时，需要将总成本费用分解为固定成本和可变成本。

5. 成本与费用估算的有关表格

在分项估算上述各成本费用科目的同时，应编制相应的成本费用估算表，包括总成本费用估算表和各分项成本费用估算表。这些报表都属于财务分析的辅助报表。为了编制总成本费用估算表，还需配套编制下列表格：包括"外购原封料费估算表"，"外购燃料和动力费估算表"，"固定资产折旧费估算表"；"无形资产和其他资产摊销费估算表"，"长期借款利息估算表"（可与"借款还本付息计划表"合二为一）等。这些表格的编制应符合有关规定，并体现行业特点。见表 5-6。

总成本费用估算表 表 5-6

序号	项目	合计	运营期					
			3	4	5	6	7	8
	生产负荷							
1	外购原材料费							
2	外购辅助料费							
3	外购燃料							
4	外购动力							
5	职工薪酬							
6	修理费							
7	其他费用							
	其中：营业费用							
8	经营成本							
9	折旧费							
10	摊销费							
11	利息支出							
12	总成本费用合计							
	其中：固定成本							
	可变成本							

（五）相关税费估算及估算要点

财务分析中涉及的税费主要包括增值税、营业税、消费税、资源税、所得税、关税、城市维护建设税和教育费附加等，有些行业还涉及土地增值税、矿产资源补偿费、石油特别收益金和矿区使用费等。此外还有车船税、房产税、土地使用税、印花税和契税等。财务分析时应说明税种、征税方式、计税依据、税率等。如有减免税优惠，应说明减免依据及减免方式。在会计处理上，营业税、消费税、资源税、土地增值税、城市维护建设税和教育费附加包含在"营业税金及附加"科目中。

1. 增值税

对于适用增值税的项目，财务分析应按税法规定计算增值税。

$$应纳税额 = 当期销项税额 - 当期进项税额$$

$$销项税额 = 销售额 \times 税率$$

销售额为纳税人销售货物或者应税劳务向购买方收取的全部价款和价外费用，但是不包括收取的销项税额。

"纳税人购进货物或者接受应税劳务（以下简称购进货物或者应税劳务）支付或者负担的增值税额，为进项税额。下列进项税额准予从销项税额中抵扣：

（1）从销售方取得的增值税专用发票上注明的增值税额。

（2）从海关取得的海关进口增值税专用缴款书上注明的增值税额。……"

《中华人民共和国增值税暂行条例》还规定，"非增值税应税项目、免征增值税项目、集体福利或者个人消费的购进货物或者应税劳务"的进项税额不得从销项税额中抵扣。所谓非增值税应税项目，是指提供非增值税应税劳务、转让无形资产、销售不动产和不动产在建工程。不动产是指不能移动或者移动后会引起性质、形状改变的财产，包括建筑物、构筑物和其他土地附着物。纳税人新建、改建、扩建、修缮、装饰不动产，均属于不动产在建工程。

据此，财务分析中可抵扣固定资产增值税仅包括设备、主要安装材料的进项税额。

2. 营业税

对于适用营业税的项目，财务分析应按税法规定计算营业税。

$$应纳税额 = 营业额 \times 税率$$

交通运输业、建筑业、邮电通信业、服务业、文化体育业、娱乐业、金融保险业的项目以及转让无形资产或者销售不动产应按税法规定计算营业税。

3. 消费税

我国对部分货物征收消费税。项目评价中涉及适用消费税的产品或进口货物时，应按税法规定计算消费税。

4. 土地增值税

是按转让房地产（包括转让国有土地使用权、地上的建筑物及其附着物）取得的增值额征收的税种，房地产项目应按规定计算土地增值税。

5. 资源税

资源税的应纳税额，按照从价定率或者从量定额的办法，分别以应税产品的销售额乘以纳税人具体适用的比例税率或者以应税产品的销售数量乘以纳税人具体适用的定额税率计算。

《中华人民共和国资源税暂行条例》与原条例相比，其中一个重要变化是：对原油和天然气开采，资源税的征收由过去的从量定额计征方式改为从价定率计征，资源税税率为销售额的5%～10%。其他应税矿产品和盐仍按从量定额的办法计征，但定额有所调整。

6. 企业所得税

企业所得税：是针对企业应纳税所得额征收的税种，项目评价中应注意按有关税法对所得税前扣除项目的要求，正确计算应纳税所得额，并采用适宜的税率计算企业所得税，同时注意正确使用有关的所得税优惠政策，并加以说明。

7. 城市维护建设税、教育费附加和地方教育附加

城市维护建设税：以纳税人实际缴纳的增值税、营业税和消费税税额为计税依据，分别与增值税、营业税和消费税同时缴纳。税率根据纳税人所在地而不同，在市区，县城或镇，或不在市区、县城或镇的，税率分别为7%、5%或1%。

教育费附加：以各单位和个人实际缴纳的增值税、营业税和消费税税额为计征依据，教育费附加费率为3%，分别与增值税、营业税、消费税同时缴纳。

地方教育附加：要求统一开征地方教育附加。地方教育附加征收标准统一为单位和个人（包括外商投资企业、外国企业及外籍个人）实际缴纳的增值税、营业税和消费税税额的2%。

8. 关税

关税是以进出口应税货物为纳税对象的税种。

四、财务盈利能力分析

财务盈利能力分析是项目财务分析的重要组成部分，一般进行动态分析；从是否在融资方案的基础上进行分析的角度，财务盈利能力分析又可分为融资前分析和融资后分析。

动态分析采用现金流量分析方法，在项目计算期内，以相关效益费用数据为现金流量，编制现金流量表，考虑资金时间价值，采用折现方法计算净现值、内部收益率等指标，用以分析考察项目投资盈利能力。现金流量分析又可分为项目投资现金流量分析、项目资本金现金流量分析和投资各方现金流量分析三个层次。项目投资现金流量分析是融资前分析，项目资本金现金流量分析和投资各方现金流量分析是融资后分析。

（一）项目投资现金流量分析

1. 项目投资现金流量含义和作用

项目投资现金流量分析（原为"全部投资现金流量分析"）是从融资前的角度，在不考虑债务融资的情况下，确定现金流入和现金流出，编制项目投资现金流量表，计算财务内部收益率和财务净现值等指标，进行项目投资盈利能力分析，考察项目对财务主体和投资者总体的价值贡献。

项目投资现金流量分析是从项目投资总获利能力的角度，考察项目方案设计的合理性。项目投资现金流量分析计算的相关指标可作为初步投资决策的依据和融资方案研究的基础。

根据需要，项目投资现金流量分析可从所得税前和（或）所得税后两个角度进行考察，选择计算所得税前和（或）所得税后分析指标。

2. 项目投资现金流量识别与报表编制

项目投资现金流量分析的现金流入主要包括营业收入（必要时还可包括补贴收入），在计算期的最后一年，还包括回收资产余值及回收流动资金。该回收资产余值应不受利息因素的影响，它区别于项目资本金现金流量表中的回收资产余值。现金流出主要包括建设投资（含固定资产进项税）、流动资金、经营成本、营业税金及附加。如果运营期内需要投入维持运营投资，也应将其作为现金流出。

根据上述现金流量编制的现金流量表称为项目投资现金流量表，格式见表5-7。

项目投资现金流量表　　　　　　　　　　　表5-7

序号	项目	合计	计算期							
			1	2	3	4	5	6	7	8
	生产负荷									
1	现金流入									
1.1	营业收入									
1.2	销项税额									
1.3	回收固定资产余值									
1.4	回收无形资产余值									
1.5	回收流动资金									
2	现金流出									
2.1	建设投资									
2.2	流动资金									
2.3	经营成本									
2.4	进项税额									
2.5	应纳增值税									
2.6	营业税金及附加									
2.7	维持运营投资									
3	所得税前净现金流量									
4	累计所得税前净现金流量									
5	调整所得税									
6	所得税后净现金流量									
7	累计所得税后净现金流量									

计算指标：
项目投资财务内部收益率（所得税前）
项目投资财务内部收益率（所得税后）
项目投资财务净现值（所得税前）（$i=X\%$）　　　　　万元
项目投资财务净现值（所得税后）（$i=X\%$）　　　　　万元
项目投资回收期（所得税前）　　　　　年
项目投资回收期（所得税后）　　　　　年

3. 所得税前分析和所得税后分析的作用

项目投资所得税后分析也是一种融资前分析，所采用的表格同所得税前分析，只是在现金流出中增加了调整所得税，根据所得税后的净现金流量来计算相关指标。所得税后分析是所得税前分析的延伸。由于其计算基础——净现金流盘中剔除了所得税，有助于判断在不考虑融资方案的条件下项目投资对企业价值的贡献。

（二）项目资本金现金流量分析

1. 项目资本金现金流量分析含义与作用

项目资本金现金流量分析是在拟定的融资方案下，从项目资本金出资者整体的角度，确定其现金流入和现金流出，编制项目资本金现金流量表，计算项目资本金内部收益率指标，考察项目资本金可获得的收益水平。

项目资本金现金流量分析是融资后分析。项目资本金现金流量分析指标应该能反映从项目权益投资者整体角度考察盈利能力的要求。

项目资本金现金流量分析指标是比较和取舍融资方案的重要依据。在通过融资前分析已对项目基本获利能力有所判断的基础上，通过项目资本金现金流量分析结果可以进而判断项目方案在融资条件下的合理性，因此可以说项目资本金现金流量分析指标是融资决策的依据，有助于投资者在其可接受的融资方案下最终决策出资。

2. 项目资本金现金流量识别和报表编制

表 5-8 所示的净现金流量包括了项目（企业）在缴税和还本付息之后所剩余的收益（含投资者应分得的利润），也即企业的净收益，又是投资者的权益性收益。

项目资本金现金流量表（单位：万元）　　　　　表 5-8

序号	项目	合计	计算期							
			1	2	3	4	5	6	7	8
	生产负荷									
1	现金流入									
1.1	营业收入									
1.2	销项税额									
1.3	回收固定资产余值									
1.4	回收无形资产余值									
1.5	回收流动资金									
2	现金流出									
2.1	项目资本金									
2.2	长期借款本金偿还									
2.3	流动资金借款本金偿还									
2.4	借款利息支付									
2.5	经营成本									
2.6	进项税额									
2.7	应纳增值税									

续表

序号	项目	合计	计算期							
			1	2	3	4	5	6	7	8
2.8	营业税金及附加									
2.9	所得税									
2.10	维持运营投资									
3	净现金流量									
4	累计净现金流量									

3. 项目资本金现金流量分析指标

项目资本金财务基准收益率应体现项目发起人（代表项目所有权益投资者）对投资获利的最低期望值（也称最低可接受收益率）。当项目资本金财务内部收益率大于或等于该最低可接受收益率时，说明在该融资方案下，项目资本金获利水平超过或达到了要求，该融资方案是可以接受的。

(三) 投资各方现金流量分析

投资各方现金流量表中的现金流入和现金流出科目需根据项目具体情况和投资各方因项目发生的收入和支出情况选择填列。

在仅按股本比例分配利润和分担亏损与风险的情况下，投资各方的利益是均等的，可不进行投资各方现金流量分析。投资各方有股权之外的不对等的利益分配时，投资各方的收益率将会有差异，比如其中一方有技术转让方面的收益，或一方有租赁设施的收益，或一方有土地使用权收益的情况。另外，不按比例出资和进行分配的合作经营项目，投资各方的收益率也可能会有差异。计算投资各方的财务内部收益率可以看出各方收益的非均衡性是否在一个合理的水平上，有助于促成投资各方在合作谈判中达成平等互利的协议。

(四) 现金流量分析基准参数

1. 现金流量分析基准参数的含义和作用

现金流量分析指标的判别基准称为基准参数，最重要的基准参数是财务基准收益率，它用于判别财务内部收益率是否满足要求，同时它也是计算财务净现值的折现率。

采用财务基准收益率作为折现率，用于计算财务净现值，可使财务净现值大于或等于零与财务内部收益率大于或等于财务基准收益率两者对项目财务可行性的判断结果一致。

2. 财务基准收益率的确定

(1) 财务基准收益率的确定要考虑资金成本。

(2) 财务基准收益率的确定要考虑资金机会成本。

(3) 项目投资财务内部收益率的基准参数可采用国家、行业或专业（总）公司统一发布执行的财务基准收益率。选择项目投资财务内部收益率的基准参数时要注意所得税前和所得税后指标的不同。

(4) 项目资本金财务内部收益率的判别基准。项目资本金财务内部收益率的基准参数应为项目资本金所有者整体的最低可接受收益率。其数值大小主要取决于资金成本、资本收益水平、风险以及项目资本金所有者对权益资金收益的要求，上述与投资者对风险的态度有关。

建设项目财务基准收益率取值表（参考值）见表 5-9。

建设项目财务基准收益率取值表（参考值）　　　　表 5-9

序号	行业名称	项目融资前税前财务基准收益率	项目资本金税后财务基准收益率	备注
01	农业			
011	种植业	6	6	
012	畜牧业	7	9	
013	渔业	7	8	
014	农副食品加工	8	8	
02	林业			
021	林产加工	11	11	
022	森林工业	12	13	
023	林纸林化	12	12	
024	营造林	8	9	
03	建材			
031	水泥制造业	11	12	
032	玻璃制造业	13	14	
04	石油			
041	陆上油田开采	13	15	
042	陆上气田开采	12	15	
043	国家原油存储设施	8	8	
044	长距离输油管道	12	13	
045	长距离输气管道	12	13	
05	石化			
051	原油加工及石油制品制造	12	13	
052	初级形态的塑料及合成树脂制造	13	15	
053	合成纤维单（聚合）体制造	14	16	
054	乙烯联合装置	12	15	
055	纤维素纤维原料及纤维制造	14	16	
06	化工			
061	氯碱及氯化物制造	11	13	
062	无机化学原料制造	10	11	
063	有机化学原料及中间体制造	11	12	
064	化肥	9	9	
065	农药	12	14	
066	橡胶制品制造	12	12	

续表

序号	行业名称	项目融资前税前财务基准收益率	项目资本金税后财务基准收益率	备注
067	化工新型材料	12	13	
068	专用化学品制造（含精细化工）	13	15	
07	信息产业			
071	固定通信	5	5	
072	移动通信	10	12	
073	邮政通信	3	3	
08	电力			
081	电源工程			
0811	火力发电	8	10	
0812	天然气发电	9	12	
0813	核能发电	7	9	
0814	风力发电	5	8	
0815	垃圾发电	5	8	
0816	其他能源发电（潮汐、地热等）	5	8	
0817	热电站	8	10	
0818	抽水蓄能电站	8	10	
082	电网工程			
0821	送电工程	7	9	
0822	联网工程	7	10	
0823	城网工程	7	10	
0824	农网工程	6	9	
0825	区内或省内电网工程	7	9	
09	水利			
091	水库发电工程	7	10	
092	调水、供水工程	4	6	
10	铁路			
101	铁路网既有线改造	6	6	
102	铁路网新线建设	3	3	
11	民航			
111	大中型（干线）机场建设	5	4	
112	小型（支线）机场建设	1	—	

五、偿债能力分析和财务生存能力分析

偿债能力分析主要是通过编制相关报表，计算利息备付率、偿债备付率等比率指标，

分析企业（项目）是否能够按计划偿还为项目所筹措的债务资金，判断其偿债能力。财务生存能力分析是在财务分析辅助报表和利润与利润分配表的基础上编制财务计划现金流量表，通过考察项目计算期内各年的投资、融资和经营活动所产生的各项现金流入和流出，计算净现金流量和累计盈余资金，分析项目是否能为企业创造足够的净现金流量维持正常运营，进而考察实现财务可持续性的能力。项目（企业）的利润表以及资产负债表在偿债能力分析和财务生存能力分析中也起着相当重要的作用。

（一）相关报表编制

1. 借款还本付息计划表

如表 5-10 所示。

借款还本付息计划表 表 5-10

序号	项 目	计 算 期							
		1	2	3	4	5	6	7	8
1	长期借款								
1.1	年初借款余额								
1.2	本年借款								
1.3	本年应计利息								
1.4	本年还本付息								
	其中：还本								
	付息								
1.5	年末借款本息累计								
2	流动资金借款								
2.1	年初借款余额								
2.2	本年借款								
2.3	本年应计利息								
2.4	本年还本付息								
	其中：还本								
	付息								
2.5	年末借款本息累计								
3	合计								
3.1	年初余额								
3.2	本年借款								
3.3	本年应计利息								
3.4	本年还本付息								
	其中：还本								
	付息								
3.5	年末本息累计								
指标	利息备付率（%）								
	偿债备付率（%）								

2. 财务计划现金流量表

财务计划现金流量表是国际上通用的财务报表,用于反映计算期内各年的投资活动、融资活动和经营活动所产生的现金流入、现金流出和净现金流量,考察资金平衡和余缺情况,是表示财务状况的重要财务报表。见表 5-11。

财务计划现金流量表　　　　　　表 5-11

序号	项目	合计	计算期										
			1	2	3	4	5	6	7	8	9	10	11
	生产负荷												
1	经营活动净现金流量												
1.1	现金流入												
1.1.1	营业收入												
1.1.2	增值税销项税额												
1.1.3	补贴收入												
1.2	现金流出												
1.2.1	经营成本												
1.2.2	增值税进项税额												
1.2.3	营业税金及附加												
1.2.4	增值税												
1.2.5	所得税												
2	投资活动净现金流量												
2.1	现金流入												
2.2	现金流出												
2.2.1	建设投资												
2.2.2	维持运营投资												
2.2.3	流动资金												
3	筹资活动净现金流量												
3.1	现金流入												
3.1.1	项目资本金投入												
3.1.2	维持运营投资												
3.1.3	建设投资借款												
3.1.4	流动资金借款												
3.1.5	短期借款												
3.2	现金流出												
3.2.1	各种利息支出												
3.2.2	偿还长期借款本金												
3.2.3	偿还流动资金借款本金												
3.2.4	偿还短期借款本金												
3.2.5	股利分配												
4	净现金流量												
5	累计盈余资金												

3. 资产负债表

资产负债表（表 5-12）通常按企业范围编制，企业资产负债表是国际上通用的财务报表，表中数据可由其他报表直接引入或经适当计算后列入，以反映企业某一特定日期的财务状况编制过程中应实现资产与负债和所有者权益两方面的自然平衡。

资产负债表　　　　表 5-12

序号	项目	计算期							
		1	2	3	4	5	6	7	8
1	资产								
1.1	流动资产总额								
1.1.1	现金								
1.1.2	应收账款								
1.1.3	预付账款								
1.1.4	存货								
1.1.5	累计盈余资金								
1.1.6	其他								
1.2	在建工程								
1.3	固定资产净值								
1.4	无形及其他资产净值								
2	负债及所有者权益								
2.1	流动负债总额								
2.1.1	短期借款								
2.1.2	应付账款								
2.1.3	预收账款								
2.1.4	其他								
2.2	建设投资借款								
2.3	流动资金借款								
2.4	负债小计								
2.5	所有者权益								
2.5.1	资本金								
2.5.2	资本公积								
2.5.3	累计盈余公积金								
2.5.4	累计未分配利润								

4. 主要经济数据及评价指标表

如表 5-13 所示。

主要经济数据及评价指标表　　　　表 5-13

序号	项目	单位	数据	备注
一	经济数据			
1	项目总投资	万元		

续表

序号	项　目	单位	数据	备注
	其中：规模总投资	万元		
2	建设投资	万元		
3	建设期利息	万元		
4	流动资金	万元		
	其中：铺底流动资金	万元		
5	资金筹措	万元		
	其中：债务资金	万元		
	项目资本金	万元		
	资本金比例	%		
6	年平均营业收入	万元		
7	年平均营业税金及附加	万元		
8	年平均总成本费用	万元		
9	年平均利润总额	万元		
10	年平均所得税	万元		
11	年平均净利润	万元		
12	年平均税前利润	万元		
13	年平均增值税	万元		
二	财务评价指标			
1	总投资收益率	%		
2	项目资本金净利润率	%		
3	项目投资财务内部收益率（所得税前）	%		
4	项目投资财务净现值（所得税前）	万元		$I=8\%$
5	项目投资回收期（所得税前）	年		
6	项目投资财务内部收益率（所得税后）	%		
7	项目投资财务净现值（所得税后）	万元		
8	项目投资回收期（所得税后）	年		
9	项目资本金财务内部收益率	%		
10	盈亏平衡点（生产能力利用率）	%		

（二）偿债能力分析

根据借款还本付息计划表数据与利润表以及总成本费用表的有关数据可以计算利息备付率、偿债备付率指标，各指标的含义和计算要点如下：

1. 利息备付率

利息备付率是指在借款偿还期内的息税前利润与当年应付利息的比值，它从付息资金来源的充裕性角度反映支付债务利息的能力。

$$利息备付率＝息税前利润/应付利息总额$$

利息备付率表示利息支付的保证倍率，对于正常经营的企业，利息备付率至少应当大于1，一般不宜低于2，并结合债权人的要求确定。利息备付率高，说明利息支付的保证度大，偿债风险小；利息备付率低于1，表示没有足够的资金支付利息，偿债风险很大。

2. 偿债备付率

偿债备付率是从偿债资金来源的充裕性角度反映偿付债务本息的能力，是指在债务偿还期内，可用于计算还本付息的资金与当年应还本付息额的比值，可用于计算还本付息的资金是指息税折旧摊销前利润（EBITDA，息税前利润加上折旧和摊销）减去所得税后的余额；当年应还本付息金额包括还本金额及计入总成本费用的全部利息。

$$偿债备付率＝(息税折旧摊销前利润－所得税)/应还本付息额$$

偿债备付率表示偿付债务本息的保证倍率，至少应大于1，一般不宜低于1.3，并结合债权人的要求确定。偿债备付率低，说明偿付债务本息的资金不充足，偿债风险大。当这一指标小于1时，表示可用于计算还本付息的资金不足以偿付当年债务。

3. 资产负债率

资产负债率是指企业（或"有项目"范围）的某个时点负债总额同资产总额的比率。项目财务分析中通常按年末数据进行计算，在长期债务还清后的年份可不再计算资产负债率。

$$资产负债率＝(负债总额/资产总额)\times 100\%$$

4. 考察企业财务状况的指标

考察企业财务状况主要有资产负债率、流动比率、速动比率等比率指标，根据企业资产负债表的相关数据计算。

资产负债率：表示企业总资产中有多少是通过负债得来的，是评价企业负债水平的综合指标。

流动比率：流动比率是企业某个时点流动资产同流动负债的比率。其计算公式为：

$$流动比率＝流动资产/流动负债$$

流动比率衡量企业资产流动性的大小，考察流动资产规模与流动负债规模之间的关系，判断企业短期债务到期前，可以转化为现金用于偿还流动负债的能力。该指标越高，说明偿还流动负债的能力越强。国际公认的标准比率是10。但行业间流动比率会有很大差异，一般而言，行业生产周期较长，流动比率就应相应提高；反之，就可以相对降低。

速动比率：速动比率是企业某个时点的速动资产同流动负债的比率，其计算公式为：

$$速动比率＝速动资产/流动负债$$

$$速动资产＝流动资产－存货$$

速动比率越高，说明偿还流动负债的能力越强。国际公认的标准比率为1.0。同样，行业间该指标也有较大差异，实践中应结合行业特点分析判断。

（三）财务生存能力分析

1. 财务生存能力分析的作用

财务生存能力分析旨在分析考察项目在整个计算期内的资金充裕程度，分析财务可持续性，判断在财务上的生存能力。财务生存能力分析主要根据财务计划现金流量表，同时兼顾借款还本付息计划和利润分配计划进行。

非经营性项目财务生存能力分析还兼有寻求政府补助维持项目持续运营的作用。

2. 财务生存能力分析的方法

财务生存能力分析应结合偿债能力分析进行，项目的财务生存能力的分析可通过以下相辅相成的两个方面进行：

（1）分析是否有足够的净现金流量维持正常运营。

（2）各年累计盈余资金不出现负值是财务上可持续的必要条件。

六、非经营性 PPP 项目财务分析的特点

（一）非经营性项目的概念

非经营性项目是指旨在实现社会目标和环境目标，为社会公众提供服务的非营利性投资项目，包括社会公益事业项目（如教育项目、医疗卫生保健项目）、环境保护与环境污染治理项目、某些公用基础设施项目（如市政项目）等。

（二）非经营性项目财务分析的要求

1. 非经营性项目财务分析的要求视项目具体情况有所不同

对没有营业收入的项目，不需进行盈利能力分析。这类项目通常需要政府长期补贴才能维持运营。应同一般项目一样估算费用，包括投资和运营维护成本。

对有营业收入的 PPP 项目，财务分析应根据收入抵补支出的不同程度，区别对待。通常营业收入补偿费用的顺序是：支付运营维护成本——缴纳流转税——偿还借款利息——计提折旧和偿还借款本金。

有营业收入，但不足以补偿运营维护成本的 PPP 项目，应估算收入和成本费用，通过两者差额来估算运营期各年需要政府给予补贴的数额，进行财务生存能力分析。对有债务资金的项目，还应结合借款偿还要求进行财务生存能力分析。

有些项目在短期内收入不足以补偿全部运营维护成本，但随着时间推移，通过价格（收费）水平的逐步提高，不仅可以补偿运营维护成本、缴纳流转税、偿还借款利息、计提折旧、偿还借款本金，还可产生盈余。因此对这类 PPP 项目政府在短期内可以给予补贴以维持运营的项目，也可以不给补贴，而是在全生命周期内核算，仅进行偿债能力分析（如有借款时）和财务生存能力分析，推算运营前期各年所需的财政补贴数额，分析政府在有限时间内提供财政补贴的可行性。

营业收入在补偿项目运营维护成本、缴纳流转税、偿还借款利息、计提折旧、偿还借款本金后还有盈余，表明项目在财务上有盈利能力和生存能力，其财务分析内容可与一般

项目基本相同。

2. 对收费项目应合理确定提供服务的收费价格

服务收费价格是指向服务对象提供单位服务收取的服务费用，需分析其合理性。分析方法一般是将预测的服务收费价格与消费者承受能力和支付意愿以及政府发布的指导价格进行对比，也可与类似项目对比。

有时需要在维持项目正常运营的前提下，采取倒推服务收费价格的方式，同时分析消费者的支付能力。

第六章　PPP 融资模式

一、PPP 融资模式介绍

PPP 为"公私合伙制"，指公共部门通过与私人部门建立伙伴关系提供公共产品或服务的一种方式。PPP 包含 BOT、TOT 等多种模式，但又不同于后者，更加强调合作过程中的风险分担机制和项目的货币价值原则。PPP 模式是公共基础设施建设中发展起来的一种优化的项目融资与实施模式，这是一种以各参与方的"双赢"或"多赢"为合作理念的现代融资模式。

PPP 项目运作方式主要包括：委托运营、管理合同、建设-运营-移交、建设-拥有-运营、转让-运营-移交、改建-运营-移交等。

项目具体采用哪种运作模式，主要由项目性质，例如收费定价机制（使用者付费/政府付费）和项目投资收益水平（经营性/准经营性/非经营性）、技术或管理的复杂程度、风险分配基本框架、融资需求、改扩建需求、期满处置等因素决定。

（一）BOT 及其变种

BOT 是"建设-经营-转让"的英文缩写，指的是政府或政府授权项目业主，将拟建设的某个基础设施项目，通过合同约定并授权另一投资企业来融资、投资、建设、经营、维护该项目，该投资企业在协议规定的时期内通过经营来获取收益，并承担风险。政府或授权项目业主在此期间保留对该项目的监督调控权。协议期满根据协议由授权的投资企业将该项目转交给政府或政府授权项目业主的一种模式。适用于对现在不能盈利而未来却有较好或一定的盈利潜力的项目，其运作结构如图 6-1 所示。

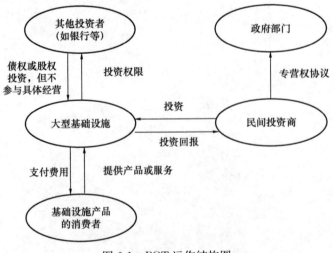

图 6-1　BOT 运作结构图

在 BOT 模式的基础上，又衍生出了 BOOT、BOO 等相近似的模式，这些一般被看作是 BOT 的变种，它们之间的区别主要在于私人拥有项目产权的完整性程度不同：

BOOT、BOO 与 BOT 的比较　　　　表 6-1

英文简称	BOT	BOOT	BOO
英文全称	Build-Operate-Transfer	Build-Own-Operate-Transfer	Build-Own-Operate
私人拥有项目产权的完整性	在特许期内暂时拥有，但不完整	在特许期内暂时拥有，较完整，私人参与度比 BOT 高	长期拥有，完整，近似于永久专营

(二) BT 融资模式

BT（建设—转让）是 BOT 的一种演化模式，目前暂不被列入政府 PPP 项目鼓励开发模式，但是，常被社会投资机构"青睐"。其特点是协议授权的投资者只负责该项目的投融资和建设，项目竣工经验收合格后，即由政府或授权项目业主按合同规定赎回。整个投资建设过程简单，责任清晰，适用于建设资金来源计划比较明确，而短期资金短缺经营收益小或完全没有收益的基础设施项目。

1. 适用范围

根据政府面临的任务目标和项目特点，涉及的适用范围总体上讲是前期工作成熟到位、急需投资建设，建设资金回收有保障，但回收时间较长（一般 10 年以上），资金筹措中长期较好可行，银行融资当前较困难。使用范围内容包括：土地储备整治及开发（BT）；城镇供水项目（BT 或 BOT）；污水处理项目（BT 或 BOT）；水电，特别是小水电开发（BT 或 BOT）；河堤整治开发建设（BT）；部分水源建设项目（BT）。

2. 采用 BOT、BT 要注意的主要问题和对策措施

采用 BOT、BT 有助于缓解水利建设项目业主一段时间特别是当前资金困难。但具体操作中存在项目确定、招标选代理业主、与中标者谈判、签署与 BOT、BT 有关的合同、移交项目等多个阶段，涉及政府许可、审批、标的确定等诸多环节。其中 BT 方式还存在到期必须回购付款的资金压力。这些都需要注意应对，确定相应的对策措施。

1) 完善机制，寻求法律支持

项目的谈判中、签订中、履行中以及转让中寻求法律的支持是客观的需要，这对于项目的健康有序运行十分必要。

(1) 在项目的谈判中

当采用 BOT、BT 方式融资进行基础设施建设时，应请律师参与商务谈判、起草法律文件、提供法律咨询、提出司法建议等。

如果是通过招标投标方式从优确定投资者。应依据《中华人民共和国招标投标法》审查整个招投标过程，特别是对开标过程的真实性、合法性进行现场公证。

(2) 在协议签订中

BOT、BT 项目企业确定后，项目业主应与该项目承包商签订《投资建设合同书》，这个合同书是 BOT、BT 项目的核心协议，此后的一系列协议，都应依据此合同展开。项目业主应运用法律程序（如公证方式）从形式要件、实质要件上，确保这一合同的真实合法有效。如果项目承包商由多家投资者组成，投资者之间也必须提交联合的法律文书。依照国际惯例，各类法律文书都应办理公证，使BOT、BT项目更趋规范化。

（3）在项目转让过程中

BOT、BT项目的投资方完成项目工程建设后，提出书面申请，由政府组织交工验收。验收合格后，BT方式的投资方可申请BT移交；BOT方式的项目进入经营，到期后提出移交。在项目转让过程中，应请法律机构或公证机构参与。

2）给予BOT、BT项目承包商比较合理的条件

以BOT、BT方式进行基础设施建设，建设周期长、投资回收慢，投资者对项目带不走，相比有的投入产出企业，BOT、BT项目企业承担的风险更大。所以应制定对BOT、BT方式投资者比较合理的承包条件，如：价格、融资的财务费用、支付条件等，以消除BOT、BT项目投资者的顾虑。把BOT、BT项目投资者降低工程质量、加大建设费用等方式提前收回投资转移到以确定的合同条件上来。

3）强化对项目的监督

强化对BOT、BT项目的监督。可通过以下途径监督：

（1）确定指标

要确定项目的建设规模、建设内容、建设标准、投资额、工程时间节点及完工日期，并确认投资方投资额等，并明确规定每一指标的上、下限。设立相应的资产、质量状况指标。如施工队伍与承包人没有直接的隶属关系，且独立管理或承担某一部分施工的，应视为分包。

（2）严格监督

负责项目的全过程监督。对项目的设计、项目招投标、施工进度、建设质量等进行监督与管理，有权向投资方提出管理上、组织上、技术上的整改措施。

（3）强化法律

若发生私自更改或超过规定数量的可诉之法律。实行建设市场准入制度，在施工过程中，监理工程师如发现承包人有分包嫌疑时有权进行调查核实，承包人应提供有关资料并配合调查。如分包成立则按违约处理。

4）注重风险防范设立相应的资产、质量状况指标。

首先是组建一个专业小组，形成依据完善防范风险的合同条件；其次是充分预见经济、技术、质量、融资等各类可能存在的风险，拟定相应的风险回避对策；再是力求各种审批和法律手续完善，做到公平、公正、公开。

（三）TOT融资模式

TOT方式是国际上较为流行的一种项目融资方式，通常是指政府部门或国有企业将建设好的项目的一定期限的产权或经营权，有偿转让给投资人，由其进行运营管理；投资人在约定的期限内通过经营收回全部投资并得到合理的回报，双方合约期满之后，投资人再将该项目交还政府部门或原企业的一种融资方式。

TOT融资是BOT融资方式的新发展，也是企业进行收购与兼并所采取的一种特殊形式。从某种程度上讲，TOT具备我国企业在并购过程中出现的一些特点，因此可以理解为基础设施企业或资产的收购与兼并。TOT（移交—经营—移交）模式的流程大致是：首先进行经营权转让，即把存量部分资产的经营权置换给投资者，双方约定一定的转让期

限;其次,在此期限内,经营权受让方全权享有经营设施及资源所带来的收益;最后,期满后,再由经营权受让方移交给经营权转让方。它是相对于增量部分资源转让即 BOT (建设—经营—移交) 而言的,都是融资的方式和手段之一。

(四) ABS 融资模式

ABS 是 "资产证券化" 的简称。这是近年来出现的一种新的基础设施融资方式,其基本形式是以项目资产为基础并以项目资产的未来收益为保证,通过在国内外资本市场发行成本较低的债券进行筹融资。规范的 ABS 融资通常需要组建一个特别目的公司 (Special Purpose Vehicle, SPV);原始权益人 (即拥有项目未来现金流量所有权的企业) 以合同方式将其所拥有的项目资产的未来现金收入的权利转让给 SPV,实现原始权益人本身的风险与项目资产的风险隔断;然后通过信用担保,SPV 同其他机构组织债券发行,将发债募集的资金用于项目建设,并以项目的未来收益清偿债券本息。ABS 融资方式,具有以下特点:与通过在外国发行股票筹资比较,可以降低融资成本;与国际银行直接信贷比较,可以降低债券利息率;与国际担保性融资比较,可以避免追索性风险;与国际双边政府贷款比较,可以减少评估时间和一些附加条件。其运作简要流程如图 6-2 所示。

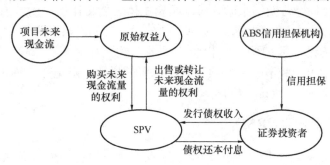

图 6-2 ABS 运作模式流程图

在国外,ABS 广泛应用于排污、环保、电力、电信等投资规模大、资金回收期长的城市基础设施项目。

(五) 基础设施产业投资基金

基础设施产业投资基金即组建基金管理公司,向特定或非特定投资者发行基金单位设立基金,将资金分散投资于不同的基础设施项目上,待所投资项目建成后通过股权转让实现资本增值,其收益与风险由投资者共享、共担。这一方式的优点在于可以集聚社会上分散资金用于基础设施建设。其操作模式如图 6-3 所示。

(六) 以"设施使用协议"为载体融资

投资者事先同项目设施使用者签署"设施使用协议"并获付费承诺,然后组建项目公司,项目公司以使用协议作为融资载体来安排融资。其信用保证主要来自于"设施使用协议"中使用者的无条件付费承诺,在具体的融资结构设计中往往把使用协议做成一个实际上的项目债务融资担保或信用增强途径。此种方式较适合于资本密集、收益较低但相对稳定的基础设施项目,如石油、天然气管道项目、港口设施等。

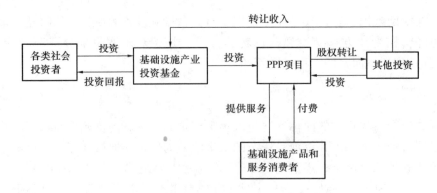

图 6-3 基础设施产业投资基金模式流程图

（七）民间主动融资（PFI）

民间主动融资（Private Finance Initiative，PFI）即对于公益性的基础设施项目，政府通过项目招标的方式确定民间投资主体，并授权社会资本负责项目的融资、建设与运行，作为对该民间投资主体的回报，政府在授权期限内每年以财政性资金向其支付一定的使用费或租赁费，授权经营期结束时，民间投资主体无偿转让项目给政府。PFI 融资方式与 BOT 方式有类似之处（两者均涉及项目的"建设—经营—转让"），但在 PFI 中，最终是由政府支付项目建设、维护费用，相当于是政府购买服务，而 BOT 属于项目融资方式。由此 PFI 主要用于一些不收费的项目，如免费的桥梁、隧道等，而 BOT 适用于具有收费条件的基础设施项目，如收费的桥梁等。

（八）使用者付费模式（URM）

使用者付费模式（User Reimbursement Model，URM）是指政府通过招标的方式选定合适的基础设施项目民间投资主体，同时，政府制定合理的受益人收费制度并通过一定的技术手段将上述费用转移支付给项目的民间投资者，作为购买项目服务的资金。其运作流程如图 6-4 所示：

在 URM 模式下，与 BOT 一样，资金的平衡来自于项目的收费，但与 BOT 不同的是，此种模式中的产品和服务的收费是在政府的中介下完成的。对于一些不适合私人直接

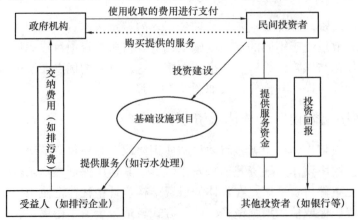

图 6-4 使用者付费模式流程图

进行收费、市场风险较大的基础设施项目，如污染治理工程等，比较适合采用 URM 方式来运作。

（九）影子收费融资模式（Shadow Tolling）

影子收费融资模式（Shadow Tolling）是指对于公益性的基础设施项目，政府通过项目招标的方式确定民间投资主体，并授权后者负责项目的融资、建设、与运营，作为对该民间主体的回报，政府在授权期限内每年以财政性资金或其他形式基金向其支付一定的补偿费用，补偿其免费为公众提供服务应得的利益；授权经营期结束时，民间投资主体无偿转让项目给政府。

1. 适用范围

BOT、BT 模式在一般情况下的确可以有效利用外资和民间资本，但是它有一个不可逾越的条件，就是要对基础设施的使用者直接征收费用（或政府一次性必须给出很大一笔钱来收购该基础设施），对于基础设施项目来说，这种征收可能直接降低基础设施的使用效率，显著的例子就是交通基础设施。

BOT 工程较适宜于市场需求大，并且较具经营性价值的公共建设，如收费道路、发电厂等，便于以营运收入回收投资成本。而对于一些无法向使用者直接收费的城市非经营性公共工程，如一般公路、桥梁等，则采用"影子收费"的方式更加适合，由民间资本先行垫付经费，承担建设期间成本，政府可延后公共建设的财务支出，以缓解短期的财务负担。而政府虽然仍有财政负担，但有最大的负担上限，经营方保证稳定收益的同时，也可以通过成本规划达成利润极大。这样既可吸引投资，又转移了营运风险，像英国道路建设的主要就是采用了"影子收费"的激励机制。

2. 采用影子收费融资模式的给付结构分析

1）组建 DBFO 公司

对于交通设施项目，采取授予 DBFO（Design-Build-Finance-Operate，设计-建设-融资-运营）特许权的形式，并要求民间投资主体按照要求组建项目公司，通常称为 DBFO 公司，借此私人部门可以在规定的授权期限内设计、建设、融资和运营该项目，其运作流程如图 6-5 所示。

2）影子收费融资模式与 BOT、BT 等融资方式的区别

在影子收费融资模式下，对于使用者并不直接向运营者付费，而是由政府根据设施的

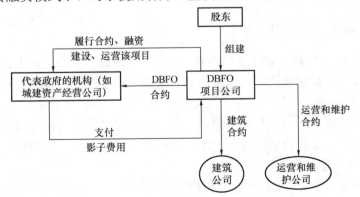

图 6-5 影子收费方式下基础设施建设融资的运作流程图

交通流量和预先商榷好的费率向运营者支付使用费的方式就是影子收费,也可以说补偿费用的给付结构便是影子收费结构,通常在 DBFO 合约中设定,之所以称其为"影子",是相对于真实的,如 BOT 模式中的显示收费而言的。

与 BOT、BT 等融资方式的区别在于,实质上它没有真正融得资金,最终还是由政府支付项目的建设、运营和维护费用,相当于政府购买服务,只不过政府通过这种方式将支付的时间大大延长了,通常是二十年左右。

3) 影子收费的给付结构

影子费用的给付是为了对社会资本无偿为公众提供服务进行补偿,因此其建立在过往车辆的类型和数量的基础上。影子费用的给付通常从交通设施提供服务那天开始,这样做的目的是为了激励社会资本尽快完成工程,对公众开放。影子收费的给付结构见表 6-2。

影子收费的给付结构 表 6-2

交通流量水平区间	影子费用
第一区间:保守估计的最低服务量(交通流量)	费用足以弥补投资商的融资成本,通常是以贷款利率为标准测算
第二区间:逐年增长的正常的服务要求(交通流量)	满足投资商根据机会成本原理提出的所期望的收益率,给付额将随服务量的增长呈指数增长
第三区间:设施所能承载的最大服务能力(交通流量)	超过这个区间的服务量,给付额度为零,以控制政府的成本

3. 影子收费方式的风险分担

对于政府而言,项目基本上由政府部门转向了私人部门,因为整个项目由私人部门负责建设、运营和维护并筹措相关成本费用;政府仅承担交通风险,原因是影子费用的给付与交通流量相关,如果交通流量始终处于第二区间,那么政府给付的额度就会比较多,但由于给付始终在政府承受范围之内,所以相对于私人部门而言,政府承担的风险还是要小得多。但是高收益必定伴随着高风险,通过采取各种方法评估和规避风险之后,影子收费依然是一个对投资商有足够吸引力的参与基础设施建设的途径。

二、PPP 融资模式的结构特点

(一) PPP 融资模式的协调机制

PPP 融资模式的基本结构是政府通过政府采购的形式与项目公司签订特许合同(项目公司一般是由中标的建筑公司、服务经营公司或对项目进行投资的第三方组成的股份有限公司),由项目公司负责筹资、建设及经营。政府通常与提供贷款的金融机构达成一个直接协议,这个协议不是对项目进行担保,而是向借贷机构承诺将按与项目公司签订的合同支付有关费用。这个协议使项目公司能比较顺利地获得金融机构的贷款。由于协议内容的不同,PPP 的实施形式也有很多。

PPP 融资模式中典型的结构为:特许经营类项目需要私人参与部分或全部投资,并通过一定的合作机制与公共部门分担项目风险、共享项目收益。根据项目的实际收益情况，公共部门可能会向特许经营公司收取一定的特许经营费或给予一定的补偿，这就需要公共部门协调好私人部门的利润和项目的公益性两者之间的平衡关系，因而特许经营类项目能否成功在很大程度上取决于政府相关部门的管理水平。通过建立有效的监管机制，特许经营类项目能充分发挥双方各自的优势，节约整个项目的建设和经营成本，同时还能提高公共服务的质量。

PPP 融资模式的协调流程机制如图 6-6 所示：

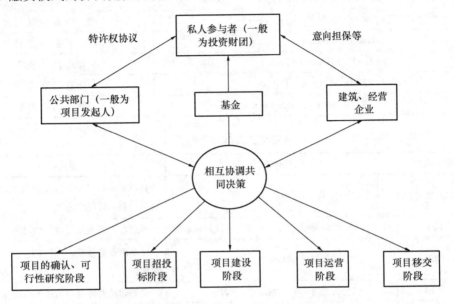

图 6-6　PPP 融资模式协调流程机制图

（二）非经营性基础设施投融资模式种类及适用范围

世界各国基础设施的融资来源大体包括：财政投入资金和银行贷款（国内银行、国内银团、国际银行、国际银团）、外国政府贷款、国际机构贷款、债权融资、信托计划等债权融资模式以及自有资本、增资扩股等股权融资方式等三类。近些年来，随着基础设施需求的快速增加，政府财政不堪重负，世界各国出现了一批新的投融资模式，主要包括：BOT 及其派生的融资模式（见表 6-3 BOT 派生融资模式表）、PFI、ABS、TOD 信托计划、产业投资基金以及无形资产融资等。长期以来的融资实践证明，不同的融资模式具有不同的适用范围，如表 6-4 所示。

BOT 派生融资模式表　　　　　　　　　　　表 6-3

融资模式	运作程序
BT（Build-Operate）	建造-移交
BLT（Build-Lease-Transfer）	建造-租赁-移交
DBOT（Design-Build-Operate-Transfer）	设计-建造-运营-移交
BOOST（Build-Own-Operate-Subsidy-Transfer）	建造-拥有-运营-补贴-移交
ROT（Rehabilitate-Operate-Transfer）	修复-运营-移交
SOT（Sold-Operate-Transfer）	出售-运营-移交

续表

融资模式	运作程序
TOT (Transfer-Operate-Transfer)	移交-运营-移交
DOT (Develop-Operate-Transfer)	开发-运营-移交
OMT (Operate-Manage-Transfer)	运营-管理-移交
ROMT (Rehabilitate-Operate-Maintain-Transfer)	修复-运营-维护-移交
DBFO (Design-Build-Finance-Operate)	设计-建造-融资-运营
BOOT (Build-Own-Operate-Transfer)	建造-拥有-运营-移交
BOL (Build-Operate-Lease)	建造-运营-租赁
BOO (Build-Operate-Own)	建造-运营-拥有
ROO (Rehabilitate-Operate-Own)	修复-运营-拥有

融资模式及其使用范围简表　　　　　　　　　　　　　　　　表 6-4

融资模式	运作思路	适用范围
BOT 及其派生模式	建设-经营-移交	规模较大的可经营性基础设施项目，但不包括关系国计民生的项目
PFI	私营部门建设经营—政府购买或许可收费	可经营性或准经营性基础设施
ABS	以资产支持的证券化	在基础设施领域，ABS 的应用范围比 BOT 更加广泛
TOD	以公共交通为导向的城市经营模式	在基础设施融资时出售周边物业
土地证券化	以土地收益作为担保发行证券	一种新型的非负债型融资方式
信托计划融资	被委托人按特定目的进行资产管理	建成后具有较高或稳定现金流的基础设施项目
产业投资基金	参与项目的经营管理，通过股权转让实现资本增值	适用于高新技术产业、可经营性基础设施
无形资产融资模式	以城市品牌吸引融资、排污权交易	产业园区类基础设施

三、轨道交通 PPP 融资模式

城市轨道交通项目的建设是政府重要的城市基础设施投资，具有部分公共产品和私人产品的特性，属于准公共产品。需要在政府的有效干预下才有可能实现有效的配置。城市轨道交通产品可以由政府直接提供，也可以由私人部门通过市场提供，还可以在政府给予补助的条件下，由私人部门通过市场提供。但是政府主导作用的充分发挥，是解决地铁投融资问题的基本前提保证，特别是在转轨时期显得尤其重要。

地铁是准公共产品，有很强的公益性，政府通常要参与地铁的投融资和经营活动。由谁投资以及如何经营，是地铁投融资非常关键的问题。因此，投融资主体构成与经营方式的不同的组合，决定了各种投融资模式的基本特征。从国际上看，地铁经营体制一般有以下五种融资和经营模式：

(一) 第一种模式：A1 模式，政府投资＋直接经营管理模式

世界很多大城市地铁投融资和经营运作，特别是在地铁建设初期，通常采用政府投资＋直接经营管理模式（A1 模式）和政府债务投资＋政府平台公司经营（A2 模式）。A1 模式主要是以政府财政投资为主，同时政府采用自主经营模式运营项目。在传统计划经济体制时期，北京、天津城市的部分轨道交通曾采用 A1 模式，即轨道交通全部由政府投资，经营上由国有企业（实际是公共部门）垄断经营，依靠政府财政补贴来达到盈亏平衡，政府也不提供或很少提供包括沿线土地开发权等矫正外部效应的政策支持。这种投融资模式的主要优点是：完全由政府财政投入，投资结构单一，操作成本低，运营后财务费用少。缺点是：①政府财力往往无法满足地铁发展的资金需要。如北京一线地铁复八线就是因政府财力的限制，仅长 13.6km 的线路却耗时 10 年才完成。②政府补贴长期存在，运营企业缺乏有效地激励机制，运营效率和服务水平较低。

(二) 第二种模式：A2 模式，政府债务投资＋政府平台公司经营

随着国家城市轨道交通项目的规模化急速发展，降低政府一次性巨额投资的财政压力，在上述 A1 融资模式的基础上衍生了以政府债务融资为主＋政府平台公司经营的 A2 模式，这种模式主要是由政府财政投入部分资金，其余资金则依托政府提供信用担保，由地铁企业以银行贷款、发行债券等方式进行债务融资。目前国内城市轨道交通项目有很多采用 A2 模式，国际上也不乏类似的案例。例如，上海地铁一号线、二号线最初建设时的资金筹措，就是由上海市财政局以注入资本金的方式，向地方政府投融资主体——上海城市建设投资开发公司和上海久事公司提供部分地铁建设资金，其余部分由上述两家公司在政府承诺还本付息的条件下通过银行贷款等方式筹措，再向上海地铁总公司拨付全部建设投资；项目建成后，交由国有的上海地铁运营公司进行经营运作。广州地铁二号线总投资 113.09 亿元，银行贷款 30 亿元，其余由政府财政投入。广州地铁三号线总投资 157.93 亿元，政府投入 92.93 亿元（部分是国债专项基金），银团贷款 65 亿元，贷款全部由政府承诺还本付息。项目建成后，交国有的地铁运营公司进行经营运作。

A2 模式的优点是筹措资金操作简便，资金充足、到位快，可以大大缓解轨道交通建设投资对地方财政的压力。另外，香港地铁在建设初期也主要采用债务融资。初期的债务融资都由香港政府提供担保，如 1975 年获得第一笔总值 4 亿美元、年期 7 年的银团贷款，政府提供全部担保。项目建成后，由香港政府独资的地铁公司负责经营运作。

A2 模式的缺点是：①融资成本高，巨额债务进一步加大了企业和政府的财务负担，尽管可以缓解政府的即期财政压力，但是政府必须提供持续的补贴，以保证运营的顺利进行；②投资主体单一，不利于运营服务质量和效率的提高；③不利于企业引入多元化的投资体制，无法从根本上减轻政府负担。但从满足国内当前地方经济发展对轨道交通的迫切需要，缓解财政建设资金不足的方面来看，具有一定积极作用。

(三) 第三种模式：B 模式，政府投资下的市场化运作模式，通过签订租赁合同或特许合同等方式，委托专业公司经营管理

B 模式就是由政府出资进行轨道交通路网的建设，在路网建成后，通过特许经营协议

和租赁合同等方式，吸引社会企业参与地铁的运营管理。这种运作模式通过在地铁运营中实现主体多元化和市场化，极大程度上提高了地铁的运营效率和盈利水平。该模式在很多国家都被采用，如日本地铁采用上下分离方式实现运营企业独立核算，即将路网项目建设和运营分离开，用公共资金负担轨道项目中投资巨大的基础设施建设，而把运营分离出来，确保运营部分的核算，实现经营责任的明确化和效率化；上海地铁通过上海申通集团有限公司借壳凌桥股份（现已更名为申通地铁），将上海地铁一号线全部18列车、售检票系统和上海地铁广告公司51%的股权等经营性资产进行资产置换，并以协议方式将地铁一号线的经营权无偿转让给申通地铁，协议期限10年。同时，申通集团出具承诺，考虑到申通股份持续经营的需要，在10年期满前，申通集团将与申通地铁续订地铁一号线经营权协议。申通地铁在取得对上海地铁1、2号线路的经营权后，成为地铁运营主体，从而实现了地铁运营市场化运作。申通地铁将通过与控股股东上海申通集团有限公司签订《过路费协议》，使用上海申通集团有限公司的地铁一号线铁轨、洞体、车站等路网资产。申通集团已承诺过路费收取标准5年不变，如因票价发生重大调整，申通集团将与申通地铁充分协商调整过路费收取标准，但其调整幅度不高于地铁票价的调整幅度。同时，申通集团又承诺在收取过路费后，将全力提供安全、可靠的地铁路网服务支持。B模式的主要优点是通过对地铁线路的市场化运作，可以减少政府对地铁运营资金的占用，很大程度上提高了地铁运营效率和服务质量。但是由于地铁运营的低盈利性，不足以吸引社会资本参与投资的积极性，必须通过提供相应的优惠政策和捆绑利益来推动。

(四) 第四种模式：C模式（项目融资模式）

C模式的项目融资指以项目的预期收益和参与人对项目风险所承担的义务为担保，以项目的资产作为贷款的抵押物，并以项目的运营收益和盈利来偿还贷款的一种融资方式。政府通过特许权合同给予合同持有人一定期限自主经营和管理某一项目并从其经营中获利的排他权。项目融资在一定程度上实现了所有权的多元化和经营运作的市场化，常见的运作方式包括BOT、TOT、BOOT、BTO、BOO等。在融资结构上，项目由政府和企业共同投资，政府投资额由企业所要求的回报率来决定；如果政府投资额无法满足企业投资回报率的要求，则在项目运营过程中对企业进行投资补偿，即政府对项目进行运营补贴；项目投资的缺口部分以项目融资方式解决。项目建成后由合资公司负责运营。如不出现重大意外，在合同期满后，项目全部资产将无偿转让给政府。

如果项目本身财务盈利能力存在问题，政府必须要给予强有力的政策和资金支持（如政府担保、财政补贴等）。对城市轨道交通这类基础设施的项目融资而言，由于项目自身盈利性相对较差，政府通常要给予一定的补贴。常见的补贴方式有两种，即在建设期补贴的前补贴模式和在运营阶段补贴的后补贴模式。

1) 前补贴方式

前补贴方式，即政府在项目的建设期就实施项目补贴。项目由政府和企业共同投资，政府的出资主要用于项目的土建工程部分（主要包括车站、轨道和洞体），而企业融资成立项目公司，对地铁进行建设（主要包括车辆、信号和一些流动资产）、运营和维护。项目建成后，政府投资部分的资产无偿或象征性地租赁给项目公司经营，政府对其投入资产享有所有权而无对等的收益权，企业对政府投资享有使用权和收益权。新加坡地铁、日本地铁主要采用这种模式。

2）后补贴方式

后补贴方式，即以合理估算和预测为基础，比照实际情况再进行调整，项目运营中的风险和收益由政府与企业共担。后补贴方式优点：①实施方案依据中国国内（含合资公司）公司法律框架体系，项目运作管理机制和财务制度与中国国情接轨。②政府在项目运营期内对项目实施补贴时，一次性投入比例较小，对政府的财政压力较轻。③约定范围的损益由企业承担，且实施项目激励与约束机制；超出约定范围的损益由政府与企业共担，可避免政府与企业承受超预算的运营风险。④鼓励企业在保证安全运营的前提下降低运营成本，提高经营管理水平，实现了政府与企业、公共利益与商业利益的目标一致性，实现多赢目标。

总之，C模式可以减少政府的财政支出，避免使政府背上债务包袱，亦可以激励企业部门的积极性，提高基础设施项目的使用效率。C模式在中国内地获得成功运用，例如，上海在20世纪90年代成功地将南浦、杨浦两座大桥和打浦路隧道的专营权，作价24亿元，转让给香港中信泰富集团，为后来徐浦大桥的建设筹足了资金；将内环线高架路35%的专营权转让给"上海实业"，获得6亿美元，为延安路高架道路融到了资金，实现了资金的有效滚动使用。还有，上海莘闵线的项目融资中由区政府出资征地、拆迁，并支付所有的土建费用（包括车站），上海申通集团负责投入设备、车辆所需资金，线路建成后的运营收入全部归申通集团公司。

（五）第五种模式：D模式（投资主体多元化市场运作）

D模式是对现有的国有地铁企业进行股份制改造或组建新的股份公司，并通过转让原始股权或增发新股等形式吸收社会资金，实现投资主体的股权多元化。同时，在项目运营中引入了市场竞争机制，真正实现政府调控下的市场化运作。实现地铁产业市场化的高级阶段，具有十分明显的优势。①在一定程度上增加了政府的持续投资能力和资金实力。②在投融资主体多元化格局中，逐步改善了市场化运作环境。缺点是由于社会资金的进入，如果社会投资者对短期利益的过分追求，容易导致企业目标与政府目标的对立和矛盾。模式最具代表性成功案例的是香港地铁公司。香港政府为加大城市地铁建设与投资，2000年宣布将香港地铁公司部分股权私有化，地铁公司于2000年10月成功上市，发行10亿旧股，每股为9.38港元，香港地铁公司首次招股为政府财政带来100多亿港元的收入。

四、公共基础设施建设运用PPP融资模式应注意的问题

（一）选择合适的PPP项目，并针对具体的项目

选择合适的PPP类型。当一个项目满足以下条件时，政府可以考虑采用PPP模式，吸引私营伙伴参与：对私营伙伴的加入不存在法规管制；服务对象欢迎私营伙伴的加入；潜在私营伙伴之间存在着竞争，通过竞争可以达到低成本高效率的目的；服务的产出可以被简单地度量和定价；通过对客户的收费可以很快收回成本；可以提供创新机会；有利于

促进国家或地区的经济发展。

以 PPP 模式建设的基础设施分为三类：即建设型、发展型和服务型。建设型主要针对基础设施严重短缺的情况，政府让出建设权和一定期限的收益权，项目建设和运行成本通过项目收费来弥补。发展型指具有一定开发性质的基础设施。公共性较强，通常采用公私合营方式予以提供。社会基础设施的供给适用服务型，如教育基础设施等，政府倡导 PPP 模式的目的是获取相应的服务，而非资产本身。公共部门以合约的方式，向私人部门开出"服务账单"，并根据私人部门提供的服务数量与质量支付费用。

（二）设计合理的风险分担结构

PPP 项目融资是否能够成功最主要的因素是项目的风险分担是否合理。通常可根据各方获利多少的原则考虑相应承担的风险，使项目参与的各方包括政府部门、私营公司、贷款银行及其他投资人都能够接受。PPP 项同的风险原则为：由对风险最有控制力的一方承担相应的风险。一方对某一风险最有控制力意味着他处在最有利的位置，能减少风险发生的概率和风险发生时的损失。从而保证了控制风险的一方用于控制风险所花费的成本是最小的，同时由于风险在某一方面的控制之内，使其有动力为管理风险而努力。

（三）加强政府的职能转变和角色转换

PPP 模式离不开政府的积极推动，但是政府顺利完成角色转化也是非常重要的。要按照完善社会主义市场经济体制的要求，在国家宏观调控下更大程度地发挥市场配置资源的基础性作用。最终建立市场引导投资、企业自主决策、银行独立审贷、融资方式多样、中介服务规范、宏观调控有效的新型投资体制。在这种新思路下，政府应由过去在公共基础设施建设中的主导角色，变为与私人企业合作提供公共服务中的监督、指导和合作的角色。在这个过程中，政府应对公共基础设施建设的投融资体制进行改革，对管理制度进行创新，以便更好地发挥其监督、指导和合作的角色。政府通过制定有效政策及具体措施，促进国内外私人资本参与本国基础设施的投资，形成风险共担、利益共享的政府和商业性资本的合作模式。政府转为组织者和促进者，而不再是全部资金的供应者和经营管理者，不再承担巨大的投资风险和商业风险。

（四）放宽政府扶持政策

由于公共基础设施建设投资大、周期长、回报慢等特点。因此，政府应出台优惠的特殊权政策，比如允许投资者进行广告、商业及房地产的开发，让投资者确实感到有利可图，这样才能真正吸引外资。因此，政府应放宽此方面的政策，并允许保险基金、社保基金、住房基金等大型基金在基础设施领域投资 PPP 项目。放宽这些基金的投资限制，不仅能够改善基础设施投资不足的局面，而且能够大大缓解各种基金的经营压力。此外，还要增强服务意识，建立各相关部门之间并联式的项目管理模式，超前做好项目选址、投融资方案、规划设计条件、土地供应等方面的工作，对项目起导向作用，使改革的成果落到实处。

（五）制定并完善相关法律法规

PPP 项目实际是在一系列政策法规文件和合约的约束下运行的。PPP 作为一种，合同式的投资方式，需要有一套比较完善的法律文本作为依据，使双方的谈判有章可循且标准规范。PPP项目的运作需要在法律层面上，对政府部门与企业部门在项目中需要承担的责任、义务和风险进行明确界定，保护双方利益。建立清晰的法律、法规制度，充分尊重法律的尊严，做到有法必依，是在中国推广PPP模式最重要也是最迫切的任务。政府部门对PPP模式的最大支持应当体现在透明的、具有可预见性的、建立在合理法律框架上的监管实践中。

(六) 形成有效的监管构架

PPP模式能否成功运作的关键是政府的监管。良好的监管框架的形成和监管能力的执行，是一个项目得以顺利完成以及未来的运营顺畅的重要环节。由于PPP是政府和私营机构的合作，那么在PPP模式监管框架形成的过程中，政府作为监管政策的制定者，制订监管框架时要充分征求利益的相关方，包括投资者、运营者、消费者的意见，使监管法规既能保证基础设施服务的质量，又能保护有关利益方的合法权益。监管法规一经制定，有关利益方就要严格遵守，依法行事。政府要发挥监管的作用，保证法规的贯彻和执行。此外，所有基础设施项目涉及的当事人都是监管框架的参加者，比如地方协会、商会、相关人员、相关行业代表、潜在运营合作伙伴、纳税人等都是参与方。在国外PPP的监管中，着重要强调的一点就是利益相关方一定要进入监管过程才能形成监管模式。

五、PPP融资案例

(一) 伦敦地铁建设PPP融资

伦敦地铁自1863年开通，其后100多年一直由政府建设和运营。由于长期投资不足导致地铁系统产生许多不稳定因素。1998年，政府决定采用公私合作（PPP）方式来保证伦敦地铁网络在未来30年有足够的投资。伦敦地铁公司（以下简称LuL公司）通过招标选定了由3家基础设施公司（分别为SSL、BCV和JNP公司，以下简称PPP公司）组成的联合体，签署了关于提供基础设施的服务协议，负责线路在未来30年的维护、更新和重建等长期投资计划的实施。经过4年多的论证和试行，分别正式于2002年和2003年签约，LuL公司将地铁系统的维护和基础设施供应工作以30年特许经营权的方式转给了PPP项目公司。根据PPP方案，政府对地铁线路规划、票价和综合服务措施的决定权将保留，由LuL公司继续运营，获取票务收入，全面负责对乘客的服务和系统的安全；PPP项目公司的回报由固定支付和业绩支付（能力、有效性、环境）两部分组成。伦敦地铁PPP模式在其结构中内嵌了一个定期审核的机制，使签约各方在PPP框架内每7.5年重新约定合约条款。为确保合约重新审核的独立性和权威性，伦敦地铁PPP模式设计了专门的仲裁机制，以帮助合作各方建立信任关系，保证合约的有效执行。

(二) 美国匹兹堡市都市开发PPP融资

美国在都市开发再生领域的PPP模式应用有许多成功的实例。其中，宾夕法尼亚州的匹兹堡市都市开发就是最典型的成功实例之一。匹兹堡市是美国钢铁冶炼的发源地，机械制造及玻璃加工业也相当发达,是一个典型的重工业城市。但到了 20 世纪 70 年代,空气和水质污染问题十分严重,再加上受到日本等国家的产品输入的冲击,大量的工厂关门停产。城市的再生问题成为市政府迫切需要解决的问题,随之而来的大量资金需求又是单纯依靠政府力量无法解决的。因此,匹兹堡市政府成立了专门的城市改造公司(以下简称URAP)。以 URAP 为主体,市政府和私营企业配合开始了匹兹堡市再生发展的历程。在资金投入方面,采取了 10% 的联邦政府补助金、20.30% 的州和市补助金、URAP 发行债券、当地银行贷款和企业投资等多渠道相结合的筹资方式。URAP 完全按照企业运营的方式管理。政府与私营企业作为一个利益共同体,按投资比例参与匹兹堡市再生后的利益分成。完成城市再生改造的匹兹堡重新焕发生机,城市的经济状况和环境均大为改善,再次成为一个令人向往的国际性城市。在这起案例中,城市中心的未利用土地和利用效率低的土地的再开发与整个城市的经济发展结合在一起,政府恰到好处地发挥了协调指导作用,并通过减少风险大大激发了社会各方参与投资的积极性。

(三) 北京地铁 14 号线 PPP 融资

北京地铁 14 号线 PPP 项目实现引资 150 亿元,有效缓解了北京市地铁建设当期压力,并成功引入专业经验丰富的京港地铁公司参与项目。而作为继北京地铁 4 号线后的第二个成功引入社会资本的项目,北京地铁 14 号线项目也被认为是北京市轨道交通建设不断深化投融资改革、实现政府和社会资本合作的承上启下之作。

北京地铁 14 号线项目实施中,在总结北京地铁 4 号线的成功经验的同时,还充分考虑了 PPP 合作模式以及项目自身的特点,在政企分工、风险共担等方面进行了新的探索和尝试,颇值得关注。

1. 市场化引资 150 亿元,缓解了北京市地铁建设当期压力

北京地铁 14 号线,是北京市轨道交通路网中一条连接东北到西南的"L"形骨干线路,贯穿北京南部和东部,全长 47.3km,共设 37 座车站。项目自 2010 年初开工建设,西段从张郭庄站至西局站,已于 2013 年 5 月 5 日正式开通运营;而东段于 2014 年 12 月 28 日开通;中段将于 2014 年年底建成开通。

北京地铁 14 号线项目初始预算投资高达 500 亿元,而为了缓解了北京市地铁建设当期压力,在项目实施中采用 PPP 模式,实现市场化引资 150 亿元。北京市基础设施投资有限公司(简称"京投公司",北京市国有独资公司,承担北京基础设施项目投融资、资本运营等职能)具体负责 14 号线引资工作。

2012 年 3 月,北京地铁 14 号线 PPP 项目启动,历经前期论证、实施方案编制和报批、竞争性招商实施、协议谈判等工作阶段,至 2012 年 11 月与中选的北京京港地铁有限责任公司(简称"京港地铁公司")草签特许经营协议,之后京港地铁公司开展特许经营项目申请报告编制报批等前期工作。2014 年 11 月底,北京市交通委员会代表北京市政府与京港地铁公司正式签署了《北京地铁十四号线项目特许协议》,正式确定了京港地铁公司取得地铁 14 号线的特许经营权,同时确定了作为运营商的权利和义务。

2. 政企分工明确

工程实体划分为 A、B 两个部分,明确政府和社会投资者的责任。

北京地铁 14 号线 PPP 合作模式充分考虑项目特点,结合项目投资构成和市场化融资

目标研究社会投资者投资范围，从便于管理、易于衔接和有利于发挥各方专业能力的角度，通过工程划分和接口协调机制设置，明确了政府和社会投资者各自的投资范围和责任。

北京地铁 14 号线 PPP 项目中最具特点的，就是按投资主体责任将工程实体划分为 A、B 两个部分。A 部分由政府方负责投资建设，主要包括洞体、车站等土建工程及项目征地拆迁等内容；B 部分由社会投资者负责，主要包括车辆、通信、信号等内容。

具体来说，根据《特许协议》，政府负责投资的 A 部分项目资产，在建成后以租赁方式提供特许公司使用和负责管理维护；考虑到北京市地铁客运票价现状，年基本租金较原 4 号线下调为象征性的每年 1 万元，以减少特许公司经营期负担。而中选的社会投资者京港地铁公司，在建设期内负责 14 号线 B 部分工程的投资建设任务，并在 30 年的特许经营期内负责北京地铁 14 号线的运营和管理，在特许经营期结束后，京港地铁公司将项目设施完好、无偿移交给市政府。京港地铁公司通过特许经营期间的客运票款收入、授权范围内的非票务业务经营收入、政府补贴等 3 种方式实现投资回收并获得合理商业回报。

相比之前的北京地铁 4 号线 PPP 模式，在 14 号线项目中，将与运营密切相关的轨道工程也交由社会投资者负责，项目投资责任划分更加适应项目运营特点。

3. 风险分担明确

对投资控制、客流预测、票制票价变化、物价变动等风险因素设置处理机制。

从理论上讲，全面识别和妥善处理项目全生命周期中各种风险因素是实现政企合作、维护公共利益的重要保障。而城市轨道交通项目作为公共建设项目，具有投资规模宏大、运营生命期长、利益关涉广泛、公共服务责任重大等特点；在北京市现行票制票价政策下，使用者付费（票款收入）不足以覆盖项目投资和运营成本，需政府给予相应补贴支持。因此，北京地铁 14 号线项目，在除对常规建设项目所具有的常规风险因素设置处理机制外，还从前期研究论证阶段就高度对重视 PPP 合作中的重点风险进行深入研究，并在特许协议中落实了相应的处置方法。

4. 投资控制"多退少补"

招商阶段向社会投资者明确 150 亿元引资目标，工程竣工后以不超过批准概算为原则进行实际投资审计，政企双方以 A、B 部分间工程实体购买方式平衡投资审计结果与目标引资额的差异。

这样的做法与北京地铁 4 号线对 B 部分投资超支和节约皆完全由企业承担的做法形成很大的区别，有利于引导社会投资者重视对项目的足额投资，保证工程质量；同时也是符合项目实际情况的举措。此外，特许协议设置了因工程优化投资，实现节约时政企双方的利益分享机制，也有利于促进政府和社会投资者积极开展工程设计的沟通配合，以节约投资。

5. 公平承担客流预测风险

城市轨道交通项目客流预测受多种因素影响，预测风险客观存在，而项目决策和招商谈判阶段，客流预测又直接影响各方对未来客运收入、政府补贴力度的预期和判断，政企双方皆面临来自客流预测准确性的风险。为此北京地铁 14 号线 PPP 项目采取了多种方法以减缓客流预测风险。具体如下：

首先，政府和社会投资者共同委托第三方专业技术机构共同完成北京地铁 14 号线客流预测工作,并将相关客流预测成果作为协议的预测客流,以最大限度地形成北京地铁14号线客流预测共识。

其次,设置客流变化风险分担方法。如实际客流低于预测客流的特定下限,则相应客流风险由政府方面承担,以有利于保证PPP项目实现基本收益,增强社会资本投资信心;同时针对可能出现的高客流发展,设置了超额客流票款收入分成机制,防止在出现超额客流情况下投资者过分收益和政府补贴过多支出,该机制也鼓励特许公司不断提高服务水平,增加客流,为社会提供更多更好的服务。

最后,设置了3年周期的客流检验机制,如果任一检验周期内各年平均实际客流量低于平均预测客流量的一个低限值,则相应的客流风险由政府承担;如客流长期低迷,可终止协议。

这些客流风险处理机制在一定程度上较好地减缓了客流预测风险,有利于维护政府和社会投资者利益。结合北京地铁14号线具体数据所进行的多方案模拟测试表明,上述风险处理机制可较好应对未来客流变化,有利于保障社会投资者获得较稳定收入,为项目长期可持续运营创造条件。

6. 及时应对票价政策变化

北京市地铁自2007年以来一直实行2元/人次的单一票制票价政策。北京地铁14号线PPP项目招商期间,从北京市轨道交通可持续发展角度分析,就已预期在不远的将来北京市票制票价政策可能进行调整。为此在14号线项目机制中专门研究了应对此风险的处理措施,设计了针对路网票制票价变化时的相关调整处理方法,并在特许协议中给予了明确规定。

这样的措施很快就见到效果,2014年11月,北京市发展和改革委员会、北京市交通委员会和北京市财政局发布关于调整北京市公共交通价格的通知,自2014年12月28日起,调整北京市城市公共电汽车及轨道交通价格标准,实行计程票制,全路网平均人次票价水平也适度提高。北京地铁14号线特许协议中针对票制票价变化所约定的风险处理机制,较好地应对了本次北京市地铁票价调整。

7. 动态处理物价风险

北京地铁14号线PPP项目中政府为特许公司提供"可行性缺口补贴",政府补贴主要是弥补PPP项目约定票价(即满足PPP项目投资可行性条件的预期票价)与实际票价之间的差额。

特许协议以竞争性谈判形成的初始约定票价为起点,在30年特许经营期中,根据人工成本、物价等因素的实际变化情况,应用调价公式按相应调价周期对约定票价水平进行动态调整,以减缓政企双方皆面对的物价变化风险。

第七章　PPP 合同体系解析

2014年12月2日国家发展改革委发布《政府和社会资本合作项目通用合同指南》，是我国第一部用于规范和引导政府和社会资本合作（PPP）项目合同编写工作的专业指南。该《合同指南》针对不同模式PPP项目的投融资、建设、运营、移交等阶段，从合同各方的权责配置、风险分担、违约处理、政府监管、履约保证等方面，提出了合同编制的注意事项及有关要求。

一、合同概述

（一）合同的概念

《中华人民共和国合同法》第2条规定：合同是平等主体的自然人、法人、其他组织之间设立、变更、终止民事权利义务关系的协议。

（二）合同有效的条件

（1）双方当事人应具有实施法律行为的资格和能力；
（2）当事人应是在自愿的基础上达成的意思表示一致；
（3）合同的标的和内容必须合法；
（4）合同必须符合法律规定的形式。

（三）合同约束力

（1）自成立起，合同当事人都要接受合同的约束；
（2）如果情况发生变化，需要变更或解除合同时，应协商解决，任何一方不得擅自变更或解除合同；
（3）除不可抗力等法律规定的情况以外，当事人不履行合同义务或履行合同义务不符合约定的，应承担违约责任；
（4）合同书是一种法律文书，当事人发生合同纠纷时，合同书就是解决纠纷的根据。

（四）PPP 项目合同

PPP项目合同是政府与社会资本双方围绕特定项目，设定、变更、终止权利义务关系的协议。它是约束规范行为、维护各方利益、解决合同纠纷的依据。

二、PPP 项目合同框架

(一) 合同的结构和内容

合同包括合同正文和合同附件。合同正文是对合同当事人的义务和权利做出约定，合同附件主要是对合同的条款的说明性或证明性材料。

合同正文的主体部分是合同中最重要的内容，明确双方当事人承担的义务和应享受的权利，是双方履行合同承担法律责任的依据。

中华人民共和国合同法第十二条规定，合同的内容由当事人约定，一般包括以下条款：当事人的名称或者姓名和住所；标的；数量；质量；价款或者报酬；履行期限、地点和方式；违约责任；解决争议的方法。

因此，无论是何种合同，在主体部分都应标明以下内容：

1. 合同当事人

合同当事人指依法签订合同并在合同条件下履行约定的义务和行使约定的权利的自然人、企业法人和其他社会团体。合同当事人常见是双方，但也有三方以至于多方。合同中要写明当事人的名称或者姓名和住所。

2. 标的

标的是合同当事人权利和义务共同指向的对象。合同标的可以是货物，可以是货币，也可以是工程项目、智力成果等。合同的标的要写明标的名称，使标的特定化，以便确定当事人的权利和义务。

3. 数量和质量

数量是以数字和计量单位来衡量标的的尺度。质量是标的的内在素质和外观形态的综合。包括标的名称、品种、规格、型号、等级、标准、技术要求、物理和化学成分、感觉要素、性能等。数量和质量条款是合同的主要条款，没有数量，权利义务的大小很难确定；没有质量，权利义务极易发生纠纷。因此该条款要给予明确、具体的规定。

4. 价款或者报酬

价款是根据合同取得财产的一方当事人向另一方当事人支付的以货币表示的代价。报酬是根据合同取得劳务的一方当事人向另一方当事人支付的货币，又可以称为酬金。价款或报酬是有偿合同的必备条款，合同中应说明价款或报酬数额及计算标准结算方式和程序等。

5. 合同的期限、履行地点和方式

合同的期限包括有效期限和履行期限。有的合同如租赁合同、借款合同等必须具备有效期限。合同的履行期限是当事人履行合同的时间限度。履行的地点和方式是确定验收、费用、风险和标的物所有权转移的依据。

6. 违约责任

违约责任是违反合同义务的当事人应承担的法律责任。合同规定违约责任有利于督促当事人自觉履行合同，发生纠纷时也有利于确定违约方所承担的责任，这是合同履行的保障性条款。违约责任大都用违约金表示。

7. 解决争议的方法

合同发生争议时,其解决方法包括当事人协商、第三者调解、仲裁、法院审理等几种。当事人在订立合同时,应当约定争议解决的方法。

8. 其他

除合同主要条款以外,双方当事人应根据实际情况约定其他有关双方权利和义务的条款。

(二) PPP 项目合同框架

PPP 项目合同是针对 PPP 项目签订的合同,采用模块化的编写框架,共设置总则、合同主体、合作关系、项目前期工作、收入和回报、不可抗力和法律变更、合同解除、违约处理、争议解决、其他约定、投资计划及融资方案、工程建设、政府移交资产、运营和服务、社会资本主体移交项目等 15 个模块、86 项条款,适用于不同模式合作项目的投融资、建设、运营和服务、移交等阶段,具有较强的通用性。根据合同法的规定,尽管存在各式各样的 PPP 项目合同,但与普通合同一样,所有 PPP 项目合同的框架(图 7-1),都应包含以下几个模块:总则、合同主体、合作关系、项目前期工作、收入和回报、不可抗力和法律变更、合同解除、违约处理、争议解决,以及其他约定。投资计划及融资、工程建设、政府移交资产、运营和服务、社会资本主体移交项目等模块根据项目行业、付费机制、运作方式等具体情况的不同可根据实际需要灵活选用。

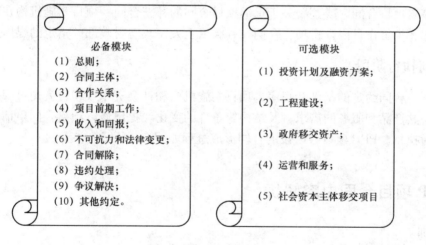

图 7-1 PPP 项目合同框架

三、PPP 项目各阶段的合同形成过程

(一) 项目识别阶段

政府和社会资本对项目进行需求分析,确定项目建设规模、投资总额、实施进度,以及提供公共产品或公共服务的标准等基本经济技术指标。PPP 项目合同的标的、数量和质量、合同金额等内容已基本明确。

（二）项目准备阶段

本阶段主要是编制项目实施方案，包括项目概况、风险分配基本框架、项目运作方式、交易结构、合同体系、监管架构、采购方式等方面的策划和设计，涉及PPP项目合同的主要核心条款。

（三）项目采购阶段

编制项目采购文件时应明确评审小组根据与社会资本谈判情况可能实质性变动的内容，包括采购需求中的技术、服务要求以及合同草案条款。

谈判小组按照候选社会资本的排名，依次与候选社会资本及与其合作的金融机构就合同中可变的细节问题进行合同签署前的确认谈判，率先达成一致的即为中选者。确认谈判不得涉及合同中不可谈判的核心条款，不得与排序在前但已终止谈判的社会资本进行再次谈判。

（四）合同签署程序

将采购结果和根据采购文件、响应文件、补遗文件和确认谈判备忘录拟定的合同文本进行公示。公示期满无异议的项目合同，在政府审核同意后，由项目实施机构与中选社会资本签署。需要为项目设立专门项目公司的，待项目公司成立后，由项目公司与项目实施机构重新签署项目合同，或签署关于承继项目合同的补充合同。项目实施机构在项目合同签订之日起2个工作日内，将项目合同在省级以上人民政府财政部门指定的媒体上公告。

（五）合同执行阶段

按照项目合同约定的条件和程序，项目实施机构和社会资本或项目公司可根据社会经济环境、公共产品和服务的需求量及结构等条件的变化，提出修订项目合同申请，待政府审核同意后执行。PPP项目各阶段的合同形成过程如图7-2所示。

四、PPP项目合同内容解析

（一）总则

总则就项目合同全局性事项进行说明和约定，具体包括合同相关术语的定义和解释、合同签订的背景和目的、声明和保证、合同生效条件、合同体系构成等。

第1条 术语定义和解释

为避免歧义，项目合同中涉及的重要术语需要根据项目具体情况加以定义。定义，其目的是要清楚地规范事物的内涵与外延，特别是要规范其外延。只有清楚地说明了名词的涵盖范围（也即其外延）及与其他相关名词之间的边界，才能够清楚说明哪些事情是与本事物关联的，而哪些事情又是与这本事物无关的。对名词外延范围及外延边界理解有误，搞不清楚边界的精确位置，则必然导致合同理解的错误。定义方法有描述和引用两种。

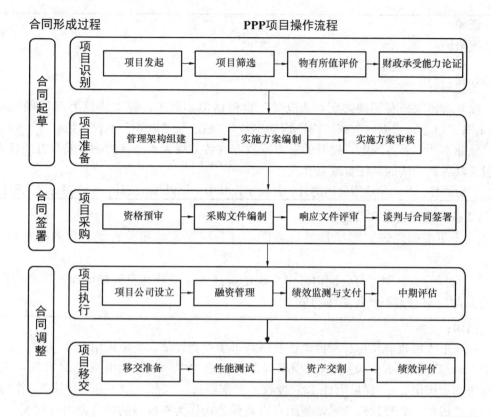

图 7-2 PPP项目各阶段的合同形成过程

> **例如：**
> "经营权"系指政府授予项目公司在一定时间和范围内对某项公用产品或服务进行独占性经营的权利。本协议所指经营权是指投资、优化设计（或有）、建设、运营、维护及移交**项目资产**的权利以及获取由此产生的收益的权利。（描述法）
> "项目公司"系指乙方为实施设计、融资、建设、运营、管理、移交本项目而按照本协议约定设立的企业法人。（描述法）
> "争议解决程序"系指本合同第××条中提及的解决争议的程序。（引用法）
> "不可抗力情况"系第××.×条所指的含义。（引用法）

PPP项目合同需要定义和解释的术语通常包括但不限于：

（1）项目名称与涉及合同主体或项目相关方的术语，如"市政府"、"项目公司"等。

（2）涉及项目技术经济特征的相关术语，如"服务范围"、"技术标准"、"服务标准"等。

（3）涉及时间安排或时间节点的相关术语，如"开工日"、"试运营日"、"特许经营期"等。

（4）涉及合同履行的相关术语，如"批准"、"不可抗力"、"法律变更"等。

（5）其他需定义的术语。

此外，缩略语、其他解释也应予以明确。

> 例如：
> 缩略语：
> 　　"IMF"指国际货币基金组织
> 其他解释：
> 　　除非本协议另有明确约定，"包括"指包括但不限于；除本协议另有明确约定，"以上"、"以下"、"以内"或"内"均含本数，"超过"、"以外"不含本数；
> 　　除非本协议另有约定，提及的一方或双方或各方均为本协议的一方或双方或各方，并包括其各自合法的继任者或受让人；
> 　　所指的日、月和年均指公历的日、月和年，其中一年以365天计，一个月以30天计。

第2条　合同背景和目的

为便于更准确地理解和执行项目合同，对合同签署的相关背景、目的等加以简要说明。

（1）合同背景：对签订合同时环境情况的描述。一般放在合同最前面。解释合同时，合同背景陈述对双方不具备法律约束。

> 例如：
> 　　××市人民政府经物有所值论证及财政可承受力评估，决定采用PPP方式（Public-Private-Partnership）建设××项目（以下简称"本项目"），并通过《××市人民政府协调会议纪要》（详见附件13）授权××市城市××部（以下称"甲方"）作为本项目实施机构，并授权乙方××集团有限责任公司作为本项目的政府方出资代表。
> 　　甲方通过公开招标的方式选择乙方作为本项目中标社会资本方，并通过与乙方签署本协议的方式授予其在本项目项下的经营权。待乙方按照合资协议（详见附件8）和公司章程（详见附件9）的约定在××市投资设立项目公司后，由项目公司通过补签协议，全面承继乙方在本协议项下的权利和义务。
> 　　项目公司是乙方为实施设计、融资、建设、运营、管理、移交项目而依法设立的企业法人。
> 　　项目公司愿意按照本协议的条款和条件设计、建设、运营该项目，并在特许期满时见该项目无偿地移交给政府，且政府愿意授权项目公司按照本协议的条款和条件从事上述行为。

（2）合同目的：是指合同双方通过合同的订立和履行最终所期望得到的东西或者达到的状态。合同目的表明了合同当事人订立合同的目的，作为合同的一个组成部分有助于合同的完整性。合同目的反映当事人的订约意图，合同的标的、数量、质量等具体条款是为实现该目的而确定的具体事项。

第3条　声明和保证

项目合同各方需就订立合同的就主体资格、过往情况、未来对合同履行的相关事项加以声明和保证，并明确项目合同各方因违反声明和保证应承担相应责任。社会资本主体、政府主体、双方共同的声明和保证各有侧重，可分别列出。主要内容包括：

（1）关于已充分理解合同背景和目的，并承诺按合同相关约定执行合同的声明。

（2）关于合同签署主体具有相应法律资格及履约能力的声明。

(3) 关于合同签署人已获得合同签署资格授权的声明。
(4) 关于对所声明内容真实性、准确性、完整性的保证或承诺。
(5) 关于诚信履约、提供持续服务和维护公共利益的保证。
(6) 其他声明或保证。

> **例如：**
> 甲方的声明
> (1) 甲方已获某县人民政府授权管理本项目，有权签署本协议，并可以履行其在本协议项下的各项义务；
> (2) 甲方已经获得签署本协议所需的全部授权和所有批准；
> (3) 如果甲方在此所做的声明被证实在做出时存在实质方面的不属实，并且该不属实声明严重影响本协议项下的污水处理项目的顺利进行，乙方有权终止本协议。
> (4) 甲、乙双方在某区依法成立的全资控股的项目公司（法人），注册资金不低于人民币××万元整（￥：××元），并保证设立合资公司的所有资金来源是合法的。
> 乙方声明
> (1) 乙方已经为本协议的履行准备了足够的资金、人员、技术和设备等，从而确保本协议项下义务的履行；如乙方未能投入完成本项目建设的足够资金，从而导致影响工程建设的，则乙方应保证对项目追加投资。
> (2) 乙方就本条款项下的各项承诺、声明和保证不属实或存在错误，对甲方依本协议享有权利或乙方依本协议履行义务造成严重的实质性影响时，甲方有权终止本协议，并追究乙方违约责任，本协议各附件也随之自动终止。
> (3) 在特许经营期内，未经甲方书面批准，甲、乙双方成立的合资公司的股权结构和注册资本不会变动；
> (4) 乙方有能力以注册资本、项目融资或其他方式获得的资金履行项目协议，并保证用于履行本协议项下义务的资金来源均为合法，乙方对该资金具有完全的控制权和支配权。

第4条 合同生效条件

根据有关法律法规及相关约定，涉及项目合同生效条件的，应予明确。
合同法的相关规定：
(1) 第四十四条依法成立的合同，自成立时生效。
法律、行政法规规定应当办理批准、登记等手续生效的，依照其规定。
(2) 第四十五条当事人对合同的效力可以约定附条件。附生效条件的合同，自条件成就时生效。附解除条件的合同，自条件成就时失效。
(3) 第四十六条当事人对合同的效力可以约定附期限。附生效期限的合同，自期限届至时生效。附终止期限的合同，自期限届满时失效。
常见条件有：项目审批；融资到位；主要合同签署；担保生效；其他条件等。

> **例如：**
> 本合同自双方当事人签字或者盖章时起生效。
> 本合同自乙方向甲方支付第七条之约定的定金时生效。

第 5 条　合同构成及优先次序

1. 合同构成

政府与社会资本主体依法设立、变更、终止民事权利义务关系的所有协议都是合同文件的组成部分，包括合同正文、合同附件、补充协议\变更协议、中标通知书、投标书及其附件等。其他如标准、规范及有关技术文件等也是项目中所必不可少的。双方在合同履行中有关工程的洽商、变更等书面协议是对合同的补充，也是合同文件的组成部分。

2. 优先次序

组成合同的文件是相互补充说明的，当出现不一致时，应按照一定的优先顺序进行解释。合同可以对其优先次序予以明确，但不得违反有关法律的规定。

> 例如：
> 合同文件应能相互解释，互为说明。除专用条款另有约定外，组成本合同的文件及优先解释顺序如下：
> （1）本合同协议书；
> （2）中标通知书；
> （3）投标书及其附件；
> （4）本合同专用条款；
> （5）本合同通用条款；
> （6）标准、规范及有关技术文件；
> （7）图纸；
> （8）工程量清单；
> （9）工程报价单或预算书。
> 合同履行中，发包人承包人有关工程的洽商、变更等书面协议或文件视为本合同的组成部分。

（二）合同主体

重点明确项目合同各主体资格，并概括性地约定各主体的主要权利和义务。

第 6 条　政府主体

1. 主体资格

签订项目合同的政府主体，应是具有相应行政权力的政府，或其授权的实施机构。本条应明确以下内容：

1）政府主体的名称、住所、法定代表人等基本情况。

2）政府主体出现机构调整时的延续或承继方式。

在实际操作中，PPP项目合同通常根据政府职权分工，由项目所在地相应级别的政府或者政府授权机构以该级政府或该授权机构自己的名义签署。

2. 权利界定

项目合同应明确政府主体拥有以下权利：

1）按照有关法律法规和政府管理的相关职能规定，行使政府监管的权力。

2）行使项目合同约定的权利。

在PPP项目中，政府主体往往具有双重身份：公共事务的管理者和公共产品或服务的购买者（或者购买者的代理人），兼有合同约定的一般权利和监督管理的特殊权利。

3. 义务界定

项目合同应概括约定政府主体需要承担的主要义务，如遵守项目合同、及时提供项目配套条件、项目审批协调支持、维护市场秩序等。

政府主体的义务同样可能是双重的，即作为管理者和购买者两方面。

> 例如：政府主体权利义务
>
> 权利：
>
> （1）对乙方投资、建设、运营、维护及移交本项目进行全程实时监管的权利；如发现与本协议存在不相符合的，有权责成乙方限期予以纠正；
>
> （2）甲方在建设期内有对乙方的建设施工情况进行监督检查的权利，包括但不限于在建设期内甲方可以聘请中介机构对项目进行专项审计检查，包括对乙方的注册资本的到位情况、资金使用情况、项目进度情况、项目质量情况、项目实施与本协议执行情况等方面，乙方有义务对审计检查工作给予充分配合，提供必要的完整的所需查看的各种文件资料，并对提供资料的真实性负责；
>
> （3）在项目竣工验收完成后，甲方有权委托政府审计机构或中介机构对乙方的建设费用进行审计的权利。
>
> 义务：
>
> （1）负责协调政府部门审批本项目的项目建议书、工程可行性研究报告、土地使用、环境保护等相关文件，确保本项目设计、投融资、建设及运营维护等工作的正常开展；
>
> （2）负责协调将本项目所需水、电、通信线路从施工场地外部接通至乙方指定地点；
>
> （3）负责协调政府部门开展本项目范围的征地拆迁和补偿工作，保证项目正常开工。在本项目合作期内，甲方应将项目用地以零租金方式提供给乙方使用。

第7条　社会资本主体

1. 主体资格

签订项目合同的社会资本主体，应是符合条件的国有企业、民营企业、外商投资企业、混合所有制企业，或其他投资、经营主体。

本条应明确以下内容：

（1）社会资本主体的名称、住所、法定代表人等基本情况。

（2）项目合作期间社会资本主体应维持的资格和条件。

2. 权利界定

项目合同应明确社会资本主体的主要权利：

（1）按约定获得政府支持的权利。

（2）按项目合同约定实施项目、获得相应回报的权利等。

3. 义务界定

项目合同应明确社会资本主体在合作期间应履行的主要义务，如按约定提供项目资金，履行环境、地质、文物保护及安全生产等义务，承担社会责任等。

PPP项目社会资本合作主体的一般要求：

按照PPP项目一般都具有公益性，对社会资本合作伙伴必须提出严格的要求，需要规范设置必要的准入门槛，保障社会大众和政府的权益。

在设置具体PPP项目准入条件时，应遵循"公开、公平、公正"的原则，注意准入条件设置的规范、合理和可操作性。主要包括：

（1）信用与信誉良好。投资人要有良好的银行资信、财务状况及相应的偿债能力；重合同、守信用，具有社会责任感。

（2）具有建设营造、经营管理、运营维护同类工程的业绩、资质或经验。社会资本合作伙伴或其联合体要有良好的业绩与技术能力，必须具备相应的专业资质资格，经验丰富。

（3）资金充足，具有较强的财务与融资能力。社会资本合作伙伴要具备良好的财务实力与融资能力，具有良好的银行资信、财务状况及相应的偿债能力及同类项目成功的盈利模式和竞争模式。

（4）专业知识与技术力量雄厚。社会资本合作伙伴要具备专业的PPP人才、技术人才、财经人才与管理人才团队。

（5）设备配置等要素实力良好。社会资本合作伙伴要拥有专业的设备及完成服务所必需的其他重要要素资源。

（6）质量安全管理体系完善。近三年内没有发生过重大生产安全和质量事故，社会资本合作伙伴主动防范的意识强、措施得力，合规性较好。具有独立法人资格；能遵从合同合法合规运营。

4. 对项目公司的约定

如以设立项目公司的方式实施合作项目，应根据项目实际情况，明确项目公司的设立及其存续期间法人治理结构及经营管理机制等事项，如：

（1）项目公司注册资金、住所、组织形式等的限制性要求。

（2）项目公司股东结构、董事会、监事会及决策机制安排。

（3）项目公司股权、实际控制权、重要人事发生变化的处理方式。

如政府参股项目公司的，还应明确政府出资人代表、投资金额、股权比例、出资方式等；政府股份享有的分配权益，如是否享有与其他股东同等的权益，在利润分配顺序上是否予以优先安排等；政府股东代表在项目公司法人治理结构中的特殊安排，如在特定事项上是否拥有否决权等。

在PPP项目实施中，通常存在下面三种情况：

（1）不组建项目公司，由社会资本主体实施PPP项目，政府主体与社会资本主体签订PPP项目合同；

（2）社会资本主体单方组建项目公司，政府主体与投资主体、联合体签署《投资协议》，投资协议有效期到项目公司组建完成与政府签订正式协议为止。

（3）政府主体与投资主体双方组建项目公司，待项目公司成立后，由项目公司与项目实施机构重新签署项目合同，或签署关于承继项目合同的补充合同。

> 例如：项目公司的主要义务
> 负责本项目合作期内的设计、投融资、建设及运营维护等的一系列工作，承担相应风险，并按照国家、本省及本市的相关规定履行相应的报建手续；

> 乙方对项目设施报废等消灭所有权之处分权的行使，以不影响本项目的正常运营及本协议规定的移交之要求为前提。未经甲方提前书面同意，乙方不得对项目资产行使出售、转让、出租、抵押等转移所有权或可能转移所有权之处分权，亦不得在项目资产上设定其他权利限制；
>
> 在运营期内严格按法律及本协议规定进行运营，持续、安全、稳定地提供服务，并确保项目达到本协议约定的标准。

（三）合作关系

主要约定政府和社会资本合作关系的重要事项，包括合作内容、合作期限、排他性约定及合作的履约保证等，以保证实现项目目标或效益。

第8条 合作内容

项目合同应明确界定政府和社会资本合作的主要事项，包括：

1. 项目范围

明确合作项目的边界范围。如涉及投资的，应明确投资标的物的范围；涉及工程建设的，应明确项目建设内容；涉及提供服务的，应明确服务对象及内容等。

2. 政府提供的条件

明确政府为合作项目提供的主要条件或支持措施，如授予社会资本主体相关权利、提供项目配套条件及投融资支持等。

涉及政府向社会资本主体授予特许经营权等特定权利的，应明确社会资本主体获得该项权利的方式和条件，是否需要缴纳费用，以及费用计算方法、支付时间、支付方式及程序等事项，并明确社会资本主体对政府授予权利的使用方式及限制性条款，如不得擅自转让、出租特许经营权等。

政府提供的条件和支持的程度直接关系到建设投资、运营成本，并反映到付费方式与付费量上，应在合同中明确约定。

3. 社会资本主体承担的任务

明确项目全生命周期内社会资本主体应承担的主要工作，如项目投资、建设、运营、维护等。

> 例如：
>
> （1）建设运营商应按国家有关规定和要求组建项目公司，在政府的监管下严格按照基本建设程序，完成包括项目可行性研究、设计、建设及特许经营期内的运营管理和维护等项目建设及特许经营期内的各项工作。
>
> （2）项目公司应按招标文件规定的建设进度计划要求，按时完成工程的建设，准时投入运营。
>
> （3）项目公司在特许经营期内应保证按照国家的有关规定对本工程的管道和设备进行及时维修，正常养护及必要更新，以保证在特许经营期届满后全部设施能继续保持正常运行。

4. 回报方式

明确社会资本主体在合作期间获得回报的具体途径。根据项目性质和特点，项目收入来源主要包括政府付费、使用者付费、可行性缺口补助等方式。

(1) 政府付费

在政府付费机制下，政府可以依据项目设施的可用性、产品或服务的使用量以及质量向项目公司付费。政府付费是公用设施类和公共服务类项目中较为常用的付费机制，在一些公共交通项目中也会采用这种机制。

(2) 使用者付费

使用者付费（User Charges）是项目公司直接从最终用户处收取费用，以回收项目的建设和运营成本并获得合理收益。高速公路、桥梁、地铁等公共交通项目以及供水、供热等公用设施项目通常可以采用使用者付费机制。

(3) 可行性缺口补助

可行性缺口补助是指使用者付费不足以满足项目公司成本回收和合理回报时，由政府给予项目公司一定的经济补助，以弥补使用者付费之外的缺口部分。可行性缺口补助是在政府付费机制与使用者付费机制之外的一种折中选择。在我国实践中，可行性缺口补助的形式多种多样，具体可能包括土地划拨、投资入股、投资补助、优惠贷款、贷款贴息、放弃分红权、授予项目相关开发收益权等其中的一种或多种。

5. 项目资产权属

明确合作各阶段项目有形及无形资产的所有权、使用权、收益权、处置权的归属。

6. 土地获取和使用权利

(1) 明确项目实施中涉及的土地方面的权利义务规定，通常包括土地权利的取得、相关费用的承担以及土地使用的权利及限制等内容。

(2) 项目实施所需土地包括多方面，除工程建设用地外，堆料、弃渣、附属设施等等也应予以明确。

(3) 实践中，根据PPP项目的签约主体和具体情况不同，土地使用权的取得通常有两种方式：由政府方负责提供土地使用权和由政府方协助项目公司获得土地使用权。

(4) 土地方面的权利涉及多方面，如：土地使用权授予方式；使用权的范围；征地拆迁责任和费用归属；场地进入权；是否可以设定抵押等。

> **例如：土地使用**
>
> 1. 土地使用权
>
> 甲方应在本协议生效后，由甲方出资将建设用地国土权证办理至项目公司名下，甲方确保项目公司在特许经营期内独占性地使用该土地，经营期内，土地所有权归项目公司所有。
>
> 2. 对使用土地的限制
>
> (1) 除非事先书面取得甲方同意，乙方不得将项目土地用于项目之外的其他任何目的。非经甲方书面同意，乙方不得全部或部分转让、抵押土地使用权。
>
> (2) 乙方应依本协议的约定及相关法律的规定，善意使用及管理甲方交付的项目建设用地。如因乙方违反适用法律、本协议和其他有关法律文件的要求使用土地给第三人造成损害，乙方应当承担相应的责任。
>
> 3. 土地的适用性和土地的状况
>
> (1) 乙方已察看并检查了第1条所述之场地，充分了解该等土地及其周围的状况，

包括地下土壤状况、通道和设施关联物。乙方接受该等土地的现状（包括地下土层条件），并确认该场地的状况适于为本协议项下特许经营的目的使用。

（2）甲方确认乙方对第1条所述之场地上于本协议生效日之前发生的环境污染不承担责任；乙方对生效日之日及之后由乙方导致的，或因乙方有违国家法律法规建设、运营而造成的环境污染应依法承担相应的责任。

第9条 合作期限

明确项目合作期限及合作的起讫时间和重要节点。对于包含建设期和运营期的项目可以分别约定期限，但在双方同意的条件下，也可约定总期限。

一般来说，合作期限结束后合作即应终止，但根据需要，还可约定延长合作期的条件。

第10条 排他性约定

如有必要，可做出合作期间内的排他性约定，如对政府同类授权的限制等。是否做出排他性约定与回收方式、收益预测等直接相关。

第11条 合作履约担保

如有必要，可以约定项目合同各方的履约担保事项，明确履约担保的类型、提供方式、提供时间、担保额度、兑取条件和退还等。对于合作周期较长的项目，可分阶段安排履约担保。

常用履约担保形式包括：银行保函、履约担保书、履约保证金等形式。

> **例如：维护保函**
>
> 1. 维护保函的出具
>
> 在特许经营期满前3年，乙方应向甲方出具一份维护保函，其格式为甲方可接受的见索即付的银行保函，保函金额为人民币×××万元。维护保函的有效期要持续到特许经营期结束后12个月。
>
> 2. 恢复维护保函的数额
>
> 如果甲方在特许经营期内兑取维护保函项下的款项，乙方应确保在甲方兑取款项后的1个月内将维护保函的金额恢复到人民币×××万元，并向甲方提供维护保函已恢复的证据。
>
> 3. 维护的责任
>
> 甲方行使兑取维护保函项下款项的权利不损害甲方在本协议项下的其他权利，且不应解除乙方履行维护项目设施的义务。

（四）投资计划及融资方案

重点约定项目投资规模、投资计划、投资控制、资金筹措、融资条件、投融资监管及违约责任等事项。适用于包含新建、改扩建工程（如BOT、BOOT），或政府向社会资本主体转让资产（或股权）（如TOT、TOO）的合作项目。

第12条 项目总投资

1. 投资规模及其构成

（1）对于包含新建、改扩建工程的合作项目（BOT、BOOT、BTO、BOO等项目），应在合同中明确工程建设总投资及构成，包括建筑工程费、设备及工器具购置费、安装工程费、工程建设其他费用、基本预备费、价差预备费、建设期利息、流动资金等。合同应明确总投资的认定依据，如投资估算、投资概算或竣工决算等。

（2）对于包含政府向社会资本主体转让资产（或股权）的合作项目（TOT项目），应在合同中明确受让价款及其构成。

2. 项目投资计划

明确合作项目的分年度投资计划。

> **例如：燃气工程建设进度计划**
>
> 签订经营权协议后10天内开始项目实施；概算总投资4500万元，2012年8月底前开工建设××气站和铺管道天然气管网，2013年6月底前完成第一期投资1500万元（××气化站一期，部分主管网、支管网，0.6万户户内设施安装），2013年12月底前完成第二期投资4000万元（××气化站二期，按要求完成全部主管网铺设，2.3万户户内设施安装）。

第13条　投资控制责任

明确社会资本主体对约定的项目总投资所承担的投资控制责任。根据合作项目特点，可约定社会资本主体承担全部超支责任、部分超支责任，或不承担超支责任。

第14条　融资方案

项目合同需要明确项目总投资的资金来源和到位计划，包括以下事项：

（1）项目资本金比例及出资方式。

（2）债务资金的规模、来源及融资条件。如有必要，可约定政府为债务融资提供的支持条件。

（3）各类资金的到位计划。

> **例如：融资方案**
>
> （1）中标人（即乙方）在合同谈判成功后10个工作日内依法注册成立合资项目公司（以下简称合资公司），甲方负责出资办理建设用地国土权证至合资公司名下，并以项目前期费用约5400万元（含立项、能源评估、环境评估、可研及批复、土地报批、征拆补安、方案设计、工程勘察、初步设计、初步设计审查、概预算审查、施工图设计、施工图审查、国土权证办理、造价咨询、招标代理、监理、报建报监、检测试验、施工水、电设施等前期费用）及建设用地参股，占股权的45%；乙方负责出资对项目进行建设及设备采购，所投建设及设备采购资金，占股权的55%；合资公司注册成立后成立股东会，由中标人（乙方）出任企业法人，甲方派驻合资公司股东成员。
>
> （2）一期工程概算总投资约×××××万元，项目用地约87亩，其中一期审批面积46.9亩，征拆补安及前期费用约××××万元由甲方出资，甲方不再出资承担一期的建设及设备费用，乙方负责出资对项目进行建设及设备采购；
>
> （3）甲、乙双方利用合资公司平台所争取到的商业信贷资金，只能用于本项目前期费用、建设及运营维护，商业信贷资金所产生的商务费用、利息费用，按照双方所占股份比例承担相应费用。
>
> （4）本协议项下PPP项目建设过程中，除本协议或双方另有约定外，无论因何种

因素导致实际建设成本超出乙方预算之投资额，则对超过项目总投资额部分的金额，乙方不得向甲方要求和提出任何补偿；除本协议或双方另有约定外，建设过程中，乙方对预算之投资额有节约的，则节约部分之投资金额由乙方享有。

第 15 条　政府提供的其他投融资支持

如政府为合作项目提供投资补助、基金注资、担保补贴、贷款贴息等支持，应明确具体方式及必要条件。

> **例如：××市政府为××项目提供的支持**
>
> 根据特许权协议，××市政府作为××项目的发起人和特许权合约结束后的项目拥有者，为××项目建设提供鼓励和激励措施：
>
> （1）××市政府为项目公司提供低价项目土地（土地一级开发费为每平方米××××元）。
>
> （2）××市政府提供××亿元的投资补助（不要求回报），占设计概算投资（××亿元）的××%；
>
> （3）××市政府提供与施工场地相连的、必要的配套基础设施（水、电、路等），以及其他可以为方便项目建设和运营的帮助。

第 16 条　投融资监管

若需要设定对投融资的特别监管措施，应在合同中明确监管主体、内容、方法和程序，以及监管费用的安排等事项。

第 17 条　投融资违约及其处理

项目合同应明确各方投融资违约行为的认定和违约责任。可视影响将违约行为划分为重大违约和一般违约，并分别约定违约责任。

> **例如：迟延、不完全出资或提供合作条件**
>
> （1）任何一方及/或其成员未按本合同规定时间如数交纳出资、提供合作条件，即构成违约。自前述违约情形发生之日起，违约方及/或其成员应按其应缴未缴出资额、应提供未提供的合作条件向守约方支付日万分之五的违约金。
>
> （2）在上述情形下，守约方有权向违约方书面催告在三十（30）日内缴付或缴清出资、提供合作条件，若违约方或其成员逾期仍未缴付或提供，守约方有权要求违约方及/或其成员支付其未付出资额、未提供之合作条件对应的资金数额的百分之十（10%）作为违约金。

（五）项目前期工作

重点约定合作项目前期工作内容、任务分工、经费承担及违约责任等事项。

前期工作在此特指自政府和社会资本合作合同签署后至项目开工建设之前需进行的各项准备工作，主要包括项目勘察设计等技术性前期工作，以及项目的审批等政府管理性前期工作。

由于确定政府主体、社会资本主体时，项目前期工作一般尚未完成，因此有必要对政府和社会资本主体在前期工作中的分工、前期工作风险处置，以及政府对项目公司前期工作监管等特定内容进行约定。

第 18 条　前期工作内容及要求

明确项目需要完成的前期工作内容、深度、进度要求，以及需要采用的技术标准和规范要求，对于超出现行技术标准和规范的特殊规定，应予以特别说明。如包含工程建设的合作项目，应明确可行性研究、勘察设计等前期工作要求；包含转让资产（或股权）的合作项目，应明确项目尽职调查、清产核资、资产评估等前期工作要求。

第 19 条　前期工作任务分担

项目合同应分别约定政府和社会资本主体所负责的前期工作内容，确定前期工作界限，风险分担。

第 20 条　前期工作经费

明确政府和社会资本主体分别承担的前期工作费用。对于政府开展前期工作的经费需要社会资本主体承担的，应明确费用范围、确认和支付方式，以及前期工作成果和知识产权归属。

> **例如：前期工作**
> 1. 前期工作的内容
>
> 为本协议项下污水处理厂及其配套设施建设的顺利开展，甲方负责完成如下前期工作：
>
> （1）项目选址、项目立项、可行性研究、能源评估及其批复；
> （2）项目环境影响评价及其批复；
> （3）项目方案设计及批复、初步设计、初步设计审查及批复、概预算审查及批复、施工图设计、施工图审查及批复；
> （4）项目用地勘测、工程勘察；
> （5）完成污水处理厂规划红线内的征拆补安，并承诺不存在权属纠纷等；在本协议履行过程中，因征收、安置补偿等发生纠纷，应由甲方出面解决；
> （6）负责项目施工临时用水、用电接至项目用地红线边；
> （7）造价咨询、招标代理、监理；
> （8）报建报监、检测试验、施工水、电设施等。
>
> 2. 前期工作费用
>
> （1）对于 3.8.1 甲方所做的前期工作，由甲方负责全额投资。
> （2）其余 3.8.1 款所述前期工作以外本项目建设所发生的费用，均由乙方自行承担，但双方另有约定除外。
> （3）乙方应积极配合甲方做好相关前期工作，并提供必要的协助。

第 21 条　政府提供的前期工作支持

政府对政府和社会资本合作项目前期工作的支持主要体现在项目审批和协调方面。由于项目前期工作往往涉及众多政府管理部门和利益相关方，相关协调协助工作包括但不限于：

（1）协调相关部门和利益主体提供必要资料和文件。
（2）对社会资本主体的合理诉求提供支持。
（3）组织召开项目协调会。

第 22 条　前期工作监管

由于前期工作的一般性监督已有政府职能部门依照相关法律法规开展，因此合同约定的监管重点是对前期工作的特别监督,包括监管内容、方法和程序,以及监管费用的安排等事项。此类特别监管安排可能包括政府主体为协调或推动项目前期工作而对相关技术成果进行预审查、咨询和评估等事项。

原则上政府监管费用由政府自行承担;对于确需由项目公司承担费用的监管事项,需约定相应费用额度和具体处置方法。

第23条 前期工作违约及处理

违约事件划分为一般违约和严重违约。一般违约可采取相应补救措施不会导致合同目的不能实现,不导致合同终止。严重违约则会导致签订合同的目的根本不能实现,导致履约保证兑取或提前终止项目。合同中应分别列出双方一般、严重违约的事项,并明确相应的违约责任。

可在合同的专门章节中就凡需支付违约金的一般违约事件及其违约金方案进行约定,同时在各专门章节中应就严重违约事件的范围和认定程序进行约定。

合同法规定,当事人只要有违约行为,无论其主观上是否存在过错,都要承担违约责任。合同违约责任的承担方式主要有:继续履行、支付违约金、支付赔偿金、采取补救措施等。这些方式有时单独适用,有时同时适用。

> **例如:违约及处理**
>
> (1) 乙方处理后水质排放不达标的处罚:在原污水的水质、水量达到附件5的要求前提下,乙方由于自己的原因使处理后的生活污水未满足附件5的要求,则被视为"不达标",乙方不能获得该运营日的污水处理费,且须向甲支付违约金:违约金=(当天的生活污水处理量)×(污水处理费单价)×30%,并接受环保部门的处罚。
>
> (2) 如原污水水质超出附件5的要求,对乙方造成运营费超支或损失,甲方将向乙方支付违约金,违约金=(水质超标的污水处理量)×(污水处理费单价)×30%。甲方违约金的支付是在乙方处理后的出水水质满足附件5的要求前提下进行。
>
> (3) 因乙方违约而导致的合同终止,则甲方有权获得项目的所有权利、利益与所有权,合同终止前项目的债务与民事责任由甲方承担,乙方须在终止合同的60天内向甲方支付500万元补偿金额;
>
> (4) 因甲方违约而导致合同的终止,乙方将项目的所有权、利益与所有权转让给甲方,甲方向乙方支付的项目转让金额应该是乙方在终止本合同时的净资产额,合同终止前的债务与民事责任由乙方承担,甲方须在终止合同的60天内向乙方支付500万元补偿金额。

(六) 工程建设

适用于包含新建、改扩建工程的合作项目,如BOT、BOOT、BOO模式项目。重点约定合作项目工程建设条件,进度、质量、安全要求,变更管理,实际投资认定,工程验收,工程保险及违约责任等事项。

第24条 政府提供的建设条件

项目合同可约定政府为项目建设提供的条件,如建设用地、交通条件、市政配套等。

例如：土地事项和特许人的义务：

1. 甲方应在本协议生效后，由甲方出资将建设用地国土权证办理至合资公司名下，甲方确保合资公司在特许经营期内独占性地使用该土地，经营期内，土地所有权归合资公司所有。

2. 乙方应依本协议的约定及相关法律的规定，善意使用及管理甲方交付的项目建设用地。如因乙方违反适用法律、本协议和其他有关法律文件的要求使用土地给第三人造成损害，乙方应当承担相应的责任。

3. 甲方须向乙方提供所有合理的协助来获得施工现场水电等资源的供应。

第 25 条　进度、质量、安全及管理要求

项目合同应约定项目建设的进度、质量、安全及管理要求。详细内容可在合同附件中描述。

（1）项目控制性进度计划，包括项目建设期各阶段的建设任务、工期等要求。

（2）项目达标投产标准，包括生产能力、技术性能、产品标准等。

（3）项目建设标准，包括技术标准、工艺路线、质量要求等。

（4）项目安全要求，包括安全管理目标、安全管理体系、安全事故责任等。

（5）工程建设管理要求，包括对招投标、施工监理、分包等。

例如：项目计划

双方应根据附件 1 规定的进度计划履行其在本协议项下的建设义务。如果出现下列情况，附件 1 规定的进度计划日期的最后期限将延长或修改。

（1）本协议所述的不可抗力事件，由于第 6.9 条所述的发现文物使工程建设的实施延误；

（2）由于甲方的违约而造成乙方的延误；

（3）由于乙方的违约而造成甲方的延误；

（4）其他非乙方原因的特殊情况造成项目的延误。

进度报告：

乙方应向甲方提交建设工程进度报告，该报告应合理地详细说明已完成和进行中的建设工程情况以及甲方合理要求的其他相关事项。

第 26 条　建设期的审查和审批事项

项目合同应明确需要履行的建设审查和审批事项，并明确社会资本主体的责任，以及政府应提供的协助与协调。

例如：勘察和设计审核及备案

（1）项目公司应于地质勘查报告和项目施工设计完成后五（5）个工作日内，将该报告提交××市建委及省、市相关职能部门审批，并取得批准。未经××市建委同意，项目公司不得对施工设计和本项目的设计规范做任何原则性改动。

（2）项目公司应将有关职能部门审批同意的地质勘查报告和施工图设计文件的原件和省、市有关职能部门对设计文件的批文送交××市建委备案，该等备案应当在有关部门批准之日起十（10）日内完成。

第 27 条　工程变更管理

项目合同应约定建设方案变更（如工程范围、工艺技术方案、设计标准或建设标准等的变更）和控制性进度计划变更等工程变更的触发条件、变更程序、方法和处置方案。

> 例如：优化与变更
> （1）乙方可以在不改变项目的工艺路线，不改变项目的总体平面布置，不改变项目主要设计参数和不降低项目要求的设备（设施）效能参数，并事先取得甲方书面同意的前提下对本项目进行设计优化。
> （2）在不限制前款权利的前提下，乙方应按照施工图设计文件进行施工。
> （3）如果在施工过程中需要对施工图设计进行变更的，则乙方应书面提出变更理由，并取得甲方和设计部门的书面同意。

第 28 条　实际投资认定

项目合同应根据投资控制要求，约定项目实际投资的认定方法，以及项目投资发生节约或出现超支时的处理方法，并视需要设定相应的激励机制。

第 29 条　征地、拆迁和安置

项目合同应约定征地、拆迁、安置的范围、进度、实施责任主体及费用负担，并对维护社会稳定、妥善处理后续遗留问题提出明确要求。

> 例如：征地获取和设施迁移
> （1）现场之内的土地由特许人直接拥有或由政府拥有。
> （2）在政府拥有土地的情况下，特许人需按照《原始租约》从政府处获取此等土地的租赁权，再将土地转租给开发商。在特许人拥有土地的情况下，特许人须直接将此等土地租予开发商。
> （3）特许人负责联络设备公司清空施工场地内的设施，并承担此服务的费用。
> （4）施工场地外的工程和横穿施工场地的道路和公用设施附近的工程，其施工许可由开发商负责取得。

第 30 条　项目验收

项目验收应遵照国家及地方主管部门关于基本建设项目验收管理的规定执行。项目验收通常包括专项验收和竣工验收。项目合同应约定项目验收的计划、标准、费用和工作机制等要求。如有必要，应针对特定环节做出专项安排。

> 例如：验收
> 1. 法定验收
> （1）乙方应当根据附件四的进度要求在适当的时间组织项目工程验收，并通过省、市政府有关部门就项目工程的工程质量、消防、电力、规划组织的验收。
> （2）如因项目工程存在某一方面的瑕疵导致项目工程未通过第 7.1 条项下的验收，乙方应当根据有关部门的验收意见及时采取措施予以整改或完善，并再次组织相关验收，直到通过该等验收为止。
> 2. 验收通知
> （1）乙方应当在有关验收开始前至少 7 个工作日向甲方发出书面通知，告知验收项目和验收开始的时间。甲方在收到上述通知后，应及时派代表参加有关验收。

(2) 甲方收到上述通知后未能派代表参加有关验收，不影响该等验收的效力。
　　3. 验收合格报告
　　乙方应当在省、市有关职能部门的验收报告出具之日起 5 个工作日内，提交该等验收报告的一套完整复印件给甲方备案。

第 31 条　工程建设保险
　　项目合同应约定建设期需要投保的相关险种，如建筑工程一切险、安装工程一切险、建筑施工人员团体意外伤害保险等，并落实各方的责任和义务，注意保险期限与项目运营期相关保险在时间上的衔接。

> **例如：工程建设保险**
> 　　(1) 特许经营期内，乙方必须按照附件 8 的规定自费购买保险。
> 　　(2) 如果乙方不购买或维持本协议所要求的保险，则甲方有权购买该保险，并且有权根据本协议从履约保函或维护保函款中兑取需支付的保险费金额。

第 32 条　工程保修
项目合同应约定工程完工之后的保修安排，内容包括但不限于：
(1) 保修期限和范围。
(2) 保修期内的保修责任和义务。
(3) 工程质保金的设置、使用和退还。
(4) 保修期保函的设置和使用。

> **例如：**
> 　　乙方应在移交日后 12 个月的保证期内，承担全厂设备和设施质量缺陷的保修责任（因接受移交的单位使用不当造成的损坏除外），乙方在收到该通知后，应尽快自费进行保修。
> 　　在紧急情况下，或乙方没有及时保修，甲方有权兑取维护保函的相应金额进行保修，但应将支出的情况告诉乙方。

第 33 条　建设期监管
　　若需要，可对项目建设招标采购、工程投资、工程质量、工程进度以及工程建设档案资料等事项安排特别监管措施，应在合同中明确监管的主体、内容、方法和程序，以及费用安排。

> **例如：甲方的监督和检查**
> 　　1. 对建设工程的检查
> 　　甲方有权在不影响工程施工的前提下，检查乙方进度和项目的质量控制检验方法及结果，以确认工程建设符合本协议规定的进度和质量要求。乙方应派代表陪同检查，提供检查工作的必要条件。
> 　　2. 不符合质量和安全要求
> 　　如果工程建设不符合本协议的质量或安全要求，甲方可以就此向乙方提出警告。如果乙方在甲方通知后的合理时间内不能或拒绝修正缺陷，甲方有权停止施工，责成乙方进行整改，直到安全得到保证、缺陷得到修补、质量得到控制方可恢复施工。停工造成的损失由乙方承担。

第 34 条　建设期违约和处理

项目合同应明确各方在建设期违约行为的认定和违约责任。可视影响将违约行为划分为重大违约和一般违约,并分别约定违约责任。

(七) 政府移交资产

重点约定政府向社会资本主体移交资产的准备工作、移交范围和标准、移交程序及违约责任等。适用于包含政府向社会资本主体转让或出租资产的合作项目。

第 35 条　移交前准备

项目合同应对移交前准备工作做出安排,以保证项目顺利移交,内容一般包括:
(1) 准备工作的内容和进度安排。
(2) 各方责任和义务。
(3) 负责移交的工作机构和工作机制等。

> **例如:移交前准备**
>
> 1. 移交条件
> (1) 项目建设工期为××××年××月至××××年××月,整个建设项目需按设计要求全部建设完成,甲方应组织乙方和设计、施工、监理等单位进行项目性能测试和工程质量验收。
> (2) 项目性能测试合格且污水处理厂出水水质经环保部门认定达到本协议规定的标准,甲方应进行项目的移交准备工作。甲方所移交的设备、设施能够达到附件 8 规定的标准。
> (3) 因甲方的建设工期和工程验收不合格的延误,影响本项目无法按约定时间达标运行或移交工作无法最终完成,于特许经营期开始之日起甲方应按照第 10.3 条的约定支付污水处理服务费固定水价部分,即污水处理服务费等于固定成本与 10 万 m^3 的乘积。延误时间超过二个月,甲乙双方另行商议。
> (4) 政府资产移交的移交日前,甲方设立人民币×××万元(¥×××万元)的甲乙双方共管履约保证金专项账户,在政府移交资产的保证期内,双方共同认可的情况下乙方可以从此账户中支取履约保证金。
>
> 2. 组织形式
> (1) 本协议生效后,甲乙双方共同成立政府移交资产工作组,移交工作组成员由方各自委派,组长由甲方成员担任,副组长由乙方成员担任。
> (2) 移交现场可邀请设计、建设、监理等单位和政府有关部门参加,对移交过程的争议进行协调。

第 36 条　资产移交

合同应对资产移交以下事项进行约定:
(1) 移交范围,如资产、资料、产权等。
(2) 进度安排。
(3) 移交验收程序。
(4) 移交标准,如设施设备技术状态、资产法律状态等。

(5) 移交的责任和费用。
(6) 移交的批准和完成确认。
(7) 其他事项，如项目人员安置方案、项目保险的转让、承包合同和供货合同的转让、技术转让及培训要求等。

> **例如：移交范围**
> 在移交日期，乙方应向接收入无偿移交：
> 1. 项目设施或项目资产的所有权利和利益；
> 2. 本项目三（3）个月内正常需要的消耗性备件和事故修理备品备件。
> 3. 甲方可以合理要求的且此前乙方未曾按照本协议规定交付的运营、维护、修理记录、移交记录和其他资料，以使其能够直接或通过其指定机构继续本项目的运营。
> 向接收入移交项目设施或项目资产时，应解除和清偿完毕乙方设置的所有债务、抵押、质押、留置、担保物权，以及源自本项目的建设、运营和维护的由乙方引起的环境污染及其他性质的请求权。

第37条　移交违约及处理

项目合同应明确资产移交过程中各方违约行为的认定和违约责任。可视影响将违约行为划分为重大违约和一般违约，并分别约定违约责任。

> **例如：合同的转移**
> （1）移交时，项目公司应将与项目设施有关的所有未履行完毕的设计合同、施工合同、工程监理合同、设备采购合同、安装合同等合同转移给××市建委或其指定机构，由其承接项目公司在该等合同项下的全部权益，但因法律规定、合同性质或特别约定无法转移的合同除外。
> （2）如项目公司未履行完毕其在该等合同项下的其他义务，项目公司应继续履行。如需××市建委或其指定机构为项目公司履行该等义务提供必要的协助的，由此导致该机构或部门增加开支、费用的，该等费用全部由项目公司承担。
> （3）如项目公司未能或未在合理的时间内履行第9.8条的义务，××市建委有权提取履约保函代项目公司履行该等义务。

（八）运营和服务

重点约定合作项目运营的外部条件、运营服务标准和要求、更新改造及追加投资、服务计量、运营期保险、政府监管、运营支出及违约责任等事项，适用于包含项目运营环节的合作项目（如 BOT、BOO、TOT、TOO、O&M）。

> **例如：运营和服务**
> 污水处理范围
> 在特许经营期内，乙方应只对甲方收集的污水提供处理。未经甲方事先书面同意，不得接受任何第三方的污水进行处理。
> 甲方的主要责任：
> （1）在整个特许运营期内，应督促乙方认真执行国家行业标准、行业管理部门和地方政府的相关规定以及本协议规定的出水质量标准。

(2) 甲方有义务对乙方污水处理服务过程中所产生的污泥提供指定的污泥收纳和处置场地，并承担污泥收纳和处置所需的费用，但污泥运输至污泥处置场地的运输和装卸费用均由乙方自行承担。

乙方的主要责任：

(1) 从开始商业运营日起，乙方应按照现行的有关规范连续接受和处理污水，将从接收点排入的进水经处理达到出水质量标准后，排放至交付点。

(2) 乙方应建立健全水质检测和检验制度，按照国家或行业规定的检测项目、检测频次和有关标准、方法定期检测污水处理厂进水和出水等项目，做好各项检测分析资料和水质报表的汇总、归档。

(3) 乙方应对污水处理设施的状况及性能建立定期检修保养制度，对各项设施的图纸资料进行收集、归类和整理，完善公用设施信息化管理系统，保持水处理设施处于良好使用状态，并在甲方的要求下将设施运行情况报告给甲方。

(4) 乙方在日常生产经营活动中，应充分考虑环境影响，维护生态环境。

第38条 政府提供的外部条件

项目合同应约定政府为项目运营提供的外部条件，如：

(1) 项目运营所需的外部设施、设备和服务及其具体内容规格、提供方式（无偿提供、租赁等）和费用标准等。

(2) 项目生产运营所需特定资源及其来源、数量、质量、提供方式和费用标准等，如污水处理厂的进水来源、来水量、进水水质等。

(3) 对项目特定产出物的处置方式及配套条件，如污水处理厂的出水、污泥的处置，垃圾焚烧厂的飞灰、灰渣的处置等。

(4) 道路、供水、供电、排水等其他保障条件。

> **例如：政府提供的条件**
>
> (1) 政府方所移交的设备能够正常运行，并在正常运行的情况下，能够达到本协议所规定的出水标准。
>
> (2) 建设、维护本污水处理项目受纳区域内的污水收集管路，保证本项目受纳区域内的全部污水都能经管网收集并送至污水处理厂处理，如期达到协议所约定的设计基本水量，并使水质符合协议中的技术指标要求。
>
> (3) 甲方应保障项目规划用地红线外满足项目实施需要的道路、动力、给水、通讯的供应。

第39条 试运营和正式运营

项目合同应约定试运营的安排，如：

(1) 试运营的前提条件和技术标准。

(2) 试运营的期限。

(3) 试运营期间的责任安排。

(4) 试运营的费用和收入处理。

(5) 正式运营的前提条件。

(6) 正式运营开始时间和确认方式等。

第 40 条　运营服务标准

项目合同应从维护公共利益、提高运营效率、节约运营成本等角度，约定项目运营服务标准。详细内容可在合同附件中描述。

(1) 服务范围、服务内容。
(2) 生产规模或服务能力。
(3) 技术标准，如污水厂的出水标准，自来水厂的水质标准等。
(4) 服务质量，如普遍服务、持续服务等。
(5) 其他要求，如运营机构资质、运营组织模式、运营分包等。

> **例如：运营服务标准**
>
> (1) 乙方应保障每日 24 小时的连续供水服务，在因扩建及设施检修需停止供水服务时，应提前 24 小时通知用水户，因发生紧急事故或不可抗力，不能提前通知的，应在抢修的同时通知用水单位和个人，尽快恢复正常供水。停水时间必须在附件 7 规定的期限内。
>
> (2) 乙方应按照本协议附件 8，实施规范化供水服务，向社会公开水质、水量、水压等涉及供水服务的各项服务指标，接受社会的监督。
>
> (3) 乙方必须建立、健全水质监测制度，保证城市供水水质符合中国国家标准和其他相关标准。
>
> (4) 乙方应建立原水水质监测制度。对取用地表水原水的浊度、pH 值、温度、色度等项目应每×日进行检测；对取用地下水的原水水质应每×日进行检测。对本地区原水需要特别监测的项目，也可列入检测范围，根据需要增加监测次数。
>
> (5) 乙方应对出厂水和管网水进行检测。水质的检测项目、检测频率及采样点的设置应符合中国国家标准和其他相关标准。

第 41 条　运营服务要求变更

项目合同应约定运营期间服务标准和要求的变更安排，如：

(1) 变更触发条件，如因政策或外部环境发生重大变化，需变更运营服务标准等。
(2) 变更程序，包括变更提出、评估、批准、认定等。
(3) 新增投资和运营费用的承担责任。
(4) 各方利益调整方法或处理措施。

> **例如：运营服务要求变更**
>
> (1) 特许经营期限内，如果根据国家强制要求，污水处理厂的出水水质必须提高，则按新的标准执行。
>
> (2) 如果污水处理项目没有能力处理，则乙方应尽快制订改造方案，经甲方同意后实施。在新的改造方案完成前，应免除乙方出水水质超标的责任。
>
> (3) 因执行污水处理出水水质标准改变而造成乙方投资成本、运营成本的增加或特许运营收费期的耽误，乙方有权获得相应的补偿。

第 42 条　运营维护与修理

项目合同应约定项目运营维护与设施修理事项。详细内容可在合同附件中描述。

(1) 项目日常运营维护的范围和技术标准。

（2）项目日常运营维护记录和报告制度。
（3）大中修资金的筹措和使用管理等。

> **例如：运营维护与修理**
> 在整个运营期内，乙方应根据本协议的规定，自行承担费用（包括税费）和风险，管理、运营和维护污水处理设施。
> 乙方应确保在整个运营期内，始终根据下列规定运营并维护污水处理厂的项目设施：
> （1）国家和地方现行的企业运行的有关法律法规，污水处理的有关法律法规、标准和规范，本项目有关批准文件的要求；
> （2）乙方投资文件表述的质量保证、质量控制和安全生产的要求；
> （3）运行维护手册以及污水处理项目内设备制造商提供的说明手册和指导。
> 乙方应确保污水处理项目设施始终处于良好营运状态并能够安全稳定地处理污水和污泥，使其达到排放标准，大气污染物和噪声满足环保要求。

第43条　更新改造和追加投资

对于运营期间需要进行更新改造和追加投资的合作项目，项目合同应对更新改造和追加投资的范围、触发条件、实施方式、投资控制、补偿方案等进行约定。

> **例如：更新改造**
> （1）若未来非因乙方原因导致本项目监测断面水质长期超标或适用法律中对新标准的执行或依据甲方要求而需要对项目设施进行的必要技术改造或者扩建，届时甲乙双方将根据乙方的投资额以及运营成本的变动协商调整流域治理服务费，或由甲方通过乙方认可的其他形式予以补贴。
> （2）本协议第1项约定需技术改造与扩建之情形下，乙方应根据经相关审批机构审核的初步设计及施工图设计负责技术改造的投资、建设及后续运营，乙方具体投资额以双方共同聘请的审计机构对技术改造工程审计后的竣工决算金额为准。
> （3）本协议第1项所述改造方案确定的改造或扩建期限内，甲方应按改造前产出执行标准对乙方予以考核以及支付相应的流域治理服务费。乙方应尽最大努力确保改造期间对流域治理服务的影响降到最低。
> （4）依据本协议第1项的约定实施技术改造或扩建后形成的资产，在本项目合作期内其所有权归属甲方所有，对该等资产的使用受本协议第16项的约束。

第44条　主副产品的权属

项目合同应约定在运营过程中产生的主副产品（如污水处理厂的出水等）的权属和处置权限。

第45条　项目运营服务计量

项目合同应约定项目所提供服务（或产品）的计量方法、标准、计量程序、计量争议解决、责任和费用划分等事项。

第46条　运营期的特别补偿

项目合同应约定运营期间由于政府特殊要求造成社会资本主体支出增加、收入减少的补偿方式、补偿金额、支付程序及协商机制等。

> 例如：运营期的特别补偿
> （1）不可抗力事件导致该运营年的运营成本增加和/或资本性支出的金额不超过其上一运营年服务费收入总额的千分之三十五（35‰）时，项目公司应自行承担增加部分，授权方不予补偿；
> （2）不可抗力事件导致该运营年的运营成本增加和/或资本性支出的金额超过其上一运营年服务费收入总额的千分之三十五（35‰）时，授权方将只对增加的运营成本和/或资本性支出超过其上一运营年服务费收入总额的千分之三十五（35‰）的部分的50％给予补偿。

第47条 运营期保险

项目合同应约定运营期需要投保的险种、保险范围、保险责任期间、保额、投保人、受益人、保险赔偿金的使用等。

> 例如：运营期保险
> 项目公司在开始商业运行日或该日之前投保，并在整个运营期内保持下列险种的保险。
> （1）财产一切险；
> （2）其他险别。

第48条 运营期政府监管

政府有关部门依据自身行政职能对项目运营进行监管，社会资本主体应当予以配合。政府可在不影响项目正常运营的原则下安排特别监管措施，并与社会资本主体议定费用分担方式，如：

（1）委托专业机构开展中期评估和后评价；
（2）政府临时接管的触发条件、实施程序、接管范围和时间、接管期间各方的权利义务等。

> 例如：甲方的监管
> （1）对乙方实施特许经营的行为实施监管；
> （2）对乙方的供热五年规划和年度投资计划提出意见和建议，并监督实施；
> （3）监督抽查乙方供热、安全运行和服务的质量，定期组织专家进行中期评估；
> （4）会同价格主管部门制定和调整、监管供热价格；
> （5）核查乙方的特许经营报告、财务报告；
> （6）甲方享有紧急处置权。甲方对乙方在冬季供暖期间拒绝供热或不能保证供热质量，且直接影响到居民正常采暖，给社会造成恶劣影响的行为，可以采取临时应急接管措施。

第49条 运营支出

项目合同应约定社会资本主体承担的成本和费用范围，如人工费、燃料动力费、修理费、财务费用、保险费、管理费、相关税费等。

第50条 运营期违约事项和处理

项目合同应明确各方在运营期违约行为的认定和违约责任。可视影响将违约行为划分为重大违约和一般违约，并分别约定违约责任。

(九) 社会资本主体移交项目

重点约定社会资本主体向政府移交项目的过渡期、移交范围和标准、移交程序、质量保证及违约责任等,适用于包含社会资本主体向政府移交项目的合作项目(如 BOT、BLT、LOT、TOT)。

第 51 条　项目移交前过渡期

项目合同应约定项目合作期届满前的一定时期(如 12 个月)作为过渡期,并约定过渡期安排,以保证项目顺利移交。内容一般包括:

(1) 过渡期的起讫日期、工作内容和进度安排。

(2) 各方责任和义务,包括移交期间对公共利益的保护。

(3) 负责项目移交的工作机构和工作机制,如移交委员会的设立、移交程序、移交责任划分等。

> **例如:移交准备**
>
> 1. 特许经营期结束 12 个月前,由甲方和乙方各自派员组成移交委员会,具体负责和办理移交工作,甲乙双方代表人数应当相同。
>
> 2. 移交委员会主任由政府指派有关部门人员担任,组织必要的会议会谈并商定设施移交的详尽程序,确定移交仪式,最后将移交信息在省级报上刊登,向社会公告。

第 52 条　项目移交

对于合作期满时的项目移交,项目合同应约定以下事项:

(1) 移交方式,明确资产移交、经营权移交、股权移交或其他移交方式。

(2) 移交范围,如资产、资料、产权等。

(3) 移交验收程序。

(4) 移交标准,如项目设施设备需要达到的技术状态、资产法律状态等。

(5) 移交的责任和费用。

(6) 移交的批准和完成确认。

(7) 其他事项,如项目人员安置方案、项目保险的转让、承包合同和供货合同的转让、技术转让及培训要求等。

> **例如:移交**
>
> 在移交日,项目公司应向××市建委或其指定机构完好、无偿移交:
>
> (1) 项目公司维护得当并处于良好工作状态的项目设施及其全部权利和权益,包括:
>
> ① 污水处理厂厂区内的所有建筑物、构筑物和设施;
>
> ② 与项目设施的运营维护相关使用的所有机械、设备、装置、零部件、备品备件、化学品以及其他动产;
>
> ③ 项目公司在运营期内为项目设施的运营而购置和取得的资产、货物、无形资产等财产;
>
> ④ 运营和维护项目设施所要求的所有知识产权和技术秘密;
>
> ⑤ 所有尚未到期的可以转让的保证、保险和其他合同的利益;

> ⑥ ××市建委或其指定机构合理要求的其他物品与资料。
> （2）项目设施场地的土地使用权及与之有关的其他权利。
> （3）项目所有设备、设计、基建验收的各类技术图纸、规程、规范、资料、生产运行的有关图纸资料，包括运营维护手册、运营记录、移交记录以及设备寿命消耗及管理表。

第53条 移交质量保证

项目合同应明确如下事项：

（1）移交保证期的约定，包括移交保证期限、保证责任、保证期内各方权利义务等。

（2）移交质保金或保函的安排，可与履约保证结合考虑，包括质保金数额和形式、保证期限、移交质保金兑取条件、移交质保金的退还条件等。

> **例如：移交质量保证**
>
> 乙方进一步保证在移交日期后十二（12）个月届满日期间，修复由原材料、工艺、施工、运营或管理缺陷或合作期内乙方的任何违约造成的项目设施任何部分出现的任何缺陷或损坏（正常磨损除外），及/或环境污染责任。
>
> 甲方发现任何上述缺陷或损坏及/或环境污染责任后应及时通知乙方。在任何情况下，上述通知最迟应在十二（12）个月的保证期结束前送达。收到该通知后，乙方应尽快自费修正缺陷。如果乙方在收到甲方通知后三十（30）日内不能或拒绝修正缺陷，甲方有权自己或请第三方修正上述缺陷。在这种情况下，乙方应支付合理且必要的修理费用，而且甲方有权提取移交维修保函中相应金额以补偿此项费用。

第54条 项目移交违约及处理

项目合同应明确项目移交过程中各方违约行为的认定和违约责任。可视影响将违约行为划分为重大违约和一般违约，并分别约定违约责任。

（十）收入和回报

重点约定合作项目收入、价格确定和调整、财务监管及违约责任等事项。

投资人参与项目的重要目的之一即是通过项目投资、建设或运营获得相应的回报。从政府角度，给予项目参与者合理的获益机会和水平，是保证项目得以成功实施和持续运转的基础。

第55条 项目运营收入

项目合同应按照合理收益、节约资源的原则，约定社会资本主体的收入范围、计算方法等事项，包括：

（1）社会资本主体提供公共服务而获得的收入范围及计算方法。

（2）社会资本主体在项目运营期间可获得的其他收入。

（3）如涉及政府与社会资本主体收入分成的，应约定分成机制，如分成计算方法、支付方式、税收责任等。

> **例如：运营收入**
>
> 污水处理服务费包括基本污水处理服务费和超额污水处理服务费。
> 1. 基本污水处理服务费

> 以污水处理厂的正常运转为前提，授权方应就基本污水处理量支付基本污水处理服务费。每一运营月的基本污水处理服务费按照如下公式计算：
>
> 运营月基本污水处理服务费＝运营月所属运营年适用的基本污水处理量（立方米/日）×污水处理服务费×运营月天数
>
> 2. 超额污水处理服务费
>
> 如果在运营期内的任一运营月，污水处理厂的实际处理水量超过该运营月所属运营年适用的基本污水处理量，则超过的部分即超额水量。授权方应就超额水量支付超额污水处理服务费。每一运营月的超额污水处理服务费按照如下公式计算：
>
> 运营月超额污水处理服务费＝超额水量（当月各运营日的实际处理水量之和－当月各运营日的基本污水处理量之和）×污水处理服务费×60%。

第 56 条　服务价格及调整

项目合同应按照收益与风险匹配、社会可承受的原则，合理约定项目服务价格及调整机制。

1. 执行政府定价的价格及调整

（1）执行政府批准颁布的项目服务或产品价格。

（2）遵守政府价格调整相关规定，配合政府价格调整工作，如价格听证等。

2. 项目合同约定的价格及调整

（1）初始定价及价格水平年。

（2）运营期间的价格调整机制，包括价格调整周期或调价触发机制、调价方法、调价程序及各方权利义务等。

> **例如：调价公式**
>
> 流域治理服务费的运营维护部分将根据运营维护期间的通货膨胀情况进行调整，调价周期为三年，本项目进入商业运营日所在的当年不予计算，自第一个完整财务年度（指自商业运营期所在年度的下一年的 1 月 1 日至 12 月 31 日）开始起算，每三个财务年度调整一次。具体调价公式如下：
>
> 年运维绩效服务费调价公式如下：
>
> $$P_{3n} = P_0 \times CPI_{3n-1} \times CPI_{3n-2} \times CPI_{3n-3} \times 10^{-6} \quad (n=1,2,3)$$

第 57 条　特殊项目收入

若社会资本主体不参与项目运营或不通过项目运营获得收入的，项目合同应在法律允许框架内，按照合理收益原则约定社会资本主体获取收入的具体方式。

第 58 条　财务监管

政府和社会资本合作项目事关公共利益，项目合同应约定对社会资本主体的财务监管制度安排，明确社会资本主体的配合义务，如：

（1）成本监管和审计机制。

（2）年度报告及专项报告制度。

（3）特殊专用账户的设置和监管等。

第 59 条　违约事项及其处理

项目合同应明确各方在收入获取、补贴支付、价格调整、财务监管等方面的违约行为的认定和违约责任。可视影响将违约行为划分为重大违约和一般违约,并分别约定违约责任。

(十一) 不可抗力和法律变更

重点约定不可抗力事件和法律变更的处理事项。

第60条 不可抗力事件

不可抗力是一项免责条款,是指合同签订后,由于发生了合同当事人无法预见、无法预防、无法避免和无法控制的事件,以致不能履行或不能如期履行合同,发生意外事件的一方可以免除履行合同的责任或者推迟履行合同。

例如:不可抗力

不可抗力包括但不限于:

(1) 雷电、地震、火山爆发、滑坡、水灾、海啸、台风、龙卷风或旱灾;

(2) 流行病、瘟疫爆发;

(3) 战争行为、入侵、武装冲突或外敌行为、封锁或军事力量的使用,暴乱或恐怖行为;

(4) 全国性、地区性、城市性或行业性罢工;

(5) 由于不能归因于甲、乙双方或一方的原因引起的项目供电中断;

(6) 其他双方商定应属于不可抗力之事件。

第61条 不可抗力事件的认定和评估

项目合同应约定不可抗力事件的认定及其影响后果评估程序、方法和原则。对于特殊项目,应根据项目实际情况约定不可抗力事件的认定标准。

第62条 不可抗力事件发生期间各方权利和义务

项目合同应约定不可抗力事件发生后的各方权利和义务,如及时通知、积极补救等,以维护公共利益,减少损失。

第63条 不可抗力事件的处理

项目合同应根据不可抗力事件对合同履行造成的影响程度,分别约定不可抗力事件的处理。造成合同部分不能履行,可协商变更或解除项目合同;造成合同履行中断,可继续履行合同并就中断期间的损失承担做出约定;造成合同履行不能,应约定解除合同。

例如:不可抗力事件的处理

(1) 程序:声称受到不可抗力影响的一方应在知道不可抗力之后及时并不迟于二十四(24)小时书面通知另一方并详述不可抗力影响的情况,包括该不可抗力发生的日期和预计停止的时间,以及对该方履行在本协议项下义务的影响。

(2) 不可抗力造成的终止:如果任何不可抗力阻止一方履行其义务的时间自该不可抗力发生日起超过就是(90)天,双方应协商决定继续履行本协议的条件或者同意终止本协议。如果自不可抗力发生后一百八十(180)天之内双方不能就继续履行的条件或终止本协议达成一致意见,任何一方有权给予另一方书面通知后终止本协议。

(3) 协商和减少损失的责任:受到不可抗力影响的一方应尽合理的努力减少不可抗

力的影响，包括为采取有效的措施支付合理的金额。双方应协商指定并实施补救计划及合理的替代措施以消除不可抗力，并决定为减少不可抗力给每一方带来的损失应采取的合理的手段。

第64条 法律变更

项目合同应约定，如在项目合同生效后发布新的法律、法规或对法律、法规进行修订，影响项目运行或各方项目收益时，变更项目合同或解除项目合同的触发条件、影响评估、处理程序等事项。

（十二）合同解除

重点约定合同解除事由、解除程序，以及合同解除后的财务安排、项目移交等事项。

第65条 合同解除的事由

合同法对解除合同的规定：

第九十三条规定：当事人协商一致，可以解除合同。当事人可以约定一方解除合同的条件。解除合同的条件成就时，解除权人可以解除合同。

第九十四条规定：有下列情形之一的，当事人可以解除合同：

（1）因不可抗力致使不能实现合同目的；

（2）在履行期限届满之前，当事人一方明确表示或者以自己的行为表明不履行主要债务；

（3）当事人一方迟延履行主要债务，经催告后在合理期限内仍未履行；

（4）当事人一方迟延履行债务或者有其他违约行为致使不能实现合同目的；

（5）法律规定的其他情形。

在项目合同中应约定各种可能导致合同解除的事由，包括：

（1）发生不可抗力事件，导致合同履行不能或各方不能就合同变更达成一致。

（2）发生法律变更，各方不能就合同变更达成一致。

（3）合同一方严重违约，导致合同目的无法实现。

（4）社会资本主体破产清算或类似情形。

（5）合同各方协商一致。

（6）法律规定或合同各方约定的其他事由。

第66条 合同解除程序

项目合同应约定合同解除程序。

《合同法》规定：当事人一方依照本法第九十三条第二款、第九十四条的规定主张解除合同的，应当通知对方。合同自通知到达对方时解除。对方有异议的，可以请求人民法院或者仲裁机构确认解除合同的效力。

第67条 合同解除的财务安排

按照公平合理的原则，在项目合同中具体约定各种合同解除情形时的财务安排，以及相应的处理程序。如：

（1）明确各种合同解除情形下，补偿或赔偿的计算方法，赔偿应体现违约责任及向无过错方的利益让渡。补偿或赔偿额度的评估要坚持公平合理、维护公益性原则，可设计具有可操作性的补偿或赔偿计算公式。

(2) 明确各方对补偿或赔偿计算成果的审核、认定和支付程序。

《合同法》相关规定：

第九十七条规定：合同解除后，尚未履行的，终止履行；已经履行的，根据履行情况和合同性质，当事人可以要求恢复原状、采取其他补救措施，并有权要求赔偿损失。

第 68 条　合同解除后的项目移交

项目合同应约定合同解除后的项目移交事宜，可参照"项目移交"条款进行约定。

第 69 条　合同解除的其他约定

结合项目特点和合同解除事由，可分别约定在合同解除时项目接管、项目持续运行、公共利益保护以及其他处置措施等。

合同解除不影响合同中结算、清理条款效力。

（十三）违约处理

其他章节关于违约的未约定事项，在本章中予以约定；也可将关于违约的各种约定在本章集中明确。

第 70 条　违约行为认定

项目合同应明确违约行为的认定以及免除责任或限制责任的事项。

第 71 条　违约责任承担方式

项目合同应明确违约行为的承担方式，如继续履行、赔偿损失、支付违约金及其他补救措施等。

第 72 条　违约行为处理

项目合同可约定违约行为的处理程序，如违约发生后的确认、告知、赔偿等救济机制，以及上述处理程序的时限。

（十四）争议解决

重点约定争议解决方式。

第 73 条　争议解决方式

1. 协商

通常情况下，项目合同各方应在一方发出争议通知指明争议事项后，首先争取通过友好协商的方式解决争议。协商条款的编写应包括基本协商原则、协商程序、参与协商人员及约定的协商期限。若在约定期限内无法通过协商方式解决问题，则采用调解、仲裁或诉讼方式处理争议。

2. 调解

项目合同可约定采用调解方式解决争议，并明确调解委员会的组成、职权、议事原则，调解程序，费用的承担主体等内容。

3. 仲裁或诉讼

协商或调解不能解决的争议，合同各方可约定采用仲裁或诉讼方式解决。采用仲裁方式的，应明确仲裁事项、仲裁机构。

第 74 条　争议期间的合同履行

诉讼或仲裁期间项目各方对合同无争议的部分应继续履行；除法律规定或另有约定

外，任何一方不得以发生争议为由，停止项目运营服务、停止项目运营支持服务或采取其他影响公共利益的措施。

> **例如：争议的解决**
> 25.1 协商
> 因解释或履行本协议过程中产生的任何争议由项目协调委员会进行协商解决。项目协调委员会的一致决议对双方均有约束力。项目协调委员会在二十（20）天内无法协商解决，则应适用第25.2款的规定。
> 25.2 争议解决
> 如果争议未能根据第25.1款解决，双方均有权将争议提交南宁市人民法院解决。
> 25.3 争议解决期间的继续履行
> 在争议提交项目协调委员会或法院解决期间，各方应继续履行其在本协议项下的各项义务并继续享有其在本协议项下的所有权利，而不影响以后根据上述裁决进行最终调整。
> 25.4 继续有效
> 第二十五条规定的争议解决条款在本协议终止后继续有效。

（十五）其他约定

约定项目合同的其他未尽事项。

第75条 合同变更与修订

可对项目合同变更的触发条件、变更程序、处理方法等进行约定。项目合同的变更与修订应以书面形式做出。

第76条 合同的转让

项目合同应约定合同权利义务是否允许转让；如允许转让，应约定需满足的条件和程序。特别是受让方资格、能力等。

> **例如：**
> 1. 政府方的转让
> 1.1 转让的同意
> 政府方不得出让或转让其在本协议项下的全部或部分的权利或义务，但本协议另有约定的除外。
> 1.2 除外条件
> 上述第1.1款的规定并不妨碍政府方与其他的政府部门进行机构调整或合并，条件是该继承实体：
> （1）具有承担政府方在本合同项下所承担的所有权利、义务和责任的能力和授权；以及
> （2）接受并完全承担政府方在本协议项下义务的履行，包括服务协议的义务。
> 2. 项目公司的转让
> 2.1 对协议权利义务的转让
> （1）未经政府方事先书面同意，项目公司在任何情况下不得转让或以其他方式转

> 移其在本协议下的权利和义务；
> （2）自生效日期起五（5）年后，经政府方事先书面同意并与受转让方之间在本协议原则性条款及条件不变的条件下签署新的协议，项目公司可以向具备以下条件的受让方转让其在本协议项下的权利和义务：
> ① 具备运营二（2）个以上不小于项目同等规模的城市污水处理厂的经验；
> ② 注册资本金不小于项目公司注册资本金；
> ③ 具有良好的商誉。

第 77 条　保密
项目合同应约定保密信息范围、保密措施、保密责任。保密信息通常包括项目涉及国家安全、商业秘密或合同各方约定的其他信息。

第 78 条　信息披露
为维护公共利益、促进依法行政、提高项目透明度，合同各方有义务按照法律法规和项目合同约定，向对方或社会披露相关信息。详细披露事项可在合同附件中明确。

第 79 条　廉政和反腐
项目合同应约定各方恪守廉洁从政、廉洁从业和防范腐败的责任。

第 80 条　不弃权
合同应声明任何一方均不被视为放弃本合同中的任何条款，除非该方以书面形式做出放弃。任何一方未坚持要求对方严格履行本合同中的任何条款，或未行使其在本合同中规定的任何权利，均不应被视为对任何上述条款的放弃或对今后行使任何上述权利的放弃。

第 81 条　通知
项目合同应约定通知的形式、送达、联络人、通讯地址等事项。

第 82 条　合同适用法律
项目合同适用中华人民共和国法律。

第 83 条　适用语言
项目合同应约定合同订立及执行过程中所采用的语言。对于采用多种语言订立的，应明确以中文为准。

第 84 条　适用货币
明确项目合同所涉及经济行为采用的支付货币类型。

第 85 条　合同份数
项目合同应约定合同的正副本数量和各方持有份数，并明确合同正本和副本具有同等法律效力。

第 86 条　合同附件
项目合同可列示合同附件名称。

合同中还可以就如下事宜进行约定：
（1）可分割性：如果本协议任何部分被任何法院宣布为无效，合同其他部分仍然有效和可执行。
（2）合同的备案：本协议附件所列合同和文件须报甲方备案。该备案并不能免除乙方在本协议项下的任何义务和责任。
（3）环境保护：在本项目的建设、运营和维护期间，乙方应始终遵循国家和项目所在地的有关环保方面的规定和要求，认真履行环境保护方面的责任和义务。

（4）对文物、地质的保护：乙方应遵守《中华人民共和国文物保护法》及其他有关规定，采取有效措施保护在脱硫设施建设、运营和维护期间发现的文物、化石、古迹及具有历史意义的任何其他物品。

（5）安全标准：乙方应遵守并执行由下述文件所规定的健康和安全标准：

① 本协议；

② 政府颁发的法律、法规、规章等文件所规定的健康和安全标准；

③ 乙方应被视为始终完全了解国家标准和惯例。

五、合同附件

PPP项目所涉及的合作内容和具体要求通常较为庞杂，一般会在PPP项目合同正文之后附加一系列的附件，用以进一步明确合同中涉及的具体技术标准、条件要求、计算公式、文书格式等。

（一）常见的合同附件

鉴于不同PPP项目的付费机制、运作方式、融资方式以及涉及的行业标准、技术规范等各不相同，具体的合同附件也会不同。常见的PPP项目合同附件包括：

1. 项目场地范围

该附件用于划定项目涉及的场地的地点、范围、面积等，有时会以平面图的形式列示。

2. 项目所需审批

该附件用于列明项目实施所需获得的全部或主要审批，以及政府方和项目公司在获得上述审批上的责任分工。

3. 技术附件

该附件用于详细阐述PPP项目设计、建设、运营、维护等所依据的具体技术标准和规范等。

4. 商务附件

该附件用于阐述PPP项目的商业方案，例如财务模型、融资计划、项目公司设立方案等。

5. 履约担保格式

为了确保项目公司在签订PPP项目合同后所提供的履约担保能够符合双方的约定，有时还会将履约担保的相关协议也作为合同附件，并约定项目公司将来按照该协议约定的内容和方式向政府方提供担保。

6. 移交条件

为了确保项目移交后符合政府的预期，双方可能会将项目移交的具体条件和标准在PPP项目合同的附件中予以明确规定。

（二）各行业合同附件列举

下文列举了一些行业的PPP项目合同的常见附件，仅供参考：

1. 城市（集中）供水

在城市（集中）供水项目中，比较常见的附件包括：各方内部决议件，股东承诺函，集中式公共供水定义，授权文件，建设期履约保函，项目特许经营范围，普遍服务承诺，供水技术标准、规范和要求，项目资产维护方案，融资方案，初步性能测试，最终性能测试，维护保函，应急预案，保险方案（含投保险种与保险金额），前期工作和永久性市政设施，技术方案，定期报告及临时报告（事项、周期及信息格式要求），成本申报及监审，资本投资计划及调整，排他性承诺，移交方案等。

2. 集中供暖

在集中供暖项目中，比较常见的附件包括：授权文件，各方内部决议件，股东承诺函，供热质量和服务标准，项目特许经营区域范围（附图），供用热合同样本，技术规范和标准，投资计划及安排，普遍服务承诺，应急预案，移交资产的程序和标准，融资方案，履约保函，保险方案，项目设施维护方案，工程进度计划表，排他性承诺，移交方案等。

3. 管道燃气供应

在管道燃气供应项目中，比较常见的附件包括：各方内部决议件，股东承诺函，授权书，项目特许经营区域范围（附图），项目批准文件，技术规范和要求，投资计划及安排，普遍服务承诺，管道设施维护方案，保险，融资方案，工程技术方案，燃气质量标准，燃气服务标准，安全管理标准，气源承诺及保障计划，应急预案，履约保函，工程进度计划表，排他性承诺，移交方案，供用气合同等。

4. 污水处理

在污水项目中，比较常见的附件包括：授权文件，各方内部决议件，股东承诺函，用地四至图，建设标准和技术要求，进水水质超标的处理，出水水质不合格的违约金，污水处理服务协议，调价公式，融资方案，保险方案，运营记录报表，付费申请表/形式发票，出水水质监测项目、方法和周期，履约保函，维护保函，技术方案，移交保函，工程进度计划表，移交方案等。

5. 垃圾焚烧处理

在垃圾焚烧处理项目中，比较常见的附件包括：授权文件，各方内部决议件，股东承诺函，垃圾处理服务协议，适用技术规范和要求，技术方案，商务方案，履约保函，维护保函，融资方案，质量保证和控制方案，项目建设进度计划，保险方案，稳定性试运行方案，购售电合同，运营维护方案，进口设备和清单，红线图，移交保函，移交方案等。

6. 保障性安居工程

在保障性安居工程项目中，比较常见的附件包括：授权文件，各方内部决议件，股东承诺函，项目红线图，融资方案等。

7. 地下综合管廊

在地下综合管廊项目中，比较常见的附件包括：授权文件，各方内部决议件，股东承诺函，走线规划图，既有管网 GIS 信息等。

8. 轨道交通

在轨道交通项目中，比较常见的附件包括：授权文件，各方内部决议件，股东承诺函，设计标准，运营操作和维护标准，融资协议，融资计划，融资替代解决方案，客运服务标准,客流量预测,工程价目表,融资方案,文字,公司章程,保险方案,施工合同,工程进度计划表,施工时间安排,地铁区域图,网站,操作和维修合同,前期工程进度,排他性承诺,履约担保,移交方案等。如涉及综合开发的,还需增加相应附件。

9. 医疗和养老服务设施

在医疗和养老服务设施项目中,比较常见的附件包括:授权文件,各方内部决议件,股东承诺函,医院管理及服务协议,商标许可协议,目标土地规划设计要求,目标土地四至图,设计要求及建造标准,融资方案,筹备期工作方案,运营标准及绩效指标,员工招聘、培训及多点执业相关工作方案,营销方案,竞争对手列表及排他性承诺,保险安排,履约担保,移交方案等。

第八章　PPP 项目采购管理

一、PPP 项目采购概述

(一) PPP 项目采购的概念

PPP 项目采购是项目实施机构的一项重要工作，为了规范 PPP 项目采购行为，财政部根据《中华人民共和国政府采购法》和有关法律法规规定，于 2014 年 12 月 31 日发布《政府和社会资本合作项目政府采购管理办法》（财库〔2014〕215 号文）（以下简称 PPP 项目采购管理办法）。PPP 项目采购管理办法提出，PPP 项目采购是指政府为达成权利义务平衡、物有所值的 PPP 项目合同，遵循公开、公平、公正和诚实信用原则，按照相关法规要求完成 PPP 项目识别和准备等前期工作后，依法选择社会资本合作者（供应商）的过程。

PPP 项目采购管理办法规定的 PPP 项目采购方式包括公开招标、邀请招标、竞争性谈判、竞争性磋商和单一来源采购。项目实施机构应当根据 PPP 项目采购需求特点，依法选择适当的采购方式。

(二) PPP 项目采购流程

PPP 项目采购管理办法在政府采购的整体法律框架下，规范了政府和社会资本合作项目政府采购（以下简称 PPP 项目采购）行为，对 PPP 项目的采购方式、采购程序等进行了创新。多种采购方式能够比较好地适用于 PPP 项目采购中公开竞争、选择性竞争和有限竞争的情况，并充分实现"物有所值"的价值目标。

与传统采购相比，PPP 项目采购需求、采购合同、项目评审等都更为复杂，竞争方式、合同管理等也存在一定的特殊性，同时，PPP 项目往往采购金额较大，交易风险和采购成本更高，所以对 PPP 项目采购的管理不能简单套用现有的政府采购法律制度规定。为此，PPP 项目采购管理办法根据政府采购相关法律的规定，对 PPP 项目采购的管理做出特殊的制度性安排与创新。在采购流程方面，PPP 项目采购管理办法对强制资格预审、现场考察和答疑、采购结果及合同文本公示、采购结果确认谈判等程序进行了明确的规定，使 PPP 项目采购更具可操作性。

实际操作中，五种采购方式均需按照 PPP 项目采购管理办法规定的基本流程开展采购活动。但涉及不同的采购方式，在环节上有不同的具体要求，需遵循《政府采购竞争性磋商采购方式管理暂行办法》和《政府采购非招标采购方式管理办法》等相关法律法规的规定。PPP 项目采购基本流程见图 8-1。

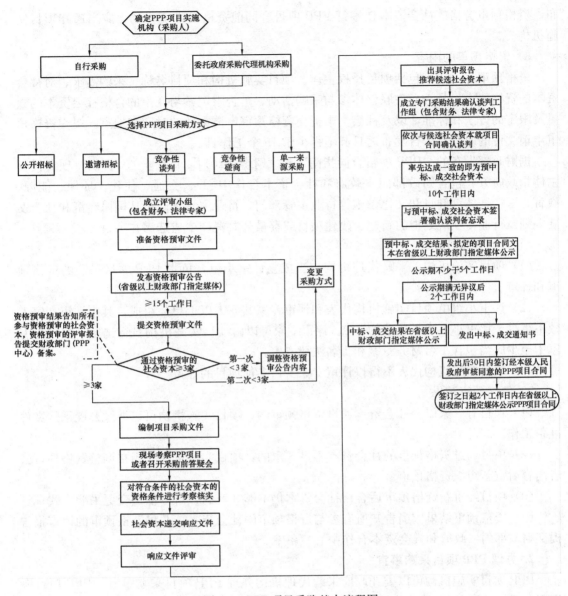

图 8-1 PPP 项目采购基本流程图

(三) PPP 项目采购要点

1. 资格预审

根据 PPP 项目采购管理办法规定,PPP 项目采购应当实行资格预审。

1) 资格预审的目的

项目实施机构应当根据项目需要准备资格预审文件,发布资格预审公告,邀请社会资本和与其合作的金融机构参与资格预审,验证项目能否获得社会资本响应和实现充分竞争。

2) 资格预审公告的发布媒介

资格预审公告应当在省级以上人民政府财政部门指定的政府采购信息发布媒体上发

布。资格预审合格的社会资本在签订 PPP 项目合同前资格发生变化的，应当通知项目实施机构。

3）资格预审的内容

资格预审公告应当包括项目授权主体、项目实施机构和项目名称、采购需求、对社会资本的资格要求、是否允许联合体参与采购活动、是否限定参与竞争的合格社会资本的数量及限定的方法和标准，以及社会资本提交资格预审申请文件的时间和地点。提交资格预审申请文件的时间自公告发布之日起不得少于 15 个工作日。

据财政部发布的"PPP 项目合同指南"和"财金〔2014〕113 号文"提出，项目授权主体指政府方，包含财政部门（政府和社会资本合作中心）、交通、住建、环保、能源、教育、医疗、体育健身和文化设施等行业主管部门，行业主管部门可从国民经济和社会发展规划及行业专项规划中的新建、改建项目或存量公共资产中遴选潜在项目。

4）资格预审评审

（1）项目实施机构、采购代理机构应当成立评审小组，负责 PPP 项目采购的资格预审和评审工作。

（2）评审小组由项目实施机构代表和评审专家共 5 人以上单数组成，其中评审专家人数不得少于评审小组成员总数的 2/3。评审专家可以由项目实施机构自行选定，但评审专家中至少应当包含 1 名财务专家和 1 名法律专家。

（3）项目实施机构代表不得以评审专家身份参加项目的评审。

5）资格预审结果

（1）项目有 3 家以上社会资本通过资格预审的，项目实施机构可以继续开展采购文件准备工作。

（2）项目通过资格预审的社会资本不足 3 家的，项目实施机构应当在调整资格预审公告内容后重新组织资格预审。

（3）项目经重新资格预审后合格社会资本仍不够 3 家的，可以依法变更采购方式。

（4）资格预审结果应当告知所有参与资格预审的社会资本，并将资格预审的评审报告提交财政部门（政府和社会资本合作中心）备案。

2. 办理 PPP 项目采购事宜

PPP 项目实施机构可以委托政府采购代理机构办理 PPP 项目采购事宜。PPP 项目咨询服务机构从事 PPP 项目采购业务的，应当按照政府采购代理机构管理的有关要求及时进行网上登记。

《中华人民共和国政府采购法》规定集中采购机构为采购代理机构，设区的市、自治州以上人民政府根据本级政府采购项目组织集中采购的需要设立集中采购机构。集中采购机构进行政府采购活动，应当符合采购价格低于市场平均价格、采购效率更高、采购质量优良和服务良好的要求。

3. 选择采购方式

项目实施机构应当根据 PPP 项目的采购需求特点，依法选择适当的采购方式。PPP 项目采购方式包括公开招标、邀请招标、竞争性谈判、竞争性磋商和单一来源采购。鉴于不同采购方式的适用范围和具体流程存在差异，将在下文详细描述。

国家发展改革委发布的《关于开展政府和社会资本合作的指导意见》（发改投资

〔2014〕2724号）提出：要按照地方政府的相关要求，明确相应的行业管理部门、事业单位、行业运营公司或其他相关机构，作为政府授权的项目实施机构。项目实施机构在授权范围内负责PPP项目的前期评估论证、实施方案编制、合作伙伴选择、项目合同签订、项目组织实施以及合作期满移交等工作。

4. 项目采购文件

（1）项目采购文件中应当明确项目合同必须报请本级人民政府审核同意，在获得同意前项目合同不得生效。

（2）PPP项目采购管理办法规定，PPP项目采购文件应当包括采购邀请、竞争者须知（包括密封、签署、盖章要求等）、竞争者应当提供的资格、资信及业绩证明文件、采购方式、政府对项目实施机构的授权、实施方案的批复和项目相关审批文件、采购程序、响应文件编制要求、提交响应文件截止时间、开启时间及地点、保证金交纳数额和形式、评审方法、评审标准、政府采购政策要求、PPP项目合同草案及其他法律文本、采购结果确认谈判中项目合同可变的细节以及是否允许未参加资格预审的供应商参与竞争并进行资格后审等内容。

（3）采用竞争性谈判或者竞争性磋商采购方式的，项目采购文件除上款规定的内容外，还应当明确评审小组根据与社会资本谈判情况可能实质性变动的内容，包括采购需求中的技术、服务要求以及项目合同草案条款。

5. 现场考察和采购前答疑会

（1）项目实施机构应当组织社会资本进行现场考察或者召开采购前答疑会，但不得单独或者分别组织只有一个社会资本参加的现场考察和答疑会。

（2）项目实施机构可以视项目的具体情况，组织对符合条件的社会资本的资格条件进行考察核实。

6. 对评审小组的要求

（1）评审小组成员应当按照客观、公正、审慎的原则，根据资格预审公告和采购文件规定的程序、方法和标准进行资格预审和独立评审。已进行资格预审的，评审小组在评审阶段可以不再对社会资本进行资格审查。允许进行资格后审的，由评审小组在响应文件评审环节对社会资本进行资格审查。

（2）评审小组成员应当在资格预审报告和评审报告上签字，对自己的评审意见承担法律责任。对资格预审报告或者评审报告有异议的，应当在报告上签署不同意见，并说明理由，否则视为同意资格预审报告和评审报告。

（3）评审小组发现采购文件内容违反国家有关强制性规定的，应当停止评审并向项目实施机构说明情况。

7. 采购活动保证金和履约保证金

（1）项目实施机构应当在采购文件中要求社会资本交纳参加采购活动的保证金和履约保证金。

（2）社会资本应当以支票、汇票、本票或者金融机构、担保机构出具的保函等非现金形式交纳保证金。

（3）参加采购活动的保证金数额不得超过项目预算金额的2%。履约保证金的数额不得超过PPP项目初始投资总额或者资产评估值的10%，无固定资产投资或者投资额不大的服务型PPP项目，履约保证金的数额不得超过平均6个月服务收入额。

(四) PPP项目采购与传统采购项目的区别

1. PPP项目采购需求需要不断的优化和深化

PPP项目的采购需求非常复杂，难以一次性地在采购文件中完整、明确、合规地描述，往往需要合作者提供设计方案和解决方案，由项目实施机构根据项目需求设计提出采购需求，并通过谈判不断地修改采购需求，直至合作者提供的设计方案和解决方案完全满足采购需求为止。

2. PPP项目采购的指标通常为综合指标

不是所有的PPP项目都能提出最低产出单价。有些项目如收费高速公路，可能要求报出最短收费年限，导致项目在采购环节无法实施价格竞争；还有些回报率低的公益性项目，政府还将延长特许经营权限。

3. PPP项目采购风险较高，采购活动失败的概率较高

PPP项目采购金额大，交易风险和采购成本远高于传统采购项目，竞争程度较传统采购项目低，出现采购活动失败情形的概率也较传统采购为高。

4. PPP项目采购合同体系较为复杂

因为PPP项目涉及的各方利益主体较多，所以PPP项目的采购合同比传统的采购合同更为复杂多元，不仅包括项目合同，还包括由PPP项目采购合同衍生出的履约合同、融资合同、保险合同、工程承包合同、原料供应合同等，可能是一个合同体系。对采购各方履行合同的法律要求非常高，后续的争议解决也较传统采购更为复杂。

5. PPP项目采购的社会效果体现时间长

许多PPP项目属于面向社会公众提供公共服务，采购结果的效益需要通过服务受益对象的切身感受来体现，无法像传统采购那样根据采购合同规定的每一项技术、服务指标进行履约验收，而是结合预算绩效评价、社会公众评价、第三方评价等其他方式完成履约验收。

二、PPP项目采购方式

PPP项目采购应根据《中华人民共和国政府采购法》及PPP项目采购相关规章制度执行，采购方式包括公开招标、邀请招标、竞争性谈判、竞争性磋商和单一来源采购。项目实施机构应根据项目采购需求特点，依法选择适当采购方式。

(一) 公开招标

1. 适用范围

公开招标主要适用于采购需求中核心边界条件和技术经济参数明确、完整、符合国家法律法规及政府采购政策，且采购过程中不作更改的项目。

2. 公开招标流程

如图8-2所示。

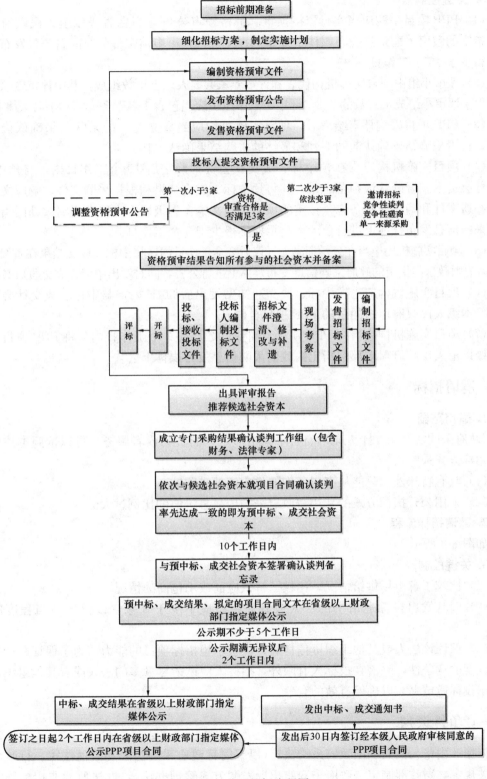

图 8-2　公开招标流程图

3. 关键控制点

（1）PPP 项目采购应当实行资格预审。资格预审公告应当在省级以上人民政府财政部门指定的政府采购信息发布媒体上发布。提交资格预审申请文件的时间自公告发布之日起不得少于 15 个工作日。

（2）评审小组由项目实施机构代表和评审专家共 5 人以上单数组成，其中评审专家人数不得少于评审小组成员总数的 2/3。评审专家中至少应当包含 1 名财务专家和 1 名法律专家。

（3）PPP 项目采购评审结束后，项目实施机构应当成立专门的采购结果确认谈判工作组，负责采购结果确认前的谈判和最终的采购结果确认工作。

（4）项目实施机构应当在预中标、成交社会资本确定后 10 个工作日内，与预中标、成交社会资本签署确认谈判备忘录，并将预中标、成交结果和根据采购文件、响应文件及有关补遗文件和确认谈判备忘录拟定的项目合同文本在省级以上人民政府财政部门指定的政府采购信息发布媒体上进行公示，公示期不得少于 5 个工作日。

（5）项目实施机构应当在公示期满无异议后 2 个工作日内，将中标、成交结果在省级以上人民政府财政部门指定的政府采购信息发布媒体上进行公告，同时发出中标、成交通知书。

（6）项目实施机构应当在中标、成交通知书发出后 30 日内，与中标、成交社会资本签订经本级人民政府审核同意的 PPP 项目合同。

（7）项目实施机构应当在 PPP 项目合同签订之日起 2 个工作日内，将 PPP 项目合同在省级以上人民政府财政部门指定的政府采购信息发布媒体上公告。

（二）邀请招标

1. 适用范围

《政府采购法》第二十九条　符合下列情形之一的货物或者服务，可以依照本法采用邀请招标方式采购：

（1）具有特殊性，只能从有限范围的供应商处采购的；

（2）采用公开招标方式的费用占政府采购项目总价值的比例过大的。

2. 邀请招标流程

如图 8-3 所示。

3. 关键控制点

（1）比较了解市场供给情况，比较了解供应商或承包商的情况；

（2）向其发出投标邀请书的法人或其他组织应不少于 3 家，以保证适当程度的竞争性；

（3）保证该法人或其他组织资信良好，具备承担招标项目的能力。为了保证邀请招标适当程度的竞争性，除潜在投标人有限外，招标人应邀请尽量多的法人或者其他组织，向其发出投标邀请书，以确保有效的竞争。

（三）竞争性谈判

依据《中华人民共和国政府采购法》（以下简称政府采购法）和其他法律、行政法规的有关规定，财政部制定《政府采购非招标采购方式管理办法》，办法所称非招标采购方式，是指竞争性谈判、单一来源采购和询价采购方式。

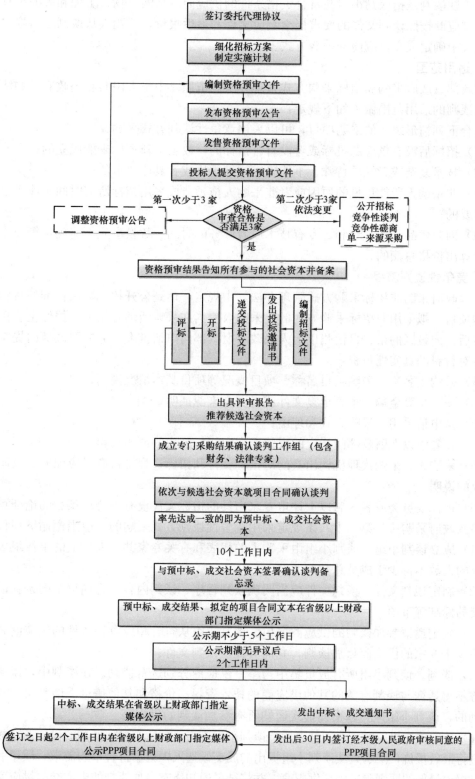

图 8-3 邀请招标流程图

竞争性谈判是指谈判小组与符合资格条件的供应商就采购货物、工程和服务事宜进行谈判，供应商按照谈判文件的要求提交响应文件和最后报价，采购人从谈判小组提出的成交候选人中确定成交供应商的采购方式。

1. 适用范围

财政部《政府采购非招标采购方式管理办法》依照《中华人民共和国政府采购法》对竞争性谈判的适用范围做了如下规定：

符合下列情形之一的采购项目，可以采用竞争性谈判方式采购：

（1）招标后没有供应商投标或者没有合格标的，或者重新招标未能成立的；

（2）技术复杂或者性质特殊，不能确定详细规格或者具体要求的；

（3）非采购人所能预见的原因或者非采购人拖延造成采用招标所需时间不能满足用户紧急需要的；

（4）因艺术品采购、专利、专有技术或者服务的时间、数量事先不能确定等原因不能事先计算出价格总额的。

2. 竞争性谈判流程

1)《政府采购非招标采购方式管理办法》中规定，达到公开招标数额标准的货物、服务采购项目，拟采用非招标采购方式的，采购人应当在采购活动开始前，报经主管预算单位同意后，向设区的市、自治州以上人民政府财政部门申请批准。并向财政部门提交以下材料并对材料的真实性负责：

（1）采购人名称、采购项目名称、项目概况等项目基本情况说明；

（2）项目预算金额、预算批复文件或者资金来源证明；

（3）拟申请采用的采购方式和理由；

（4）在省级以上财政部门指定的媒体上发布招标公告的证明材料；

（5）采购人、采购代理机构出具的对招标文件和招标过程是否有供应商质疑及质疑处理情况的说明；

（6）评标委员会或者3名以上评审专家出具的招标文件没有不合理条款的论证意见。

2)《政府采购法》第三十八条规定采用竞争性谈判方式采购的，应当遵循下列程序：

（1）成立谈判小组。谈判小组由采购人的代表和有关专家共3人以上的单数组成，其中专家的人数不得少于成员总数的2/3。

（2）制定谈判文件。谈判文件应当明确谈判程序、谈判内容、合同草案的条款以及评定成交的标准等事项。

（3）确定邀请参加谈判的供应商名单。谈判小组从符合相应资格条件的供应商名单中确定不少于3家的供应商参加谈判，并向其提供谈判文件。

（4）谈判。谈判小组所有成员集中与单一供应商分别进行谈判。在谈判中，谈判的任何一方不得透露与谈判有关的其他供应商的技术资料、价格和其他信息。谈判文件有实质性变动的，谈判小组应当以书面形式通知所有参加谈判的供应商。

（5）确定成交供应商。谈判结束后，谈判小组应当要求所有参加谈判的供应商在规定时间内进行最后报价，采购人从谈判小组提出的成交候选人中根据符合采购需求、质量和服务相等且报价最低的原则确定成交供应商，并将结果通知所有参加谈判的未成交的供应商。

结合《中华人民共和国政府采购法》、《政府和社会资本合作项目政府采购管理办法》和

《政府采购非招标采购方式管理办法》等法律法规，汇总整理竞争性谈判流程如图 8-4。

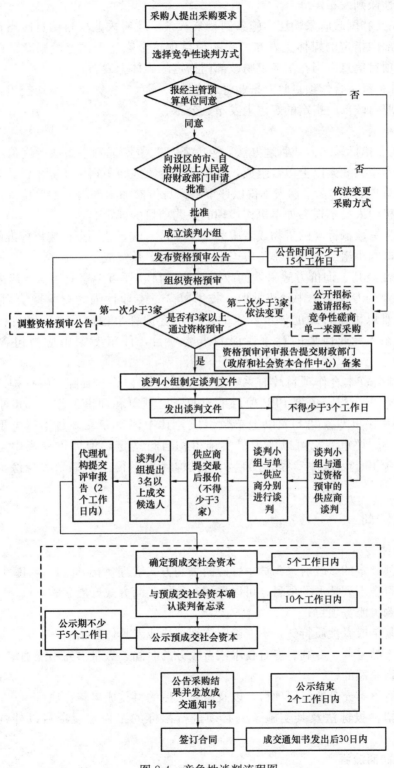

图 8-4 竞争性谈判流程图

3. 关键控制点

（1）竞争性谈判发布媒介

《中华人民共和国政府采购法实施条例》第八条：政府采购项目信息应当在省级以上人民政府财政部门指定的媒体上发布。采购项目预算金额达到国务院财政部门规定标准的，政府采购项目信息应当在国务院财政部门指定的媒体上发布。

《政府和社会资本合作项目政府采购管理办法》第六条、第十七条均指出：应当在省级以上人民政府财政部门指定的媒体上发布、公示。

（2）谈判小组

《政府采购非招标采购方式管理办法》第七条：竞争性谈判小组或者询价小组由采购人代表和评审专家共 3 人以上单数组成，其中评审专家人数不得少于竞争性谈判小组或者询价小组成员总数的 2/3。采购人不得以评审专家身份参加本部门或本单位采购项目的评审。采购代理机构人员不得参加本机构代理的采购项目的评审。

达到公开招标数额标准的货物或者服务采购项目，或者达到招标规模标准的政府采购工程，竞争性谈判小组或者询价小组应当由 5 人以上单数组成。

采用竞争性谈判、询价方式采购的政府采购项目，评审专家应当从政府采购评审专家库内相关专业的专家名单中随机抽取。技术复杂、专业性强的竞争性谈判采购项目，通过随机方式难以确定合适的评审专家的，经主管预算单位同意，可以自行选定评审专家。技术复杂、专业性强的竞争性谈判采购项目，评审专家中应当包含 1 名法律专家。

《政府和社会资本合作项目政府采购管理办法》第七条：项目实施机构、采购代理机构应当成立评审小组，负责 PPP 项目采购的资格预审和评审工作。评审小组由项目实施机构代表和评审专家共 5 人以上单数组成，其中评审专家人数不得少于评审小组成员总数的 2/3。评审专家可以由项目实施机构自行选定，但评审专家中至少应当包含 1 名财务专家和 1 名法律专家。项目实施机构代表不得以评审专家身份参加项目的评审。

（四）竞争性磋商

1. 适用条件

根据财政部制定的《政府采购竞争性磋商采购方式管理暂行办法》（财库〔2014〕214号文）规定，符合下列情形的项目，可以采用竞争性磋商方式开展采购：

（1）政府购买服务项目；

（2）技术复杂或者性质特殊，不能确定详细规格或者具体要求的；

（3）因艺术品采购、专利、专有技术或者服务的时间、数量事先不能确定等原因不能事先计算出价格总额的；

（4）市场竞争不充分的科研项目，以及需要扶持的科技成果转化项目；

（5）按照招标投标法及其实施条例必须进行招标的工程建设项目以外的工程建设项目。

2. 竞争性磋商流程

操作流程图如图 8-5 所示。

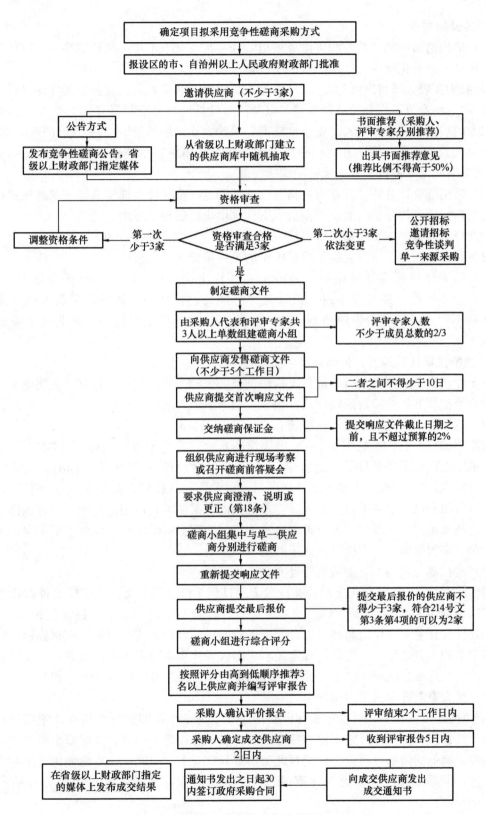

图 8-5 竞争性磋商流程图

3. 关键控制点

（1）适用情形中的"政府购买服务项目"和"市场竞争不充分的科研项目，以及需要扶持的科技成果转化项目"这两项有别于其他采购方式。

"政府购买服务项目"可与 2015 年 1 月 1 日实施的《政府购买服务管理办法（暂行）》相衔接；"市场竞争不充分的科研项目，以及需要扶持的科技成果转化项目"这一以前没有做出专门规定的内容，纳入"竞争性磋商"采购方式适用的范围。一方面体现国家对科学技术生产力的重视，另一方面也是为了解决部分科研项目供应商不足三家，又不具备"单一来源采购"、"询价"方式采购的现实难题。

（2）采用综合评分法进行评审。指响应文件满足磋商文件全部实质性要求且按评审因素的量化指标评审得分最高的供应商为成交候选供应商的评审方法。

磋商报价得分＝（磋商基准价/最后磋商报价）×价格权值×100

项目评审过程中，不得去掉最后报价中的最高报价和最低报价。

（3）除资格性检查认定错误、分值汇总计算错误、分项评分超出评分标准范围、客观分评分不一致、经磋商小组一致认定评分畸高、畸低的情形外，采购人或者采购代理机构不得以任何理由组织重新评审。重新评审的适用情况增多，是否需要重新组建磋商小组。

4. 竞争性磋商采购方式创新点

竞争性磋商采购方式是财政部首次依法创新的采购方式，核心内容是"先明确采购需求、后竞争报价"的两阶段采购模式，倡导"物有所值"的价值目标。

（1）竞争性磋商采购方式的适用核心

财库〔2014〕214 号文中第（一）项规定的是"政府购买服务项目"，将本不属于法定招标范围之内的服务项目尽可能引导至充分体现"物有所值"价值目标的"竞争性磋商"；另外，将"市场竞争不充分的科研项目，以及需要扶持的科技成果转化项目"这一以前没有做出专门规定的内容，纳入"竞争性磋商"采购方式适用的范围。一方面体现国家对科学技术生产力的重视，另一方面也是为了解决部分科研项目供应商不足三家，又不具备"单一来源采购"、"询价"方式采购的现实难题。

（2）延长部分期间——创造平等且充分竞争环境

财库〔2014〕214 号文规定磋商文件发出之日起至供应商提交首次响应文件截止之日止的时间，确定为不得少于 10 日。较之于竞争性谈判所规定的 3 日，整整延长了 7 天，期间的延长意味着潜在供应商有更充分的准备时间，一定程度减少因信息不对称而给供应商之间带来的不公平竞争。类似的规定还有采购人或代理机构发送澄清或者修改文件的距离首次响应文件截止时间不少于 5 日，对此情形竞争性谈判规定的是 3 个工作日。

（3）扩大重新评审的范围

《竞争性磋商办法》将可以重新评审的情形规定为 5 个，即资格性检查认定错误；分值汇总计算错误；分项评分超出评分标准范围；客观分评分不一致；经磋商小组一致认定评分畸高、畸低的情形，而竞争性谈判此类情形只有 2 个。对此，一方面强化了采购人的掌控力度，但是另外一方面也为评审的返工率提升埋下了伏笔，执行者需要加倍小心才行。

（五）单一来源采购

1. 适用条件

《中华人民共和国政府采购法》第三十一条明确指出，符合下列情形之一的货物或者服务，可以采用单一来源方式采购：

（1）只能从唯一供应商处采购的；

（2）发生了不可预见的紧急情况不能从其他供应商处采购的；

（3）必须保证原有采购项目一致性或者服务配套的要求，需要继续从原供应商处添购，且添购资金总额不超过原合同采购金额百分之十的。

2. 单一来源采购流程

操作流程图如图 8-6 所示。

3. 关键控制点

（1）单一来源采购公示

《政府采购非招标采购方式管理办法》第三十八条指出，属于政府采购法第三十一条第一项情形，且达到公开招标数额的货物、服务项目，拟采用单一来源采购方式的，采购人、采购代理机构在报财政部门批准之前，应当在省级以上财政部门指定媒体上公示，并将公示情况一并报财政部门。公示期不得少于 5 个工作日。

（2）组织补充论证

《政府采购非招标采购方式管理办法》第四十条指出，采购人、采购代理机构收到对采用单一来源采购方式公示的异议后，应当在公示期满后 5 个工作日内，组织补充论证。

（3）预成交结果公示

《政府和社会资本合作项目政府采购管理办法》第十七条指出，项目实施机构应当在预成交社会资本确定后 10 个工作日内，与预中标、成交社会资本签署确认谈判备忘录，并将预成交结果和项目合同文本在省级以上人民政府财政部门指定的政府采购信息发布媒体上进行公示，公示期不得少于 5 个工作日。

（4）成交结果公告

《政府和社会资本合作项目政府采购管理办法》第十八条指出，项目实施机构应当在预成交结果公示期满无异议后 2 个工作日内，将成交结果在省级以上人民政府财政部门指定的政府采购信息发布媒体上进行公告。

（5）合同签订

《政府和社会资本合作项目政府采购管理办法》第十九条指出，项目实施机构应当在成交通知书发出后 30 日内，与成交社会资本签订经本级人民政府审核同意的 PPP 项目合同。

（6）项目合同公告

《政府和社会资本合作项目政府采购管理办法》第二十条指出，项目实施机构应当在 PPP 项目合同签订之日起 2 个工作日内，将 PPP 项目合同在省级以上人民政府财政部门指定的政府采购信息发布媒体上公告。

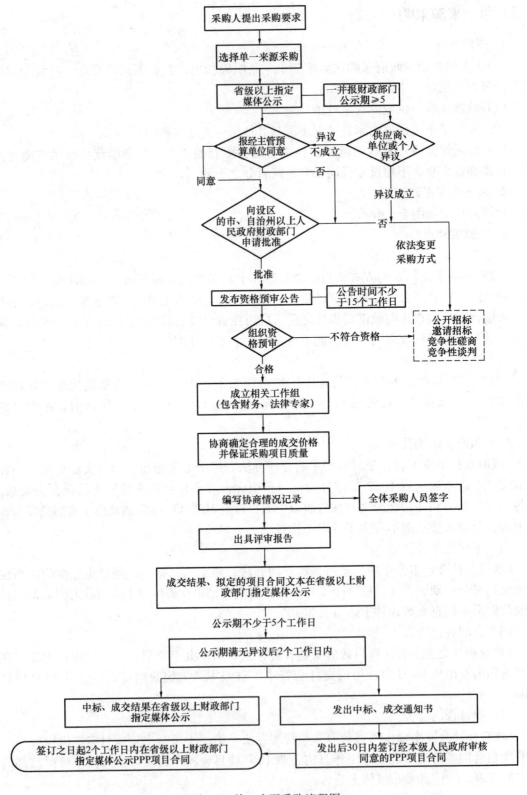

图 8-6 单一来源采购流程图

三、咨询机构在 PPP 项目采购阶段的工作

由于 PPP 项目运作参与合作者众多、资金结构复杂、项目开发期较长、风险较大，因此在项目的全寿命期内都需要咨询公司的介入，指导项目的运作。在 PPP 项目中的主要工作包括组织尽职调查、设计基础设施 PPP 项目方案，设计项目交易结构和招商程序，设定边界条件、遴选标准等，建立财务模型并进行商业预测分析，组织实施招标或竞争性谈判等公开竞争性招商程序，参与商务谈判及协助签订项目特许经营协议等。在 PPP 采购管理阶段，咨询机构的具体职能如下：

（1）提供政策咨询

由于项目的运作涉及国家的政府采购政策、招标投标政策、产业政策、行业政策等各方面的政策，咨询公司可以帮助 PPP 项目公司了解这些政策，并帮助厘清概念、梳理流程、论证整体方案等。按照政策的要求设计项目框架，规避项目的政策风险。

（2）协助选择合作伙伴

项目的建设需要有众多的合作伙伴参与，包括社会资本、设计单位、建设单位、监理单位的选择等等，咨询公司可以协助 PPP 项目公司选择资金实力较强、技术实力合格和管理架构完善的合作伙伴，协助进行工程的合理安排，有效控制工程的资金、进度、成本和质量。

（3）为政府代理招投标

招投标工作是一项具有较强专业性、合规性、流程性的活动。在为政府代理招投标工作的活动中，咨询机构作为专业从事招投标活动的组织，具有很多优势，可以为政府提供全流程的服务和专业招投标人员，有效实现招投标工作的目的。

（4）协助参与方编制采购文件、响应文件、开展融资方案设计和协助谈判。

（5）邀请相关评审专家参与响应文件评审。

第九章　PPP 项目案例

一、公共交通项目应用案例

公共交通项目通常包括机场、港口、公路、铁路、桥梁和城市轨道交通等，其共同特点是公共服务性强、投资规模较大。

北京地铁 4 号线 BOT 项目

1. 案例梗概

如表 9-1 所示。

案例梗概　　　　　　　　　　　　　　　　　　　　表 9-1

项目运作方式	建设-运营-移交（BOT）
项目发起方式	政府发起
项目运作主体	由占 49% 股权的香港地铁公司（社会投资人）、占 49% 股权的北京首都创业集团和代表政府出资的占 2% 股权的北京市基础设施建设投资有限公司共同组建的京港地铁有限公司作为运作主体
项目回报机制	地铁票款收入及站内商业经营收入
收费定价调整机制	地铁票制票价实行政府统一定价机制。4 号线《特许协议》中约定了开通年的初始票价，同时也约定了根据 CPI、工资、电价等因素进行调整的测算票价。若实际票价低于测算票价，政府就其差额向项目公司进行补偿；反之，若实际票价高于测算票价，政府与项目公司分成
项目融资方式及来源	政府投资＋社会资本的股权融资＋银行借款债务融资
项目建设及投资	项目总投资额约 153 亿元。整个项目分为 A、B 两部分，A 部分主要为土建工程部分，投资额约 107 亿元，占总投资的 70%，由已成立的 4 号线公司（北京基础设施建设投资有限公司全资子公司）负责投资建设；B 部分主要包括车辆、信号、自动售检票系统等机电设备，投资额约为 46 亿元，占总投资的 30%，由京港地铁有限公司（由香港地铁公司、北京首都创业集团和代表政府出资的北京市基础设施建设投资有限公司共同组建）负责投资建设
项目期满处置	特许经营期为三十年（含建设期），特许经营期满将 B 部分项目设施完好、无偿地移交给市政府指定部门，将 A 部分项目设施归还给 4 号线公司

2. 项目背景

随着北京申办 2008 年奥运会的成功，北京市轨道交通迎来了前所未有的发展机遇。根据《北京市 2004-2015 轨道交通发展规划》，自 2004 年至 2015 年，北京市将建设约 260km 市内轨道交通，总投资达 1000 亿元。但北京地铁当时的经营体制已无法承担这一资金重担，如何在全球地铁经营不景气的情况下，创出一条经营体制的新路，成了当时北京市必须要解决的一个问题。

2003年，作为北京市奥运基础设施项目之一的地铁，和污水处理厂等一起，被列为当年对社会资本开放的投资项目。考虑到4号线本身是个黄金线路，经过北京南站这样的人口出入集中地，经过西单、新街口这样的商业密集区，再经过清华大学、人大这样文化、体育比较集中的地带以及中关村科技发达地区，还有颐和园这样旅游资源丰富的地区，客流条件较好。项目的线位、建设规模、投资等条件均相对稳定，且均为市内线，客流比较理想，项目本身的经济条件都具备PPP的基础。

3. 项目概况

北京地铁4号线是北京市道路交通网络中一条贯穿市区南北的轨道交通主干线，正线全长约28.2km，项目总投资额约153亿元。整个项目分为A、B两部分，A部分主要为土建工程部分，投资额约107亿元，占总投资的70%，由已成立的4号线公司（北京基础设施建设投资有限公司全资子公司）负责投资建设；B部分主要包括车辆、信号、自动售检票系统等机电设备，投资额约为46亿元，占总投资的30%，由京港地铁有限公司（由香港地铁公司、北京首都创业集团和代表政府出资的北京市基础设施建设投资有限公司共同组建）负责投资建设。

4号线项目竣工验收后，特许公司根据与4号线公司签订的《资产租赁协议》，取得A部分资产的使用权。特许公司负责地铁4号线的运营管理、全部设施（包括A和B两部分）的维护和除洞体外的资产更新，以及站内的商业经营，通过地铁票款收入及站内商业经营收入回收投资。

特许经营期结束后，特许公司将B部分项目设施完好、无偿地移交给市政府指定部门，将A部分项目设施归还给4号线公司。

4. 引入社会资本模式

1）建设模式

该项目采用建设-运营-移交（BOT）特许经营模式。项目总投资额约153亿元。整个项目分为A、B两部分，A部分主要为土建工程部分，投资额约107亿元，占总投资的70%，由已成立的4号线公司（北京基础设施建设投资有限公司全资子公司）负责投资建设；B部分主要包括车辆、信号、自动售检票系统等机电设备，投资额约为46亿元，占总投资的30%，由京港地铁有限公司（由香港地铁公司、北京首都创业集团和代表政府出资的北京市基础设施建设投资有限公司共同组建）负责投资建设。北京地铁4号线融资结构图见图9-1。

2）实施依据

《中华人民共和国公司法》《中华人民共和国合同法》《中华人民共和国外资企业法》《中华人民共和国招标投标法》《北京市城市基础设施特许经营条例》《北京市2004-2015轨道交通发展规划》等法律法规。

3）社会资本引入方式

本项目从2004年开始，京投公司编制招商文件，在市政府有关部门的领导下组织、参与4次大型推介会，采用竞争性谈判的方式，进行国际招商。而到2006年4月，特许经营协议才正式签署，谈判历时2年多时间。

4）相关实施机构

（1）引资方：北京市基础设施投资有限公司。

(2) A 部分建设单位：4 号线公司（北京基础设施建设投资有限公司全资子公司）。

(3) B 部分建设单位：京港地铁有限公司（由香港地铁公司、北京首都创业集团和代表政府出资的北京市基础设施建设投资有限公司共同组建）。

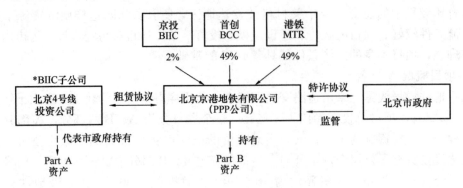

图 9-1　北京地铁 4 号线融资结构图

5. 引入社会资本程序及内容

(1) 第一阶段：前期准备工作

2003 年底，北京市政府转发市发展改革委《关于本市深化城市基础设施投融资体制改革的实施意见》，明确了轨道交通可以按照政府与社会投资 7∶3 的基础比例，吸收社会投资者参与建设。

2003 年 11 月北京市基础设施投资有限公司作为北京市基础设施投融资平台正式成立。成立之后便着手制定了 4 号线市场化运作的初步方案，并开始与香港地铁等多家战略投资者进行接触，项目前期工作全面展开。

在此阶段，形成了项目运作的初步框架，以后各阶段的工作均在此框架基础上拓展。

(2) 第二阶段：方案研究和审批

2004 年 2 月开始至 4 月，国际客流顾问对 4 号线的客流与收入进行预测，提出专业意见和报告；聘请技术顾问评估 4 号线的建设和技术方案。

2004 年 4 月份，市政府相关部门对于项目采用单线招商方案还是 4、5、9、10 号线捆绑招商方案尚存在不同意见，对采取招标形式还是竞争性谈判的方式确定投资人亦无定论，因此奥运经济市场推介会和第八届京港洽谈会成了确定招商方案的试金石。

2004 年 4 月、6 月市发展改革委分别组织召开了奥运经济市场推介会、北京地铁 4、5、9、10 号线国际融资研讨会等一系列大型招商推介会，面向国内外投资者对以 4 号线为重点的北京地铁项目进行了广泛深入的招商活动。

2004 年 9 月形成《北京地铁 4 号线特许经营实施方案》，市发改委组织对方案进行了评审并上报市政府。11 月，北京市政府批准了特许经营实施方案，4 号线特许经营项目取得实质性进展。

通过研究和沟通，各方就项目主要原则和框架形成了初步的一致意见，形成了特许经营方案，并完成了《特许协议》等法律文件的编制和初步沟通工作。

(3) 第三阶段：竞争性谈判

2004 年 11 月底，北京市交通委牵头成立了 4 号线特许经营项目政府谈判工作组，与香港地铁有限公司-北京首创集团有限公司（以下简称"港铁-首创联合体"）、西门子公司交通技术集团-中国铁道建筑总公司-北京市地铁运营有限公司（以下简称"西门子-中铁建联合体"）等社会投资者的竞争性谈判正式开始。

2005年2月初，政府谈判工作组与优先谈判对象"港铁-首创联合体"就《特许经营协议》等项目条件达成了一致意见。

（4）第四阶段：协议签署

2005年2月7日，北京市交通委代表市政府与港铁首创联合体草签了《北京地铁4号线特许经营协议》。

2005年9月，国家发改委核准批复了北京地铁4号线PPP融资项目。

2006年1月，北京京港地铁有限公司注册成立，由北京市基础设施投资有限公司出资2%，北京首都创业集团有限公司和香港铁路有限公司各出资49%组建。

2006年4月，北京市交通委与北京京港地铁有限公司正式签署了《北京地铁4号线特许经营协议》。

6. 引入社会资本招标边界条件

1) 特许经营期

该项目特许经营期为三十年，从《特许经营协议》批准生效之日起。

2) 特许权的终止和处理

（1）特许期届满，特许权终止。

（2）发生市政府或特许公司严重违约事件，守约方有权提出终止。如果因市政府严重违约导致《特许协议》终止，市政府将以合理的价格收购B部分项目设施，并给予特许公司相应补偿；如果因特许公司严重违约事件导致《特许协议》终止，市政府根据《特许协议》规定折价收购B部分的项目设施。

（3）如果市政府因公共利益的需要终止《特许协议》，市政府将以合理价格收购B部分项目设施，并给予特许公司合理补偿。

（4）因不可抗力事件导致双方无法履行《特许协议》且无法就继续履行《特许协议》达成一致，任何一方有权提出终止。政府将以合理价格收购B部分项目设施。

（5）如果客流持续3年低于认可的预测客流的一定比例，导致特许公司无法维持正常经营，且双方无法就如何继续履行《特许协议》达成一致意见，《特许协议》终止。市政府将根据《特许协议》的规定按市场公允价格回购B部分项目资产，但特许公司应自行承担前3年的经营亏损。

3) 投资经营者应当具备的条件、选择方式和特许公司的组建

（1）投资经营者应具备的条件

① 在境内外依法注册的独立的法人实体，或者由多个法人实体组成的联合体；

② 拥有投资、建设和运营轨道交通项目的经验和业绩；

③ 资信情况良好，拥有运作本项目所需的财务实力；

④ 具有良好的声誉，在法律方面无重大的不良记录。

（2）投资经营者的选择

通过竞争性谈判的方式选择投资经营者。

（3）特许公司的组建

特许公司的组建必须符合适用法律和实施方案的要求。如果特许公司是内资企业，根

据《国务院关于固定资产投资项目试行资本金制度的通知》[国发（1996）35号文件]规定，资本金比例应不低于总投资的35%；如果特许公司是外商投资企业，遵守《国家工商行政管理局关于中外合资经营企业注册资本与投资总额比例的暂行规定》的规定，且中方投资者占有的权益不应小于51%。资本金以外的部分由特许公司通过融资解决。在正式签署《特许协议》之前，特许公司应签署有关融资协议。

4) 投资回报测算

(1) 测算条件

① 客流数据：依据MVA公司的《北京地铁4号线客流和收入预测报告》（以下简称《客流报告》）中的各运营年度客流量、客流结构等基础客流数据。

② 平均人次票价收入水平：根据《客流报告》预测数据和预期票价结构，以2004年价格水平测算，运营起始年平均人次票价收入水平为3.34元；考虑工资、物价上涨等因素，以试运营开始年的价格水平测算，预计运营起始年平均人次票价收入水平为3.91元，之后各年度平均人次票价收入水平根据MVA公司预测的4号线客流量及平均运距等测算。

③ 总投资：46亿元。

④ 运营成本：主要包括人工成本、电费、维修费和管理费等，以2004年价格水平计算。

⑤ 折旧：按国家规定的设备使用年限和其他相关标准计提折旧。

⑥ 财务费用：总投资中贷款部分约30.8亿元，贷款期为25年，利率暂按年利率5.76%计算，等额还本付息。

⑦ 税收：客运服务收入缴纳3%的营业税，商业经营收入交纳5%的营业税。企业所得税暂按15%优惠税率计算，免缴3%的地方所得税。

(2) 投资回报

特许公司通过获取客运服务票款收入和商业经营收入收回投资后实现合理的投资回报。

根据测算，本项目的全投资内部收益率（即IRR）约7%~8%，股权内部收益率约10%，投资回收期16年。

(3) 租金

4号线公司向特许公司收取A部分租赁资产的租金，用于A部分资产的还本付息。租金将作为分担客流风险和调节运营收益的手段：当4号线实际客流低于预测客流一定比例时，4号线公司减免特许公司应支付的租金；当实际客流高于预测客流一定比例时，4号线公司提高特许公司应支付的租金。租金是谈判的重要标的，具体支付方案将通过竞争性谈判在《资产租赁协议》中最终确定。

5) 市政府在《特许协议》下的权利和义务

(1) 市政府的权利

① 制定4号线项目B部分的建设标准（包括设计、施工和验收标准），在《特许协议》中予以明确。

② 建设期内，根据需要或法律变更情况对已确定的B部分建设标准进行修改或变更。

③ 根据《特许协议》规定的B部分建设标准，对工程的建设进度、质量进行监督和检查。

④ 监督4号线项目的试运行和竣工验收，审批竣工验收报告。

⑤ 制定试运营期和正式运营期的运营标准，在《特许协议》中予以明确。特许期内，根据法律变更对运营标准进行变更。

⑥ 根据有关价格法律法规，制定和颁布4号线的运营票价，监督特许公司执行。

⑦ 要求特许公司报告项目建设、运营相关信息。

⑧ 在发生《特许协议》约定的紧急事件时，统一调度、临时接管或征用4号线的项目设施。

⑨ 特许期满，无偿取得特许公司B部分项目设施的所有权。

⑩ 如果发生特许公司一般违约的情况，要求特许公司纠正违约、向特许公司收取违约金或采取《特许协议》规定的其他措施。

（2）市政府的义务

① 根据《特许协议》，为特许公司投资、设计、建设和运营4号线项目设施提供支持条件。

② 确保4号线A部分建设任务按规定的建设标准按时完成。

③ 协调特许公司和其他线路的运营商建立按乘坐里程进行收入分配的分账机制及相关配套办法。

④ 因政府要求或法律变更导致特许公司建设或运营成本增加时，给予特许公司合理补偿。

6）特许公司在《特许协议》下的权利和义务

（1）特许公司的权利

① 在特许期内投资、建设和运营地铁4号线的独家权利。

② 根据《特许协议》的规定，为B部分建设融资的目的，将B部分资产和项目收益权向贷款银行进行抵押或质押的权利。

③ 根据《特许协议》和《资产租赁协议》的规定，获得A部分资产的使用权；利用4号线项目设施自主经营，提供客运服务并获得票款收入；根据需要将客运服务中的辅助性工作委托给第三方。

④ 根据《特许协议》规定，在项目设施范围内（不包括地上部分），在遵守相关适用法律，特别是运营安全规定的前提下，直接或委托他人从事广告、通信等商业经营，取得相关收益。

⑤ 根据有关规定，有偿使用北京市轨道交通指挥中心（TCC）和自动售检票系统清算管理中心（ACC）等轨道交通运营公用设施。

⑥ 因市政府要求或法律变更导致特许公司投资或运营成本增加时，根据《特许协议》约定获得补偿。

⑦ 在市政府违反《特许协议》情况下，根据《特许协议》约定获得补偿或赔偿。

⑧ 特许期结束后，如市政府继续采用特许经营方式选择经营者，特许公司享有在同等条件下的优先权。

（2）特许公司的义务

① 筹集B部分建设所需的全部资金，按照《特许协议》的规定保证建设资金按时到位。

②按照适用法律和《特许协议》规定的工期和建设标准,完成4号线项目B部分的建设任务,具体包括:第一,采用先进的建设管理模式,组织建设施工和设备采购安装调试;第二,按照《特许协议》规定的建设协调和争议解决机制,与4号线公司建立有效的工作机制,确保A部分和B部分建设工作的协调进行。

③按适用法律和《特许协议》的规定购买B部分建设期保险。

④执行因市政府要求或法律变更导致的B部分建设标准的变更。

⑤在4号线公司的配合下,组织和完成4号线项目的试运行;及时组织竣工验收,保证4号线按期开始试运营。

⑥在试运营期内,逐步达到规定的运营标准,试运营期最长不超过2年。

⑦在正式运营期内,按照《特许协议》及适用法律(包括相关行业办法、规章等)规定的运营标准,保持充分的客运服务能力,不间断地提供客运服务。未经市政府同意,不得将客运服务中的主要工作委托给第三方。

⑧执行因法律变更导致的运营标准的变更。

⑨按照《北京市城市轨道交通安全运营管理办法》的规定,建立安全管理系统、制定和实施安全演习计划、制订应急处理预案等措施,保证地铁的安全运营;在项目设施内从事商业经营时,遵守相关的安全规定。

7. 项目特点分析

本项目已成功实施,项目特点如下:

1) 通过分割投资方式化解投资回报低的弊端

轨道交通投资大,因具有公共事业性质,投资回报低甚至亏损。为了解决投资回报低的问题,4号线投资被分割为A和B两个部分,其中关于征地拆迁、洞体结构等土建工程这些投资金额大的部分由政府平台公司予以投资,这部分投资为无收益的纯粹公共支出。

对于与运营有关的车辆、信号、自动售检票系统等机电设备投资则采用PPP模式,该部分资产需要良好的运营才可以发挥其效益。该部分投资金额相对较小,且可以产生稳定的现金流,使B部分投资具有较好的投资回报。

通过这种分割投资的方式,北京市将4号线有经济效益的资产和业务单独分割出来,引入社会资本,成功地解决了轨道交通的投资回报低的问题。

2) PPP项目公司架构设计体现了各方的制约和平衡

港铁公司、首创集团和京投公司成立PPP项目公司——北京京港地铁有限公司,港铁公司、首创集团和京投公司三方比例分别为49%、49%和2%。港铁公司是由香港政府控制的上市公司,世界城市轨道领域最优秀的公司之一,其30多年香港地铁开发和运营经验是中标4号线投资的重要因素。首创集团是北京市国资委所属的特大型国有集团公司,主要投资于房地产、金融服务和基础设施三大领域,在投资4号线以前,参与了地铁13号线和5号线的投资建设。京投公司是北京市基础设施投融资平台,代表北京市政府参与4号线的投资,也代表政府对4号线运营的情况进行监督管理,同时平衡中外企业在项目公司的权益。

PPP项目公司设立5名董事,其中京投公司委派1名,首创委派2名,港铁委派2名,京投公司委派的董事担任董事长。一旦港铁和首创发生意见分歧需要投票决定时,京投可以从中协调,且京投的一票至关重要。

从股权结构和董事会设计上，政府和社会资本均可以对项目公司运营产生重大影响，体现了制约和平衡，有利于项目公司的健康运营。

3）通过项目贷款进一步提高 PPP 项目公司股东回报

B 部分总投资共计 46 亿，由项目公司负责筹集，其中股权投资约 15 亿元，由港铁公司、首创集团和京投公司分别按投资比例出资。其余 31 亿元由京港地铁公司向国家开发银行贷款融资，期限 25 年，执行基准利率。建设期贷款属于项目融资贷款，京港公司以拥有的资产（包括动产、不动产、特许经营收入或收益权等）抵押或质押。通过项目贷款进一步提高了项目公司股东投资回报。

4）通过政府补贴运营解决低票价问题

4 号线与北京其他轨道交通线路一样，实行全程 2 元的低价票价制。为保证京港公司的盈利，政府在基期即成票价的基础上，测算了一个合理票价，对该合理票价与实际票价的差额进行补偿，该项补偿约每年 6 亿～7 亿元。

这种方式既解决了低票价问题，又充分体现了使用者付费和政府补充付费相结合的特点，起到了良好的社会效果。

5）通过资产租赁费平衡项目公司收益

在方案设计上，北京市政府担心项目公司收益过高，而作为合作方港铁公司也担心 4 号线投入后客流量不足，所以双方设计了一个调节项目公司投资回报的平衡机制，即项目公司与北京市平台公司签署了资产租赁协议，即项目公司租用 A 部分资产，租金水平与客流量相关联，在客流量高的时候，租金水平高，当 4 号线客流量低的时候，租金予以减免。

上述方式有效平衡了项目公司收益，既避免社会资本投资回报过高，又对社会资本的投资回报起到了一定的保障作用。

6）提前触发回购机制保障社会资本投资安全

在方案设计上，为保障社会资本港铁公司的投资安全，特意安排了一个提前回购机制。特许经营期限是 30 年，但是如果开通后客流量持续 3 年低于认可的预测客流的一定比例，导致特许公司无法维持正常经营，北京市政府将根据《特许协议》的规定按市场公允价格回购 B 部分项目资产，但特许公司应自行承担前 3 年的经营亏损。

该方案即考虑了极端情形，即客流量与可行性研究预测差距较大的情况下造成项目公司无法正常经营，社会资本可以通过要求政府回购的方式提前退出，使社会资本的投资安全得到了一定程度的保障。

二、公共设施项目

公用设施通常是指政府有义务提供的市政公用基础设施，包括供电、供气、供水、供热、污水处理、垃圾处理等，有时也包括通信服务设施。公用设施项目普遍具有公益性、自然垄断性、政府监管严、价格弹性较小等特点，但不同的公用设施项目也具有不同的特性。

（一）天津市北水业有限公司部分股权转让 TOT 项目

1. 案例梗概

如表 9-2 所示。

案 例 梗 概　　　　　　　　　　　　　表 9-2

项目运作方式	转让-运营-移交（TOT）
项目发起方式	政府发起
项目运作主体	由占51%股权的天津市北水业有限公司和占49%股权的社会出资人设立的合营公司作为运作主体
项目回报机制	集中式供水收入
项目融资方式及来源	社会资本的股权融资
项目期满处置	特许经营期为三十年，特许经营期满后，合营公司将原有供水区域内的全部资产无偿移交给政府或政府指定机构，并确保资产完好、满足正常供水要求

2. 项目背景

按照党的十六届三中全会"实现投资主体多元化，使股份制成为公有制的主要实现形式"精神，根据建设部"鼓励社会资金、外国资本采取独资、合资、合作等多种形式，参与市政公用设施的建设，形成多元化的投资结构"的意见，天津市自来水集团有限公司（下称"天津自来水集团"）对所属全资企业——天津市北水业有限公司（下称"天津市北水业公司"）的49%国有股权向社会进行公开转让，以吸引社会资本参与天津市政公用设施投资与建设，提高天津市基础设施建设水平和服务能力。并委托国信招标有限责任公司（下称"国信招标"）作为引资咨询及招标服务牵头机构。

天津市自来水集团有限公司是天津市属国有独资有限责任公司，注册资本为人民币119951万元，为国有资产授权经营单位。天津自来水集团有着百年历史，是集自来水生产、供应维护、营销服务于一体的城市供水骨干企业集团，主要经营范围涉及水务经营、市政及管道施工和管材制造及附属配套三大板块。

3. 项目概况

天津市北水业公司于2005年8月29日注册成立，是天津市自来水集团有限公司的全资子公司，公司注册资本126582万元人民币。经营范围为集中式供水，以工业用水为主。公司基本情况如下：

（1）经营机构

天津市北水业公司包括两座净水厂，即新开河水厂、津滨水厂；两个供水服务所，即第一供水服务所、第二供水服务所；一个营业分公司及所属4个营业所，即营业分公司及所属新开河营业所、靖江路营业所、北辰营业所、东丽营业所。

（2）人员情况

截至2006年12月末，天津市北水业公司在册员工为680人，其中，在岗员工533人，不在岗员工147人（包括内部退养124人，离岗挂编、精神病、处于医疗期23人）。

（3）资产规模

截至2007年3月31日，天津市北水业公司经审计账面资产总计为18.54亿元人民币。其中，负债6.19亿元人民币，净资产12.35亿元人民币。

以2007年3月31日为评估基准日，天津市北水业公司资产评估值总计为20.42亿元人民币。其中，负债6.19亿元人民币，净资产14.24亿元人民币。

（4）引资标的

本次引资标的为天津自来水集团所持有的天津市北水业公司49%股权，净资产评估值约 6.98 亿元人民币，挂牌价为 9 亿元人民币。

4. 引入社会资本模式

（1）建设模式

该项目采用转让-运营-移交（TOT）特许经营模式。天津自来水集团通过向合格的社会投资者转让所持有的天津市北水业公司 49％股权，与股权受让方组建产权多元化的有限责任公司（下称"合营公司"）。合营公司在完成工商登记变更设立后，天津市政府（或其授权机构）与合营公司签署特许经营协议，授予合营公司在营业区域内经营自来水业务的特许经营权，期限 30 年。期满后，合营公司原有供水区域内的全部资产无偿移交给政府或政府指定机构，并确保资产完好、满足正常供水要求。

（2）实施依据

《中华人民共和国公司法》《中华人民共和国合同法》《中华人民共和国外资企业法》《中华人民共和国招标投标法》《关于规范国有企业改制工作的意见》（国办发［2003］96号）《企业国有产权转让管理暂行办法》（国资委、财政部令［2003］第 3 号）、《市政公用事业特许经营管理办法》（建设部令［2004］126 号）等法律法规。

（3）社会资本引入方式

本项目是由代表政府机构的国有资产授权经营单位以转让存量国有产权的方式引入社会资本开展合作经营，根据《企业国有产权转让管理暂行办法》（3 号令）规定："企业国有产权转让应当在依法设立的产权交易机构中公开进行，不受地区、行业、出资或者隶属关系的限制"，"企业国有产权转让可以采取拍卖、招投标、协议转让以及国家法律、行政法规规定的其他方式进行"，因此，本项目在天津产权交易中心进行挂牌公告，经 20 个工作日后征集到三家合格意向社会投资人，最终采用公开招标的方式择优选择最终社会投资人。

（4）相关实施机构

引资方：天津市自来水集团有限公司

股权转让引资交易平台机构：天津产权交易中心

引资咨询及招标服务牵头机构：国信招标有限责任公司，提供项目整体咨询服务和招标服务。

其他专业服务机构：

会计师事务所：对引资标的企业天津市北水业公司进行全面审计，包括企业法人代表的离任审计。

资产评估机构：对引资标的企业天津市北水业公司进行资产评估，评估结果报市国资委备案，并确定挂牌底价。

律师事务所：对引资方和引资标的企业的主体资格、企业国有资产产权登记情况、股权转让方案的内部决策程序与决策结果、保护职工权益和债权人利益的措施、维护国有产权转让收益的措施等，进行合法性判定，并出具《法律意见书》，确保转让部分存量国有股权引入社会资本的行为合法有效。

5. 引入社会资本程序及内容

1）第一阶段：前期准备工作

前期准备工作，又分为以下四个工作环节：

（1）内部决策环节

引资方天津自来水集团制订了天津市北水业公司股权转让方案，并载明改制后的企业组织形式、企业资产和债权债务处理方案、股权变动方案、改制的操作程序、资产评估和财务审计等中介机构的选聘等。

按照天津自来水集团内部决策程序，召开董事会进行审议，形成书面决议；并听取企业职工代表大会意见，对职工安置等事项经职工代表大会审议通过。

（2）专业机构确认

引资方组织对引资标的企业天津市北水业公司进行清产核资；并委托会计师事务所进行全面审计，包括企业法人代表的离任审计；聘请资产评估机构进行资产评估，评估结果报市国资委备案，并确定挂牌底价。

聘请律师事务所，对引资方和引资标的企业的主体资格、企业国有资产产权登记情况、股权转让方案的内部决策程序与决策结果、保护职工权益和债权人利益的措施、维护国有产权转让收益的措施等，进行合法性判定，并出具《法律意见书》，确保转让部分存量国有股权引入社会资本的行为合法有效。

（3）股权转让引资方案报批

引资所制定的《股权转让方案》及其他相关文件经政府相关主管部门（天津市公用事业办公室、天津市建设管理委员会、天津市国资委、天津市发改委、天津市财政局、天津市国土局、天津市劳动和社会保障局等）审核批准。

（4）提供专业引资咨询和服务

为了提高引资工作效率，满足转让部分国有股权实现政府和社会资本合作项目的专业性、合规性要求，国信招标在项目实施早期即提前介入，牵头并组织相关专业机构为引资方提供全方位的专业化引资招商、国有股权转让以及财务、法律等方面咨询和服务。

2）第二阶段：引资标的挂牌交易及招标

本项目股权转让引资标的于2007年6月26日在天津产权交易中心公开挂牌，2007年7月23日挂牌时间止。挂牌后，国信招标协助天津自来水集团进行全球招商，并对意向投资人进行必要的调查，帮助引资方深入了解意向投资人信誉、实力和经验以及其投资意愿等，便于天津自来水集团公司制订对策、完善引资方案。同时，国信招标还根据意向投资人的投资意愿，安排其对引资标的进行必要的尽职调查，以便于意向投资人充分了解引资项目情况，以利于其做出科学的投资决策，提高引资工作效率。

在挂牌期间，共有三家意向投资人在天津产权交易中心申请办理了意向受让登记手续，并经天津产权交易中心正式受理。他们分别是：香港中华煤气有限公司、中法控股（香港）有限公司、威立雅水务-通用水务公司。在通过挂牌征集到合格意向社会投资人后，国信招标即着手编制引资招标系列文件，系列文件包括《招标文件》、《特许经营协议》、《股权转让协议》、《产权交易合同》、《合资合同》及《公司章程》等。挂牌截止后，国信招标及时向三家意向投资人发出了投标邀请书，发售了招标文件，并对引资招标文件进行了澄清和答疑。

2007年8月22日，在天津产权交易中心会议室举行了股权转让引资项目的开标仪式。在招标文件规定的投标截止时间前，所有意向投资人均按要求递交了投标文件。天津市和平公证处对本次股权转让引资招标项目的开标全过程进行了公证。天津市国资委和天津市监察局驻建委监察室相关人员对本次股权转让引资招标项目评标全过程进行了监督。

股权转让引资招标项目的评标委员会成员由招标人代表和从专家库中随机抽取的技术、经济、法律等方面的专家共9人组成。评标专家对投标人文件进行了总体分析，认为三家投标公司均是国际知名大型企业，均具有丰富的公用设施投资管理经验、国际一流的供水生产和管理技术以及良好信誉，符合本项目拟引入的社会投资人要求，特别是威立雅水务—通用水务公司在中国和世界范围拥有较突出的水务业绩。

经过评标专家综合评审和打分，威立雅水务—通用水务公司最大限度地响应了引资招标文件的要求，报价最高，商务和技术评标最优。评标委员会一致推荐综合评标最优的威立雅水务—通用水务公司为本股权转让引资项目的中标人（受让人）。

3）第三阶段：组织谈判并合同签署

本次股权转让引资项目在《中标通知书》发出4个工作日内，在国信招标的协助下，天津市北水业公司与威立雅水务—通用水务公司完成了所有合同的谈判工作，并于2007年9月5日，在天津产权交易中心举行签字仪式，双方签署了《股权转让协议》《产权交易合同》《合资合同》及《公司章程》等。《合资合同》约定，天津自来水集团与威立雅水务—通用水务公司以51%：49%的股份设立合资公司。

本次股权转让引资项目，在相关合同签署后5个工作日，威立雅水务—通用水务公司按投标文件承诺一次付清了全部转让价款，这在全国供水行业转让股权引入社会投资人，实现政府和社会资本合作的项目中是绝无仅有。

迄今为止，本股权转让引资项目是中国水务市场引入社会资本金额最大的项目。天津市政府通过天津自来水集团实现政府和社会资本合作，总计利用社会资本总金额达30.9亿元（其中49%的股权转让价款为21.8亿元），为天津供水事业的发展提供了充足的资金，也为天津乃至全国通过转让存量国有资产引入社会投资人进行政府和社会资本合作提供了一个成功的经验。

2007年9月27日，天津自来水集团通过新闻媒体向全国发布了天津市北水业有限公司成功转让部分股权引入社会资本的消息，媒体反应积极，均为正面报道。

6. 引入社会资本招标边界条件

1）特许经营期

该项目特许经营期为三十年，从《特许经营协议》批准生效之日起。

2）职工安置方案

为了帮助扩大就业，进入合营公司的员工增加至900人，即在天津市北水业公司原有680人的基础上，由天津自来水集团公司根据合营公司生产经营管理工作需要，适时安排220人进入合营公司。

（1）对于同意进入合营公司的在岗职工，经双方协商一致，与合营公司签订劳动合同，并且原在天津自来水集团的工作年限与合营公司的工作年限连续计算；对于不同意进入合营公司的在岗职工，采取办理自谋职业、重新安排工作岗位、回天津自来水集团待岗这三种方式。

（2）天津市北水业公司原不在岗职工与在岗职工采取相同的办法，与合营公司签订新的劳动合同，并享受原待遇。

（3）合营公司成立前已办理正式退休的人员，由天津自来水集团负责管理；合营公司成立后正式退休的人员由合营公司负责管理。

（4）工伤职工按照相关规定妥善安置。

3）债权债务处理方案

在合营公司成立日后，合营公司将承继全部天津市北水业公司的债权债务（包括或有负债或责任），及因天津市北水业公司正常经营活动本身发生的且依法应当由天津市北水业公司承担的任何债务和责任。

4）合营公司董事会及经营管理机构设置

合营公司董事会由七名董事组成，其中，天津自来水集团委派四名，社会资本方委派三名。董事会设董事长一名、副董事长一名。董事长、副董事长任职采取轮换制。

合营公司设经营管理机构，一方同时指派董事长和财务总监，另一方同时指派副董事长和总经理。总经理、财务总监与董事长、副董事长同时轮换。副总经理由合营双方各委派两名。

7. 项目特点分析

本项目已成功实施，项目特点如下：

（1）以企业为主体运作水务项目

之前，我国许多水务领域的引资主要是采取谈判方式，且由政府主导，供水企业不具备主体资格，供水企业职工和普通市民（消费者）更无法参与，形成了"政府谈判，企业和市民买单"的局面。本次股权转让引资项目是天津自来水集团代表政府机构，作为运作主体，在政府有关部门的指导下进行的。

在项目操作模式上，形成了以咨询总顾问机构（国信招标）为核心，各专业咨询顾问（产权、法律、财务）配合的模式，对股权转让引资方案进行了全面论证，充分发挥了各方的优势。

（2）建立项目财务模型

以往，资产评估机构对国有资产的评估大多采用重置成本法，利用评估后的净资产值作为转让的依据，业内对此评估方法存在争议。

在本次股权转让引资项目实施过程中，牵头咨询机构基于特许经营权这一前提，建立了针对性较强的财务模型对标的资产进行价格估算。应用此模型，一方面，可以与资产评估机构的评估结果进行比较，二者相互校核，找出差异并分析原因；另一方面，财务模型的建立可用来校核投资人的报价，从而分析其对项目的期望，如对未来水价、水量的预期和运营期间的投资计划，从而了解投资方的运营管理能力，找出其不合理的假设和前提，并在后续谈判中加以纠正，掌握谈判的主动权。

（3）招标文件中公布所有引资合同文本，提高引资谈判效率，保障了双方利益

如果在确定了中标人（社会投资人）以后再与其商谈有关引资合同，引资方在谈判中可能处于十分被动的地位，增加了谈判的难度。而在本项目中，招标方在招标阶段就拟定并公布了股权转让引资所涉及的主要合同文本条款，并将对于合同条款的接受和相应程度作为选择意向投资人的标准之一。由于在拟定合同文本时做了扎实的工作，招投标双方均充分理解了各自的权利和责任。从实际情况来看，中标人对相关合同内容全部接受，因而极大地提高了后续引资合同的谈判效率，最大程度上维护了政府和社会投资人的利益。

(4) 设定科学的边界条件

股权转让引资项目的边界条件，包括出让股权比例、合营期限和特许经营期限、期满后资产处置、财务安排等，均是项目核心内容。设计合理的边界条件能够保障公共安全，维护公众利益。在发布招商引资公告的同时就将边界条件进行公布，要求投资人必须响应边界条件，并做出不得进行实质性变更的承诺。这样，在进入合同谈判阶段，边界条件条款自然转为不可谈判条款。

(5) 科学制定评标办法

股权转让引资项目本着提高城市供水服务效率、运营能力和服务城市发展的目标选择投资人，因此，评标办法不应单单以投标报价作为唯一因素，而应采用了综合评价法，包括合同价款支付时间，对合营公司可持续发展的支持，投资人对合同文本的响应程度，投资人的技术、运营能力以及资金实力和信誉等因素都应在评标办法中体现。

(6) 加强价格事先管理，最大限度地维护公共利益

在本项目中，合作双方明确约定，合营公司在服务价格即水价方面，严格遵循《价格法》相关规定，实行全市统一定价，即同一产品相同价格，不针对合资公司单独定价或调价。价格调整由天津市物价部门兼顾全市各水厂的平均成本，经过调研、听证等程序后，报市政府批准，并在全市统一执行。

由于合资公司只拥有天津市某一区域的特许经营权，即使它找出诸多理由要求调价，也只能遵循规定程序按天津全市成本水平综合考虑，从而避免了某些城市发生的社会资本"高溢价中标、马上调水价"的现象，最大限度地维护了公众利益。

因此，政府在转让自来水公司股权引入社会资本进行合作时，应保持控股地位。对于特大城市而言，只能授予某个区域自来水特许经营权，不能将整个城市的特许经营权授予一家项目公司，以避免形成垄断，损害公众利益。

(二) 南宁市餐厨废弃物资源化利用和无害化处理厂 BOT 项目

1. 案例梗概

如表 9-3 所示。

案例梗概　　　　　　　　　　　　　　　　　　　　表 9-3

项目运作方式	建设—运营—移交（BOT）
项目发起方式	政府发起
项目运作主体	由社会资本 100%出资设立的项目公司作为运作主体
项目回报机制	餐厨废弃物处理后生产的产品销售收入及市政府财政支付餐厨废弃物处理补贴费（含收运和厂区处理部分）
收费定价调整机制	餐厨废弃物处理补贴费：初始单价不得超过 300 元/吨，其中收运部分不得超过 140 元/吨，厂区处理部分不得超过 180 元/吨。该项目补贴费用列入市年度财政预算，由市环卫处计量考核后按月向社会资本设立的项目公司结算支付餐厨废弃物收运处置费用（补贴费用）
项目融资方式及来源	社会资本的股权融资＋银行借款债务融资
配套设施建设	政府方面负责提供餐厨废弃物处理厂红线范围外项目的基础设施配套，包括水、电、道路、通讯等，将污水市政管网接至厂区红线外一米内
项目期满处置	特许经营期为 27 年（含建设期），特许经营期满将项目设施无偿移交给政府指定单位

2. 项目背景

2010年7月,国务院办公厅下发了《关于加强地沟油整治和餐厨废弃物管理的意见》(国办发〔2010〕36号),要求各地、各部门开展"地沟油"专项整治,加强餐厨废弃物管理,切实保障食品安全。

2011年7月,国家发展和改革委员会办公厅、财政部办公厅、住房和城乡建设部办公厅联合下发《关于同意北京市朝阳区等33个城市(区)餐厨废弃物资源化利用和无害化处理试点实施方案并确定为试点城市(区)的通知》(发改办环资〔2011〕1669号),批复了北京市朝阳区等33个城市(区)的实施方案并确定为试点城市(区)。南宁市成为首批餐厨废弃物资源化利用和无害化处理试点城市之一。

为引导社会资金投入,国家发展改革委、财政部印发了《关于印发循环经济发展专项资金支持餐厨废弃物资源化利用和无害化处理试点城市建设实施方案的通知》(发改办环资〔2011〕1111号),安排循环经济发展专项资金6.3亿元对33个试点城市(区)给予支持。

3. 项目概况

南宁市餐厨废弃物资源化利用和无害化处理厂项目(下称"该项目")于2011年8月4日批复立项,建设内容包括一座餐厨废弃物资源化利用和无害化处理厂及其配套收运体系。项目选址在相思湖新区南宁市石西生活垃圾堆肥厂预留地,占地30亩。

该项目设计处理餐厨废弃物200吨/天,地沟油22吨/天(其中6吨/天的地沟油为通过餐厨废弃物油水分离得到的油脂量),年处理量为7.0万吨餐厨废弃物及0.77万吨地沟油,采用自动分选和厌氧发酵工艺,地沟油和餐厨废弃物分别经过预处理后混合进行厌氧发酵处理。项目总投资约1.2亿元人民币。

4. 引入社会资本模式

1) 建设模式

该项目采用建设—运营—移交(BOT)特许经营模式。南宁市人民政府授予社会资本组建的社会资本设立的项目公司以特许经营权,由社会资本设立的项目公司负责项目的投资、建设、运营,特许经营期满将项目设施无偿移交给政府指定单位。社会资本的投资回报方式:通过运营获得一定的产品收益,以及政府支付的餐厨废弃物处理补贴费,包括收运和处理两个部分的补贴费。

2) 实施依据

南宁市发改委《关于南宁市餐厨废弃物资源化利用和无害化处理厂项目建议书的批复》(南发改环资〔2011〕17号),同意建设一座餐厨废弃物资源化利用和无害化处理厂及其配套收运系统。南宁市人民政府专题会议纪要《环卫项目专题会会议纪要》(〔2011〕203号),决定该项目采用BOT模式实施建设。

3) 社会资本引入方式

根据《市政公用事业特许经营管理办法》和南宁市政府采购相关规定,该项目引入社会资本采取国内公开招标方式,在全国公开遴选社会投资人。招标程序执行《中华人民共和国招标投标法》。

4) 相关实施机构

(1) 领导小组:该项目相关事宜涉及政府部门较多,为保障项目顺利实施,该项目由南宁市领导牵头，市发改委、市城乡建委、市食安办、市财政局、市规划局、市法制办、市国土局、市环保局、市城管局和市环卫处等部门共同成立领导小组。

（2）主管单位：南宁市城市管理局作为该项目特许经营的实施部门。同时，市城管局作为主管环卫的政府职能部门，指导市环卫处开展工作，并向市政府汇报。南宁市人民政府授权市城市管理局授予社会资本设立的项目公司特许经营权，市城市管理局代表市政府与社会资本设立的项目公司签订《特许经营协议》，履行相关监管职能。

（3）实施机构：南宁市环境卫生管理处。市环卫处作为该项目前期业主，承担土地拆迁、开展项目建议书申报等项目前期工作，同时也是特许经营项目的招标人。南宁市人民政府授权南宁市环境卫生管理处与社会资本设立的项目公司签订《餐厨废弃物处理服务协议》，由南宁市环境卫生管理处行使日常监督管理、履行相关义务，包括计量考核、运行监管、收运管理、成本监控、结算付费等。

（4）咨询服务机构：国信招标集团股份有限公司，从前期开始，为项目单位提供财务咨询、法律咨询、招商咨询和招标代理的全过程顾问服务。

财务咨询，根据项目具体情况和《建设项目经济评价方法与参数》（第三版）搭建项目的全过程（涵盖建设期和运营期的每一年）财务模型，测算出合理的餐厨废弃物处理补贴单价范围，为地方政府提供决策参考；

法律咨询，为项目融资招商编制《特许经营协议》、《餐厨废弃物处理协议》等法律文本，并提供合同谈判服务；

招商咨询，为特许经营者的招商提供政策和程序咨询（含政府内部组织程序和外部招标程序），研究分析专业投资人，并组织项目推介和招商活动，吸引更多的投资人参与项目竞争；

招标代理，根据《中华人民共和国招标投标法》和《市政公用事业特许经营管理办法的规定》，依法组织招投标全过程，确定中标投资人。

（5）信息公开平台：中国采购与招标网、南宁市城市管理局官网。

5. 引入社会资本程序及内容

1）第一阶段 开展项目招标前期工作

2011年8月4日，南宁市发改委批准项目建议书。

2011年8月22日，南宁市人民政府通过专题会议纪要的形式，明确该项目采用BOT模式实施建设。

2012年2月，南宁市政府采购部门组织公开招标遴选BOT咨询服务机构，国信招标公司中标。

2）第二阶段 编制招标文件及政府批准

2012年3月，咨询机构（国信招标公司）编制特许经营实施方案、招标文件、进行财务测算。实施方案的主要内容包括特许经营内容、特许经营期、土地使用方式、投资回报方式、补贴费价格及调价机制、特许经营监管方式等，上报市政府批准。

招标文件包括《商务文件》、《招标边界条件》、《技术文件》、《特许经营协议》、《餐厨废弃物处理服务协议》等。上述文件编制完成后，由城管局组织相关专家讨论修改。咨询机构为该项目进行了动态的经济分析，测算出餐厨废弃物处理补贴费的合理范围，为委托单位确定投标最高限价提供了科学依据。

2012年3月31日，市政府主持召开该项目招商工作专题会。市城乡建设委、市发改委、市财政局、市环保局、市城管局、市规划局、市国土局、市法制办等参会。会上就招商主要边界条件等事宜进行了研究讨论，各部门提出相关修改意见。

2012年4月，根据政府会议纪要要求，由市环卫处向各相关政府部门书面征集对招标文件的意见，各相关部门予以书面回复。

2012年4月，咨询机构（国信招标）根据各部门意见对文件进行修改。

2012年5月，市人民政府法制办公室审查通过招标文件及协议附件。

2012年6月，招标文件（含各项协议）上报市政府。

2012年7月，市政府批准全部文件。

3）第三阶段 开标、评标

2012年7月11日，该项目正式对外发布招标公告；

2012年7月31日，开标，评标。评标后进行中标候选人公示；

2012年8月9日，确定中标人，发出中标通知书，并进行中标结果公告。

4）第四阶段 谈判、签约

2012年8月~9月，招标人与中标人进行合同谈判，咨询机构（国信招标）为委托单位提供相关法律意见，并根据双方最终谈判意见修改协议。

2012年10月，南宁市城市管理局、南宁市环境卫生管理处分别与中标人草签特许经营相关协议。

2013年6月，中标人组建的社会资本设立的项目公司注册成立，项目相关工作进展顺利，南宁市城市管理局、南宁市环境卫生管理处分别与社会资本设立的项目公司正式签署《特许经营协议》和《餐厨废弃物处理服务协议》。

6. 引入社会资本招标边界条件

1）建设用地

该项目建设用地为南宁市石西生活垃圾堆肥厂预留地，占地30亩，由南宁市环境卫生管理处无偿提供使用。

2）特许经营期

该项目特许经营期为27年（含建设期），从《特许经营协议》批准生效之日起。

3）投资回报方式

投资人的投资回报方式包括两部分：餐厨废弃物处理后生产的产品销售收入及市政府财政支付餐厨废弃物处理补贴费（含收运和厂区处理部分）。

餐厨废弃物处理补贴费初始单价不得超过300元/吨，其中收运部分不得超过140元/吨，厂区处理部分不得超过180元/吨。

该项目补贴费用列入市年度财政预算，由市环卫处计量考核后按月向社会资本设立的项目公司结算支付餐厨废弃物收运处置费用（补贴费用）。实际补贴以公开招标确定的补贴费初始单价为依据，在事先约定的运营成本要素发生合理变化后，按照合同约定的调价公式调整餐厨废弃物处理补贴费单价。

4）前期工作及费用

社会资本设立的项目公司负责项目必需的项目法人变更、环境影响评价的编制和审批等前期工作，投资人应承诺保证该项目通过环评审查。社会资本设立的项目公司开展项目相关前期工作产生费用由社会资本设立的项目公司自行承担。

5）配套设施的投资建设

政府方面负责提供餐厨废弃物处理厂红线范围外项目的基础设施配套，包括水、电、道路、通讯等，将污水市政管网接至厂区红线外一米内。

6）建设工期

该项目建设工期为 12 个月（从项目开工日起至项目初步完工日止）。该项目最迟应在 2013 年 12 月 31 日前完成项目最终验收，并于 2014 年 1 月 1 日开始商业运营。

7）项目关键设备

该项目的关键设备应采用国际领先水平的进口设备，如全自动预分选系统。

8）处理工艺

该项目主要采用厌氧发酵处理技术，预处理阶段采用自动分选技术。餐厨废弃物经过预处理后进行厌氧发酵，厌氧发酵过程中产生的沼气可用于生产天然气，沼渣可用于堆肥制营养土，回收油脂可用作工业用生物柴油，彻底将餐厨废弃物的处理做到减量化、无害化及资源化。餐厨废弃物经处理后的"三废"经过无害化处理。

9）建设管理

项目建设过程中，政府相关部门或单位对项目建设加强监管。中标人在招标人和中标人双方确认的银行设立专门账户，保证建设资金按时到位、专款专用，政府相关部门或单位对此账户进行监管。

7. 项目特点分析

目前，该项目已建成投产，运营情况良好。该项目具有以下特点：

（1）餐厨废弃物处理项目是关系到食品安全的重要民生工程、市政公用工程，作为一种准公共产品，政府有责任提供。餐厨废弃物经处理后，依工艺不同可产出沼气、营养土、生物柴油等产品，有一定的市场收益，但该经营收益不足以覆盖投资和运营成本，需要政府给予补贴。因此，该项目属于准经营性项目，适合采用 PPP 模式中的建设—运营—移交（BOT）模式，通过政府授予特许经营权附加部分补贴措施使得投资者获得合理回报。

在迫切要求各地政府实现餐厨废弃物集中收运处理的背景下，通过引入社会资本，地方政府可以迅速启动项目建设，既解决了财政资金困难的问题，又引入了专业化投资人，实现了政府职能的转变。

（2）在全国推行餐厨废弃物集中处理后，该项目是较早聘请专业咨询机构进行引入社会资本运作的项目。在项目操作过程中，专业咨询机构（国信招标公司）为南宁市环卫处进行了详细的财务测算，制订了合理的投标最高限价；编制了规范完善的特许经营协议，与招标文件同时对外发布。通过咨询机构的工作，提高了项目决策的科学性和项目操作的效率。此外，该项目的咨询机构作为 BOT 项目总顾问，全面负责项目的财务咨询、法律咨询，以及招标代理，实现了咨询和招标一体化。最终，中标的投资人综合水平和专业化程度都较高、服务价格较低，为餐厨废弃物的达标处理提供了保障，减轻了财政负担。

（3）该项目实行餐厨废弃物的收运和处理一体化。餐厨废弃物不同于生活垃圾，餐饮单位产生餐厨废弃物后，将其销售给某些商贩可以获得一定的收益。因此餐饮单位没有配合收集的积极性。实行收运和处理一体化能够减少合同纠纷，将收运风险转移给专业运营机构，最大限度地发挥专业机构的优势。南宁市人民政府通过相关立法，以及市城管局、食品药品监督管理局的有效执法，为运营企业收集餐厨废弃物提供了有力保障。

该项目合同周期长，项目成功的关键在于风险的合理分配。该项目"不补建设"、"只补运营"，在政府和社会资本之间进行了风险划分，运营风险完全由企业承担，政府为企业运营提供立法和执法上的保障。因立法不完善、执法不到位的风险由政府承担。

（4）该项目采取公开招标的方式引入社会资本。通过公开招标，拟定合理的资格条件和评审办法，遴选具有相应管理经验、专业能力、融资实力以及信用状况良好的社会资本，体现了"公开、公平、公正、科学择优"的原则。

引入社会资本的项目工作程序复杂。为及时反馈并解决项目建设运营过程中可能遇到的问题，应成立由市领导牵头、各职能部门参与的领导小组作为最高决策机构。该项目经过了严格的决策程序：市政府组织专题会议讨论，相关部门负责人参加，形成书面会议纪要；招标文件（含各项协议）经过相关部门书面征集意见，相关部门均给予书面回复；招标文件（含各项协议）经过市法制办的审查通过。从而确保引入社会资本的项目成功实施。

（三）北京市怀柔区生活垃圾焚烧发电 TOT 项目

1. 案例梗概

如表 9-4 所示。

案例梗概　　　　　　　　　　　　　表 9-4

项目运作方式	转让—运营—移交（TOT）
项目发起方式	政府发起
项目运作主体	由社会资本 100%出资设立的项目公司作为运作主体
项目回报机制	垃圾焚烧余热发电上网销售收入；政府支付的生活垃圾、污泥、餐厨垃圾和粪便处理的垃圾处理费
收费定价调整机制	1. 垃圾焚烧余热发电上网执行《国家发展改革委关于完善垃圾焚烧发电价格政策的通知》（发改价格〔2012〕801号）。 2. 政府支付生活垃圾焚烧处理补贴费，根据投标人中标的初始补贴费单价确定，并按共同签署的《特许经营协议》进行调整，初始补贴费单价如下： （1）污泥处理补贴费补贴单价（不含收运）：278 元/吨； （2）餐厨垃圾处理服务费补贴单价（不含收运）：120 元/吨； （3）粪便处理服务费补贴单价（不含收运）：36 元/吨。
项目融资方式及来源	社会资本的股权融资＋银行借款债务融资
处理工艺	采用半干化热传导式干化焚烧工艺，即含水率约 80%的湿污泥经干化后含水率降至约 30%，再送入垃圾焚烧炉与生活垃圾一起进行焚烧
项目期满处置	特许经营期为三十年（含生活垃圾焚烧厂的建设期暨现有垃圾综合处理厂的移交对接期），特许经营期满将项目设施无偿移交给政府指定单位

2. 项目背景

为推动北京市垃圾的资源化利用和无害化处理，促进循环经济发展，加快建设资源节约型和社会友好型社会，提高全市生态文明水平，怀柔区将新建一座垃圾焚烧发电厂。为深化改革北京市市政公用行业的投融资体制，怀柔区人民政府决定采取特许经营方式引进专业化社会投资人对怀柔区垃圾处理（含新建生活垃圾焚烧发电项目和现有垃圾综合处理厂）进行运营管理。

3. 项目概况

该项目主要包括新建的垃圾焚烧发电厂及现有垃圾综合处理厂。

1）生活垃圾焚烧发电厂

怀柔区生活垃圾焚烧发电项目经北京市发展和改革委员会批复进行建设（文号：京发改［2015］826号），建设单位为北京市怀柔国有资产经营公司，项目总投资（红线内）为49598万元。项目建设地点位于庙城镇孙史山村北侧，总用地面积为86165m²（以规划部门最终审定为准）。项目建设规模为日焚烧处理生活垃圾及污泥600吨。工程配置2台300吨/天机械炉排焚烧炉、3台100吨/天干化污泥设备及2套6MW凝汽式汽轮发电机组，主要工程内容包括：焚烧系统、余热利用系统、污泥干化系统、烟气净化系统、渗沥液系统改造及相关配套设施。

2）现有垃圾综合处理厂

现有垃圾综合处理厂位于庙城镇孙史山村北，总占地228亩。厂区现有设施主要包括：垃圾预分选系统、发酵堆肥厂、卫生填埋场、厨余粪便垃圾消纳处理设施、渗沥液处理站，以及综合办公楼等附属设施，厂区设施初投资约1亿元。

4. 引入社会资本模式

1）建设模式

该项目采用转让—运营—移交（TOT）特许经营模式，经营权转让内容包括新建垃圾焚烧厂和现有垃圾综合处理厂。

在特许经营期内，项目公司负责整个垃圾处理园区（含垃圾焚烧发电厂、粪便及餐厨垃圾处理厂、填埋场、渗滤液处理站及其他现有设施）的运营、维护，获得垃圾焚烧发电上网费用等产品收入，同时获得政府支付的垃圾处理服务费（含生活垃圾、污泥、餐厨和粪便）。

政府方负责厂区外垃圾的收集运输并在厂区内交付特许经营者处理。

为使项目建设和运营有效衔接，提高运营效率，保障运营质量，项目公司将作为建设单位的项目管理单位，从设计开始，在建设单位的授权范围内负责项目的建设管理工作（项目公司与建设单位签署《项目建设管理合同》，协议中将详细约定特许经营者的职责范围与造价、进度、质量目标的管理责任和义务）。在焚烧厂调试通过后，由建设单位将生活垃圾焚烧厂交付项目公司，进入试运行阶段。

焚烧厂建设期内，同时开展现有垃圾处理设施的移交对接工作。现有垃圾综合处理厂项目设施的交付时间应不迟于生活垃圾焚烧厂的交付。现有垃圾综合处理厂项目设施交付时，应确保设施的完好和正常运行。

焚烧厂建设期间（暨移交期间），现有垃圾综合处理厂由沃绿洁公司正常运行，国资公司作为焚烧厂的建设单位和沃绿洁公司的母公司，统一协调管理整个垃圾厂区。

特许经营期满后，特许经营者将项目设施无偿移交给政府方。

2）实施依据

本项目招标按照《中华人民共和国招标投标法》、《中华人民共和国可再生能源法》、《基础设施和公用事业特许经营管理办法》、《城市生活垃圾管理办法》（建设部令第157号）、《关于进一步加强城市生活垃圾处理工作意见》（国务院2011年发）、《北京市城市基础设施特许经营条例》等有关法律、法规，通过公开招标方式择优选定北京市怀柔区生活垃圾焚烧发电项目（及现有垃圾综合处理厂）特许经营项目运营投资人。

3）社会资本引入方式

根据《市政公用事业特许经营管理办法》和北京市政府相关规定，该项目引入社会资本采取国内公开招标方式，在全国公开遴选社会投资人。招标程序执行《中华人民共和国招标投标法》。

4）相关实施机构

（1）实施机构：北京市怀柔区市政市容管理委员会。

（2）咨询服务机构及服务内容：国信招标集团股份有限公司，从前期开始，为项目单位提供财务咨询、法律咨询、招商咨询和招标代理的全过程顾问服务。

财务咨询，根据项目具体情况和《建设项目经济评价方法与参数》（第三版）搭建项目的全过程（涵盖建设期和运营期的每一年）财务模型，为地方政府提供决策参考；

法律咨询，为项目融资招商编制《特许经营协议》等法律文本，并提供合同谈判服务；

招商咨询，为特许经营者的招商提供政策和程序咨询（含政府内部组织程序和外部招标程序），研究分析专业投资人，并组织项目推介和招商活动，吸引更多的投资人参与项目竞争；

招标代理，根据《中华人民共和国招标投标法》和《市政公用事业特许经营管理办法的规定》，依法组织招投标全过程，确定中标投资人。

（3）信息公开平台：中国采购与招标网、北京市招投标公共服务平台。

5. 引入社会资本招标边界条件

1）建设用地及土地使用权

现有垃圾综合处理厂总占地228亩，其中政府划拨土地96亩，其余132亩用地为租用集体土地。生活垃圾焚烧发电厂新增土地30亩，为划拨土地。在特许经营期内，政府方拥有本项目政府划拨土地部分的土地使用权。

2）特许经营期

本项目特许经营期为30年（含生活垃圾焚烧厂的建设期暨现有垃圾综合处理厂的移交对接期），从《特许经营协议》批准生效之日起计算。

3）特许经营使用费用

本项目的特许经营权使用费为28959万元，由中标投资人或项目公司向区市政市容委支付，并由建设单位专项用于本项目的建设。

特许经营权使用费的支付方式：特许经营权使用费共分四次支付。

首次付款：中标人与区市政市容委草签《特许经营协议》后7日内支付人民币1000万元整；如在规定时限内未足额支付，视为中标人放弃中标，招标人可重新确定投资人。

第二次付款：《特许经营协议》草签后两个月内，项目公司向区市政市容委支付人民币10000万元整。如在规定时限内未足额支付，项目公司向招标人按每日万分之五的利率支付滞纳金。

第三次付款：2015年12月31日前，项目公司向区市政市容委支付人民币10000万元整。如在规定时限内未足额支付，项目公司向招标人按每日万分之五的利率支付滞纳金。

余款支付：2016年6月30日前，项目公司向区市政市容委支付人民币7959万元整。

如在规定时限内未足额支付，项目公司向招标人按每日万分之五的利率支付滞纳金。

4）投资回报方式

投资人的投资回报方式包括：垃圾焚烧余热发电上网销售收入；政府支付的生活垃圾、污泥、餐厨垃圾和粪便处理的垃圾处理费。

（1）垃圾焚烧余热发电上网执行《国家发展改革委关于完善垃圾焚烧发电价格政策的通知》（发改价格〔2012〕801号）。

（2）政府支付生活垃圾焚烧处理补贴费，根据投标人中标的初始补贴费单价确定，并按共同签署的《特许经营协议》进行调整。生活垃圾焚烧处理补贴费包含生活垃圾的焚烧处理及后端处理成本（含渗沥液及污水处理、残渣处理、烟气处理等）。

（3）污泥处理补贴费补贴单价（不含收运）：278元/吨；

（4）餐厨垃圾处理服务费补贴单价（不含收运）：120元/吨；

（5）粪便处理服务费补贴单价（不含收运）：36元/吨。

上述（3）～（5）固定单价作为合同初始单价，由投标人明确响应并严格执行；执行过程中合同价格按共同签署的《特许经营协议》进行调整。

注：餐厨和粪便处理设施目前尚未运行。在运行前的设施维护费用计入单项成本，在设施开始运行后一并进行价格核算。

其他综合利用产品销售等收入按照市场价格自行销售获得。

5）项目建设管理

为使项目建设和项目运营两阶段有效结合，项目公司从设计开始，在建设单位的授权范围内负责项目的建设管理工作，包括设计、设备采购、施工现场管理、调试等。建设单位向项目公司支付一定的建设管理费，双方签订《建设管理合同》。

调试通过后，建设单位将项目设施交付项目公司开展试运行工作，项目公司协助建设单位进行项目竣工验收。

6）处理工艺

生活垃圾及污泥处理工艺按以下执行：

结合怀柔区的实际情况，本项目处理工艺拟采用半干化热传导式干化焚烧工艺，即含水率约80%的湿污泥经干化后含水率降至约30%，再送入垃圾焚烧炉与生活垃圾一起进行焚烧。

本项目设计处理规模按入炉垃圾处理量设计为600吨/天，其中生活垃圾占92%，污泥占8%。拟定主要配置2台300吨/天机械炉排焚烧炉、3台100吨/天干化污泥设备及2套6MW凝汽式汽轮发电机组。

7）项目公司组建

中标人需在《特许经营协议》草签后15日内组建项目公司，并及时与特许经营权授予单位正式签署《特许经营协议》，获得特许经营权。

项目公司由中标人独家出资组建。未经特许经营权授予单位事先同意，项目公司的股东不得转让其在项目公司的股份。

8）项目公司所应承担责任

怀柔区是北京市重要的生态建设区。项目公司应承担一定的社会责任，做到项目与怀柔区经济、环境的和谐与共生，为北京市人民带来福祉。

6. 项目特点分析

目前，该项目已建成投产，运营情况良好。该项目具有以下特点：

本项目采取特许经营方式，通过公开招标选择专业化社会投资人对项目进行运营管理。为深化改革北京市市政公用行业的投融资体制，为北京市垃圾的资源化利用和无害化处理，促进循环经济发展，加快建设资源节约型和社会友好型社会，提高全市生态文明水平起到了极大的推动作用。

该项目采取公开招标的方式引入社会资本。通过公开招标，拟定合理的资格条件和评审办法，遴选具有相应管理经验、专业能力、融资实力以及信用状况良好的社会资本，体现了"公开、公平、公正、科学择优"的原则。

引入社会资本的项目工作程序复杂。为及时反馈并解决项目建设运营过程中可能遇到的问题，应成立由区领导牵头、各职能部门参与的领导小组作为最高决策机构。该项目经过了严格的决策程序：怀柔区政府组织专题会议讨论，相关部门负责人参加，形成书面会议纪要；招标文件（含各项协议）经过相关部门书面征集意见，相关部门均给予书面回复；招标文件（含各项协议）经过市法制办的审查通过。从而确保引入社会资本的项目成功实施。

（四）某污水处理 TOT 项目实施方案

1. 项目概况

1）项目名称

某市污水处理 TOT 项目（以下简称"本项目"）。

2）项目实施机构

某市住房和城乡建设局（以下称为"实施机构"）。

经某市人民政府授权，某市住房和城乡建设局作为本项目的实施机构负责具体组织项目的实施工作，并接受某市污水处理行业改革领导小组的监督和管理。

3）项目实施目标

为深化市政公用事业改革、加快城市污水处理产业化发展步伐，贯彻党中央国务院"关于推进供水、供气等市政公用事业市场化进程，促进市政公用事业健康发展"的要求，结合某市污水处理行业的实际情况，市人民政府决定将某污水处理厂采用 TOT 模式实施特许经营，旨在引入专业的污水处理运营机构，激发社会活力，提高资源配置效率，同时盘活存量资产，将转让资金用于城市基础设施建设，进一步增加公共产品和服务供给能力。

4）项目实施范围

本项目实施范围包括某污水处理厂，设计污水处理规模××万吨/日。

项目经济技术指标如表 9-5 所示。

项目经济技术指标表　　　　　　　　表 9-5

设计规模（10^4吨/日）	二级处理工艺	资产价值（亿元）	项目投运时间	出水水质标准

5）项目运作方式

为了盘活存量资产、减少政府财政压力，本项目通过转让—运营—移交（TOT）方式与社会资本展开合作,将污水处理厂的经营权和收益权有偿转让给社会资本,并授权社会资本在特许经营期内对污水处理设施进行运营、维护和管理,特许经营期届满时无偿移交给某市人民政府,并保证在移交时项目设施处于正常运行、正常磨损状态。

6) 付费机制

本项目采用使用者付费+政府补贴方式。

7) 项目特许经营期

本项目特许经营期为30年。

8) 特许经营权转让价格

本项目特许经营权转让总价款固定为×××万元人民币。

9) 采购方式

依据《政府采购法》、《政府和社会资本合作项目政府采购管理办法》(财库〔2014〕215号),本项目拟采用公开招标的方式选择合作社会资本,并依法委托具有政府采购资质代理机构代表政府办理具体采购事宜。

10) 项目实施进度计划

本项目从政府发起到完成资产转让共计8个月,其中政府发起到签订特许经营协议5个月,资产转让3个月。

11) 项目实施的必要性和意义

(1) 盘活存量资产,减少政府财政压力;

(2) 降低处理成本,提高运营管理水平;

(3) 加快行业改革,促进污水处理产业化发展。

12) 编制依据

(1)《中华人民共和国预算法》;

(2)《中华人民共和国政府采购法》;

(3)《中华人民共和国政府采购法实施条例》(国务院第658号令);

(4)《中华人民共和国合同法》;

(5)《基础设施和公用事业特许经营法》;

(6)《国务院关于创新重点领域投融资机制鼓励社会投资的指导意见》(国发〔2014〕60号);

(7)《财政部关于推广运用政府和社会资本合作模式有关问题的通知》(财金〔2014〕76号);

(8)《财政部关于印发政府和社会资本合作模式操作指南(试行)》(财金〔2014〕113号);

(9)《国家发展改革委关于开展政府和社会资本合作的指导意见》(发改投资〔2014〕2724号);

(10)《关于制定和调整污水处理收费标准等有关问题的通知》(发改价格〔2015〕119号);

(11)《财政部关于规范政府和社会资本合作合同管理工作的通知》(财金〔2014〕156号);

(12)《政府和社会资本合作项目政府采购管理办法》(财库〔2014〕215号);

(13)《市政公用事业特许经营管理办法》(建设部令第126号);

(14)《污水处理费征收使用管理办法》(财税〔2014〕151号);

(15)《城市污水处理特许经营协议示范文本》(GF-2006-2504);

(16) 建设部《关于加快市政公用行业市场化进程的意见》(建城〔2002〕272号);

(17) 建设部《关于加强市政公用事业监管的意见》(建城〔2005〕154号);

(18)《国家环境保护总局关于严格执行〈城镇污水处理厂污染物排放标准〉的通知》(环发〔2005〕110号);

(19) 项目所处省、市的政策法规;

(20) 项目相关基础资料;

(21) 其他相关资料。

2. 某市概况

主要介绍项目所处行政区域的地理位置、人口、经济状况,以及与污水处理相关的发展规划等内容。

1) 某市供水现状

某市现有公共供水单位有市自来水公司、供水总厂,总设计供水能力××万吨/日,近三年平均实际供水规模约为××万吨/日。各供水公司情况详见表9-6。

某市各供水公司情况一览表　　　　　　　　　　　　表9-6

水厂名称	水源种类	设计供水规模(10^4吨/日)	实际供水规模(10^4吨/日)	备注

某市作为一个工业城市工业用水在城市用水中所占比重大,工业取水量十年平均值占总取水量的百分比。在城市工业用水量中,电力工业用水占的比重最大,约占城市工业用水量的百分比,其次为煤炭工业、化工工业和纺织工业。

2) 某市污水处理现状

(1) 污水产生量

根据某市2011~2013年污水产生量相关数据(表9-7),全市需要进行处理的污水主要来自于供水产生的污水和雨水、尾矿水等。其中,每年由供水产生的污水约××万吨,另有约××万吨其他水量(雨水、尾矿水等)流入排污管网进入污水处理厂。日需处理污水量变化幅度不大。

2011~2013年市区污水产生量相关情况汇总表(单位:万吨)　　　　表9-7

项目	年份	2011年	2012年	2013年
	年供水量			
其中	公共供水量			
	其中			
	其他供水量			
	其中			
	年污水产生量			
	年进入污水处理厂其他水量			
	日需处理污水量			

注:进入污水处理厂其他水量包括雨水、尾矿水、河道水等,数值为估算值。

（2）污水处理设施现状

介绍现有污水处理设施设计处理能力、实际处理能力、地理位置分布等。详细介绍本项目污水处理厂的位置、投资额、建成年限、设计处理能力、工艺、进出水水质等，以及目前运营单位、单位性质、职工人数等。

（3）配套设施现状

①污水管网介绍（略）

②提升泵站介绍（略）

③污泥消纳厂介绍（略）

3. 项目运作方式

1）实施主体

经某市人民政府授权，某市住房和城乡建设局作为本项目的实施机构，在授权范围内负责本项目的前期论证评估、实施方案编制、合作社会资本的采购与选择、签订项目合同以及项目资产的移交等具体工作，并接受某市污水处理行业改革领导小组的监督和管理。

2）特许经营方式

本项目拟通过转让—运营—移交（TOT）方式与社会资本展开合作，将污水处理厂的经营权和收益权有偿转让给社会资本。特许经营期内由社会资本按照特许经营协议的约定和谨慎运行惯例负责运营、维护污水处理厂，对污水处理设施进行维护、更新、重置，自行承担费用、责任和风险。特许经营期届满时将项目设施完好、无偿移交给某市人民政府，并保证在移交时项目设施处于正常运行、正常磨损状态。

3）设施的权属与处置

（1）土地使用权属

特许经营期内污水处理厂厂区范围内的土地使用权权属不发生变更，仍归原使用权人所有，项目公司享有合理使用权，但使用土地产生的税费由项目公司承担。特许期内未经市人民政府同意，项目公司不得擅自转让、出租、抵押土地使用权或者改变土地用途，也不得用于本项目之外的其他目的。

（2）设施设备

特许经营期内，政府保留设备、交通运输工具等项目设施的所有权，项目公司享有对项目设施的占有、使用和收益权。项目公司为本项目运行之目的对项目资产进行合理的更新、维护以及对报废资产进行处置等，需事先向项目实施机构报送计划方案，经批准后方可实施。

（3）无形资产

特许经营期内所形成的非专利技术、商标权等无形资产归属项目公司，项目公司具有排它的使用权和处分权，政府方具有免费使用该知识产品的权利。特许期结束时，该项权利无偿转让给政府。

（4）收益权

特许经营期内，除非本项目运营需要，项目公司不得将收益权质押给第三方。

4）特许经营期

按照《市政公用事业特许经营管理办法》（建设部令第 126 号）规定，结合污水处理行业特点，为合理分摊投资成本并保证投资人收回投资并可获得合理回报，同时达到降低污水处理单价的目的,本项目的特许经营期限为 30 年,特许经营期自双方签署移交备忘录之日起算。

4. 项目采购

1) 采购方式

根据《政府采购法》、《政府和社会资本合作项目政府采购管理办法》(财库〔2014〕215 号)等法律法规的规定,结合本项目的采购需求特点,拟通过公开招标的方式选择合作社会资本,并依法委托具有政府采购资质的代理机构代表政府办理具体采购事宜。

2) 采购程序

(1) 资格预审

按照《政府和社会资本合作项目政府采购管理办法》(财库〔2014〕215 号)要求,本项目需进行资格预审,并同时发布资格预审公告,邀请社会资本参与资格预审,验证项目能否获得社会资本响应和实现充分竞争。

本项目资格预审采用有限数量制,当有效申请人多于 7 家时,通过资格预审的数量限定为 7 家;但当通过资格预审的数量不足 3 家时,项目实施机构应在调整资格预审公告内容后重新组织资格预审;经重新资格预审后合格社会资本仍不够 3 家的,依法向某市人民政府财政部门申请将采购方式变更为竞争性磋商或竞争性谈判。

项目实施机构、采购代理机构成立评审小组负责项目采购的资格预审工作,评审专家由项目实施机构自行选定。

(2) 采购文件的编制

资格预审后,项目实施机构、采购代理机构应按相关法律法规的规定编制项目采购文件,其中特许经营协议须报请市人民政府审核同意。

(3) 采购文件的响应

采购文件发出后,项目实施机构、采购代理机构可组织社会资本进行现场考察或者召开采购前答疑会,也可组织对符合条件的社会资本的资格条件进行考察核实。

(4) 采购评审

项目实施机构、采购代理机构成立评审小组对投标单位的投融资能力、运营管理能力、类似业绩经验、履约信用、服务单价等内容进行综合评审,并按得分由高到低顺序推荐中标候选人。

(5) 确认谈判

采购评审结束后 5 个工作日内,项目实施机构成立专门的采购结果确认谈判工作组,负责采购结果确认前的谈判和最终的采购结果确认工作。按照评审报告推荐的候选社会资本排名,依次与候选社会资本就项目合同中可变的细节问题进行项目合同签署前的确认谈判,率先达成一致的候选社会资本即为预中标社会资本。

(6) 公示

谈判确定预中标社会资本后 10 个工作日内项目实施机构与预中标社会资本签署确认谈判备忘录,并将预中标结果和特许经营协议文本(涉及国家秘密、商业秘密的内容除外)同时进行公示,公示期不少于 20 天。

(7) 合同签署

公示期满无异议后 2 个工作日内,实施机构、采购代理机构将中标结果同时进行公告,同时发出中标通知书。并在中标通知书发出后 30 日内与中标社会资本签订经某市人民政府审核同意的特许经营协议。待项目公司成立后,由项目公司与项目实施机构签署关于继承特许经营协议的补充协议。

(8) 合同公告

实施机构应当在补充协议签订之日起 2 个工作日内,将特许经营协议及其补充协议同时进行公告(涉及国家秘密、商业秘密的内容除外)。

5. 项目交易结构

1) 特许经营权转让价格

特许经营权转让价格为投资运营商为取得特许经营期内污水处理厂厂区的全部实物资产(含项目占用范围内建设用地使用权)的占有、使用和收益权所需支付给实施机构的总价。本项目特许经营权转让总价款固定为××万元人民币,采取固定资产转让总价,竞投污水处理服务价格的竞投方式。竞投污水处理服务价格设最高限价。

转让价款应在本项目中标结果公示结束之日起 15 工作日内一次性支付给项目实施机构指定账户。项目转让收益将优先用于偿还移交之日前产生的生产经营债务,其余部分用于本市市政公共基础设施的投资建设、运营和维护。

2) 项目公司的成立

根据项目经营需要,结合国内类似项目的实际经验,经采购确定的中标社会资本须在某市依法注册成立项目公司,其注册资本金不得低于项目转让总价款的百分之十,资金来源应为社会资本的自有资金。

3) 融资结构

本项目融资机构如图 9-2 所示。

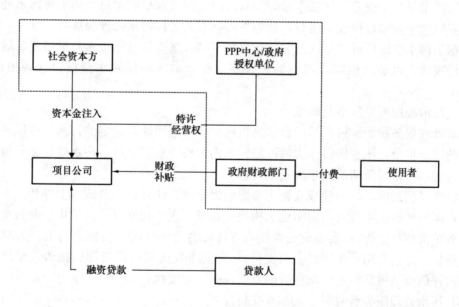

图 9-2 项目融资结构

4) 合同结构

本项目合同结构如图 9-3 所示。

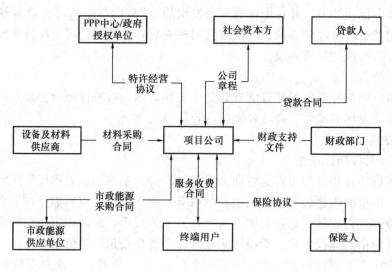

图 9-3 项目合同结构

5) 项目的回报机制

整个特许经营期内，由新设立的项目公司提供污水处理服务并负责本项目的运营、管理及维护工作；政府以支付污水处理服务费的形式，给予合作社会资本将来提供的可持续性服务所要求投资回报的保证。

(1) 保底水量

为了解决特许经营期内的污水负荷不足而导致项目无法持续的风险，应设保底水量，即当实际进水量低于或等于保底水量时，政府应按保底水量向项目公司支付污水处理服务费；当实际进水量超过保底水量时，政府按实际水量支付污水处理服务费。

根据市污水处理厂近三年的工艺运行月报，结合某市近三年供水总量情况、城市污水管网建设现状，以及其他综合考虑确定保底水量。本项目保底水量按设计规模的70%计取。

(2) 污水处理服务价格及调整

污水处理服务初始价格，是项目实施机构与项目公司谈判确定的污水处理厂污水处理服务费的综合报价，该价格将作为特许经营期内价格调整的基数。污水处理服务价格每三年调整一次，特许经营期前三年固定不变。

在特许经营期内，当一种或几种主要影响因素的变化导致运营成本上浮超过一定百分比时，在调价年份由项目公司向实施机构提交调整污水处理服务单价的申请并提交《污水处理服务单价调整报告》。实施机构委托双方认可的会计公司作为独立的第三方对项目申请进行评估（评估费用可由项目公司支付），并向市发改部门提交评估报告，最终由市发改部门对评估价格进行审定。调整后的水价在下一年度执行。

(3) 污水处理服务费的资金来源及支付计划

特许经营期内，由市财政部门设立财政专户、实行专款专用，并纳入预算管理，直接将污水处理服务费支付给项目公司。整个特许经营期内，污水处理服务费由实施机构联合市环保部门按照合同约定的污水处理量、出水水质和水量的监督检查结果，按期核定服务费。水量按日计量，按月核算，按月付费。

支付程序为项目公司需将污水处理服务费账单（附相关计算明细及市环保局出具的出水水质合格并同意支付污水处理服务费的文件）报实施机构审核，审核确认无误后将该账单交至市财政部门，由市财政部门据此账单支付项目公司污水处理服务费。

项目公司在特许经营期内不得从事与污水处理无关的业务。未经政府事先书面同意，不得处理政府方以外的第三方提供的污水。

6）项目资产的转让和移交

（1）项目资产的转让

①转让前准备

A. 成立项目转让委员会

在特许经营协议生效后 7 个工作日内，实施机构与项目公司双方成立项目转让委员会，负责完成设施设备清点、运行交接以及其他必要的前期工作。

B. 整体性能测试

在特许经营协议生效后 30 日（双方可另行约定）内，实施机构应对污水处理厂的所有机电设备和工艺性能进行整体性能测试，项目公司派代表参加。测试的程序、方法和结果均应符合国家和当地有关污水处理厂的技术规程和规范的强制性规定。项目公司应在测试结束后就性能测试出具书面意见，证明污水处理厂可以连续、正常、稳定地运行，即被视为转让的资产满足正常运营的需要。

②转让程序

实施机构负责向项目公司提供需要转让的建（构）筑物、设备、设施和物品等的清单，以及负责转让的人员名单。同时项目公司也应告知实施机构其负责接受转让的代表名单。

项目转让程序主要包括：a. 提交转让清单；b. 项目转让委员会考察项目的总体状况；c. 设施设备性能测试及结果确认；d. 项目公司确认转让的内容；e. 实施机构按照转让清单对转让的建（构）筑物、主要设备运行原始资料和管理经验、技术文件等分别按照类别装订成册完整地转让给项目公司。

③转让范围

实施机构应向项目公司转让的范围包括：

- 污水厂建（构）筑物；
- 污水厂工艺设施及设备；
- 工艺正常运行所需的备品备件、剩余化学药品等；
- 运营和维护项目所要求的知识产权等无形资产；
- 现有的设计、规划、可行性研究、建设、试运行和设备调试、检测记录、运行手册、运行记录、设备寿命消耗及管理表等技术文件和技术档案；
- 运营项目设施所需消耗品及备品备件的厂商名单；
- 所有项目设施的制造厂商提供的合格证书、质量保证书、图纸、安装使用及维护手册等文件和资料。

④转让标准与验收

污水处理厂转让标准为环保验收合格且污水处理机电性能和工艺性能测试合格。

⑤转让期限

污水处理厂在特许经营协议生效后的 90 日内（日期可谈）办理完成资产转让手续。

⑥转让费用

实施机构及项目公司负责各自的成本和费用。如一方违反合同规定致使不能正常转让或转让时间、次数增加的，则违约方承担对方为此而支出的费用。

（2）特许期满后项目的移交

①移交日期

移交日拟为特许经营期结束当日。

②移交前准备

A. 成立项目移交委员会

在不迟于本项目特许经营期限届满前 18 个月，实施机构与项目公司双方成立项目移交委员会（各污水厂经理、技术负责人及总部相关人员应参加），负责按照合同约定处理项目移交过程中的各项事宜。

特许经营期满前 12 个月为移交过渡期。过渡期内由移交委员会办理约定移交范围内的全部设备设施及档案资料的移交。在此期间，实施机构代表有权参与污水处理厂管理。

B. 恢复性大修与性能测试

在移交日之前 6 个月之内，项目公司对污水处理厂设施进行一次恢复性大修，大修时间和项目安排与实施机构商定。

恢复性大修项目包括但不限于：a. 核查本项目设备制造厂商的维修手册提出的标准项目；b. 消除实际存在的缺陷；c. 有关检修、探测、检测及易损、易耗件更换等；d. 实施机构合理要求的检修项目。具体内容和标准由移交委员会制定。

大修后项目公司应及时通知实施机构对污水处理厂设施进行联合测试和检查，经测试的性能参数应符合届时有效的国家有关标准。如果有任何未达标处，项目公司应再进行检查直至达标，此种达标检修最迟在移交日 3 个月前完成。

C. 人员培训

在本项目移交日前 3 个月，项目公司负责培训实施机构指定的包括生产管理、技术以及运行管理的人员，保证这些人员能够胜任污水处理厂的运营管理和维护工作，并熟悉和掌握污水处理厂的工艺特点以及主要设备的性能等相关问题，保证移交后能够维持污水厂的正常运行。

③移交范围

在移交日，项目公司应向实施机构完好、无偿移交本项目设备设施、其他权利和权益、文件和资料，且应清除本项目设备设施和特许经营权上的一切债务和或然债务（包括抵押、质押或任何形式的担保），具体包括以下内容，但项目公司的银行存款以及债权、债务不属于移交之列：

• 本项目设备设施的建筑物和构筑物；

• 与本项目设备设施相关的所有机械和设备；

• 项目公司在运营期间为设施运营而购置和取得的资产、无形资产（包括知识产权）等财产；

• 与运营、维护项目设施相关的所有运营手册、运营记录、移交说明、设计图纸和文件等资料；
- 法律规定及双方约定的其他内容。

④移交标准

通过恢复性大修，污水处理厂关键设备的整体完好率达到98%，剩余合理使用年限不低于3年；其他设备的整体完好率达到95%，剩余合理使用年限不低于3年；出水水质达到移交时执行的标准，厂内建、构筑物不存在残缺和破损。

⑤移交费用

- 在移交日的12个月前，项目公司应当清理完毕所有债务，实施机构不承担项目公司在特许经营期内的任何债务和或然负债（包括任何形式的抵押、质押、保证等担保）。

- 为保证移交后项目设施的运行质量，项目公司必须保证在特许期满移交日时项目设施中按设计文件要求配置的污水处理厂主要工艺设备及计量仪器工作正常，项目设施质量保修期应不少于12个月。在质保期内发现项目公司造成工艺系统和设备有缺陷导致污水处理不能达到设计要求时，项目公司须整改和维修，或由实施机构负责整改和维修，其费用由项目公司承担。

- 如办理移交手续产生需要交纳的税、费，由实施机构、项目公司双方依法各自承担。

- 从移交完毕当日起，实施机构即开始负责运营并承担项目运行费用和管理费用。

- 在实施机构完成移交接管前，项目公司应当按照合同约定维持正常的运营业务，保证污水处理厂出水水质达标，直至移交完毕。在移交期间，实施机构应按照合同约定向项目公司支付污水处理服务费。

7) 人员安置方案

(1) 现有人员状况

截至××××年×月×日，项目人员安置工作共涉及员工××人。

(2) 人员安置的基本原则

①稳步实施，以人为本；

②明确责任，形成合力；

③依法办事，规范运作；

(3) 改革后的机构设置（略）

(4) 人员安置办法

①人员安置；

②薪酬。

(5) 人员安置的其他事项（略）

8) 相关配套安排

(1) 土地使用

特许经营期内，项目公司以租赁的方式获得土地的占有和使用权，租金为零。土地使用协议由土地使用权人与项目公司签订。

(2) 水、电、道路等配套设施

本项目水、电、道路等配套设施完善，可以保证现状设施的正常运行。如需增加其他配套设施，由项目公司自行负责，并承担相关费用。

（3）城市污水配套管网

政府或其指定机构负责本项目配套管网的投资建设和运营维护工作，并承担投资和运营维护相关费用。

（4）污泥处置

项目公司应将本项目产生的污泥进行脱水处理达标，并负责将污泥外运至污泥消纳厂集中处置，并承担运输费用，污泥处置费用由政府负担。

（5）保险

在整个特许经营期内，项目公司应按合理和行业惯例取得和维持保险，包括按照中国法律要求的任何强制性保险。

（6）优惠政策

特许经营期内，政府应执行国家、河南省及某市现行对污水处理行业的优惠政策。

6. 主要参与方及责任

1）政府方的主要义务和权利

（1）政府方的主要义务

①政府方应保证项目公司的特许经营权在整个特许期内始终持续有效；

②政府方应在整个特许期内根据项目合同的约定及时足额地向项目公司支付污水处理费；

③特许经营期内，政府方应尽最大努力协助项目公司根据相关税收的法律、法规、政策获得与本项目相关的税收优惠。

（2）政府方的主要权利

①特许期内，政府方保留污水处理所有设施和资产的所有权；

②特许期内，政府相关主管部门有权根据有关法律法规的规定对项目公司的出水水质和水量进行监管并行使其法定职权；

③整个特许期内，本项目的处理后的出水、中水回用水所有权属于某市人民政府。未经政府同意，项目公司不得将处理达标排放的处理后的出水、中水回用水做任何处置，尤其是销售给第三方获取收益；

④项目公司发生严重违约事件时，政府有权提前终止合同。

2）项目公司的主要义务和权利

（1）项目公司的主要义务

①在整个特许期内，项目公司应按照特许经营协议的约定和谨慎运行惯例负责污水处理厂的投资、运营和维护，对污水处理设施进行维护、更新、重置，自行承担费用、责任和风险；

②在特许期内，项目公司应负责筹集污水处理厂运营和维护所需的所有资金；

③未经政府方事先书面同意和审批政府部门批准，项目公司不得改变项目公司股东的股权比例，股东亦不得转让其在公司注册资本中的任何权利或权益；

④项目公司应依法缴纳所有税费；

⑤特许权期满后，项目公司应在无任何补偿的情况下，将本项目移交给政府方。

（2）项目公司的主要权利

①特许经营期内，项目公司享有运营、维护和移交污水处理厂并收取污水处理费的权利；

②如果以本项目安排融资为目的，项目公司应有权为贷款人在该权利和利益上设立担保物权，并为贷款人设立与污水处理厂、场地、项目公司的动产、不动产、知识产权、收益和项目公司的任何其他权利相关的、有利的担保物权。除上述规定外，未经政府方事先书面同意，项目公司不得独自或允许他方在污水处理厂中的权利和利益中设立任何其他担保物权、留置权、动产抵押权或不动产抵押权；

③在特许期内，如果由于不可抗力事件，导致项目公司年经营成本增加超过一定幅度；或由于法律变更要求项目公司进行工况调整和设备改造从而导致年经营成本增加超过一定幅度，但双方仍希望继续履行特许经营协议的情况下，项目公司有权从政府获得补偿；

④经市人民政府同意，在同等条件下，项目公司可享有对本项目的处理后的出水、中水回用水进一步开发利用的优先权；

⑤在特许经营期内，政府方发生严重违约事件时，项目公司有权提前终止合同。

7. 产品价格预测

1）测算依据

2）测算方法

按照《建设项目经济评价方法与参数》（第三版），引用国家和行业相关财税规定，测算经营成本、收入等费用，并通过设定的项目内部收益率计算污水处理单价。

3）测算说明

（1）特许经营权转让价格

本项目特许经营权转让总价款固定为××万元人民币。资本金投入按百分比考虑，剩余的百分比按银行贷款考虑。

项目运营需要流动资金由中标的社会资本利用自有资金解决。

（2）计算期

计算期同特许经营期，为30年。

（3）年运营天数

项目年运营天数按365天。

（4）法定盈余公积金

法定盈余公积金（含公益金）按税后利润的10%提取。

（5）项目基准收益率

按照国家计委、建设部和国家环保总局《关于推进城市污水、垃圾处理产业化发展的意见》（计投资［2002］1591号）关于对社会资本投资的城市污水处理项目的投资回报参考标准要求，本项目投资基准收益率按当期银行长期贷款利率设定，即5.65%。

（6）利润分配

假设特许经营期内不进行利润分配。

4）假设条件

（1）特许经营权转让价款的支付方式

项目转让价格××万元在中标结果公示结束之日起15个工作日内一次性支付。

（2）银行借款期限及还款方式

借款期限设定为××年，采用等额本息的方式进行还款。

（3）进水水质

假设特许经营期内进水水质稳定。

（4）土地使用

特许经营期内项目公司可免费使用各厂区范围内的土地，仅承担土地使用产生的相关税费。

5）收入估算

本项目的经营收入主要来源为项目公司提供污水处理服务，政府按照污水处理量提供污水处理服务费。

（1）保底水量；

（2）增值税、营业税以及教育附加费。

①增值税

根据《财政部、国家税务总局关于资源综合利用及其他产品增值税政策的通知》（财税〔2008〕156号）规定，污水处理劳务（符合GB 18918—2002有关规定的水质标准）免征增值税。

②所得税

本项目属于《环境保护、节能节水项目企业所得税优惠目录（试行）》范围，根据《中华人民共和国企业所得税法实施条例》项目享受所得税优惠。

6）成本测算

总成本主要包括经营成本、折旧摊销与利息支出。

（1）经营成本

经营成本指在实际运行过程中涉及的电费、药剂费、污泥运输费、工资及福利费、修理费、检修维护费、其他费。

①电费；

②药剂费：污水处理药剂是指在污水处理过程中，为了有效去除难降解物质而根据污水水质的特殊性合理添加的化学药剂，包括絮凝剂、助凝剂、消毒剂、氧化还原剂、pH调整剂等。根据各厂进水水质的不同，各厂药剂的实际使用种类及耗用量也不同；

③污泥运输费；

④工资及福利费：工资及福利由基本工资、福利、保险三部分组成；

⑤修理费和设施检验维护费；

⑥其他费用：包括邮电通讯费、交通费、办公费、绿化费、职工培训费等。

（2）折旧和摊销

①项目特许经营权转让价款××万元，按无形资产在特许经营期内平均摊销。

②特许经营期内，达到使用年限需重新购置的设备重置费用自发生当年按设备种类在其合理使用年限内平均摊销。设备重置投资从利润内支出，不考虑短期贷款。

7）污水处理单价预测

根据前述条件，参照国内同类项目社会资本预期收益水平及《城市供水价格管理办法》的规定，权益资本合理盈利的预期收益水平时，污水处理单价为××元/吨。

8. 物有所值评价
9. 财政承受能力论证
10. 项目风险及分配
1) 风险分配原则
2) 风险识别及应对措施

污水处理厂作为公用基础设施项目之一,具有规模大、投资高、收益回报期长并为社会公众提供服务的特性。在污水处理项目中引入TOT特许经营方式,在一定程度上降低了政府的风险和责任,对于项目公司而言也避免了项目建设阶段的风险,但在项目移交之前以及经营管理期内依然存在着内部运营和外部环境带来的风险。

为了系统的分析项目风险,本方案按照污水处理厂TOT项目可能涉及的风险类别进行风险识别。

(1) 政策风险

指国家政策的稳定性和可持续性。政策风险可分为当地政府可控的政策风险与不可控政策风险。

①当地政府不可控的风险

A. 税收政策

污水处理厂享受的税收优惠政策包括免征增值税、所得税"三免三减半"。特许经营期中,国家或地方政府因经济调控的需要,对企业的相关税率进行调整,当这些优惠政策取消,无疑会增加项目的成本,因此,项目公司可通过调整污水处理服务价格来规避此类风险。

B. 服务标准提升风险

特许经营期内,国家为改善环境提出更高的污水排放标准,项目公司需更新设备、增加投资,形成新的经营成本,对预期收益产生影响。另外,更新设备、扩建规模新增投资需提前约定由谁支付。

特许经营期内,因污水排放标准提升而增加的投资,应由政府与项目公司共同协商,重新测算项目成本与污水处理服务价格。

②当地政府可控风险

当地政府可控风险是指当地政府依据上位政策出台的相关政策,对项目公司运营造成的风险。

对于可控的政策性风险,由当地政府承担风险,对于不可控的政策风险由双方共同承担。

(2) 人员安置风险

项目公司需接收现有职工,短期内存在难以适应高效、规范的企业化管理制度和标准的风险,且不能改变现有职工的人事关系与薪资水平,从而导致企业管理效率下降,企业运营成本上涨。政府方应对此风险有应急预案。

(3) 土地使用风险

指特许经营期内土地使用方式的不确定性。市污水净化公司土地使用权通过划拨方式获得,特许经营期内,项目公司可免费使用土地。

特许经营期内,由土地使用权人与项目公司签订土地使用协议,项目公司以租赁的方式获得土地的占有和使用权,租金为零,并将土地使用协议作为特许经营协议的附件。

(4) 市场竞争风险

指社会资本恶性竞争的可能性。社会资本为得到污水处理特许经营权，以低于成本价的报价方式获得经营权，后期提出申请增加污水处理服务费以求保证收益的要求。政府在选择社会资本时，可设最高投标限价，但不以价格作为定标的主要因素。

(5) 配套管网建设滞后风险

由于污水收集管网建设滞后，污水处理厂无法收集到足够的污水量，从而导致污水处理能力闲置，当政府承诺保底水量后会存在超付的风险。

为规避此类风险，政府相关部门应合理安排管网建设计划，加快城市污水管网建设，确保管网按规划要求完成。

(6) 社会资本运营维护能力欠缺风险

特许经营期内，项目公司及其股东缺少运营与维护经验导致设施使用不当，造成项目暂停的风险。因此，为规避此类风险，首先在采购时，政府应对社会资本应具备的条件和能力进行考察；其次，特许经营期内，项目公司中途转让经营权或股权，须报请市政府批准；第三，运营过程中，社会资本需委托第三方维护机构对项目设施进行维护而发生的费用，由项目公司自行承担。

(7) 运营风险

运营阶段风险的指的是在项目实际运行过程中，由于项目收入与项目成本中构成因素的不确定性造成的风险。该阶段的风险直接影响项目的收益与成本，从而影响项目的可持续性。

①进水水量与水质

进水水量供给不足时，导致污水处理能力闲置，直接影响污水处理项目的收入。进水水量供给超出设计规模时，污水处理系统超负荷运行，出水水质不达标。

水质变化对项目运行电耗、药剂用量产生影响。当进水水质超出设计要求时，耗电量与药剂使用量也相应地增加，从而增加项目的运行成本，甚至在现有设施的处理能力下，出水水质不符合国家标准。这些因素都会导致后期运营成本的增加。

因此，为规避此类风险，应采取的措施为：a. 政府方需要加强进水水质监测和污水排放监管力度，确保进水水质稳定；b. 设定保底水量，在实际处理量不足保底水量时，按保底水量计费，超过保底水量时，按实际处理水量计费；c. 特许经营协议中必须规定对进水水质的要求，当水质变化而导致处理成本变高时，项目公司有权申请补偿。

②电价、药剂费、维修费与人员工资

因物价部门对电价的调整带来的电费增长、市场价格影响带来的药剂费与维修费的上涨以及随政策调整薪资导致人员工资增加的风险，减少项目收益，进而降低社会资本的吸引力。

为应对此类风险采取的措施包括以下内容：a. 项目公司与供货商签订长期供货协议，可有效降低药剂费因市场价格变动带来的成本增长。b. 项目公司要定期向实施机构上报运营情况报告。c. 设立价格调整机制。特许经营期内，当运营成本上浮超过一定幅度时，项目公司在调价年份可提出调价申请。

(8) 融资利率风险

在项目经营过程中，项目公司按照贷款利率向银行筹资，一旦利率上升，贷款利息就会增加，项目的经营成本就会攀升。

为规避此类风险，采取的措施有：①增加资本金比例。利用提高资本金的比例来增加项目抗风险能力，以求降低贷款银行在项目出现最坏情况时的风险。②选择有利的贷款品种。常见的贷款方式有商业银行贷款、多边金融机构贷款和信托贷款，项目公司可选择有利的贷款品种降低风险。③灵活应用期权交易等多种方式。根据项目现金流的特点，采用逐步递增的利率已达到最大限度的降低风险。

（9）设备、设施质量风险

特许经营期届满时项目公司需将项目设备、设施完好、无偿移交给某市人民政府或其指定机构，但有可能设备性能测试不能完全符合特许经营协议约定。

为规避此类风险，采取的措施有：①签订特许经营协议时，实施机构应提出恢复性大修、设备性能测试的具体标准以及质量时间。②移交时，项目公司应确保项目设施的剩余工作寿命在合理范围内，可正常运营。③项目公司应向实施机构提交移交维修保函，以保证项目公司到期移交的资产能够满足污水处理厂连续、正常、稳定运行的要求。

（10）政府信用风险

如果政府方不能按期、足额支付污水处理费，将影响项目的运行和项目的持续运营。应对此类风险采取的措施为政府将污水处理服务费纳入财政预算管理；另外，项目公司可争取获得政府向银行申请开具的污水处理服务费支付履约保函，出现污水处理服务费欠付、拖付时，项目公司可直接向银行申请从履约保函中兑取应得的污水处理服务费。

（11）通货膨胀风险

为规避通货膨胀的风险，投标过程中，社会资本需自行为整个特许期内的通货膨胀做出假设。因此该风险由项目公司（社会资本）自行承担。

（12）不可抗力风险

不可抗力是指不能合理预见的、不能克服和不能避免的事件或情形。

为规避此类风险，特许经营期内，项目公司应向保险公司投保，将风险转移给保险公司，可以在合同中约定保费的分担方法，或要求政府采取其他措施弥补损失。

通过对项目的整体风险识别以及采取的应对措施，根据风险分配的基本原则，将风险在项目公司与政府间进行合理分配，详见表9-8。

主要风险因素分配表　　　　　　　　　　表9-8

序号	风险因素			风险分配
1	政策风险	地方政府不可控风险	税收政策	项目公司
			服务标准提升风险	政府、项目公司
		地方政府可控风险		政府
2	人员安置风险			项目公司
3	土地使用风险			项目公司
4	市场竞争风险			政府
5	配套管网建设滞后风险			政府
6	社会资本运营能力欠缺			项目公司

续表

序号	风险因素		风险分配
7	运营阶段	进水水量与进水水质	政府
		电价、药剂费、维修费、人员工资	项目公司
8	融资利率		项目公司
9	设备、设施质量移交风险		项目公司
10	产权风险		政府
11	政府信用		政府
12	通货膨胀		项目公司
13	不可抗力风险		政府、项目公司

11. 项目监管及履约保障措施

1) 项目监管结构

实施机构协同行业主管部门等政府监管主体，与公众监督、利益相关者监督共同构成项目监管结构。项目监管结构如图 9-4 所示。

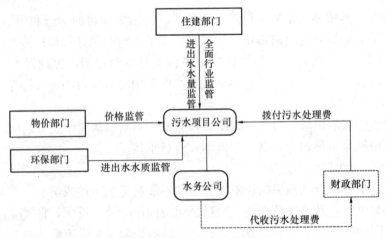

图 9-4 项目监管结构

（1）政府监管

由实施机构作为签约主体依据特许经营协议对项目公司的特许经营进行持续的合同监管，监管期间可委托第三方监管机构对项目公司履约情况进行监督或中期评估。

由市住建部门进行行业监管，并做好污水处理计量工作；由市环保部门负责进出水水质日常监管工作，出水水质符合国家规定标准；由市财政部门依据住建、环保部门的报告，负责污水处理费用的拨付工作。

①对污水处理厂的监督

市住建部门负责污水处理行业运行监管工作，有权派出监督员或者指定代表在任何时候进入污水处理厂，依据污水处理服务协议及适用法律对污水处理厂的运营管理和维护进行监督和检查，并依据协议或适用法律就相关违约或违法行为要求项目公司承担相应的责任，项目公司应接受相应监督和检查。

监督员或指定代表发现问题时有提问和要求项目公司回答的权力，并有权检查包括项目公司的生产记录、设备检修和检测记录在内的全部运营记录，及有对进水和出水水量、水质检测的权力。

②对进出水水量的监管

市住建部门负责对进出水水量进行计量，计量的数据作为市财政部门支付污水处理服务费的依据。

当进水水量符合设计指标的情况下，以下情形之一发生时，项目公司应支付实际处理水量不足违约金，具体计算办法在污水处理服务协议中明确：a.正常运营期，出水水量小于当日的进水水量；b.计划内暂停服务期间内，日平均实际处理水量未达到基本污水处理量的50%；c.因项目公司自身过错导致发生计划外暂停服务期间，部分或全部污水未得到处理。

③对进出水水质的监管

市环保部门根据污水处理服务协议对进出水水质进行监管，监管的数据作为市财政部门支付污水处理服务费的依据。

当进水水质符合设计指标的情况下，出水水质超标时，项目公司无权就其提供的污水处理服务取得全额污水处理服务费，同时应支付出水水质超标违约金，具体计算办法在污水处理服务协议中明确。

④污水处理服务费拨付

市财政部门依据住建部门的计量数据、环保部门的评价意见，负责按期足额拨付污水处理费用，如延期拨付，须支付相应的滞纳金，具体计算办法在污水处理服务协议中明确。

⑤成本监管

财政部门有权对项目公司的经营成本进行监管，并对企业的经营状况进行评估。

（2）公众监管

实施机构有权及时将产品和服务质量检查、监测、评估结果和整改情况向社会公布。社会公众作为公众监管主体对项目公司提供的服务进行监督，并有权对其服务向实施机构进行投诉或提出建议。

（3）金融机构监管

贷款人等金融机构就项目资金使用及还款进度进行监管。

2）项目履约保障措施

（1）保函体系

①运营维护保函

在正式开始运营日之前，项目公司应向实施机构提交金融机构出具的以实施机构为受益人的运营维护保函，以保证项目公司履行特许经营协议项下污水处理项目设施维护义务及保证期义务。

如果项目公司未履行特许经营协议下污水处理项目设施维护的义务，且在限期内未进行纠正性维护，实施机构有权兑取运营维护保函项下款项对项目设施进行纠正性维护。

运营维护保函应至少每两年更新一次，最后一次保函有效期持续到项目特许经营期结束前12个月。保函金额为上年度平均三个月的污水处理服务费。在项目期限内，项目公司有义务保证该保函项下的金额一直保持在一个规定的金额，一旦低于该金额，项目公司应当及时将该保函恢复至该规定金额。

②移交维修保函

项目公司应向实施机构提交移交维修保函,以保证项目公司到期移交的资产能够满足污水处理厂连续、正常、稳定运行的要求。

若项目公司不能根据特许经营协议进行最后恢复性大修或性能测试不符合协议要求,或在移交保证期内未承担保修责任,则实施机构有权兑取相应的移交维修保函金额自行进行维修。

移交维修保函提交时点为期满终止日12个月之前,担保至期满移交后12个月届满。保函金额为上年度平均三个月的污水处理服务费。

(2) 价格调整

当一种或几种主要影响因素的变化导致运营成本上浮超过一定比例时,项目公司可提出调价申请,实施机构委托双方认可的会计公司作为独立的第三方根据运营成本、物价指数等指标对价格进行评估,并向市发改部门提交评估报告,市发改部门对价格予以审定,必要时进行价格调整。

财政部门须对调整价格予以认可,并在下一年度将调整后的污水处理服务费列入预算。

(3) 标准更新

在特许经营期内,如国家出台新的污水处理出水水质标准,项目公司应保证出水满足届时国家有关排放规定。

三、社会公共服务项目

社会公共服务领域的项目通常包括医疗服务设施、学校、监狱、养老院、保障性住房、体育场馆等。在社会公共服务PPP项目中,项目公司有可能负责社会服务设施的建设和运营维护,或者为社会服务设施提供部分或全部的运营和管理服务,或者直接负责提供社会公共服务。此外,在一些PPP项目中,合作范围还可能包括项目周边土地开发和设施经营,例如餐厅、商店等。社会公共服务项目中的付费调价机制和绩效监控机制通常较为关键且特点鲜明。

国家体育场(鸟巢)BOT项目

1. 案例梗概

如表9-9所示。

案例梗概 表9-9

项目运作方式	建设—运营—移交(BOT)
项目发起方式	政府发起
项目运作主体	由占42%股份的中国中信集团联合体与占58%股份的代表北京市政府的国有资产经营管理有限公司共同组建的国家体育场有限责任公司作为运作主体
项目回报机制	商业面积的运营收入、举办活动综合收入、旅游收入、纪念品开发
项目融资方式及来源	政府投资+社会资本的股权融资+银行借款债务融资
项目期满处置	特许经营期为二十七年(含建设期),特许经营期满将项目设施无偿移交给政府指定单位

2. 项目背景

国家体育场（鸟巢）是北京 2008 年奥运会的主体育场，是标志性建筑，是最具国际先进水平的多功能体育场，可承担各类比赛项目，能容纳观众十万人。北京市政府为履行与国际奥委会签订的 2008 年第 29 届奥林匹克运动会主办城市合同项下的义务，决定在北京奥林匹克公园（B 区）内建设国家体育场。

参照国内外先进经验，为降低项目的融资成本、运营成本、提高运营效率，北京市政府决定引进市场化机制，采用公开招标方式选择项目法人合作方（PPP）。投资人与代表市政府的北京市国有资产公司签订合作经营合同，双方共同组建项目公司，负责 PPP 项目的设计、融资、投资、建设、运营及移交等全面工作。

3. 项目概况

国家体育场位于奥林匹克公园中心区南部，工程总占地面积 21 公顷，建筑面积 25.8 万平方米，场内观众座席约为 91000 个，其中临时座席 11000 个，项目 2003 年 12 月 24 日开工建设，2008 年 6 月 28 正式竣工。国家体育场有限责任公司负责国家体育场的融资和建设工作，北京中信联合体体育场运营有限公司负责 30 年特许经营期内的国家体育场赛后运营维护工作。

4. 引入社会资本模式

1）建设模式

该项目采用建设—运营—移交（BOT）特许经营模式。

2）实施依据

《市政公用事业特许经营管理办法》《关于加强市政公用事业监管的意见》《北京市政府项目法人招标投标程序规定（试行）》《中华人民共和国招标投标法》。

3）社会资本引入方式

该项目引入社会资本采取国际公开招标方式，"一次招标、两步进行"。

首先招商，"资格预审和意向征集"，对全球 39 家申请人的投标资格、建设方案设想、融资计划思路、运营方案意向等进行评估，确定 5 名投标入围者。

然后招标，对投标人递交的优化设计方案、建设方案、融资方案、运营方案以及移交方案等进行综合评审，最终确定项目法人合作方中标者。

4）相关实施机构

引资人：北京市人民政府；

实施机构：北京市发展计划委员会；

咨询单位：国信招标集团，为本项目提供了咨询服务及招标代理工作。内容包括：

（1）编制项目《特许经营实施方案》。内容主要包括：项目介绍、工作计划、实施步骤、主要边界条件；相关财务数据及风险进行分析、比较和论证；进行财务预测，提出市政府出资比例及投资人出资比例的建议等。对项目实施进行技术经济论证，为北京市政府提供决策依据。

（2）发布项目信息，进行全球招商。协助北京市政府组织潜在投资人进行尽职调查。一方面，让投资人充分了解项目情况，以利于做出科学的投资决策；另一方面，市政府也能深入了解投资人信誉、实力和经验等情况，以及其投资意愿，便于市政府制订对策、完善方案。

(3) 组织编制项目法律文本在内的全套文件，包括《资格预审文件》、《招标文件》、《合作经营合同》、《特许权协议》、《国家体育场协议》等中英文全套文件。

(4) 发布资格预审公告，组织资格预审工作；发布招标公告，组织澄清答疑、开标、评标等活动，编制中英文《评标报告》，公示中标结果、发出中标通知书。

(5) 制定合同谈判方案和策略，协助谈判实施，对谈判中的一些关键问题提出意见和建议。协助市政府及相关单位与中标的投资人签署项目协议。并就项目进度安排、工作分工及重大事项向市政府提出建议。

5. 引入社会资本程序及内容

2002年4月，北京市计委成立了"奥运项目办公室"，专职负责奥运场馆和相关设施建设项目法人招投标的组织、协调，制订各类招标相关文件，积极向国内外推介奥运场馆项目法人招标项目；

2002年10月，向全球公开发售奥运项目资格预审和意向征集文件。同时，北京《国家体育场（2008年奥运会主体育场）建筑概念设计方案》举行国际竞赛。经过对参赛设计单位或联合体的资格审查，来自中、美、法、意、德、日、澳大利亚等十几个国家和地区的7家独立参赛单位和7家联营体参赛单位参加了概念设计方案的角逐；

2003年1月至2月，评审委员会对7份国家体育场项目法人申请文件的评审推荐，并报市政府批准，确定了5名国家体育场项目合格申请人进入项目法人招标的第二阶段；

2003年4月，经过严格的评审程序和群众投票，由瑞士赫尔佐格和德梅隆设计事务所、奥雅纳工程顾问公司及中国建筑设计研究院设计联合体共同设计的"鸟巢"方案，设计新颖，结构独特，最终中选。

同时，国家体育场项目法人合作方招标文件正式发出；

2003年6月，对项目法人合作方投标人递交的优化设计方案、建设方案、融资方案、运营方案以及移交方案等进行综合评审。

2003年7月，评标委员会推荐了2名综合评分靠前的中标候选人。

2003年8月，经过谈判，并报北京市政府批准，最终确定由中国中信集团公司、北京城建集团有限责任公司、国安岳强有限公司、金州控股集团有限公司4家企业组成的中国中信集团联合体，成为国家体育场项目法人合作方招标的中标人。

2003年8月9日，北京2008奥运会主体育场——国家体育场项目正式签约，中国中信集团联合体作为项目法人合作方招标的中标方与北京市政府草签了《特许权协议》、与北京市政府和北京奥组委草签了《国家体育场协议》，并与北京市国有资产经营有限责任公司签订了《合作经营合同》。

2003年9月，北京市国有资产经营有限责任公司与中国中信集团联合体，正式开始国家体育场有限责任公司的各项筹备工作。

2003年11月，国家体育场有限责任公司与瑞中设计联合体草签了《国家体育场设计服务合同》。

6. 引入社会资本招标边界条件

1) 合作经营合同主要内容

(1) 甲方（北京市国有资产经营公司）的权利与义务

甲方不参与项目公司体育场项目的融资建设、日常经营管理，也不参与项目公司的利润分成；甲方有权依据本合同的规定，就乙方在项目公司体育场项目的融资建设、日常经营的管理及决策等行使监督权，并有权在董事会上行使否决权。甲方协助项目公司与中国各级政府机关或机构组织进行有效的沟通及合作，办理公司成立和经营所需的所有批准、许可、执照和登记注册，向有关地方管理部门办理土地使用手续并依法取得关土地使用权，落实水电、道路、交通、通信等基础设施安排，在中国开设人民币和外汇银行账户，申请并取得项目公司可享有的税务优惠和关税减免以及其他鼓励投资的优惠待遇，项目公司外籍人员办理在华的必要手续等。

(2) 乙方（中标人）的权利与义务

乙方有权行使项目公司日常经营的管理权及决策权，项目公司在任一会计年度产生利润时，在符合中国法律规定的情形下，乙方有权根据合同规定取得全部利润分成。乙方对项目公司在体育场项目上的融资、投资、设计、建筑施工、经营管理、维护、维修、移交等，存在和/或可能存在的所有风险承担全部责任。

(3) 项目公司的经营范围：项目公司按照《特许权协议》约定的条件及程序，从事体育场项目的投资、融资、设计、建筑施工、运营管理（包括举行各种文化、体育、娱乐活动等）、维护修理等，具体经营范围以国家工商局或其授权部门批准的项目公司营业执照为准。

(4) 董事会及经营管理机构：董事会由7名董事组成，甲方委派3名，乙方委派4名。董事长及董事任期为三年。董事长由甲方委派，是项目公司的法定代表人，行使董事会所授予的权利；副董事长由乙方委派。董事履行其职责应不领取任何报酬。项目公司设总经理1名，由乙方提名，并由董事会委任及解聘，报酬及聘用条件由董事会决定。总经理任期三年，负责项目公司的日常管理，并向董事会负责。项目公司设副总经理若干名，由总经理聘任，其薪酬、福利待遇等由总经理决定；设一审计部门，部门负责人由甲方提名。

2) 特许权协议主要内容

国家体育场（鸟巢）PPP项目的《特许权协议》，是北京市政府授权项目公司对国家体育场进行设计、投融资、建设、运营及移交，由北京市政府与项目公司签订。双方的权利和义务通过特许权协议明确。特许权协议主要内容如下：

(1) 北京市政府的权利和义务

北京市政府有权监督、检查项目资产的设计与建设、项目资产的运营与维护，有权按照协议规定单方终止协议并接受项目资产。北京市政府应协助项目公司取得项目建设所必需的一切批准（包括但不限于可行性研究报告、扩大初步设计、开工及成立项目公司等所需的批准），取得为运营、维护项目资产及临时设施所必需的一切批准，取得就建设项目资产所需进口的设备、材料的关税的批准及与之相关的协调；同时，北京市政府应保证项目公司获得项目设施场地的划拨土地使用权，并完成前期建设工程、配套基础设施及其他工程的建设。

(2) 项目公司的义务

项目公司负责体育场的投资、融资、设计和建设，负责安排体育场的运营、维护和修理，项目公司应在协议草签后的六个月内完成融资交割。项目公司还负责将体育场在奥运会期间交付给北京奥组委用于举办测试赛和测试活动和奥运会，以及其他在体育场协议中列明的活动。此外，项目公司在奥运会期间结束后对体育场进行改造，以保证二期工程按照双方一致同意的规格要求进行。在特许经营期期满时，按协议规定将项目资产全部移交给北京市政府。

项目公司有权获得来源于本项目的全部收益，包括：电视、广播及其他媒体的收益，赞助权，广告，特许经营，团体包厢，门票及票务销售，以及特别活动等。项目公司不得设立或收购任何子公司，不得参与本项目以外的任何业务、合资企业、合伙或其他任何企业。

（3）北京奥组委及北京市政府使用体育场的权利

项目公司应按照国家体育场协议的规定，在奥运会期间自行或促使运营商将体育场提供给北京奥组委使用。北京市政府每个日历年度内对体育场具有 10 天优先使用权，且对使用费享有优惠；且北京市政府有权根据与项目公司届时签订的有关协议，在特许经营期内租用和使用体育场举办大型国际文化体育活动或有关政治活动。北京市政府有权处于非商业性目的，在特许经营期内，安排包括政府、体育机构、北京奥组委、北京市政府和国际奥委会代表在内的人员参观体育场和项目设施场地。

（4）转让及期满移交

北京市政府的转让，除北京市政府与其他具备同等履行能力的政府部门或中国完全拥有或实质拥有的公司或机构外，北京市政府不得转让或让其与在特许权协议项下的全部或任何部分的权利或义务；项目公司的转让，未经北京市政府的书面同意，项目公司不得转让其在特许权协议下的全部或任何部分权利或义务，项目公司不得在项目资产的全部或任何部分上设置担保和他项权利或其他方式处置全部项目资产或项目资产的任何部分。

在特许经营期届满时，项目公司应地把体育场在正常可运营状态下移交给北京市政府。最迟在特许经营期届满前 2 年，项目公司应当开始为移交作准备。移交的范围包括：全部权利、产权及权益—项目设施场地、全部其他项目资产、全部资料、全部技术及专有技术，对接受人员进行全方位培训等一切其他合理行动和事情。

3）国家体育场协议主要内容

国家体育场（鸟巢）PPP项目的《国家体育场协议》，由北京市政府和北京奥组委共同与项目公司签订，并经国际奥委会审定。该协议明确了北京市政府和北京奥组委使用体育场期间三方的权利和义务。协议内容如下：

（1）体育场融资：项目公司与贷款人订立的任何担保协议不得抵押体育场的临时设施、奥运景观工程、体育场协议、体育场和土地使用权。北京奥组委不承担体育场建设、运营或维护方面的出资或融资义务，且不应成为任何融资协议或担保协议的一方。

（2）体育场设计与施工：项目公司和北京市政府确认，体育场专门为举办奥运会之目的而进行设计和施工，对影响奥运会及北京奥组委场馆使用的事项应取得北京奥组委的同意，以确保体育场的设计与施工依照特许权协议和施工文件的要求进行。

（3）体育场交付与独家使用：项目公司免收任何租金向北京奥组委及其指定人授予在奥运会期间，对于整个体育场的占有和独家使用与租赁权。北京奥组委可以在奥运前及奥运会期间，随时在体育场举办测试赛与测试活动。

（4）体育场的运营和维护：自体育场完工之日起，项目公司应当按照其在特许权协议项下的义务自费运营和维护体育场。在奥运会期间，由项目公司提供的运营、维护、修理或其他服务均应受北京奥组委的管理与控制，北京奥组委有权自行或指定独立的承包商从事各项服务。项目公司负责支付运营商在运营和维护协议项下的任何应得款项，北京奥组委不负责支付或报销运营商在运营和维护协议项下的任何费用、开支或其他款项。

7. 项目特点分析

在国家体育场正式引入赛后运营的一年后至2009年8月29日，北京市人民政府与中信联合体在北京饭店签署《关于进一步加强国家体育场运营维护管理协议》。根据协议，国家体育场"鸟巢"将进行股份制改造：北京市政府持有的58%股份将改为股权，主导经营场馆，并承担相应责任，原中信联合体成员持有42%股权。同时，成立国家体育场运营维护协调小组，形成在北京市委、市政府主导下，由国家体育场公司负责运营，北京市各相关部门、属地政府全力配合的新体制。在政府接手运营权后，负责鸟巢投融资和建设工作的国家体育场有限责任公司将做出一些调整，董事长、总经理等公司高层由政府人员出任。这也意味着，由中信集团、北京城建和美国金州控股共同组成的中信联合体放弃了自己30年的特许经营权，转而获得永久股东身份（原中信联合体成员共持有42%的股权）。从一定程度上说，30年经营权的终结，也意味着PPP融资模式在我国大型体育场（馆）建设、运营中的首次应用夭折。本项目失败的主要原因如下：

1）股东间利益冲突

首先，所有各方都想从建设承包合同中获利，所以项目的整个建设工程按照中信集团、北京城建和美国金州在项目公司中的股份比例分给各方，导致项目公司对项目建设失去良好控制。其次，由于项目结构的特殊性和详细设计的不及时，承包商只能和项目公司签订固定单价合同，北京城建作为总承包商，被其他股东抱怨过于考虑自己的利润、进度和安全而不是整个项目公司的利益，导致建设费用超支和项目建设中的最大争议——北京城建要求技术措施费以部分补偿因设计变更（取消可闭合顶盖）导致的工期延误。

2）项目公司和北京市政府之间利益冲突

首先，国家体育场原始设计中的停车位是2000个，但北京市政府后来打算为整个奥运会公园建设一个大停车场，故要求项目公司减少1000个车位。这就导致了停车位不足，许多人不得不把车停到北京市政府的停车场再步行至体育场，部分影响了体育场的商业运营。第二，北京市政府同时要求减少体育场中的商业设施，影响了项目的租金收入。第三、北京市政府后来决定取消可闭合顶盖，影响了体育场的商业运营，减少了项目收益。第四、北京市政府在修改设计的同时要求体育场必须在2006年12月31日前完工，如此紧张的进度要求影响了项目的经济性建设；而且，考虑到工期的紧迫性，融资完成的时间定为2003年12月15日（但实际上延误了两个月），北京城建在特许权协议签订后不得不立即进入现场开始施工，没有足够时间做合理经济的施工组织计划。

3）项目公司和设计联合体之间的争议

在设计上，项目公司遇到一个很大的问题，北京市政府没有获得国家体育场设计的知识产权，但要求项目公司必须使用该设计。这导致项目公司在与设计联合体谈判时的弱势地位，同时也导致了设计上对体育场赛后商业运营考虑的不足。通常情况下，项目公司是设施的业主，设计方应当满足项目公司的要求。但由于国家体育场是用于2008年奥运会的，北京市政府在确定设计蓝图时处于主导地位，限制了项目公司对体育场商业化和高效率使用的最大化。

4) 项目本身的运营问题

(1) 市场需求有限

国家体育场设计、建造的理念和主题将使之成为中国最优秀的大型体育和演出设施，它集成了世界上最先进的技术，运营非常环保。尽管如此，国家体育场的最大竞争者，即工人体育场的投资已经收回，将一直具有低运营成本和低收费优势。因此，国家体育场必须创出自己的形象和品牌以吸引未来客户的兴趣并建立其忠诚度，为了这个目的，国家体育场必须创建独有的文化和人文氛围以吸引国内和国际最好的体育赛事、表演艺术机构，卓越的服务和先进的管理技术将是吸引这些机构和公众的最终利器。尽管如此，国家体育场的市场还是很小。只有政府和私营企业的非营利性大型活动才更有可能在国家体育场举办。而且，由于可闭合顶盖设计的取消，国家体育场的品牌度和独一性大为降低，之前预计的全天候商演无法实现。根据预测，每年可能只有 16 个大型活动。为了在国内和世界上建立国家体育场的品牌，必须广泛宣传这些活动。总之，如果市场比预测的小，项目公司将遭遇严重的财政赤字。

(2) 运营经验缺乏

国家体育场里的各种表演活动将使之成为世界了解中国的一个新窗口，这些表演活动包括展示中国文化的大型演出、国内外个人和团体音乐或演唱会。为了吸引将来的客户，项目公司将与国内、区域和国际的体育协会建立良好关系，特别要与国家体育总局、文化部等政府部门、广电总局下的各新闻机构和外国新闻机构保持良好关系。大型体育场的经济可行性很大程度上依靠的是公司客户的赞助，因此，项目公司还必须与国内外大型企业建立良好关系，以保证国家体育场的服务和产品满足这些机构的需求。但是，项目公司从未运营过体育场，缺乏运营经验。他们和法国 Stade de France 公司签署了战略合作协议，以寻求高效运营国家体育场的咨询建议并学习其知识。但该协议可能会因高额的咨询费而终止。项目公司可能会将其分包给一家广告公司，而广告公司可以通过在某些适当位置做广告以获得收益。

(3) 硬件条件的重大变化给长期运营带来不利影响

国家体育馆项目招标条件和合作前提发生重大变更后，给长期运营工作带来不利影响，按照原投标测算，设计的运营面积达 12 万 m^2，而并非目前的 6.6 万 m^2；独特的可开启屋盖可以满足使用功能的需求，同时带来的无形资产价值可保证冠名权，包厢出租和旅游预期收入，中信联合体可通过长期运营收回投资并盈利，由于建设设计发生了重大变化，一方面延长了工期；另一方面更增加了成本投入，无形之中增加了国家体育场的运营成本，减少了运营利润。

(4) 无形资产开发滞后严重影响了赛后运营效益

从国家体育馆赛后运营的财务状况不难看出，理应为体育场（馆）带来巨大收益的无形资产开发工作目前几乎停滞不前。诚然，企业冠名权无法实现与国家体育场的场（馆）性质有关，但豪华包厢也是一块不小的收入，但至今也进展缓慢，究其原因，主要是缺乏活动链。简单地说，就是国内的联赛少，同时，国家体育馆举办体育比赛的运营成本较大，无法吸引一些常规赛事在此举办，调查得知，作为无形资产开发重要形式之一的广告开发目前也没有实质性的进展。

总之，无形资产开发工作的滞后直接而且在很大程度上影响了国家体育场的赛后运营效益。

（5）投资模式引起的利益冲突影响了赛后运营效益

PPP 模式实施中引发的商业与公众利益的冲突问题，也影响了国家体育场的赛后运营效益。在场（馆）建设投融资方面，由于国家体育场采用的 PPP 模式在我国体育场（馆）建设尚属首例，因此，在执行过程中遇到了与我国财务，法律制度的冲突，而且很难协调，例如折旧，按照现行财务制度计提折旧，在 30 年的运营期内，体育场项目的账目总是亏的，股东无法分红。同时，按照公司清算办法，公司必须按照股权来清算，本来政府承诺了 30 年内不拿钱，但是这样做是违反清算法的，而且对于国有资产，谁也无权放弃，为此，在投资协议中有一个兜底条款：北京市发改委会协调各部门帮助联合体取得利益。但如何协调，至今仍是一个令律师无法调解的问题。同时，在诸如企业冠名，观众座位椅冠名等商业运作方面，甚至是国家体育场参观门票价格制度方面都出现过商业与公众利益冲突的问题，毋庸置疑，上述问题都直接或间接地影响了国家体育场的赛后运营效益。

附录：PPP 相关专用术语

为了更好地理解 PPP，有必要了解与之相关的几个专用语。

1. 全生命周期(Whole Life Cycle)，是指项目从设计、融资、建造、运营、维护至终止移交的完整周期。

2. 产出说明(Output Specification)，是指项目建成后项目资产所应达到的经济、技术标准，以及公共产品和服务的交付范围、标准和绩效水平等。

3. 物有所值(Value for Money，VFM)，是指一个组织运用其可利用资源所能获得的长期最大利益。VFM 评价是国际上普遍采用的一种评价传统上由政府提供的公共产品和服务是否可运用政府和社会资本合作模式的评估体系，旨在实现公共资源配置利用效率最优化。

4. 公共部门比较值(Public Sector Comparator，PSC)，是指在全生命周期内，政府采用传统采购模式提供公共产品和服务的全部成本的现值，主要包括建设运营净成本、可转移风险承担成本、自留风险承担成本和竞争性中立调整成本等。

5. 使用者付费(User Charge)，是指由最终消费用户直接付费购买公共产品和服务。

6. 可行性缺口补助(Viability Gap Funding)，是指使用者付费不足以满足社会资本或项目公司成本回收和合理回报，而由政府以财政补贴、股本投入、优惠贷款和其他优惠政策的形式，给予社会资本或项目公司的经济补助。

7. 政府付费(Government Payment)，是指政府直接付费购买公共产品和服务，主要包括可用性付费(Availability Payment)、使用量付费(Usage Payment)和绩效付费(Performance Payment)。政府付费的依据主要是设施可用性、产品和服务使用量和质量等要素。

8. 委托运营(Operations & Maintenance，O&M)，是指政府将存量公共资产的运营维护职责委托给社会资本或项目公司，社会资本或项目公司不负责用户服务的政府和社会资本合作项目运作方式。政府保留资产所有权，只向社会资本或项目公司支付委托运营费。合同期限一般不超过 8 年。

9. 管理合同(Management Contract，MC)，是指政府将存量公共资产的运营、维护及用户服务职责授权给社会资本或项目公司的项目运作方式。政府保留资产所有权，只向社会资本或项目公司支付管理费。管理合同通常作为转让-运营-移交的过渡方式，合同期限一般不超过 3 年。

10. 私人融资活动(Private-Finance-Initiative，PFI)，是对 BOT 项目融资的优化，指政府部门根据社会对基础设施的需求，提出需要建设的项目，通过招投标，由获得特许权的私营部门进行公共基础设施项目的建设与运营，并在特许期(通常为 30 年左右)结束时将所经营的项目完好地、无债务地归还政府，而私营部门则从政府部门或接受服务方收取费用以回收成本的项目融资方式。

11. 建设-转让(Build-Transfer，BT)，民营机构与政府方签约，设立项目公司以阶段性业主身份负责某项基础设施的融资、建设，并在完工后即交付给政府。

12. 建设-移交-运营(Build-Transfer-Operate，BTO)民营机构为设施融资并负责其建设，完工后即将设施所有权移交给政府方；随后政府方再授予其经营该设施的长期合同。

13. 建设-运营-移交(Build-Operate-Transfer，BOT)，是指由社会资本或项目公司承担新建项目设计、融资、建造、运营、维护和用户服务职责，合同期满后项目资产及相关权利等移交给政府的项目运作方式。合同期限一般为20~30年。

14. 购买-建造-营运(Buy-Build-Operate，BBO)，一段时间内，公有资产在法律上转移给私营部门的合作伙伴。

15. 建设-拥有-运营(Build-Own-Operate，BOO)，由BOT方式演变而来，二者区别主要是BOO方式下社会资本或项目公司拥有项目所有权，但必须在合同中注明保证公益性的约束条款，一般不涉及项目期满移交。

16. 建设-拥有-经营-转让(Build-Own-Operate-Transfer，BOOT)，私营部门为设施项目进行融资并负责建设、拥有和经营这些设施，待期限届满，民营机构将该设施及其所有权移交给政府方。

17. 设计-建造(Design-Build，DB)，在私营部门的合作伙伴设计和制造基础设施，以满足公共部门合作伙伴的规范，往往是固定价格。私营部门合作伙伴承担所有风险。

18. 设计-建造-融资-经营(Design-Build-Financing-Operate，DBFO)，私营部门的合作伙伴设计，融资和构造一个新的基础设施组成部分，以长期租赁的形式运行和维护。当租约到期时，私营部门的合作伙伴将基础设施部件转交给公共部门的合作伙伴。

19. 设计-建造-运营(Design-Build-Operate，DBO)，社会资本方除承担基础设施的设计、建造外，还负责经营该基础设施，但不涉及公共产权。

20. 改建-运营-移交(Rehabilitate-Operate-Transfer，ROT)，是指政府在TOT模式的基础上，增加改扩建内容的项目运作方式。合同期限一般为20~30年。

21. 转让-运营-移交(Transfer-Operate-Transfer，TOT)，是指政府将存量资产所有权有偿转让给社会资本或项目公司，并由其负责运营、维护和用户服务，合同期满后资产及其所有权等移交给政府的项目运作方式。合同期限一般为20~30年。

22. 基础设施特许经营：政府采用竞争方式依法授权中华人民共和国境内外的法人或者其他组织，通过协议明确权利义务和风险分担，约定其在一定期限和范围内投资建设运营基础设施和公用事业并获得收益，提供公共产品或者公共服务。

23. 经营性项目：收费或价格形成机制较为健全，可以通过"使用者付费"实现投资回报的项目。如城镇供水、燃气、供热、污水处理、垃圾处理，收费的城市快速公路、桥梁、隧道等。

24. 准经营性项目：提供的产品和服务均属"消费效用不可分割"的准公共产品。这类项目虽然可以回收部分投资、保本或微利经营，但建设周期长、投资多、风险大、回收期长或者垄断性等特点，单靠市场机制难以达到供求平衡，需要政府参与投资经营，并且应以控股和参股等方式进行。如综合管廊、轨道交通等。

25. 非经营性项目：旨在实现社会目标和环境目标，为社会公众提供产品或服务的非营利性投资项目。这些项目经济上的显著特点是为社会提供的服务，使用功能不收取费用或只收取少量费用。如城镇排水、雨水收集利用、水环境治理、园林绿化、道路桥梁维护、道路清扫保洁、公厕管理、生活垃圾收运等。非经营项目可以实施政府购买服务。

26. 项目公司(SPV)：根据特许经营协议，以项目投资人为主要股东的专门负责建设、经营项目的公司，也可能是项目投资人自身。

27. **特许经营权**：依据特许经营协议，在特许经营期限内授予项目投资人或经营者，在特许经营范围内投资、运营、维护基础设施项目并依约定取得收益的权利。

28. **特许经营权协议**：项目实施机构与项目投资人或经营者之间订立的，在约定的特许经营期限和特许经营范围内，后者取得某一基础设施项目的特许经营权，双方按约定承担有关义务和责任的协议。

29. **绩效管理**：各级管理者和员工为了达到组织目标共同参与的绩效计划制定、绩效辅导沟通、绩效考核评价、绩效结果应用、绩效目标提升的持续循环过程，绩效管理的目的是持续提升个人、部门和组织的绩效。

30. **绩效评价**：组织依照预先确定的标准和一定的评价程序，运用科学的评价方法，按照评价的内容和标准对评价对象的工作能力、工作业绩进行定期和不定期的考核和评价。

31. **公共事业**：负责维持公共服务基础设施的事业。公共事业处在自然垄断之下，可能是由于政府的控制之下，而如果是私营的则会被行政法规所监督。一般所说公用事业包括电力、供水、废物处理、污水处理、燃气供应、交通、通讯等。

32. **公共物品**：与私人物品相对应，消费具有非竞争性和非排他性特征，一般不能或不能有效通过市场机制由企业和个人来提供，主要由政府来提供。

33. **城市公用事业**：具有各企业、事业单位和居民共享的基本特征的服务于城市生产、流通和居民生活的各项事业的总称。包括：①环境卫生、安全事业。如垃圾清除、污水处理、防洪、消防等。②交通运输事业。主要是公共旅客运输，如地下铁道、电车、公共汽车、出租汽车、停车场、索道、道路桥梁等。③自来水、电力、煤气、热力的生产、分配和供应。

34. **城市基础设施**：城市中各类设施的总称。按其服务性质分为生产基础设施、社会基础设施和制度保障机构。

35. **存量资产**：是指企业所拥有的全部可确指的资产。

36. **存量资产盘活**：采取各种方式，整合资产，利用好现有的资产，防止资产的闲置浪费。

37. **经营期**：经批准的企业章程、合同中确定的经营期限，自登记机关核准之日起计算。

38. **经营权**：是指企业对国家授予其经营管理的财产享有占有、使用和依法处分的权利。

39. **竞争性配置**：通过对众多备选项目的遴选比较和科学评判优选出使用效益最高的项目，将资金、资源等进行最合理的安排，从而提高资金、资源等的使用效率，克服以往对项目进行一对一单向式审批的弊端。

40. **运营成本**：也称经营成本、营业成本。是指企业所销售商品或者提供劳务的成本。营业成本应当与所销售商品或者所提供劳务而取得的收入进行配比。营业成本是与营业收入直接相关的，已经确定了归属期和归属对象的各种直接费用。营业成本主要包括主营业务成本、其他业务成本。

41. **责任主体**：依照法律规定或合同约定需要承担责任的法人、自然人，除有明确规定，法人下属分支机构或部门的责任一般由法人承担。

42. 政府购买公共服务：政府通过公开招标、定向委托、邀标等形式将原本由自身承担的公共服务转交给社会组织、企事业单位履行，以提高公共服务供给的质量和财政资金的使用效率，改善社会治理结构，满足公众的多元化、个性化需求。

43. 政府融资平台：地方政府投融资平台，是指各级地方政府成立的以融资为主要经营目的的公司，包括不同类型的城市建设投资、城建开发、城建资产公司等企业（事）业法人机构，主要以经营收入、公共设施收费和财政资金等作为还款来源。

44. 项目移交：全部合同收尾后，在政府项目监管部门或社会第三方中介组织协助下，项目业主与全部项目参与方之间进行项目所有权移交的过程。

45. 资产评估：专业机构和人员按照国家法律、法规以及资产评估准则，根据特定目的，遵循评估原则，依照相关程序，选择适当的价值类型，运用科学方法，按照规定的程序和标准，对资产价值进行分析评定、估算。

46. 资产证券化：以特定资产组合或特定现金流为支持，发行可交易证券的一种融资形式。

47. 资金结构：企业各种资金的构成及其比例关系。

48. 清产核资：国有资产监督管理机构根据国家专项工作要求或者企业特定经济行为需要，按照规定的工作程序、方法和政策，组织企业进行账务清理、财产清查，并依法认定企业的各项资产损益，从而真实反映企业的资产价值和重新核定企业国有资本金的活动。

49. 清算：为了终结现存的法律关系、处理其剩余财产、使之归于消灭而进行的一个程序，包括计算、核实等。

50. 回购：交易的一方在向另一方出口机器设备或技术的同时，承诺购买一定数量的由该项机器设备或技术生产出来的产品。

51. 贷款协议：以金融机构为贷款人，接受借款人的申请向借款人提供贷款，由借款人到期返还贷款本金并支付贷款利息的协议。

52. 项目融资：贷款人向特定的工程项目提供贷款协议融资，对于该项目所产生的现金流量享有偿债请求权，并以该项目资产作为附属担保的融资类型。它是一种以项目的未来收益和资产作为偿还贷款的资金来源和安全保障的融资方式。

53. 项目投资人：被政府直接授予特许经营权的现实或者潜在的项目投资主体。项目投资人取得特许经营权之后，通常是项目公司的主要股东。

54. 多元股权投资：一般包括战略投资；社会投资（可以是自然人投资和法人投资）；经营者股权；技术股权；员工持股等。

55. 股本金（或叫权益资本）：投资者投入的资本金，体现出资者权益，其资本的取得主要通过接受投资、发行股票或内部融资形成。

56. 股权/产权转让：政府将国有独资或国有控股的企业的部分产权/股权转让给民营机构，建立和形成多元投资和有效公司治理结构，同时政府授予新合资公司特许权，许可其在一定范围和期限内经营特定业务。

57. 股权投资：通过投资取得被投资单位的股份。是指企业（或者个人）购买的其他企业（准备上市、未上市公司）的股票或以货币资金、无形资产和其他实物资产直接投资于其他单位，最终目的是为了获得较大的经济利益，这种经济利益可以通过分得利润或股利获取，也可以通过其他方式取得。

58. 融资：广义的融资是指资金在持有者之间流动以余补缺的一种经济行为这是资金双向互动的过程包括资金的融入(资金的来源)和融出(资金的运用)。狭义的融资只指资金的融入。

59. 融资结构：企业在筹集资金时，由不同渠道取得的资金之间的有机构成及其比重关系。

60. 风险分担：受托人与受益人共担风险，是信托公司作为受托管理资产的金融机构所特有的风险管理策略，是在风险管理中正确处理信托当事人各方利益关系的一种策略。

61. 风险管理：对风险从认识、分析到采取防范和处理措施的全部过程。

62. 风险评价：对已识别的PPP项目风险采取专家分析判断、数学建模等方法，以获取项目风险的损失的影响程度的活动，是实现风险定量分担以及采取有效风险管理措施的主要依据。

63. 法律风险：由于项目所在国法律的变动、法律不健全、有法不依、执法不严、可能对相关法律未能全面正确理解、项目中可能有触犯法律的行为等等而产生的风险。

64. 政治风险：由于国际关系变幻、政权更迭、政策变化、战争等等而导致的PPP项目建设所依赖的法规可能被废除，原政府的承诺可能会被取消，项目财产可能被征收国有等。

65. 宏观层面的风险：由外因引起的风险，即项目本身外部的风险。

66. 融资风险：融资结构不合理、金融市场不健全、融资的可及性等因素引起的风险。

67. 负债经营风险：当负债所取得的经营收益不足以抵偿负债的资金成本时所产生的财务风险。

68. 运营风险：存在于PPP项目的试运营和正式运营阶段，主要是项目建成投产后，在项目的运营和维护过程中，由于能源和原材料供应、技术、生产经营管理、劳动力状况以及市场等因素引起的风险的总称。

69. 技术风险：所采用技术不成熟，难以满足预定的标准和要求，或者适用性差，迫使私营机构追加投资进行技术改进。

70. 市场风险：在供求规律作用下，竞争激烈、生产过剩、需求不足等市场因素对项目造成的损失。

71. 完工风险：项目无法按时完工、延迟完工或者完工后无法达到预期标准的风险。

72. 微观层面的风险：在采购过程中基于各种利益关系引起的风险，主要源于政府与社会资本方对合同管理的不同。

73. 私有化：公有组织或公有财产的所有权人直接或由其代理人越权将公有组织或公有财产以及这些组织或财产的所有权及其派生权利合法或非法地由公有组织或公有财产的全体公民或某一集体所有转变为个别私人所有的行为及其过程。

74. 投资建设期限：从拟建项目永久性工程开工之日，到项目全面建成投产或交付使用所需的全部时间。

75. 投资结构：在一定时期的投资总量中，各要素的构成及其数量比例关系。

76. 外包：企业动态地配置自身和其他企业的功能和服务，并利用企业外部的资源为企业内部的生产和经营服务。

77. 项目担保人：在项目的直接投资者之外与项目开发有直接或间接利益关系的机构为项目提供担保。

78. 信用担保：企业在向银行融通资金过程中，根据合同约定，由依法设立的担保机构以保证的方式为债务人提供担保，在债务人不能依约履行债务时，由担保机构承担合同约定的偿还责任，从而保障银行债权实现的一种金融支持方式。

79. 预期收益：也称为期望收益，是指如果没有意外事件发生时根据已知信息所预测能得到的收益。

参 考 文 献

[1] 王灏. PPP 的定义和分类研究[J]. 快轨交通,2004(5):23-27.
[2] 郭华伦. 基础设施建设 PPP 运行模式选择研究[D]:[硕士学位论文]. 武汉:武汉理工大学,2008.
[3] 盛和太,王守清,黄硕. PPP 项目公司的股权结构及其在某养老项目中的应用[J]. 工程管理学报,2011,25(4):388-392.
[4] 全国注册咨询工程师(投资)资格考试参考教材编写委员会. 项目决策分析与评价. 中国计划出版社,2012.
[5] 财政部政府和社会资本合作中心. PPP 物有所值研究[M]. 北京:中国商务版社,2014.12.
[6] 财政部政府和社会资本合作中心. PPP 财政承诺管理[M]. 北京:中国商务版社,2014.12.
[7] Asia Development Bank. Guidelines for the Economic Analysis of Projects [M]. Manila:ADB,1997.
[8] 李佳嵘. 基于我国国情的 PSC 评价体系研究——以北京地铁 4 号线为例.[硕士学位论文][D]. 北京:清华大学. 2011.